Anna Gamper • Staat und Verfassung

Staat und Verfassung

Einführung in die Allgemeine Staatslehre

von

Anna Gamper

Dr. iur., Universitätsprofessorin an der Universität Innsbruck

4., überarb. Auflage

Wien 2018

facultas

Bibliografische Information der Deutschen Nationalbibliothek

Die Deutsche Nationalbibliothek verzeichnet diese Publikation in der Deutschen Nationalbibliografie; detaillierte bibliografische Daten sind im Internet über http://dnb.d-nb.de abrufbar.

Satz: Auer Grafik Buch Web, 1050 Wien
Druck: Finidr, s.r.o., Český Těšín
ISBN 978-3-7089-1634-7

„Apes non sunt solitaria natura, ut aquilae, sed ut homines […] *ut hominum civitates, quod hic est et rex et imperium et societas.“*

(*Varro*, Rerum rusticarum libri, 3. Buch, 16. Kapitel)

Vorwort

„Allgemeine Staatslehre" ist der im Wesentlichen gleichbleibende Titel einer Reihe bekannter Hand- und Studienbücher, die in den letzten hundert Jahren von Vertretern ganz unterschiedlicher juristischer Denkschulen des deutschsprachigen Raums verfasst wurden. Im Laufe dieses Jahrhunderts änderten sich die rechtswissenschaftlichen Studienpläne allerdings ganz beträchtlich und wiesen der Allgemeinen Staatslehre sowie der von dieser zumeist mitumfassten Allgemeinen Verfassungslehre einen deutlich im Schatten der positiven Verfassungsrechtswissenschaft befindlichen Platz zu. Dieser Bedeutungsverlust in den Curricula schlägt sich spiegelbildlich bei Prüfungen nieder, in denen mitunter kaum der Name des Faches richtig erklärt zu werden vermag und der „Prinzipienwald" der Staatstheorie vor den vielen „Bäumen" des technisch-positivistischen Verfassungsverständnisses schon gar nicht mehr erkannt werden kann. Eine höhere Einsichtnahme in die theoretischen Fundamente und Deutungsschemata des Verfassungsrechts, deren Vermittlung von einem universitären Studium erwartet werden könnte und sollte, wird auf diese Weise freilich nicht gewährleistet.

Es war dies ein Anreiz mehr, ein Lehrbuch zu verfassen und nunmehr für die 4. Auflage zu überarbeiten, das den heutigen Anforderungen an Prägnanz und Kürze Genüge zu tun, gleichzeitig aber all jene Inhalte zu erfassen versucht, die auch in der Gegenwart als unerlässlich für das Verständnis von Staat und Verfassung angesehen werden können. Als Einführungslehrbuch vermöge es einen systembildenden Einblick in die Grundlagen von Staat und Verfassung zu geben und gleichsam als „Navigator" an jene tieferen Theorien heranzuführen, die im Original freilich noch weit besser zu studieren sind, als sie in einem Lehrbuch je zusammengefasst werden könnten. Einzelne besonders pointierte Aussagen dieser Originaltexte wurden als einleitende „Mottos" jedem Großkapitel vorangestellt.

Methodisch orientiert sich das Buch vornehmlich an jenem Typus von Staat und Verfassung, der gemeinhin als westlicher Verfassungsstaat bezeichnet wird. Als sehr wesentliche empirische Erkenntnisquelle dafür wird der Verfassungsvergleich erachtet. Die dramatischen Entwicklungen, die gerade in den letzten Jahren viele Staaten und Verfassungen weltweit durchliefen, stellen der Allgemeinen Staatslehre neue Herausforderungen und Fragen, die bei der Überarbeitung des Lehrbuchs für die 4. Auflage weitestmöglich berücksichtigt wurden.

Die bibliographischen Verzeichnisse mussten sich auf eine keinen Anspruch auf Vollständigkeit erhebende Literaturauswahl an selektiven Standorten beschränken, wo dies angesichts der behandelten Thematik besonders wichtig erschien.

Herzlicher Dank ergeht an Frau Univ.-Ass. Mag. Angela Dengg, Herrn Univ.-Ass. Mag. Jakob Egger, Herrn Univ.-Ass. MMag. Mathias Eller, Frau Julia Oberdanner, Frau Univ.-Ass. Mag. Linda Rupprechter, Frau Dr. Teresa Sanader, MSc (LSE), BA, Frau Mag. Monika Weber sowie Frau Renate Stemeseder-Wackerle, die mir bei der Erstellung der Literaturverzeichnisse und der redaktionellen Durchsicht behilflich waren. Danken möchte ich außerdem Frau Elisabeth Kainberger und Herrn Peter Wittmann vom Verlag facultas für die hervorragende Zusammenarbeit auch bei dieser 4. Auflage von „Staat und Verfassung".

Innsbruck, im Jänner 2018   Anna Gamper

Inhaltsverzeichnis

Abkürzungsverzeichnis

ABl	Amtsblatt
Abs	Absatz
AEUV	Vertrag über die Arbeitsweise der Europäischen Union
AJPIL	Austrian Journal of Public and International Law (= ZÖR)
altgriech	altgriechisch
AöR	Archiv des öffentlichen Rechts
APuZ	Aus Politik und Zeitgeschichte
Art	Artikel, Article
ASEAN	Association of Southeast Asian Nations
AU	African Union
AVR	Archiv des Völkerrechts
Bd	Band
Bde	Bände
BVerfGE	Entscheidungen des Bundesverfassungsgerichts
bzw	beziehungsweise
ders	derselbe
dh	das heißt
dies	dieselbe(n)
DÖV	Die Öffentliche Verwaltung
EGMR	Europäischer Gerichtshof für Menschenrechte
EMRK	Europäische Menschenrechtskonvention (= Konvention zum Schutze der Menschenrechte und Grundfreiheiten)
ERPL	European Review of Public Law (= Revue Européenne de Droit Public)
et al	et alii
etc	et cetera
EU	Europäische Union
EuConst	European Constitutional Law Review
EuGH	Europäischer Gerichtshof
EuGRZ	Europäische Grundrechte-Zeitschrift
EUV	Vertrag über die Europäische Union
f, ff	folgende(n)
FS	Festschrift
gem	gemäß
GG	Grundgesetz
GRC	Charta der Grundrechte der Europäischen Union
Hg	Herausgeber
ICON	International Journal of Constitutional Law
idgF	in der geltenden Fassung
ILO	International Labour Organization
insbes	insbesondere

iVm	in Verbindung mit
JA	Juristische Arbeitsblätter
JBl	Juristische Blätter
JöR	Jahrbuch des öffentlichen Rechts der Gegenwart
JRP	Journal für Rechtspolitik
JuS	Juristische Schulung
JZ	JuristenZeitung
KSZE	Konferenz über Sicherheit und Zusammenarbeit in Europa
L	Legislatio
lat	lateinisch
leg cit	legis citatae
Lit	Literatur
lit	litera
MERCOSUR	Mercado Común del Sur
NAFTA	North American Free Trade Agreement
NJW	Neue Juristische Wochenschrift
No	Number
Nr	Nummer
NVwZ	Neue Zeitschrift für Verwaltungsrecht
oä	oder ähnliches
OAS	Organization of American States
ÖJZ	Österreichische Juristen-Zeitung
ÖZöR	Österreichische Zeitschrift für öffentliches Recht (= ZÖR)
OSZE	Organisation für Sicherheit und Zusammenarbeit in Europa
PVS	Politische Vierteljahresschrift
RL	Richtlinie
S	Seite
s	siehe
scil	scilicet (= nämlich)
S.C.R.	(Canada) Supreme Court Reports
Sec	Section
sent	sentenza
ua	unter anderem
UN	United Nations
UN Doc	United Nations Document
UNO	United Nations Organization
US	United States
U.S.	United States Reports
USA	United States of America
v	versus
va	vor allem
vgl	vergleiche
VVDStRL	Veröffentlichungen der Vereinigung der Deutschen Staatsrechtslehrer

VwArch	Verwaltungsarchiv
Z	Zahl, Ziffer
ZaöRV	Zeitschrift für ausländisches öffentliches Recht und Völkerrecht
zB	zum Beispiel
ZfP	Zeitschrift für Politik
ZÖR	Zeitschrift für öffentliches Recht
ZParl	Zeitschrift für Parlamentsfragen
ZPEMRK	Zusatz- oder Änderungsprotokoll zur Europäischen Menschen-rechtskonvention
ZRP	Zeitschrift für Rechtspolitik
ZSE	Zeitschrift für Staats- und Europawissenschaften
ZSR	Zeitschrift für Schweizerisches Recht
zT	zum Teil

Ausgewählte Lehr- und Handbücher zum Thema „Staat und Verfassung"

Böckenförde, Geschichte der Rechts- und Staatsphilosophie[2] (2006)
Brinkmann, Verfassungslehre[2] (1994)
Doehring, Allgemeine Staatslehre[3] (2004)
Dorsen et al, Comparative Constitutionalism[3] (2016)
Ermacora, Allgemeine Staatslehre, 2 Bde (1970)
Ermacora, Grundriß einer allgemeinen Staatslehre (1979)
Fleiner/Basta Fleiner, Allgemeine Staatslehre[3] (2004)
Fleiner/Basta Fleiner, Constitutional Democracy in a Multicultural and Globalised
    World (2009)
Ginsburg/Dixon (Hg), Comparative Constitutional Law (2011)
Häberle, Verfassungslehre als Kulturwissenschaft[2] (1998)
Häberle, Europäische Verfassungslehre[8] (2016)
Haller/Kölz/Gächter, Allgemeines Staatsrecht[5] (2013)
Haverkate, Verfassungslehre (1992)
Heller, Staatslehre[6] (1983)
Heringa, Constitutions Compared[4] (2016)
Herzog, Allgemeine Staatslehre (1971)
Jackson/Tushnet, Comparative Constitutional Law[3] (2014)
Jellinek, Allgemeine Staatslehre[3] (1929)
Kelsen, Allgemeine Staatslehre (1925)
Kipp, Staatslehre[2] (1949)
Koja, Allgemeine Staatslehre (1993)
Krüger, Allgemeine Staatslehre[2] (1966)
Küchenhoff/Küchenhoff, Allgemeine Staatslehre[8] (1977)
Lang/Wiener (Hg), Handbook on Global Constitutionalism (2017)
Leisner, Institutionelle Evolution (2012)
Loewenstein, Verfassungslehre[3] (1975)
Mastronardi, Verfassungslehre (2007)
Mayer-Tasch, Politische Theorie des Verfassungsstaates[2] (2009)
Nawiasky, Allgemeine Staatslehre, 4 Teile (1952–1958)
Pernthaler, Allgemeine Staatslehre und Verfassungslehre[2] (1996)
Rosenfeld/Sajó (Hg), The Oxford Handbook of Comparative Constitutional Law (2012)
Saladin, Wozu noch Staaten? (1995)
Schmitt, Verfassungslehre (1928)
Schöbener/Knauff, Allgemeine Staatslehre[3] (2016)
Schuppert, Staatswissenschaft (2003)
Tushnet/Fleiner/Saunders (Hg), Routledge Handbook of Constitutional Law (2013)
Voigt, Staatsdenken (2016)
Weber, Europäische Verfassungsvergleichung (2010)
Wieser, Vergleichendes Verfassungsrecht (2005)
Zippelius, Geschichte der Staatsideen[10] (2003)
Zippelius, Allgemeine Staatslehre[17] (2017)

„Wer Untersuchungen über die Staatsverfassung anstellt und bestimmen will, was und wie beschaffen eine jede ist, muss vor allem anderen den Staat selbst ins Auge fassen und festzustellen suchen, was der Staat ist."

(*Aristoteles*, Politik, 3. Buch, 1. Kapitel, 1274b [Übersetzung])

„Die allgemeine Staatslehre sucht das Fundament der gesamten Staatslehre zu legen, indem sie die Erscheinung des Staates überhaupt sowie die Grundbestimmungen, die er darbietet, wissenschaftlicher Forschung unterzieht. Ihre Resultate werden nicht durch Untersuchung einer staatlichen Einzelindividualität, sondern vielmehr der gesamten geschichtlich-sozialen Erscheinungsformen des Staates gewonnen."

(*Georg Jellinek*, Allgemeine Staatslehre[3] [1929] 9 f)

1. Kapitel: Staat und Verfassung im Spektrum der Wissenschaften

Lit: *Achterberg*, Die gegenwärtigen Probleme der Staatslehre, DÖV 1978, 668; *Böckenförde*, Geschichte der Rechts- und Staatsphilosophie[2] (2006); *von Arnauld*, Öffnung der öffentlich-rechtlichen Methode durch Internationalität und Interdisziplinarität: Erscheinungsformen, Chancen, Grenzen, VVDStRL 74 (2015), 39; *von Bogdandy/Cruz Villalón/Huber* (Hg), Handbuch Ius Publicum Europaeum, Bd I (2007), Bd II (2008); *von Bogdandy*, Comparative Constitutional Law: A Contested Domain, in: Rosenfeld/Sajó (Hg), The Oxford Handbook of Comparative Constitutional Law (2012) 25; *Colomer*, Comparative Constitutions, in: Rhodes/Binder/Rockman (Hg), The Oxford Handbook of Political Institutions (2006) 217; *Depenheuer/Grabenwarter* (Hg), Verfassungstheorie (2010); *Doehring*, Allgemeine Staatslehre[3] (2004); *Dorsen* et al, Comparative Constitutionalism[3] (2016); *Dreier/Graf/Hesse* (Hg), Staatswissenschaften und Staatspraxis (2011); *Ermacora*, Verfassungslehre gegen Lehre vom Verfassungsrecht?, FS Walter (1991) 137; *Fleiner/Basta Fleiner*, Allgemeine Staatslehre[3] (2004); *Gamper*, Verfassungsvergleichung und „gemeineuropäischer" Verfassungsstaat, ZÖR 63 (2008), 359; *Haack*, Primitive Staatstheorie, Der Staat 2012, 57; *Häberle*, Rechtsvergleichung im Kraftfeld des Verfassungsstaates (1992); *ders*, Europäische Verfassungslehre[8] (2016); *ders,* Vergleichende Verfassungstheorie und Verfassungspraxis (2016); *Haller/Kölz/Gächter*, Allgemeines Staatsrecht[5] (2013); *Heringa*, Constitutions Compared[4] (2016); *Hirschl*, Comparative Matters (2013); *Jackson*, Comparative Constitutional Law: Methodologies, in: Rosenfeld/Sajó (Hg), The Oxford Handbook of Comparative Constitutional Law (2012) 54; *Jackson/Tushnet*, Comparative Constitutional Law[3] (2014); *Jann*, Staatslehre – Regierungslehre – Verwaltungslehre, in: von Bandemer/Wewer (Hg), Regierungssystem und Regierungslehre (1989) 33; *Jellinek*, Allgemeine Staatslehre[3] (1929); *Kafka*, Allgemeine Staatslehre und Politikwissenschaft, JBl 1974, 493; *Kelsen*, Allgemeine Staatslehre (1925); *Koja*, Der Begriff der allgemeinen Staatslehre, FS Adamovich (1992) 244; *ders*, Allgemeine Staatslehre (1993); *Kokott*, Die Staatsrechtslehre und die Veränderung ihres Gegenstandes: Konsequenzen von Europäisierung und Internationalisierung, VVDStRL 63 (2003), 7; *Lepsius*, Braucht das Verfassungsrecht eine Theorie des Staates?, EuGRZ 2004, 371; *Loughlin*, In Defence of Staatslehre, Der Staat 2009, 1; *Morlok*, Was heißt und zu welchem Ende studiert man Verfassungstheorie? (1988); *Pernthaler*, Allgemeine Staatslehre und Verfassungslehre[2]

(1996); *Röhl,* Öffnung der öffentlich-rechtlichen Methode durch Internationalität und Interdisziplinarität: Erscheinungsformen, Chancen, Grenzen, VVDStRL 74 (2015), 7; *Rosenfeld/Sajó* (Hg), The Oxford Handbook of Comparative Constitutional Law (2012); *Schulze-Fielitz* (Hg), Staatsrechtslehre als Wissenschaft, Die Verwaltung 2007, Beiheft 7; *Schuppert,* Staatswissenschaft (2003); *Sontheimer,* Politische Wissenschaft und Staatsrechtslehre (1963); *Starck,* Rechtsvergleichung im öffentlichen Recht, JZ 1997, 1021; *Tushnet,* Comparative Constitutional Law, in: Reimann/Zimmermann (Hg), The Oxford Handbook of Comparative Law (2008) 1225; *Tushnet/Fleiner/Saunders* (Hg), Routledge Handbook of Constitutional Law (2013); *Vesting,* Die Staatsrechtslehre und die Veränderung ihres Gegenstandes: Konsequenzen von Europäisierung und Internationalisierung, VVDStRL 63 (2003), 41; *Voßkuhle,* Die Renaissance der „Allgemeinen Staatslehre" im Zeitalter der Europäisierung und Internationalisierung, JuS 2004, 2; *Weber,* Europäische Verfassungsvergleichung (2010); *Wieser,* Vergleichendes Verfassungsrecht (2005).

I. Allgemeines

Seit der Antike stellt die **Lehre von den Staaten und ihren (im weiten Sinn) Verfassungen** einen wissenschaftlichen Untersuchungsgegenstand dar. Während es in früheren Epochen va die Philosophie war, die sich mit diesen Phänomenen auseinandersetzte („Staatsphilosophie"), zeigt sich seit der Mitte des 19. Jahrhunderts eine deutliche Verfeinerung der unter der Sammelbezeichnung „Staatswissenschaft" entwickelten Lehre und damit eine Streuung der Materie in verschiedene einzelne Disziplinen, wobei die Begriffe Staatslehre und Verfassungslehre eine einschlägige Verankerung im Rahmen der **Rechtswissenschaft** gefunden haben.[1]

Mit den verschiedenen Formen und Entwicklungen von Staaten und Verfassungen beschäftigt sich aber nicht nur die **Rechtswissenschaft**, sondern etwa auch die **Politikwissenschaft, Geschichtswissenschaft, Soziologie, Philosophie** und **Ökonomie**. Daraus wird bereits deutlich, dass Staaten und Verfassungen komplexe Phänomene darstellen, die querschnittartig unter einer Vielzahl von Aspekten betrachtet werden können. Je nach dem gewählten Blickwinkel stehen entweder der (verfassungs-)rechtliche Bezugsrahmen, die politische Wirklichkeit, historische Entwicklungen, soziale Phänomene, philosophische Theorien oder wirtschaftliche Zusammenhänge ausschließlich oder wenigstens überwiegend im Vordergrund.

Im Folgenden soll eine in erster Linie **rechtswissenschaftliche Darstellung** der Phänomene Staat und Verfassung vorgenommen werden. Zum besseren Verständnis wird es aber immer wieder notwendig sein, auf Erkenntnisse zurückzugreifen, die sich insbes aus der Staats- und Verfassungsphilosophie, aus der Staats- und Verfassungsgeschichte oder auch aus der Untersuchung politischer Systeme ergeben. Gerade an den Schnittstellen der verschiedenen Staatswissenschaften zeigt sich, dass die Allgemeine Staatslehre und Verfassungslehre letztlich auch von diversen anderen Wissenschaften als „Hilfswissenschaften" mitgetragen sind.

---

[1]   Beispielhaft dafür etwa die Teilung des von *Johann Caspar Bluntschli* 1852 verfassten „Allgemeinen Staatsrechts" in drei Bände „Allgemeine Staatslehre", „Allgemeines Staatsrecht" und „Politik" ab der 5. Auflage 1875.

II. Die Allgemeine Staatslehre und ihre „Hilfswissenschaften"

1. Staatsphilosophie

Die **Staatsphilosophie** ist die **älteste Vorläuferdisziplin** der Allgemeinen Staatslehre. Bereits antike Philosophen wie *Platon*, *Aristoteles*, *Polybios* oder *Cicero* setzten sich spezifisch mit dem Staat, dem Menschen im Staat (zentral: Gerechtigkeit und Gemeinwohl) sowie der Bedeutung des Gesetzes (*Nomos*-Lehre) auseinander. Im Mittelalter stand die abendländische Staatsphilosophie stark im Zeichen der christlichen Theologie (zB *Augustinus, Thomas von Aquin, Johannes Duns Scotus, Marsilius von Padua, Wilhelm von Ockham*). Antikes, insbes aristotelisches Gedankengut wurde durch den spanisch-arabischen Gelehrten *Averroes* (*Ibn Ruschd*) und die christliche Scholastik (*Thomas von Aquin, Francisco de Vitoria, Bartolomé de Las Casas, Francisco Suárez*) wiederbelebt. Erst im Laufe der Neuzeit erfolgten die allmähliche Entkoppelung der Staatslehre von der Philosophie und ihre rechtswissenschaftliche Orientierung. Die Lehren der Aufklärung waren für die Vorstellung des modernen Verfassungsstaats grundlegend.

Von ihrer Methodik her ist die Staatsphilosophie also nicht rechtswissenschaftlich angelegt. Ihre Fragestellungen betreffen zentral die Entstehung staatlich verfasster Gemeinwesen, ihre Legitimation, Aufgaben und Zwecke. Insbes geht es auch um die Position des Menschen im Staat und damit um eine Konzeption des „Menschenbildes". Gerade in neuerer Zeit ist es Anliegen der Staatsphilosophie, die Menschenwürde des Einzelnen als eine Form der Begrenzung staatlicher Macht- und Herrschaftsausübung nachzuweisen. Im Gegensatz zu manchen anderen Disziplinen sucht die Staatsphilosophie nach Idealformen und vertritt dabei zT ethische Wertgesichtspunkte. Vielfach baut sie auf Erkenntnissen auf, die aus der Verfassungsgeschichte und Politikwissenschaft gewonnen werden.

2. Verfassungsvergleichung in Raum und Zeit

Verfassungsvergleichung im engeren Sinn („Verfassungsvergleichung im Raum") wird als „Zwillingsschwester" der **Verfassungsgeschichte** („Verfassungsvergleichung in der Zeit") bezeichnet (*Konrad Zweigert/Hein Kötz*). Auch die Verfassungsgeschichte ist damit letztlich nur eine Variante der **Verfassungsvergleichung im weiteren Sinn**, indem sie die Verfassungen unterschiedlicher historischer Epochen untersucht, in ihrer chronologischen Entwicklung betrachtet und vergleicht. Dagegen bezieht sich die (aktuelle) Verfassungsvergleichung auf die geltenden Verfassungen (einschließlich Verfassungsrechtsprechung und Lehre) der heutigen Staatenwelt. Dabei kann nach der allgemeinen Methodik des Rechtsvergleichs zwischen **Mikro-** und **Makrovergleich** unterschieden werden. Im ersten Fall handelt es sich um den Vergleich einzelner verfassungsrechtlicher Institutionen oder Materien, während im zweiten Fall eine Verfassungsordnung als solche, ihre Traditionen und ihr System mit einer anderen verglichen werden.

Die Verfassungsvergleichung liefert mit ihrer **empirischen Ausrichtung** besonders wertvolle Erkenntnisse für die Allgemeine Staatslehre, da es der Vergleich ermöglicht, Modelle und Typologien zu entwickeln. So finden sich auch bereits in den ältesten Werken der Staatsphilosophie verfassungsvergleichende Abschnitte, die aus Beobachtungen von „Verfassungen" realer Staaten abstrakte Schlussfolgerungen zu ziehen suchten. So sammelte und untersuchte etwa *Aristoteles* 158 „Verfassungen" der damaligen bekannten Staatenwelt, die allerdings dem modernen Verfassungsbegriff nur sehr beschränkt entsprachen.

Die Verfassungsvergleichung ist heute eine weltweit vernetzte Wissenschaft, die sich nicht auf eine isolierte Darstellung einzelner Verfassungen beschränkt, sondern vielmehr versucht, durch die synoptische Betrachtung verfassungsrechtlicher Institutionen, Kulturen und Entwicklungen Typologien zu erstellen, Faktoren der Heterogenität oder Homogenität herauszuarbeiten und daraus wechselseitige Problemlösungsansätze zu gewinnen, die auch als *legal transplants* genützt werden können. *Constitutional engineering*, also das Entwerfen und Gestalten von Verfassungen, baut vielfach auf vergleichenden Erfahrungen anderer Verfassungen auf. Der Vergleich der verschiedenen Typen des **westlichen Verfassungsstaats**, wie er in Europa und Nordamerika entstanden ist,[2] dominiert, weil sich der westliche Verfassungsstaat weltweit am stärksten – zT freilich in Mischformen – durchgesetzt hat. Dessen ungeachtet darf nicht vergessen werden, dass auch in anderen Rechtstraditionen Verfassungsmodelle entwickelt wurden, die von der Verfassungsvergleichung nicht vernachlässigt werden sollten.[3]

Darüber hinaus stellt die Verfassungsvergleichung auch die Unterform einer rechtswissenschaftlichen **Auslegungsmethode** dar: Als „fünfte Auslegungsmethode" (*Peter Häberle*) tritt die **Rechtsvergleichung** zu den vier klassischen *Savigny*schen Methoden der grammatikalischen, systematischen, historischen und teleologischen Interpretation hinzu. Man kann die rechtsvergleichende Auslegungsmethode aber auch als eine Variante der systematischen Interpretation ansehen, sofern mit ihr eine Auslegung im Kontext von Mehrebenensystemen vorgenommen wird; darüber hinaus kann sie insofern an andere Auslegungsmethoden anknüpfen, als zB eine historische Auslegung ergibt, dass eine fremde Rechtsordnung entwicklungsgeschichtlich zum Vorbild der eigenen genommen wurde. Anerkannt wurde die Rechtsvergleichung als Auslegungsmethode durch die Rechtsprechung des EGMR und des EuGH, die sich immer wieder auf die gemeinsamen europäischen Verfassungsüberlieferungen (vgl etwa auch Art 6 Abs 3 EUV, Art 52 Abs 4 GRC) beziehen; eine bekannte positivrechtliche Verankerung als grundrechtliche Interpretationsmethode findet die Rechtsvergleichung in Sec 39 Abs 1 lit c der südafrikanischen Verfassung. Nationale Verfassungsgerichte zeigen unterschiedliche Bereitschaft, die rechtsvergleichende Methode anzuerkennen und anzuwenden: Ihre Befürworter verweisen auf die zunehmende Globalisierung des Verfassungsrechts, während ihre Gegner das Fehlen einer rechtlichen Bindungswirkung sowie einer

---

[2]   Vgl dazu unten 30 ff.
[3]   Vgl dazu unten 39 ff.

demokratischen Legitimation fremden Rechts durch das eigene Staatsvolk betonen. Paradigmatisch für diese unterschiedlichen Haltungen ist der US-amerikanische *Supreme Court*, dessen Richterschaft aus Vertretern beider Seiten zusammengesetzt ist.

Nicht immer einheitlich ist die Terminologie, wenn von **vergleichendem Verfassungsrecht** und **internationalem Verfassungsrecht** die Rede ist. Während das *vergleichende* Verfassungsrecht tatsächlich einen Vergleich zwischen verschiedenen Verfassungen impliziert, muss das *internationale* Verfassungsrecht keinen vergleichenden Charakter haben, sofern man es bloß als das „Verfassungsrecht" einer internationalen Organisation oder als Konglomerat verschiedenster (sub-)nationaler, supra- und internationaler Rechtsquellen mit materiell verfassungstypischem Charakter versteht. Unter *transnationalem* Verfassungsrecht kann wiederum verstanden werden, dass bestimmte verfassungstypische Materien (zB Grundrechte) in unterschiedlichen Rechtsquellen zu finden sind (zB in der Völkerrechtsordnung, im Unionsrecht und in nationalen Verfassungen) und insofern Grenzen nationalstaatlicher Rechtsordnungen überschreiten und überlagern. In den letzten Jahren ist international der Begriff des *cosmopolitan constitutionalism* gebräuchlich geworden, der auf der Annahme beruht, dass alle Verfassungen weltweit gewisse „kosmopolitische" Strukturen und Inhalte teilten und dabei gegenseitig sowie mit inter- und supranationalem Recht in Wechselwirkung stünden. Bisher kann die Existenz eines derartigen „Weltverfassungsrechts" in inhaltlicher Hinsicht aber nur beschränkt auf einzelne Verfassungsprinzipien bei gleichzeitig hohem Abstraktionsgrad und auf eine Mehrheit der Verfassungen nachgewiesen werden.

3. Politikwissenschaft

Die **Politikwissenschaft** beschäftigt sich nach ihrem Selbstverständnis mit **Politik**. Politik steht mit Staat und Verfassung naturgemäß in einem engen Zusammenhang, ist damit aber nicht deckungsgleich. In der **Politischen Theorie** werden Ziele und Legitimation politischen Handelns theoretisch zu begründen versucht, während die **Vergleichende Politikwissenschaft** (früher: vergleichende Regierungslehre) das politische System und die beobachtbare Wirklichkeit politischen Handelns untersucht; in den **Internationalen Beziehungen** schließlich bildet das politische Handeln im zwischenstaatlichen Verhältnis den Untersuchungsgegenstand. Anknüpfungspunkte zur Allgemeinen Staatslehre ergeben sich insbes in der Vergleichenden Politikwissenschaft, die politische Systeme und politisches Handeln empirisch untersucht und vergleicht. Die staatliche Verfassung wird dort allerdings nur als ein Faktor von mehreren angesehen, die politische Prozesse beeinzuflussen vermögen; umgekehrt wird gerade auch untersucht, welche politischen Bedingungen und Entwicklungen hinter Verfassungsreformen stehen. Erkenntnisse aus der Politikwissenschaft können dazu beitragen, Unterschiede zwischen Formal- und Realverfassung schärfer zu erkennen und damit eine rechtswissenschaftliche Untersuchung verfassungsrechtlicher Institutionen um die Perspektive der „Verfassungswirklichkeit" zu ergänzen.

4. Verfassungsrecht

Verfassungsrecht als Forschungsgegenstand ist eine **rechtswissenschaftliche Disziplin**, welche die Untersuchung einer *konkreten* staatlichen Verfassung zum Gegenstand hat, was ihr mitunter die (nicht sehr glückliche) Bezeichnung „Besondere Staats(rechts)lehre" eingetragen hat. Verfassungsrecht weist die wohl engste Verbindung zur Allgemeinen Staatslehre und Verfassungslehre auf. Gemeinsam ist diesen Disziplinen ihr rechtswissenschaftlicher Zugang, der Verfassungen zur primären Bezugsgröße nimmt. Während sich Verfassungsrecht aber immer an der konkreten Verfassung eines einzelnen Staats orientiert, ist die Allgemeine Staatslehre eine, wie aus der Bezeichnung „allgemein" schon hervorgeht, abstrakte Wissenschaft, die nicht auf einen einzelnen oder einzigen konkreten Staat oder seine Verfassung bezogen ist. Gleichwohl schöpft die Allgemeine Staatslehre ihre Erkenntnisse überwiegend aus dem vergleichenden Verfassungsrecht und damit aus dem Vergleich vieler konkreter Verfassungen der Vergangenheit und Gegenwart.

5. Allgemeine Staatslehre und Verfassungslehre

Die **Allgemeine Staatslehre** beschäftigt sich mit den **theoretischen Grundlagen staatlicher Ordnungen**. Sie ist ihrer Bezeichnung nach eine **abstrakte** Wissenschaft, die auf einem **primär rechtswissenschaftlich ausgerichteten Mischansatz** beruht. Dieser Mischansatz vereinigt ein Bündel unterschiedlicher Disziplinen als Hilfswissenschaften, worunter insbes die Verfassungsvergleichung und Staatsphilosophie von Bedeutung sind. Auch Erkenntnisse der Politikwissenschaft können gewinnbringend für die Allgemeine Staatslehre sein, wiewohl eine generelle methodische Vermischung vermieden werden sollte. Der größte Unterschied der Allgemeinen Staatslehre zur Politikwissenschaft besteht eben darin, dass in der Allgemeinen Staatslehre das theoretische Verständnis von staatlichen Ordnungen schwerpunktmäßig durch das theoretische Verständnis von staatlichen Rechtsordnungen (insbes Verfassungen) geprägt wird und dass außerrechtliche „politische" Phänomene, ohne dabei als Realität geleugnet zu werden, für die Bildung dieses Verständnisses prinzipiell unmaßgeblich sind.

Erkenntnisse ergeben sich für die Allgemeine Staatslehre daher aus einer Theoriebildung, die auf der (vergleichenden) Betrachtung staatlicher Verfassungen, unter Berücksichtigung ihrer historischen Entstehung und staatsphilosophischen Überhöhung, beruht, während die Politikwissenschaft die staatliche Verfassung nur als einen von vielen Einflussfaktoren politischer Phänomene begreift. Es ist aber auch nicht möglich, der theorielastigen Allgemeinen Staatslehre dieselbe reduktionistische, rechtsnormorientierte Methodik zugrunde zu legen, wie sie der Rechtspositivismus für die Interpretation einer konkreten Verfassung fordert. Die Allgemeine Staatslehre befasst sich nicht mit der Auslegung einzelner Verfassungen, sondern erforscht vielmehr das Phänomen „Staat" schlechthin – und das Wirken der Verfassung in ihm.

Vielfach ergeben sich Überlappungen der Allgemeinen Staatslehre zur **Verfassungslehre**, die sich mit den **theoretischen Grundlagen der Verfassung** auseinandersetzt. Dass die Staatslehre den Staat, die Verfassungslehre die Verfassung zum theoretischen Untersuchungsgegenstand hat, ist allerdings kein präzises Unterscheidungsmerkmal. Denn auch die Allgemeine Staatslehre wurde als rechtswissenschaftliche Disziplin in eine Richtung geprägt, die sich zentral mit der staatlichen Verfassung auseinandersetzt. Während aber die Allgemeine Staatslehre den Blickwinkel auf das Funktionieren der Verfassung *im* Staat und ihre Bedeutung *für* den Staat richtet, die Verfassung daher als wichtigstes, aber nicht ausschließliches Regulierungsinstrument einer staatlichen Ordnung begreift und mithin eine erweiterte Sichtweise vertritt – weil zB nicht alle Staaten Verfassungsstaaten sein müssen, weil auch andere Rechtsnormen als Verfassungen für die staatliche Ordnung relevant sein können, weil die theoretischen Grundlagen staatlicher Ordnungen nicht auf verfassungstheoretische beschränkt sind –, erarbeitet die Allgemeine Verfassungslehre die theoretischen Grundlagen von Verfassungen selbst.

Die Allgemeine Staatslehre ist damit eher von einer Außensicht der Verfassung als *instrument of government* – so übrigens auch der Eigenname einiger bekannter Verfassungsdokumente – geprägt, wogegen die Allgemeine Verfassungslehre das Phänomen „Verfassung" stärker von einer systematisierenden Innensicht aus wahrnimmt. Da aber Untersuchungsgegenstand der Allgemeinen Staatslehre primär der Verfassungsstaat ist, fallen die Erkenntnisse der Allgemeinen Staatslehre und der Verfassungslehre überwiegend zusammen; häufig wird daher wissenschaftlich nicht exakt zwischen beiden Fächern unterschieden bzw die Allgemeine Verfassungslehre als Teil der Allgemeinen Staatslehre betrachtet. Durch die Globalisierung des Rechts, wie sie nicht zuletzt auch in der Entwicklung eines *cosmopolitan constitutionalism* zum Ausdruck kommt, beziehen sich die moderne Allgemeine Staatslehre und Verfassungslehre auf Staaten und Verfassungen freilich nicht als isolierte nationale Phänomene, sondern erfassen diese unter Einbeziehung ihrer inter-, supra- und transnationalen Einbettung.

„Ist der Staat ein Normensystem, kann er nur die positive Rechtsordnung sein, weil neben dieser die Geltung einer anderen Ordnung ausgeschlossen sein muß.“

(*Hans Kelsen*, Allgemeine Staatslehre [1925] 17)

„With us, laws therefore are called constitutional, because they refer to subjects supposed to affect the fundamental institutions of the state.“

(*Albert V. Dicey*, Introduction to the Study of the Law of the Constitution[10] [1965] 127)

2. Kapitel:
Der Staat als verfassungsrechtliche Einheit

I. Die Entstehung des Staats:
Entwicklungsgeschichtlicher Überblick

Lit: *Badura,* Geschichtlichkeit und Zeitgebundenheit der Verfassung, JöR 52 (2004), 165; *Demandt,* Antike Staatsformen (1995); *Doehring,* Allgemeine Staatslehre[3] (2004); *Fleiner/ Basta Fleiner,* Allgemeine Staatslehre[3] (2004); *Ehrenzeller* et al (Hg), Staatsverständnisse – ein interdisziplinärer Gedankenaustausch (2017); *Friedrich,* Der Verfassungsstaat der Neuzeit (1953); *Geiß,* „Failed States" (2005); *Grimm,* Ursprung und Wandel der Verfassung, in: Isensee/Kirchhof (Hg), Handbuch des Staatsrechts der Bundesrepublik Deutschland, Bd I: Historische Grundlagen[3] (2003) 3; *Gosewinkel/Masing* (Hg), Die Verfassungen in Europa 1789-1949 (2006); *Häberle,* Der Verfassungsstaat in entwicklungsgeschichtlicher Perspektive, FS Stern (1997) 143; *ders,* The Constitutional State and Its Reform Requirements, Ratio Iuris 13 (2000), 77; *Haller/Kölz/Gächter,* Allgemeines Staatsrecht[5] (2013); *Herzog,* Staaten der Frühzeit[2] (1997); *Hintze,* Staat und Verfassung (1962); *Jellinek,* Allgemeine Staatslehre[3] (1929); *Kelsen,* Allgemeine Staatslehre (1925); *Kipp,* Staatslehre[2] (1949); *Lang/ Wiener* (Hg), Handbook on Global Constitutionalism (2017); *Loewenstein,* Rom und die Allgemeine Staatslehre, AöR 1971, 1; *Nawiasky,* Allgemeine Staatslehre, Zweiter Teil, Bd II (1955); *ders,* Allgemeine Staatslehre, Vierter Teil (1958); *Pernthaler,* Allgemeine Staatslehre und Verfassungslehre[2] (1996); *Reinhard,* Geschichte der Staatsgewalt[3] (2002); *ders,* Aufstieg und Niedergang des modernen Staates, ZSE 2007, 8; *Rolin,* Der Ursprung des Staates (2005); *Schambeck,* Antikes griechisches Rechtsdenken und moderner Staat, FS Loebenstein (1991) 141; *Voigt,* Den Staat denken[3] (2014); *ders,* Staatsdenken (2016); *Willoweit/Seif,* Europäische Verfassungsgeschichte (2003); *Zippelius,* Geschichte der Staatsideen[10] (2003); *ders,* Allgemeine Staatslehre[17] (2017).

1. Frühformen des Staats und antiker Staat

Die Entstehung des Staats im Sinne eines eine Personengruppe auf einem bestimmten Gebiet dauerhaft umschließenden, kephalen (wörtlich: „mit einem Kopf versehenen", dh durch einen Träger von Herrschaftsgewalt gekennzeichneten) Gemeinwesens reicht zumindest bis in das alte Ägypten und Mesopotamien zurück.

Nicht exakt datieren lässt sich, wann sich aus den prähistorischen, akephalen Gesellschaftsformen erste staatliche Gemeinschaften entwickelten. Die Ursachen der Staatsbildung dürften insbes im Sesshaftwerden ursprünglich nomadischer Stämme, im technischen Fortschritt sowie in Expansion und Eroberung von fremden Völkern bewohnter Gebiete begründet sein. Zunehmend entwickelten sich eine innere Gliederung und Organisation der Gesellschaft in diejenigen, die Herrschaft ausübten, und diejenigen, die dieser Herrschaft unterworfen waren; je größer das Herrschaftsgebiet und die Zahl der dort lebenden Personen, je komplexer die Gesellschaft und ihre Lebensverhältnisse wurden, desto unabdingbarer wurde eine geordnete Herrschaftsausübung.

Die staatsgeschichtlich am besten erforschten Beispiele **antiker Staaten** sind die griechischen Stadtstaaten, von denen die *Polis* Athen und die *Polis* Sparta zu den mächtigsten zählten, sowie das Römische Reich, das sich vom Stadtstaat hin zu einem der größten Reiche der Weltgeschichte wandelte. Diese Staaten zeichnet nicht nur aus, **frühe Elemente der Staatlichkeit** entwickelt zu haben, die selbst für den modernen Staat noch von Bedeutung sind; es ist auch die gleichzeitige, reflexive Entwicklung einer **Staatsphilosophie**, die auch Grundlagen für die Allgemeine Staatslehre lieferte. So stammen aus der Antike wesentliche staatsorganisatorische „Erfindungen", wie Volksversammlungen oder gewählte Volksvertretungen mit gesetzgebenden Befugnissen, Adeligenkammern, Ämterhierarchien oder Staatsnotstandsregelungen; weiters das „Vier-Augen-Prinzip" im Sinne gegenseitiger Gewaltenkontrolle und andere Ansätze von Gewaltenteilung. Aus der Antike stammen aber auch zahlreiche institutionelle **Begriffe** der modernen Staatslehre, wie zB Senat, Diktator, Plebiszit sowie fast die gesamte Terminologie der Staats- und Regierungsformenlehre (Monarchie, Republik, Monokratie, Oligarchie, Demokratie, jeweils mit zahlreichen Nebenbegriffen).[4]

Aus den Lehren der antiken Staatsphilosophie behielten bis heute große Bedeutung: die „gemischte" Verfassung, verschiedene Staats- und Regierungsformen, die Notwendigkeit der Ordnung des Gemeinwesens durch Gesetze, die Zusammenhänge zwischen Individuum und Staat sowie das Gemeinwohl als oberster Staatszweck. Der Antike letztlich fremd waren allerdings moderne verfassungsstaatliche Elemente wie allgemeine Grund- und Menschenrechte, ein umfassendes Demokratieverständnis oder wirksame und unabhängige Rechtsschutzeinrichtungen, aber auch generell die Vorstellung von gesatztem Verfassungsrecht sowie die Unterscheidung zwischen formeller und materieller Verfassung.

2. Der mittelalterliche Staat

Im **Mittelalter** präsentierte sich die europäische Staatenwelt in einem zersplitterten und in unzählige Kleinordnungen aufgespaltenen System (**feudale Lehensherrschaft**). Es existierten keine großflächigen Staaten mit einheitlicher und unmittelbar durchgreifender Herrschaftsgewalt, sondern pyramidenartig übereinander geschichte-

---

[4] Vgl dazu unten 137 ff.

te, intermediäre[5] (dh von der Herrschaftsgewalt an der Spitze abgeschirmte) Ordnungen; auch die Lehre vom so genannten Patrimonialstaat fußt auf der Vorstellung von einem territorialen „Obereigentum" (*patrimonium*), das dem Landesherrn zustünde. Typisch waren auch der starke **Korporativismus** (Stände, Zünfte) sowie das im Investiturstreit kulminierende *Ordo*-Denken der Kirche, das die Legitimation aller Herrschaftsgewalt letztlich auf Gott und nicht auf die weltliche Macht zurückführte. Die mittelalterliche Staatsphilosophie war stark von der christlichen Theologie und dem Ideal eines Gottesstaats geprägt, der dem auf Grund des Sündenfalls des Menschen geschaffenen irdischen Staat gegenüberstehe (*Augustinus*) oder der das Vorbild eines das Gemeinwohl verwirklichenden irdischen Staats darstelle (*Thomas von Aquin*). Nur vereinzelt entstanden Dokumente, die auf Grund ihres Inhalts punktuelle Ansätze einer Verfassung aufweisen (paradigmatisch die *Magna Carta Libertatum* von 1215), während Vorstellungen von Verfassungsrecht im formellen Sinn, die staatliche Ordnung umfassenden Verfassungen oder dem Erfordernis der materiellen Grundwerte des heutigen Verfassungsstaats fehlten.

3. Der neuzeitliche Staat

Die entscheidende Entwicklung des Staats zum modernen Verfassungsstaat blieb daher der **Neuzeit** vorbehalten. Maßgeblich dafür waren die Abkehr vom im Mittelalter gegliederten Gemeinwesen zu nach innen wie außen einheitlichen und geschlossenen **Zentralstaaten** mit **absoluten Herrschern**, die Schwächung des Stände- und Zunftwesens sowie der zunehmende Rückzug der Kirche aus dem Bereich der weltlichen Macht. Bezeichnend für die frühneuzeitliche Vorstellung vom Staat als einer rechtlichen Einheit mit einem einzigen die Staatsgewalt innehabenden Herrscher an der Spitze ist *Niccolò Machiavelli*s Werk „*Il Principe*" („Der Fürst"), in dem auch der Begriff des Staats (> lat *status* = Zustand) in einer seiner frühesten modernen Verwendungen hervorsticht: „*Tutti gli stati, tutti e'dominii che hanno avuto e hanno imperio sopra gli uomini, sono stati e sono o republiche o principati.*"[6] Theoretischer Wegbereiter des **Absolutismus** war weiters *Jean Bodin*, der in seiner **Souveränitätslehre** die Idee des an keine weltlichen Gesetze, sondern nur die göttlichen Gebote gebundenen, souveränen Herrschers entwarf (*princeps legibus solutus est*). Vor dem Hintergrund religiöser Konflikte und Bürgerkriege erschien die Souveränität eines omnipotenten, tugendsamen Herrschers als einzige Möglichkeit, Frieden und Einheit des Staats herzustellen. Die Souveränität war nach der *Bodin*schen Vorstellung daher untrennbar mit der Gestalt des Monarchen verknüpft (Fürstensouveränität).[7]

---

5   Vgl dazu unten 128 ff.

6   „Alle Staaten, alle Herrschaften, die Gewalt über die Menschen besessen haben und besitzen, waren und sind Republiken oder Fürstentümer." (*Machiavelli*, Il Principe, 1. Kapitel [Übersetzung]).

7   Bezeichnend dafür ist etwa der *Ludwig XIV.* zugeschriebene Ausspruch: „*L'État, c'est moi*". Eine Trennung von Staat und Herrscherpersönlichkeit indiziert hingegen bereits die Äußerung *Friedrichs II.* von Preußen, wonach „der Herrscher der erste Diener des Staates" sei.

Thomas Hobbes ergänzt diese Vorstellung von einem einheitlichen, machtvollen Staatswesen durch die Annahme einer **gesellschaftsvertraglich** begründeten Übertragung der Einzelgewalt der Menschen an den mit einem Gewaltmonopol ausgestatteten und daher „souveränen" Staat.[8] Die Aufklärung verband den Gesellschaftsvertrag mit dem von *Jean-Jacques Rousseau* entworfenen Konzept der **Volkssouveränität**: Danach legitimiert sich ein Staat über das souveräne Volk, das ihn durch den Gesellschaftsvertrag begründet. Der Herrscher an der Spitze eines solchen Staats ist demzufolge selbst nicht souverän, sondern bekommt seine Herrschaftsgewalt übertragen. Nach den Lehren von *John Locke, Immanuel Kant* und *Charles-Louis de Secondat, Baron de La Brède de Montesquieu* ist diese staatliche Herrschaftsgewalt beschränkt, da dem Menschen **unveräußerliche**, seiner Natur immanente **Rechte** verbleiben. *Montesquieu* entwarf ein System der **Gewaltenteilung** und gegenseitigen Gewaltenbeschränkung, die ebenso wie die Prinzipien der Volkssouveränität und der Grundrechte mittlerweile zum Kern jedes modernen Verfassungsstaats gehören.

Auf dem Boden dieser Theorien entstanden die **ersten Verfassungen**, die unserem heutigen Verständnis entsprechen. Im weiten Sinn bedeutet „Verfasstsein" eines Staats zwar lediglich ein Geordnetsein durch bestimmte Rechtsakte, die wie immer geartet sein können und nicht notwendigerweise schriftlicher Natur sein müssen. Hingegen beschreibt der Begriff der Verfassung im Sinne der Aufklärung eine Ordnung des Staats, die letztlich auf das souveräne Volk zurückgeht, regelmäßig in geschriebener Form ergeht und die Prinzipien der Demokratie, Gewaltenteilung und Grundrechte sowie andere damit verknüpfte rechtsstaatliche Strukturen verwirklicht. Zu den historisch ältesten Verfassungsdokumenten dieses Typus zählen die *Virginia Bill of Rights* vom 12.6.1776, die amerikanische Unabhängigkeitserklärung vom 4.7.1776, die US-amerikanische Verfassung vom 17.9.1787 (vorbereitet durch zahlreiche einzelne Verfassungen in den zuvor noch konföderierten Gliedstaaten), die französische Erklärung der Menschen- und Bürgerrechte vom 26.8.1789 sowie die französische Verfassung vom 3.9.1791. Älter, aber inhaltlich weniger umfassend sind die *Magna Carta Libertatum* vom 15.6.1215, die *Petition of Right* vom 7.6.1628, das *Instrument of Government* vom 16.12.1653, der *Habeas Corpus Act* vom 27.5.1679 sowie die *Bill of Rights* vom 23.10.1689.

Gleichzeitig mit diesen Verfassungen – die ab dem 19. Jahrhundert weltweit Nachahmung und Fortentwicklung fanden – entstanden die **ersten Verfassungsstaaten**. Man spricht in diesem Zusammenhang auch von **Konstitutionalismus**, der, von frühen Entwicklungen abgesehen, in dieser Zeit beginnt. Der Konstitutionalismus erfährt durch die autoritären und totalitären Systeme des 20. Jahrhunderts sowie die beiden Weltkriege Rückschritte, doch bereitet das Ende des Zweiten Weltkriegs gleichzeitig den Weg zu einer Renaissance des Verfassungsstaats: Einerseits werden viele ehemalige Kolonien unabhängig und geben sich Verfassungen, die typischerweise von den Verfassungstraditionen der ehemaligen Kolonialmächte geprägt sind. Andererseits verfestigt sich der Kerngehalt westlicher Verfassungen,

---

[8] Vgl dazu unten 118 ff.

welcher den Prinzipien der Demokratie, Gewaltenteilung, Grundrechte und Rechtsstaatlichkeit verpflichtet ist. Größere Umbrüche stellten in jüngerer Zeit die Erlassung neuer, westlich orientierter Verfassungen ehemals kommunistischer Staaten sowie die verfassunggebenden Prozesse in verschiedenen Bürgerkriegs- und Transitionsstaaten des so genannten „Arabischen Frühlings", wie Ägypten oder Tunesien, dar.

Mit der Entstehung des Verfassungsstaats verengt sich auch der Staatsbegriff, wie er der Allgemeinen Staatslehre zugrunde liegt: Denn es gibt **verfasste** und **verfassungslose Staaten.**

Verfassungslose Staaten sind allerdings heute kaum mehr anzutreffen (zumeist nur in Transitionsphasen, etwa nach dem Zerfall eines alten und der Gründung eines neuen Staats, ehe zumindest eine vorläufige Verfassung in Kraft gesetzt wird; vgl etwa die Vorgänge in den verschiedenen Transitionsstaaten des so genannten „Arabischen Frühlings") und auch streng von Staaten mit einer bloß **ungeschriebenen Verfassung**, wie etwa das Vereinigte Königreich, Neuseeland oder Israel, zu unterscheiden. Schwierig ist insbes die Abgrenzung zwischen dem verfassungslosen Staat und der **Anarchie**, worunter ein ungezügelter herrschaftsloser Zustand zu verstehen ist, in dem Willkür an der Tagesordnung ist und sich die Macht des Stärkeren durchsetzt.

Verfasste Staaten (Verfassungsstaaten) sind dagegen grundsätzlich alle Staaten, die über eine Verfassung verfügen. Im Regelfall spricht man heute daher von der **Einheit von Staat und Verfassung.** Diese Einheit ist freilich keine absolute: Immer wieder klaffen Formalverfassung (die Verfassung im juristischen Sinn) und Realverfassung (die Verfassungswirklichkeit, wie sie sich in einem realen politischen Alltag ergibt) auseinander – je größer diese Kluft ist, desto weniger stark ist die Einheit von Staat und Verfassung und desto schwächer ist der Verfassungsstaat ausgeprägt. Eine weitere Relativierung der Einheit von Staat und Verfassung ergibt sich aus der breiten Anwendungsmöglichkeit des Begriffs der Verfassung, der nicht nur auf den Staat bezogen werden kann.

II. Die einheitsstiftende Funktion der Verfassung

Lit: *Gamper*, Weltkulturerbe Verfassung, FS Thürer (2015) 183; *Gardbaum*, The Place of Constitutional Law in the Legal System, in: Rosenfeld/Sajó (Hg), The Oxford Handbook of Comparative Constitutional Law (2012) 169; *ders*, The new Commonwealth model of constitutionalism (2013); *Grimm*, Types of Constitutions, in: Rosenfeld/Sajó (Hg), The Oxford Handbook of Comparative Constitutional Law (2012) 98; *Häberle*, Der Sinn von Verfassungen in kulturwissenschaftlicher Sicht, AöR 2006, 621; *Haller/Kölz/Gächter*, Allgemeines Staatsrecht[5] (2013); *Hasebe/Pinelli*, Constitutions, in: Tushnet/Fleiner/Saunders (Hg), Routledge Handbook of Constitutional Law (2013) 9; *Heinig*, Verfassung im Nationalstaat: Von der Gesamtordnung zur europäischen Teilordnung?, VVDStRL 75 (2016), 65; *Hofmann*, Vom Wesen der Verfassung, JöR 51 (2003), 1; *ders*, Zur Entstehung, Entwicklung und Krise des Verfassungsbegriffs, in: Blankenagel et al (Hg), Verfassung im Diskurs der Welt (2004) 157; *Holmes*, Constitutions and Constitutionalism, in: Rosenfeld/

Sajó (Hg), The Oxford Handbook of Comparative Constitutional Law (2012) 189; *Isensee*, Staat und Verfassung, in: ders/Kirchhof (Hg), Handbuch des Staatsrechts der Bundesrepublik Deutschland, Bd II: Verfassungsstaat[3] (2004) 3; *Jacobsohn*, Constitutional Values and Principles, in: Rosenfeld/Sajó (Hg), The Oxford Handbook of Comparative Constitutional Law (2012) 777; *ders*, The formation of constitutional identities, in: Ginsburg/Dixon (Hg), Comparative Constitutional Law (2011) 129; *Jellinek*, Allgemeine Staatslehre[3] (1929); *Kägi*, Die Verfassung als rechtliche Grundordnung des Staates (1945); *Kelsen*, Allgemeine Staatslehre (1925); *Koja*, Die Verfassung, FS Walter (1991) 349; *ders*, Allgemeine Staatslehre (1993); *Loewenstein*, Verfassungslehre[3] (1975); *Mayer*, Verfassung im Nationalstaat: Von der Gesamtordnung zur europäischen Teilordnung?, VVDStRL 75 (2016), 7; *Mohnhaupt/Grimm*, Verfassung[2] (2002); *Mokre*, Zum Begriff der Verfassung im materiellen und formellen Sinn, AöR 1932, 222; *Müller*, Einheit der Verfassung und Vielfalt der Kultur, in: Blankenagel et al (Hg), Verfassung im Diskurs der Welt (2004) 17; *ders*, Die Einheit der Verfassung[2] (2007); *Pace*, Starre und flexible Verfassungen, JöR 49 (2001), 89; *Pernthaler*, Allgemeine Staatslehre und Verfassungslehre[2] (1996); *Rosenfeld*, Constitutional Identity, in: ders/Sajó (Hg), The Oxford Handbook of Comparative Constitutional Law (2012) 756; *Schambeck*, Der Verfassungsbegriff und seine Entwicklung, FS Kelsen (1971) 211; *ders*, Zum Begriff der Verfassung im formellen und materiellen Sinn aus österreichischer Sicht, FS Klecatsky (1990) 247; *Schneider*, Die Verfassung, AöR 1974, Beiheft 1, 64; *Schuppert*, Rigidität und Flexibilität von Verfassungsrecht, AöR 1995, 32; *ders*, Staatswissenschaft (2003); *Starck*, Der demokratische Verfassungsstaat (1995); *ders*, Verfassungen (2009); *Voigt*, Ungeschriebenes Verfassungsrecht, VVDStRL 10 (1952), 34; *Tushnet*, Constitution, in: Rosenfeld/Sajó (Hg), The Oxford Handbook of Comparative Constitutional Law (2012) 217; *Voßkuhle*, Verfassungsstil und Verfassungsfunktion, AöR 1994, 35; *Wahl*, Der Vorrang der Verfassung, Der Staat 1981, 485; *Wiederin*, Über Inkorporationsgebote und andere Strategien zur Sicherung der Einheit der Verfassung, ZÖR 59 (2004), 175; *Wyduckel*, Verfassung und Konstitutionalisierung – Zur Reichweite des Verfassungsbegriffs im Konstitutionalisierungsprozess, FS Schnapp (2008) 893; *Zippelius*, Allgemeine Staatslehre[17] (2017).

1. Der Verfassungsbegriff

„**Verfassung**" ist ein weiter Begriff, der grundsätzlich **drei Bedeutungen** entfalten kann:

Verfassung im Sinne eines **Zustands** oder einer Befindlichkeit; diese Bedeutung ist im Folgenden zu vernachlässigen.

Verfassung im Sinne eines **allgemein ordnungsstiftenden Normenkomplexes** (vom Vereinsstatut bis zur „Kommunalverfassung" und der „EU-Verfassung"); aus dieser allgemeineren Variante leitet sich auch die dritte Bedeutungsvariante ab.

Verfassung im Sinne eines **das staatliche Gefüge regelnden Normenkomplexes**; von diesem „Verfasstsein" des Staats soll im Folgenden die Rede sein.

2. Geschriebene oder ungeschriebene Verfassung

Eine staatliche Verfassung kann **geschriebener** oder **ungeschriebener** Natur sein. Unter einer geschriebenen Verfassung versteht man einerseits eine **kodifi**-

zierte Verfassung. Damit ist gemeint, dass eine Verfassung in einem schriftlichen Dokument, sei es einer „historisch ersten" Verfassungsurkunde, einem Gesetzblatt oder sonstigen Kundmachungsorgan, positivrechtlich verankert wird. Unter einer ungeschriebenen Verfassung wäre dann verfassungsrechtliches Gewohnheitsrecht, unpublizierte Rechtsprechung oder überhaupt Naturrecht zu verstehen, das man jeweils auf Grund seines Inhalts als Verfassungsrecht ansieht.

Andererseits versteht man unter geschriebener Verfassung eine – auch so bezeichnete – Verfassung, die einen formalen Rangunterschied zu gewöhnlichen Gesetzen aufweist. Dementsprechend setzt sich die ungeschriebene Verfassung durchaus aus niedergeschriebenem, jedoch nicht formal gekennzeichnetem bzw nicht unter erhöhten formalen Anforderungen erzeugtem Recht zusammen.

Als paradigmatisch für eine ungeschriebene Verfassung gilt die Verfassung des Vereinigten Königreichs, obwohl sie durchaus (auch) aus geschriebenen Teilen besteht (so bereits aus älterer Zeit die *Magna Carta Libertatum, Petition of Right, Instrument of Government, Bill of Rights, Habeas Corpus Act* etc);[9] auch Richterrecht ist in gewisser Weise „geschrieben", sofern es in einer Urteilssammlung publiziert wird. Jüngere Teile der Verfassung des Vereinigten Königreichs (zB *Human Rights Act 1998, House of Lords Act 1999, Constitutional Reform Act 2005, Succession to the Crown Act 2013* oder die verschiedenen Gesetze über *devolution*[10]) sind sowohl schriftlich als auch kodifiziert (als *Act of Parliament* erlassen und kundgemacht), hingegen nicht formal, dh hinsichtlich ihres Erzeugungsverfahrens und ihrer Bezeichnung, von einfachen Gesetzen unterscheidbar. Die Zuordnung als Verfassungsrecht erfolgt lediglich in materieller Hinsicht, weil es um Inhalte geht, welche die Grundlagen der staatlichen Ordnung betreffen. In jüngster Zeit wurde von Gerichten allerdings vertreten, dass materielles Verfassungsrecht im Sinne der ungeschriebenen Verfassung nur durch eine (ausdrückliche) formelle Derogation geändert werden dürfe und auch in Bezug auf die Auslegung eine Sonderstellung genieße.

Zweifellos ist die Unterscheidung zwischen geschriebener und ungeschriebener Verfassung missverständlich, und es wäre besser, die Unterscheidung nach den Kriterien „formell" und „materiell" zu treffen.[11]

3. Inkorporierte oder fragmentierte Verfassung

Staatliche Verfassungen unterscheiden sich weiters grundlegend danach, ob sie **inkorporiert** oder **fragmentiert** sind. Als inkorporiert bezeichnet man eine Verfassung, die ein geschlossenes, einheitliches und einziges Dokument darstellt. Novellierungen einer solchen Verfassung sind daher immer nur innerhalb dieses Dokuments möglich, Ergänzungen in Form selbständig hinzutretender Verfassungsgesetze ausgeschlossen. Eine fragmentierte Verfassung hingegen besteht aus

---

[9] Vgl dazu unten 238.
[10] Vgl dazu unten 111 f.
[11] Vgl dazu unten 35 f.

verschiedenen selbständigen Teilen oder Rechtsquellen, die im Rang prinzipiell ebenbürtig sind. Inkorporierte Verfassungen sind auf Grund ihrer Geschlossenheit möglicherweise systematischer und weniger von verfassungsrechtlichem „Wildwuchs" bedroht; daraus ergibt sich jedoch mitunter eine besondere Länge (vgl zB die indische Verfassung mit rund 400 Artikeln und 12 Anhängen) und Überfrachtung mit Inhalten, die in besonderen Verfassungsgesetzen strukturierter untergebracht werden könnten.

4. Abänderbare oder unabänderliche Verfassung

Abänderbarkeit und **Unabänderlichkeit** stellen die beiden Pole dar, zwischen denen verschiedene Abstufungen einer „**beweglichen**" oder „**starren**" Verfassung möglich sind.[12] Welche Form die günstigere ist, lässt sich schwer abschätzen. Die völlige Unabänderlichkeit oder zumindest stark erschwerte Abänderbarkeit verhindert oder erschwert notwendige Anpassungen des Verfassungsrechts an sich ändernde Lebenswirklichkeiten; umgekehrt kann eine allzu leichte Abänderbarkeit zu rechtspolitisch bedenklicher Beliebigkeit führen. Häufig sehen Verfassungen daher eine gestufte Abänderbarkeit vor, sodass fundamentale Grundsätze nicht oder nur schwer, andere Verfassungsinhalte hingegen leichter abänderbar sind.[13]

5. Formelle oder materielle Verfassung

Eine letzte grundlegende Unterscheidung kann dahingehend getroffen werden, ob es sich um eine Verfassung im **formellen** oder **materiellen** Sinn handelt.

Im **formellen** Sinn versteht man unter Verfassung einen auf Grund **äußerlicher** Merkmale hervorgehobenen Normenkomplex, gleichgültig, welche Inhalte dieser regelt. Die Verfassung nimmt demnach die formal höchste Rangstufe einer hierarchisch gegliederten Rechtsordnung ein, indem sie einerseits **rechtliche Bedingungsnorm aller niederrangigen Normen** ist, andererseits die **höchste derogatorische Kraft** besitzt. Anders ausgedrückt: Alle staatlichen Normen müssen letztlich in der Verfassung begründet und auf sie zurückführbar sein. Verfassungsrecht darf folglich alle anderen Normen beseitigen oder ändern, und umgekehrt ist eine der Verfassung widersprechende Norm nichtig, vernichtbar (aufhebbar) oder zumindest unanwendbar. Typischerweise zeigt sich der besondere Rang einer Verfassung bereits in ihrer **Bezeichnung** als „Verfassung", „Verfassungsgesetz" und dergleichen. Wesentlich ist aber va das **Verfahren** ihrer Erzeugung und Änderung, das im Vergleich zum normalen Gesetzgebungsverfahren regelmäßig qualifiziert ist.

Verfassungen im **materiellen** Sinn lassen sich durch **bestimmte Inhalte** identifizieren, die sich – unbeschadet ihres formalen Ranges – durch Rechtsvergleich als **verfassungstypische Materien** ergeben und die von der Verfassungstheorie als

---

[12]   Vgl dazu unten 60 ff.
[13]   Vgl dazu unten 60 ff.

charakteristisch erkannt wurden: Es handelt sich um die **Regelung der Grundlagen der staatlichen Ordnung**. Die meisten Verfassungen regeln diese in einer Weise, die den Grundwerten der Demokratie, Gewaltenteilung, Rechtsstaatlichkeit und Grundrechte entspricht. Dieser Verfassungstypus wird als westliche, abendländische oder liberale Verfassung bezeichnet. In diesem Verfassungsbegriff impliziert ist daher eine **Wertentscheidung zu Gunsten bestimmter Verfassungsprinzipien** – und nicht bloß, dass sich die Verfassung *irgendwie* mit der staatlichen Ordnung auseinandersetzt. Die Elemente des westlichen Verfassungsstaats wurden entstehungsgeschichtlich in **Europa** sowie, auch unter Einfluss europäischer Theorien, in **Nordamerika** geprägt und von dort aus in alle Welt exportiert. Heute lässt sich sagen, dass der westliche Verfassungsstaat das erfolgreichste Modell des verfassten Staats darstellt. Eine Unterteilung der westlichen Verfassungen in – wie es eher in der Privatrechtsvergleichung üblich ist – einen „romanischen", „germanischen", „angelsächsischen" und „slawischen" Rechtskreis, aber auch die Kategorisierung außereuropäischer Verfassungen nach ihren (insbes amerikanischen und europäischen) „Mutterverfassungen" bzw nach anderen Kriterien wie Sprache und Religion hat für Verfassungsstaaten nur beschränkte Relevanz, auch wenn sich immer wieder Elemente in Verfassungen finden lassen, die typisch für bestimmte dieser Rechtskreise sind (vgl zB die Rechtssatzform des organischen Gesetzes oder die Institution des Staatsrats in „romanischen" Verfassungen).

Der nicht nur in Europa, sondern auch weltweit am meisten verbreitete Typ der Verfassung kombiniert beide **Kriterien**, dh eine Verfassung, die formell unter anderen Gesetzen herausragt, die aber auch jene Inhalte aufweist, die als verfassungstypisch anzusehen sind, wobei keine völlige Identität zwischen Form und Inhalt bestehen muss (dh auch nicht materiell-verfassungsrechtliche Inhalte in Verfassungsrang stehen können und umgekehrt). Während Fälle, wo *staatliche* Verfassungen ausschließlich *irgendwelche* (nicht-staatsbezogenen) Inhalte regeln, unbekannt sind, gelten immer noch in vielen Staaten Verfassungen, deren Inhalte zwar staatsbezogen sind, allerdings eine staatliche Ordnung herstellen, die den vorerwähnten inhaltlichen Grundwerten nicht entspricht (*„constitution without constitutionalism"*); letztgenannter Typus wurde von *Karl Loewenstein* auch als „semantische" Verfassung bezeichnet. Selbst die „semantischen" Verfassungen formeller Verfassungsstaaten berufen sich jedoch häufig programmatisch auf die Prinzipien des westlichen Verfassungsstaats, ohne sie freilich entsprechend zu konkretisieren.

III. Die Elemente des westlichen Verfassungsstaats

Lit: *D'Atena*, Das demokratische Prinzip im System der Verfassungsprinzipien, JöR 47 (1999), 1; *Gamper*, Dezentralisation als Element „gemeineuropäischer" Verfassungsstaatlichkeit, in: Europäisches Zentrum für Föderalismus-Forschung Tübingen (Hg), Jahrbuch des Föderalismus 2007 (2008) 42; *Häberle*, 1789 als Teil der Geschichte, Gegenwart und Zukunft des Verfassungsstaates, JöR 37 (1988), 35; *ders*, Europäische Verfassungslehre[8] (2016); *Isensee*, Staat und Verfassung, in: ders/Kirchhof (Hg), Handbuch des Staatsrechts der Bundesrepublik Deutschland, Bd II: Verfassungsstaat[3] (2004) 3;

Pernthaler, Wesensmerkmale des Verfassungsstaates („Konstitutionalismus"), FS Ebert (2003) 221; *Roellecke*, Zur Zukunft des Verfassungsstaates, JZ 1998, 689.

1. *Essentialia* des westlichen Verfassungsstaats

Der **westliche Verfassungsstaat** ist also nicht bloß ein (formell) verfasster Staat, sondern auch ein *nach bestimmten materiellen Parametern verfasster* Staat. Überwiegend wird der Begriff des Verfassungsstaats im Sinne dieser Variante verwendet; geläufig sind dafür auch begriffliche Kombinationen wie „abendländischer Verfassungsstaat", „demokratischer Verfassungsstaat", „liberaler Verfassungsstaat" etc. Nach diesem Verständnis ist das Vorhandensein bestimmter inhaltlicher Mindestvoraussetzungen – und nicht nur die bloße Existenz einer Verfassung – Indikator dafür, ob ein Staat als Verfassungsstaat bezeichnet werden kann.

Aufbauend auf den Theorien der Aufklärung und ihrer Lehre vom Gesellschaftsvertrag,[14] muss es sich dabei um eine Verfassung handeln, die vom Prinzip der **Volkssouveränität**[15] und damit von der **verfassunggebenden Gewalt**[16] des Volkes getragen ist. Korrespondierend zu dieser verfassunggebenden Gewalt des Volkes muss im westlichen Verfassungsstaat auch die **verfasste Gewalt** letztlich im Volk begründet sein: Bedungen ist also eine **demokratische Regierungsform**,[17] gleichzeitig damit aber auch das Prinzip der **Gewaltenteilung** (das Machtakkumulation zu Gunsten oligarchischer oder monokratischer Strukturen verhindert),[18] **Grundrechte** (die jedem einzelnen Bürger des *Demos* oder überhaupt allen Menschen zustehen)[19] und **Rechtsstaatlichkeit** (welche die Rückkoppelung staatlichen Handelns an das demokratisch erzeugte Gesetz und die Verfassung sowie deren Einhaltung durch wirksame Instrumente des Rechtsschutzes garantiert).[20]

Wie diese unverzichtbaren Elemente des westlichen Verfassungsstaats im Einzelnen gestaltet und in ihrem Verhältnis zueinander austariert sind, lässt sich freilich nicht abstrakt bestimmen. In den verschiedenen Rechtskreisen, auch innerhalb Europas, finden sich daher durchaus unterschiedliche Ausprägungen: So kann es zB im Rahmen einer demokratischen Regierungsform repräsentative, semidirekte oder direkte, in dezentralisierten Staaten auch gegliederte Formen der Demokratie geben. Nicht unbeträchtliche Unterschiede zeigen sich weiters in der institutionellen Ausgestaltung der Staatsorganisation, in der Zahl und Art grundrechtlicher Verbürgungen und in der Rechtsstaatskonzeption. „Der" westliche Verfassungsstaat existiert daher nur als grob konturierter Typus, der sich in zahllosen konkreten Gestalten verschieden zu manifestieren vermag, die letztlich aber allesamt auf dieselben all-

---

[14] Vgl dazu unten 116 ff.
[15] Vgl dazu unten 198 ff.
[16] Vgl dazu unten 42 ff und 198 ff.
[17] Vgl dazu unten 150 ff und 198 ff.
[18] Vgl dazu unten 165 ff.
[19] Vgl dazu unten 243 ff.
[20] Vgl dazu unten 237 ff.

gemeinen Werte und Prinzipien zurückgeführt werden können; in diesem Rahmen bleibt er also offen für Verfassungspluralismus, ja es scheint diese **pluralistische Offenheit** selbst ein für den westlichen Verfassungsstaat typischer Grundsatz zu sein.

2. Die Staatsform als *essentiale*?

Nach diesem pluralistischen Verständnis gänzlich offen wirkt der westliche Verfassungsstaat im Hinblick auf die **Staatsform**[21]. Weder indiziert demnach die Form der Republik noch die der Monarchie *per se*, dass ein Staat ein westlicher Verfassungsstaat ist. Ebenso wenig aber ist die Frage, ob es sich um einen Bundes- oder Einheitsstaat handelt,[22] ausschlaggebend für den verfassungsstaatlichen Charakter eines Staats.

Als westliche Verfassungsstaaten können daher sowohl Republiken als auch Monarchien, sowohl Bundes- als auch Einheitsstaaten angesehen werden, sofern sie die Grundwerte der Demokratie, Gewaltenteilung, Grundrechte und Rechtsstaatlichkeit verwirklichen. Dass eine absolute Monarchie mit dem westlichen Verfassungsstaat unvereinbar ist, liegt nicht daran, dass es sich um eine Monarchie handelt, sondern daran, dass die Staatsform der Monarchie in diesem Fall mit einer monokratischen (und daher undemokratischen) Regierungsform kombiniert ist; ebenso ist eine diktatorische Republik mit dem westlichen Verfassungsstaat unvereinbar, ohne dass dies mit der Entscheidung für ein nicht dynastisch bestimmtes Staatsoberhaupt zusammenhinge.[23]

Gleichermaßen können Demokratie, Gewaltenteilung, Rechtsstaatlichkeit und Grundrechte in zentralisierten wie dezentralisierten Staaten gewährleistet werden. Je dezentralisierter ein Staat ist,[24] desto vielfältigere und komplexere Möglichkeiten gibt es allerdings, diese Elemente auf mehr als nur einer Ebene in jenem Rahmen zu gewährleisten, der durch die (bundes-)verfassungsrechtliche „Homogenitätsklammer" gesteckt wird. Zu denken ist etwa an die Erweiterung der Möglichkeiten demokratischer Partizipation, rechtsstaatlicher Strukturen und von Grundrechten, die auf mehreren territorialen Ebenen vervielfältigt, ergänzt und zumindest in beschränktem Ausmaß auch innoviert werden können. Voraussetzung dafür ist freilich, dass das zentralstaatliche Verfassungskonzept, an dessen Grundzüge auch die dezentralen Ebenen gebunden sind, selbst am westlichen Verfassungsstaat orientiert ist.

Dezentrale Strukturen können dennoch – freilich nur im Rahmen der zu beachtenden Homogenität – zu einer tendenziellen materiellen Konstitutionalisierung des bloß formellen Verfassungsstaats beitragen, da Dezentralisation *per se* als „vertikale Gewaltenteilung"[25] wirkt. Selbst in einem Staat, der nach seinem verfas-

---

[21]   Vgl dazu unten 142 ff.
[22]   Vgl dazu unten 86 ff.
[23]   Vgl dazu unten 145 f.
[24]   Vgl dazu unten 87 ff.
[25]   Vgl dazu unten 168.

sungsrechtlichen Konzept nicht die Erfordernisse des westlichen Verfassungsstaats erfüllt, trägt eine dezentrale Struktur zumindest zur ansatzweisen Entflechtung rechtlicher und politischer Machtpositionen und damit zu *checks and balances* bei – und dies selbst dann, wenn das Prinzip der „horizontalen Gewaltenteilung"[26] nicht verwirklicht ist.

IV. Verfassungsstaaten außerhalb der abendländischen Tradition

Lit: *Chen*, Pathways of Western liberal constitutional development in Asia: A comparative study of five major nations, ICON 2010, 849; *Dixon/Ginsburg* (Hg), Comparative Constitutional Law in Asia (2014); *Fleiner/Saunders*, Constitutions embedded in different legal systems, in: Tushnet/Fleiner/Saunders (Hg), Routledge Handbook of Constitutional Law (2013) 21; *Frankenberg*, Comparative Constitutional Design, ICON 2013, 537; *Gomes Canotilho*, Interkonstitutionalität und Interkulturalität, in: Blankenagel et al (Hg), Verfassung im Diskurs der Welt (2004) 83; *Groppi/Piergigli/Rinella* (Hg), Asian Constitutionalism in Transition (2008); *Krawietz/Garzón Valdés/Squella* (Hg), Politische Herrschaftsstrukturen und Neuer Konstitutionalismus – Iberoamerika und Europa in theorievergleichender Perspektive, Rechtstheorie Beiheft 13 (2000); *Lombardi*, Designing Islamic constitutions: Past trends and options for a democratic future, ICON 2013, 615; *Mallat*, Islam and the Constitutional Order, in: Rosenfeld/Sajó (Hg), The Oxford Handbook of Comparative Constitutional Law (2012) 1287; *Mikunda-Franco*, Der Verfassungsstaat in der islamischen Welt, in: Morlok (Hg), Die Welt des Verfassungsstaates (2001) 151; *ders*, Gemeinislamisches Verfassungsrecht, JöR 51 (2003), 21; *Muckel* (Hg), Der Islam im öffentlichen Recht des säkularen Verfassungsstaates (2008); *Schonthal*, Formations of Buddhist constitutionalism in South and Southeast Asia, ICON 2017, 705.

Nicht zuletzt auf Grund enger Beziehungen zu ihren ehemaligen Kolonialmächten übernahmen die neuen Verfassungen junger unabhängiger Staaten vielfach europäische (va angelsächsische, französische, spanische und deutsche) sowie US-amerikanische Verfassungstraditionen, wobei sich immer wieder Mischungen zwischen abendländischen und autochthonen Verfassungselementen zeigen, die mitunter eigentümlich anmuten. Auch die ehemals kommunistischen Staaten erließen nach der Wende Verfassungen, die westlichen Verfassungstraditionen folgten. Ein bekannter Beispielfall einer besonders modernen westlichen Verfassung ist die südafrikanische Post-Apartheidsverfassung. Dagegen folgen die neuen Verfassungen von Tunesien und Ägypten westlichen Verfassungstraditionen nur in beschränktem Ausmaß.

„**Autochthone**" Elemente stellen nicht nur eigenständige Begriffsbezeichnungen außerhalb der modernen Institutionenterminologie dar (zB die „Stammeshäuptlinge" in der südafrikanischen Verfassung), sondern insbes auch (rechts-)**kulturelle Traditionen**, die sich auf die jeweilige Verfassung auswirken, sodass zu deren richtiger Interpretation und Würdigung ein „**kulturwissenschaftliches Vorverständnis**" (*Peter Häberle*) erforderlich ist. In vielen Verfassungen Lateinamerikas,

---

[26]   Vgl dazu unten 168.

Afrikas und Asiens zeigt sich etwa eine zunehmende Berücksichtigung indigener Völker einschließlich ihres gewachsenen Gewohnheitsrechts. Asiatische Verfassungen verankern häufig besonders hohe Anforderungen an ethische Werte (zB als Voraussetzung staatlicher Ämter) sowie glücks- und harmoniebezogene Staatsziele (vgl etwa das „Bruttonationalglück" in der bhutanesischen Verfassung).[27] In den wenigen verbliebenen kommunistischen Verfassungen finden sich stets besondere Bekenntnisse zur Volkssouveränität[28], aber auch überdurchschnittlich viele Grundpflichten[29]. Totalitäre Verfassungen verherrlichen den Staat und seine Ziele und verbinden dies immer wieder mit einem Personenkult (vgl die Präambel der nordkoreanischen Verfassung mit der Bezugnahme auf den „Großen Führer und Genossen Kim Il-sung, die Sonne der Nation"). Verfassungen von Staaten, die auf eine besonders leidvolle, kriegerische oder radikale politische Entstehungsgeschichte zurückblicken, erwähnen ihre Vergangenheit oft in umfangreichen Präambeln (vgl zB Polen), in denen sie diese entweder verherrlichen (vgl zB Kuba) oder sich davon durch besondere Wertbezüge distanzieren (vgl zB Japan).

Besonders vielfältige, in den letzten Jahrzehnten starken Entwicklungsprozessen ausgesetzte Verfassungstraditionen finden sich in den **asiatischen Staaten**, die entweder amerikanischen oder britischen, manchmal auch kontinentaleuropäischen (deutschen und französischen) Einflüssen folgen, von orientalischen Religionen und Philosophien mitgeprägt wurden, kommunistisch ausgerichtet sind bzw waren oder überhaupt eine Kombination aus allen diesen Richtungen aufweisen (so etwa die ehemaligen Sowjetrepubliken Mittelasiens). Einerseits ist es daher schwierig, von einem eigenständigen asiatischen Verfassungstypus zu sprechen; andererseits wird ein solcher dem westlichen Verfassungsmodell immer wieder entgegengesetzt, wenn es etwa um den unterschiedlichen Ansatz bei Grundrechten geht, die in Asien von einem stärker kollektivistischen Weltbild getragen sind als nach den westlichen Vorstellungen von Individualität und Menschenwürde.

Einen besonderen Einfluss auf zahlreiche Verfassungen Asiens und Afrikas hat der **Islam**. Die „islamische" Verfassung wird dabei gerne in einen polarisierten Gegensatz zur „westlichen" Verfassung gestellt, ja es wird sogar diskutiert, ob Islam und Verfassungsstaat überhaupt zwei miteinander vereinbare Begriffe sind.

Unterzieht man die islamischen Staaten einer näheren Betrachtung, sind hier zunächst die Verbreitung und Unterschiede innerhalb der islamischen Richtungen und religiösen Schulen auffällig, die sich auch in den Verfassungen der islamischen Staaten bemerkbar machen. Dementsprechend handelt es sich um säkulare und nicht-säkulare, stärker dem westlichen Verfassungsstaat angenäherte oder davon entfernte Verfassungen.

Die islamischen Staaten – hier verstanden als jene Staaten, in denen der Großteil der Bevölkerung dem islamischen Glauben anhängt – sind wie praktisch alle heutigen Staaten Verfassungsstaaten – in formeller Hinsicht regelmäßig, allerdings nur teilweise auch nach dem Vorbild des westlichen Verfassungsstaats. Neuere Ver-

---

[27] Vgl dazu unten 159.
[28] Vgl dazu unten 198 ff.
[29] Vgl dazu unten 249 f.

suche, die islamischen Verfassungsstaaten zu klassifizieren, orientieren sich an den verschiedenen **linguistischen Gruppen** und dem damit verbundenen **religiösen und kulturellen Verständnis**, wie es sich auch in den Verfassungen auswirkt.

So zeigen die Verfassungen **arabophoner** Staaten – insbes jener, in denen sich die religiösen Zentren des Islams befinden – die stärksten Islambezüge (Islam als Staatsreligion, regelmäßige Bezugnahmen auf Gott, den Koran, die *Scharia* [das islamische Recht]), häufig gekoppelt mit einer monarchischen Staatsform. Grundrechte, Demokratie und Gewaltenteilung werden nur sehr eingeschränkt verankert und durch die Anerkennung der *Scharia* als höchste Rechtsquelle relativiert. Hingegen findet sich immer wieder ein Bekenntnis zu sozialen Grundrechten und zur Familie als Keimzelle des Staats (vgl auch die Kairoer Erklärung der Menschenrechte im Islam von 1990 sowie die 2004 verabschiedete und 2008 in Kraft getretene Arabische Charta der Menschenrechte). Die neuen Verfassungen von Ägypten und Tunesien orientieren sich teilweise am westlichen Verfassungsmodell, enthalten aber dennoch deutliche Bezüge zu Islam und Scharia.

Zwei weitere Kategorien stellen eigentlich Einzelfälle dar, nämlich der **persophone** Iran sowie die **slawophone** Föderation von Bosnien und Herzegowina: Während die iranische Verfassung besonders stark islamisch ausgerichtet ist, orientiert sich die aus dem Dayton-Abkommen hervorgegangene bosnisch-herzegowinische Verfassung am westlichen Verfassungsstandard.

Die Verfassungen der **turkophonen** Staaten, wozu neben der Türkei einige zentralasiatische Staaten zählen, sind ebenso wie die Verfassungen überwiegend islamisch geprägter Staaten des Fernen Ostens wie Indonesien und Malaysia ebenfalls stärker dem abendländischen Verfassungsmodell angenähert. Die türkische Verfassung wurde allerdings im Jahr 2017 einer grundlegenden Reform mit der Zielsetzung einer autoritären Präsidialrepublik unterzogen.

Eine neue verfassungsrechtliche Dynamik entstand in den Revolutionsstaaten des so genannten „Arabischen Frühlings", da es dort zur Erlassung von Übergangsverfassungen, Einsetzung verfassunggebender Versammlungen und teilweise auch schon zur Annahme von durch die verfassunggebenden Versammlungen erstellten Verfassungsentwürfen in Form von Volksabstimmungen kam. Demokratische Defizite sowohl bei der Beschickung der verfassunggebenden Versammlungen als auch der Durchführung der Volksabstimmungen wurden von westlicher Seite ebenso kritisiert wie der Umstand, dass die postrevolutionären Verfassungen insgesamt stärker in eine islamische Richtung gehen.

Von einem einheitlichen Modell der „islamischen" Verfassung kann sohin nicht gesprochen werden. Es lässt sich jedoch überwiegend feststellen, dass die für das westliche Verfassungsdenken typische **Trennung von Staat und Religion** dem islamischen Recht fremd ist; ebenso die Vorstellung von allgemeinen Grundsätzen des Völkerrechts oder Verfassungsrechts, die über der *Scharia* stünden.

V. Die verfassunggebende Gewalt des Volkes

Lit: *Al-Ali*, Constitutional drafting and external influence, in: Ginsburg/Dixon (Hg), Comparative Constitutional Law (2011) 77; *ders/Thiruvengadam*, The competing effect of national uniqueness and comparative influences on constitutional practice, in: Tushnet/ Fleiner/Saunders (Hg), Routledge Handbook of Constitutional Law (2013) 427; *Arato*, Conventions, Constituent Assemblies, and Round Tables: Models, principles and elements of democratic constitution-making, Global Constitutionalism 2012, 173; *ders*, Constitution making, in: Lang/Wiener (Hg), Handbook on Global Constitutionalism (2017) 275; *von Beyme*, Die verfassunggebende Gewalt des Volkes (1968); *Blount*, Participation in constitutional design, in: Ginsburg/Dixon (Hg), Comparative Constitutional Law (2011) 38; *Blount/Elkins/Ginsburg*, Does the Process of Constitution-Making Matter?, in: Ginsburg (Hg), Comparative Constitutional Design (2012) 31; *Böckenförde*, Die verfassunggebende Gewalt des Volkes – Ein Grenzbegriff des Verfassungsrechts, in: ders, Staat, Verfassung, Demokratie (1991) 90; *Dyzenhaus*, Constitutionalism in an old key: Legality and constituent power, Global Constitutionalism 2012, 229; *Fleiner/Basta Fleiner*, Allgemeine Staatslehre[3] (2004); *Gardbaum*, Revolutionary constitutionalism, ICON 2017, 173; *Häberle*, Die verfassunggebende Gewalt des Volkes im Verfassungsstaat – eine vergleichende Textstufenanalyse, AöR 1987, 54; *Haller/Kölz/Gächter*, Allgemeines Staatsrecht[5] (2013); *Klein/Sajó*, Constitution-Making: Process and Substance, in: Rosenfeld/Sajó (Hg), The Oxford Handbook of Comparative Constitutional Law (2012) 419; *Koja*, Allgemeine Staatslehre (1993); *Kumm*, Constituent power, cosmopolitan constitutionalism and post-positivist law, ICON 2016, 697; *Loewenstein*, Verfassungslehre[3] (1975); *Möllers*, Verfassunggebende Gewalt – Verfassung – Konstitutionalisierung, in: von Bogdandy/Bast (Hg), Europäisches Verfassungsrecht[2] (2009) 227; *Steiner*, Verfassunggebung und verfassunggebende Gewalt des Volkes (1966); *Thornhill*, Contemporary constitutionalism and the dialectic of constituent power, Global Constitutionalism 2012, 369; *Widner/Contiades*, Constitution-writing processes, in: Tushnet/Fleiner/Saunders (Hg), Routledge Handbook of Constitutional Law (2013) 57; *Zweig*, Die Lehre vom Pouvoir Constituant (1909).

Die Prämisse jeder Verfassung ist eine **verfassunggebende Gewalt** (*pouvoir constituant*), die für den historisch ersten Akt der Verfassunggebung verantwortlich ist. Nach dem Konzept des **westlichen Verfassungsstaats** beruhen jeder Staat und jede Verfassung auf dem Prinzip der **Volkssouveränität**,[30] was bedeutet, dass zur Verfassunggebung nur das Volk selbst berechtigt ist; allerdings könnte die verfassunggebende Gewalt nach anderen Konzepten als dem des westlichen Verfassungsstaats auch ein **anderes Subjekt** haben, wie etwa Gott, einen Monarchen oder eine ausgewählte Bevölkerungsgruppe.

Da aber auch unter Zugrundelegung der Volkssouveränität das gesamte Volk zumeist nur *idealiter* zusammentreten und durch gemeinsames Wirken eine Verfassung entwerfen und beschließen kann – *realiter* fehlt es dafür an den praktischen Voraussetzungen (vgl in jüngerer Zeit allerdings die durch Internet ermöglichte, ungewöhnlich weitgehende Volksbeteiligung (*constitutional crowdsourcing*) an den letztlich gescheiterten Verfassungsreformen der isländischen und irischen Verfassung) –, entwickelten sich verschiedene Modelle der Verfassunggebung, in der das

---

[30] Vgl dazu unten 198 ff.

Volk bereits in dieser präkonstitutionellen Phase *repräsentiert* wird: Als besonders geeignet erweist sich die **Konventsmethode**, die im Verfassungskonvent von Philadelphia (1787) sowie im Französischen Nationalkonvent (1792–1795) wohl ihre berühmtesten Anwendungen fand, auch in der Entwurfsphase des – gescheiterten – Vertrags über eine Verfassung für Europa und in jüngster Zeit zur Erarbeitung neuer Verfassungen der Staaten des so genannten „Arabischen Frühlings" eingesetzt wurde. Vorteil eines solchen präkonstitutionellen und daher auch präparlamentarischen Konvents ist es, eine repräsentative Auswahl von Personen zur Beratung, allenfalls auch zur Beschlussfassung einer Verfassung zu versammeln. Damit artikuliert sich die verfassunggebende Gewalt des Volkes jedenfalls zunächst in repräsentativer Form. Sofern dem Konvent nur die Beratung, nicht aber die Beschlussfassung der „historisch ersten" Verfassung obliegt, das Volk hingegen in seiner Gesamtheit über den durch den Konvent beratenen Verfassungsentwurf abstimmen kann, ist das Volk dennoch unmittelbar an der Verfassunggebung beteiligt. Wenn die Mitglieder der Verfassungskonvente vom Volk gewählt und nicht bloß ernannt werden, partizipiert das Volk zumindest indirekt an der Verfassunggebung. In den historisch ältesten Verfassungskonventen war die Auswahl der beteiligten Personen daran orientiert, Stände bzw Territorien (als künftige Gliedeinheiten eines zu gründenden Bundesstaats) zu vertreten. Heute sollen Verfassungskonvente ein angemessenes Gleichgewicht zwischen Politikern und Vertretern der Zivilgesellschaft, Männern und Frauen, Mehrheit und Minderheit, Interessenvertretungen und Experten wahren. Wo verfassunggebende Versammlungen nicht vom Volk gewählt werden, wo sie unausgewogen zusammengesetzt oder trotz einer Scheinwahl letztlich oktroyiert sind (vgl etwa jüngst in Venezuela), ist die Akzeptanz einer Verfassung schwerer durchzusetzen; Verfassungskrisen bis hin zu weiteren revolutionären Umbrüchen können die Folge sein.

Vom präkonstitutionellen Konvent – und überhaupt von der **präkonstitutionellen verfassunggebenden Gewalt** des Volkes – zu unterscheiden ist der konstitutionelle Konvent (zB der österreichische Verfassungs-Konvent 2003–2005) bzw die **konstitutionelle (verfasste) Gewalt** (*pouvoir constitué*) des Volkes. Gelegentlich werden beide Gewalten in einen Zusammenhang gebracht, da Verfassunggebung und Verfassungsrevision derselben Kategorie zuzugehören scheinen. Dennoch gilt es, grundsätzlich zu differenzieren: Die **verfassunggebende Gewalt** des Volkes (ob direkt oder repräsentiert) ist die **Legitimationsbasis zur Erlassung der historisch ersten Verfassung**. Wie hingegen diese historisch erste Verfassung geändert werden kann, legt die Verfassung selbst fest. Ist zB die Verfassungsänderung nach der in der Verfassung selbst enthaltenen Verfassungsänderungsregel nur auf Grund eines neuerlichen Verfassungskonvents oder mittels Volksabstimmung möglich, ähnelt dieses Änderungsverfahren zwar äußerlich dem Akt der verfassunggebenden Gewalt, ist aber dennoch ein Akt der verfassten Gewalt im Rahmen der Kontinuität einer Verfassung. Selbst wenn eine Verfassung ihre eigene Unabänderlichkeit normiert, kann dadurch nicht die Möglichkeit verhindert werden, dass sich auf revolutionärem Wege eine neue verfassunggebende Gewalt des Volkes bildet und diese zu einem neuen historisch ersten Verfassungsakt führt, was die Kontinuität der früheren Verfassung beendet.

Die Unterscheidung zwischen verfassunggebender Gewalt und verfasster Gewalt geht maßgeblich auf *Abbé Emmanuel Joseph Sieyès* zurück, der unter die verfassunggebende Gewalt allerdings auch die Gewalt zur Verfassungsrevision fallen lässt. Unter verfasster Gewalt sind alle Gewalten zu verstehen, die durch eine Verfassung eingesetzt werden. Im westlichen Verfassungsstaat, dem das Prinzip der Demokratie zugrunde liegt, muss dem Volk der entscheidende Einfluss auf die Ausübung der Staatsgewalt zukommen: Dies geschieht einerseits durch Formen der **direkten Demokratie**,[31] andererseits durch die **demokratische Legitimation der Repräsentationsorgane**. Insbes erforderlich ist dies für die gesetzgebende Gewalt als traditionell „erste" im Staat, wofür sich die Volkswahl des Parlaments[32] als übliches Modell eingebürgert hat.

VI. „Was ist der Staat": Arten der Definition

Lit: Beaud, Conceptions of the State, in: Rosenfeld/Sajó (Hg), The Oxford Handbook of Comparative Constitutional Law (2012) 269; *Di Fabio*, Der Verfassungsstaat in der Weltgesellschaft (2001); *Doehring*, Allgemeine Staatslehre[3] (2004); *Ermacora*, Allgemeine Staatslehre, Bd I (1970); *Fleiner/Basta Fleiner*, Allgemeine Staatslehre[3] (2004); *Geiß*, „Failed States" (2005); *Haller/Kölz/Gächter*, Allgemeines Staatsrecht[5] (2013); *Isensee*, Staat und Verfassung, in: ders/Kirchhof (Hg), Handbuch des Staatsrechts der Bundesrepublik Deutschland, Bd II: Verfassungsstaat[3] (2004) 3; *Kaufmann*, Über den Begriff des Organismus in der Staatslehre des 19. Jahrhunderts (1908); *Kelsen*, Der soziologische und der juristische Staatsbegriff (1922); *ders*, Allgemeine Staatslehre (1925); *ders*, Der Staat als Integration (1930); *Kimminich*, Der Staat als Organismus: Ein romantischer Irrglaube, FS Gasser (1983) 319; *Koja*, Allgemeine Staatslehre (1993); *Kokott*, Die Staatsrechtslehre und die Veränderung ihres Gegenstandes: Konsequenzen von Europäisierung und Internationalisierung, VVDStRL 63 (2003), 7; *Mastronardi*, Verfassungslehre (2007); *Nawiasky*, Allgemeine Staatslehre, Erster Teil[2] (1958); *Pernthaler*, Allgemeine Staatslehre und Verfassungslehre[2] (1996); *Schuppert*, Staat als Prozess (2010); *Seckelmann*, Keine Alternative zur Staatlichkeit – Zum Konzept der „Global Governance", VwArch 2007, 30.

1. Überblick

Die bisherige Einteilung der Staaten in verfassungslose und verfasste Staaten, innerhalb letzterer Gruppe wiederum in formelle und materielle Verfassungsstaaten, sagt noch nichts darüber aus, was ein Staat überhaupt ist. Es gilt daher, sein Wesen näher zu bestimmen.

Die wissenschaftlichen Versuche einer solchen Definition sind jedoch von ganz unterschiedlichen methodischen Ansätzen getragen. Sie wurzeln in der **Neuzeit**, als der Begriff des Staats in seiner umfassenden Bedeutung überhaupt erst geprägt wurde; frühere Vorstellungen vom Staat setzten diesen hingegen häufig entweder

---

[31] Vgl dazu unten 228 ff.
[32] Vgl dazu unten 205 ff.

mit dem Volk (*civitas*), mit dem Territorium (*terra*) oder mit der Herrschaftsgewalt (*imperium*) gleich, ohne eine Verknüpfung zwischen diesen Begriffen herzustellen.

Eine solche gelang vielmehr erst *Georg Jellinek*, der mit seiner Lehre von den **„drei Elementen"** (**Staatsgebiet, Staatsvolk, Staatsgewalt**) die bis heute in der Staatslehre üblichste und wohl auch überzeugendste Definition des Staats prägte. In dieser Mischung aus personalen und impersonalen Elementen überwand er die immer wieder verbreitete Vorstellung vom Staat als selbständigem, „lebendem" Organismus, wenngleich sich aus diesen **Organismuslehren** bis heute Begriffe wie „Staatsoberhaupt" oder „Organ" erhielten.

Jellinek verbindet objektive und subjektive Elemente, indem das Volk bzw die ihm angehörenden Individuen einerseits Träger, andererseits Unterworfener der Staatsgewalt ist – so schon die *Rousseau*sche Unterscheidung zwischen *citoyen* und *sujet* – und indem durch das Gebiet eine räumliche Abgrenzung der Ausübung der Staatsgewalt getroffen wird. **Ein Staat ist demnach eine Einheit, die durch die dauerhafte Verbindung eines Volkes auf einem bestimmten Gebiet entsteht und mit Herrschaftsgewalt ausgestattet ist.** Alle diese Elemente bedürfen freilich der Präzisierung, da aus dieser Definition nicht klar genug hervorgeht, warum zB eine Gemeinde oder eine inter- bzw supranationale Organisation kein Staat sein soll.

Die verschiedenen anderen heute gängigen Staatsdefinitionen unterscheiden sich insbes nach ihrer jeweiligen rechtswissenschaftlichen oder politologisch-soziologischen Profilierung. Unter den **rechtswissenschaftlichen** Definitionen ragt *Hans Kelsen*s klassische **Gleichsetzung von Staat und Rechtsordnung** hervor. Das Staatsvolk ist demnach nichts anderes als der *persönliche*, das Staatsgebiet nichts anderes als der *räumliche* Geltungsbereich einer Rechtsordnung. Beide Geltungsbereiche werden noch durch den *zeitlichen* Geltungsbereich ergänzt.

Kelsen unterscheidet die verschiedenen Rechtsordnungen (zB die Gesamtrechtsordnung eines Staats, die Rechtsordnungen des Bundes und der Glieder) nach den Verfahren und Organen ihrer Erzeugung und Änderung sowie nach dem Grad der Zentralisation und Dezentralisation. Diese Staatsdefinition entspricht der von der **Reinen Rechtslehre** geforderten strengen **Trennung des Rechts von außerrechtlichen Faktoren**. Politisch-historische Faktoren der Staatswerdung werden daher außer Acht gelassen, sofern sie nicht anhand der für die Auslegung einer Verfassung zu berücksichtigenden historischen Verfassungsmaterialien nachgewiesen werden können. Ohne explizit Anleihe bei der Reinen Rechtslehre zu nehmen, mündet die heute vielfach anzutreffende „Abwendung vom Staat" (*Josef Isensee*) in eine Ersetzung des Begriffs „Staat" durch den der „Verfassung"; dies hängt auch mit der wachsenden Globalverflechtung der Nationalstaaten zusammen, deren Rechtsordnungen in den entstehenden Verbund eines *cosmopolitan constitutionalism* eintreten. In anderen Fällen kommen – je nach wissenschaftlicher Disziplin – Begriffe wie „politisches System", „Mehrebenensystem", *„government"* oder schlichtweg – *pars pro toto* für andere Elemente des westlichen Verfassungsmodells – „Demokratie" zur Anwendung. Aus rechtswissenschaftlicher Sicht sind diese nur teilsynonymen Begriffe mit Vorsicht heranzuziehen und jedenfalls nicht ohne weiteres mit dem Begriff des Staats gleichzusetzen. Es lässt sich daraus nämlich insbes nicht klar abgrenzen, ob es sich um einen juristischen (verfassungs- und völkerrechtlich bestimmbaren) Staatsverband oder bloß irgendeine Organisationsform handelt, die politisch für *governance* (die politische Steuerung des Staats) verantwortlich ist.

Eine gewisse Renaissance erfahren mittlerweile jene Theorien, die den Staat über seinen **Zweck** zu definieren suchen. Die Staatsdefinitionen dieser Theorien reichen vom Staat als „Werkzeug der Gesellschaft" bis hin zum Staat als oberstem Hüter der „Verwirklichung des Gemeinwohls". Tendenzen der Renationalisierung, die in jüngster Zeit dem lange vorherrschenden Prozess der Internationalisierung von Recht und Staat entgegenwirken, verstärken noch die Vorstellung, dass es bestimmte politische, wirtschaftliche und soziale Zwecke gibt, die nur durch den Staat allein erfüllt werden können. Damit wird allerdings nur ausgedrückt, *wozu*, welchem Zweck ein Staat dienen soll – nicht hingegen, *was* er ist; ein echter Definitionscharakter ist diesem Ansatz in Wahrheit also nicht eigen, sodass die Definition des Staats über seinen Zweck nur ergänzender Natur sein kann.

2. Die Staatselemente im Einzelnen

a. Das Staatsgebiet

Lit: *Di Fabio*, Das Recht offener Staaten (1998); *ders*, Der Verfassungsstaat in der Weltgesellschaft (2001); *Doehring*, Allgemeine Staatslehre[3] (2004); *Fleiner/Basta Fleiner*, Allgemeine Staatslehre[3] (2004); *Häberle*, Das Staatsgebiet als Problem der Verfassungslehre, FS Batliner (1993) 397; *Haller/Kölz/Gächter*, Allgemeines Staatsrecht[5] (2013); *Hamel*, Das Wesen des Staatsgebiets (1933); *Jellinek*, Allgemeine Staatslehre[3] (1929); *Kelsen*, Allgemeine Staatslehre (1925); *Kipp*, Staatslehre[2] (1949); *Klein*, Völker und Grenzen im 20. Jahrhundert, Der Staat 1993, 357; *Nawiasky*, Allgemeine Staatslehre, Zweiter Teil, Bd I (1952); *Vitzthum*, Staatsgebiet, in: Isensee/Kirchhof (Hg), Handbuch des Staatsrechts der Bundesrepublik Deutschland, Bd II: Verfassungsstaat[3] (2004) 163; *Zippelius*, Allgemeine Staatslehre[17] (2017).

Unter dem **Staatsgebiet** ist im Regelfall der **räumliche (Geltungs-)Bereich** zu verstehen, innerhalb dessen Grenzen ein Staatsvolk lebt und auf den sich Staatsgewalt bezieht oder, im Sinne der Reinen Rechtslehre, in dem eine Rechtsordnung gilt. Allerdings kann die staatliche Rechtsordnung in Ausnahmefällen auch auf fremdem Staatsgebiet gegenüber Angehörigen des eigenen Staatsvolkes Geltung beanspruchen (zB Regelungen über das Auslandswahlrecht von Staatsbürgern) oder ihre Geltung im eigenen Staatsgebiet für bestimmte Fälle ausschließen (zB gegenüber Diplomaten fremder Staaten). Der räumliche Geltungsbereich einer staatlichen Rechtsordnung ist also häufig, aber nicht immer, deckungsgleich mit dem Staatsgebiet.

Das Staatsgebiet ist im Regelfall ein **geschlossenes Ganzes**, kann aber auch in einem Teil durch einen oder mehrere fremde Staaten abgetrennt (aus Sicht des geteilten Staats: Exklave) oder von diesem völlig umschlossen sein (aus Sicht des fremden Staats: Enklave). Unterschieden werden können Staaten insbes danach, ob ihr Staatsgebiet **einheitlich oder gegliedert** ist: In einem **Bundesstaat** gibt es nach überwiegender Auffassung verschiedene Staatsgebiete, nämlich das des Bundes sowie das der Gliedeinheiten.[33] Andere dezentrale Einheiten (zB Gemeinden) verfügen zwar auch über ein Gebiet und können Gebietskörperschaften darstellen, doch handelt es sich dabei nicht um ein Staatsgebiet, da diesen Einheiten andere Elemente der Staatlichkeit abgehen.

Prinzipiell gehört zum Staatsgebiet der Raum senkrecht (bis zum Erdmittelpunkt) unter sowie über der Erdoberfläche (nach derzeit überwiegend anerkannter Auffassung bis 100 km [Kármán-Linie]; über dieser Höhe beginnt der freie Weltraum, dessen Nutzung völkerrechtlich bisher nur rudimentär geregelt ist), wobei völkerrechtlich zahlreiche Einschränkungen der Ausübung staatlicher Herrschaftsgewalt (zB für die internationale Luftfahrt) getroffen sind. Sonderregelungen gelten insbes auch für Grenzen im Bereich von Flüssen, Seen und Meeren. In jüngerer Zeit hat insbes um das Gebiet der Arktis und Antarktis ein Wettlauf zwischen den ihre wirtschaftliche Nutzung begehrenden Anrainerstaaten begonnen.

b. Das Staatsvolk

Lit: *Adamovich*, Volk und Verfassung, FS Schäffer (2006) 1; *Bosniak*, Persons and citizens in constitutional thought, ICON 2010, 9; *Bosset/Gamper/Öhlinger*, Multicultural societies and migration, in: Tushnet/Fleiner/Saunders (Hg), Routledge Handbook of Constitutional Law (2013) 443; *Doehring*, Allgemeine Staatslehre[3] (2004); *Fleiner/Basta Fleiner*, Allgemeine Staatslehre[3] (2004); *Haller/Kölz/Gächter*, Allgemeines Staatsrecht[5] (2013); *Jellinek*, Allgemeine Staatslehre[3] (1929); *Kelsen*, Allgemeine Staatslehre (1925); *Koja*, Allgemeine Staatslehre (1993); *Kondo/Popović*, Rights of non-citizens, in: Tushnet/Fleiner/Saunders (Hg), Routledge Handbook of Constitutional Law (2013) 349; *Nawiasky*, Allgemeine Staatslehre, Zweiter Teil, Bd I (1952); *Pernthaler*, Allgemeine Staatslehre und Verfassungslehre[2] (1996); *Rodríguez*, Noncitizen voting and the extraconstitutional construction of the polity, ICON 2010, 30; *Rubenstein/Lenagh-Maguire,* Citizenship and the boundaries of the constitution, in: Ginsburg/Dixon (Hg), Comparative Constitutional Law (2011) 143; *Weil*, From conditional to secured and sovereign: The new strategic link between the citizen and the nation-state in a globalized world, ICON 2011, 615; *Zippelius*, Allgemeine Staatslehre[17] (2017).

Unter **Staatsvolk** verstehen juristische Definitionen zumeist die „**Summe aller Staatsbürger**“. In unterschiedlicher Weise definieren andere Wissenschaften, wie Soziologie, Politologie oder Ethnologie, den Volksbegriff.[34] Als **Souverän** und Träger der verfassunggebenden Gewalt steht das Staatsvolk gleichsam an der Wiege des demokratischen Staats; ebenso aber ist es an der verfassten Gewalt beteiligt und damit zugleich Normgeber und Normadressat.

Im Sinne der Reinen Rechtslehre ist unter dem Staatsvolk der **persönliche Geltungsbereich** einer staatlichen Rechtsordnung zu verstehen. Dieser Geltungsbereich kann, muss aber nicht mit der „Summe aller Staatsbürger“ identisch sein, weil

---

[33] Vgl dazu unten 87 ff.
[34] Vgl dazu unten 70 ff.

sich die staatliche Rechtsordnung etwa auch auf Fremde innerhalb des Staatsgebiets beziehen kann; oder weil sie sich zT lediglich auf Staatsbürger bezieht, die innerhalb des Staatsgebiets leben. Die Beschränkung des Staatsvolkes auf Staatsbürger schließt daher einerseits Normadressaten der staatlichen Rechtsordnung aus, selbst wenn sich diese im Staatsgebiet befinden, sofern es sich um Fremde handelt (die Wohnbevölkerung ist also mit dem Staatsvolk nicht identisch). Andererseits gehören nach dieser Definition auch Personen zum Staatsvolk, die zwar Bürger eines bestimmten Staats sind, sich aber nicht auf dessen Gebiet aufhalten.

Von den meisten Verfassungen wird das „Volk" – das häufig schon an ihrem Beginn direkt und feierlich als Hort der Souveränität angesprochen wird – zumeist als Summe der Staatsbürger verstanden. Daraus erklärt sich auch, warum bis heute das staatliche **Wahlrecht** oder überhaupt politische Grundrechte regelmäßig Staatsbürgern vorbehalten sind, da nur diese berechtigt sein sollen, „ihren" Staat politisch zu gestalten. Erst in wenigen Staaten (zB Neuseeland, skandinavische Staaten) findet sich etwa eine Erweiterung des Wahlrechts auch auf Fremde, sofern diese eine angemessene Aufenthaltsdauer im Staat nachweisen können. Manche Staaten beschränken diese Möglichkeit auf die Staatsbürger bestimmter, historisch verbundener Staaten (zB Irland, Staaten des *Commonwealth*) oder öffnen Fremden das Wahlrecht lediglich auf lokaler Ebene. Durch die EU, die eine Unionsbürgerschaft eingeführt hat (vgl nur Art 9 EUV, Art 20 AEUV), ohne allerdings ein Staat zu sein, wurde die wahlrechtliche Differenzierung zwischen Staatsbürgern der einzelnen Mitgliedstaaten relativiert, indem bei Kommunalwahlen oder Wahlen zum Europäischen Parlament in einem EU-Mitgliedstaat auch Staatsbürger anderer EU-Mitgliedstaaten grundsätzlich wahlberechtigt sind.[35] Im Rahmen der **Grundrechte** wird die Bedeutung der Zugehörigkeit zum Staatsvolk besonders deutlich, da in vielen Staaten zumindest manche Grundrechte nach wie vor nicht als Menschen-, sondern bloß als Staatsbürgerrechte garantiert sind; von einem universellen Menschenrechtskonzept geht hingegen etwa die EMRK mit ihren Zusatzprotokollen aus.[36]

Nach überwiegender Auffassung setzt sich das Staatsvolk in **Bundesstaaten** aus Bundesvolk und „Gliedvölkern" zusammen.[37] Dahinter steckt die klassische bundesstaatstheoretische Vorstellung vom durch freiwillige Vereinbarung originär zwischen selbständigen Einheiten gegründeten Bundesstaat, deren „Völker" ursprünglich souverän und daher zum Abschluss dieser freiwilligen Vereinbarung berechtigt waren.[38] Konsequent im Sinne dieser Auffassung ist es, die (nach außen hin einheitliche) Staatsbürgerschaft im Innenverhältnis des Bundesstaats in eine **Bundes-** und eine **Landesbürgerschaft** aufzugliedern, um den engen Zusammenhang zwischen der Gliedeinheit und ihrem konstitutiven Volk, der auch im Bundesstaat von Bedeutung ist, deutlich zu machen. Die Anerkennung einer eigenen Landesbürgerschaft wird dennoch nicht von allen Bundesverfassungen vorgesehen.

---

[35] Vgl RL 94/80, ABl 1994, L 368/38 idgF sowie RL 93/109, ABl 1993, L 329/34.
[36] Vgl dazu unten 248 f.
[37] Vgl dazu unten 87 ff.
[38] Vgl aber auch 87 ff.

Überwiegend definieren sich die Gliedeinheiten eines Bundesstaats stärker über ihr Gebiet als ihr Volk – typisch etwa der in Österreich und Deutschland übliche Begriff „Land" – und sind dementsprechend **Gebiets-** und nicht **Personalkörperschaften**; eine Ausnahme stellt der belgische Bundesstaat dar, zu dessen Gliedeinheiten gleichermaßen Gebietskörperschaften (Regionen) wie Personalkörperschaften (Sprachgemeinschaften) gehören.

Besonders heikle Fragen ergeben sich im Zusammenhang zwischen Staatsvolk (Nation), Volksgruppen und Minderheiten, die noch näher dargestellt werden.[39]

c. Die Staatsgewalt

Lit: *Doehring*, Allgemeine Staatslehre[3] (2004); *Ermacora*, Allgemeine Staatslehre, Bd I (1970); *Geiß*, „Failed States" (2005); *Haller/Kölz/Gächter*, Allgemeines Staatsrecht[5] (2013); *Jellinek*, Allgemeine Staatslehre[3] (1929); *Kelsen*, Allgemeine Staatslehre (1925); *Kipp*, Staatslehre[2] (1949); *Koja*, Allgemeine Staatslehre (1993); *Nawiasky*, Allgemeine Staatslehre, Zweiter Teil, Bd II (1955); *Pernthaler*, Allgemeine Staatslehre und Verfassungslehre[2] (1996); *Reinhard*, Das Wachstum der Staatsgewalt, Der Staat 1992, 59; *Resnik*, Globalization(s), privatization(s), constitutionalization, and statization: Icons and experiences of sovereignty in the 21st century, ICON 2013, 162; *Zippelius*, Allgemeine Staatslehre[17] (2017).

Die **Staatsgewalt** ist jene **höchste** und **unabhängige Herrschaftsmacht**, mit welcher der staatlichen Rechtsordnung zur Geltung und Durchsetzung verholfen wird. Sie tritt zu den beiden Staatskonstituanten Gebiet und Volk als jene Größe hinzu, welche die Geordnetheit und Effektivität des Staatswesens herstellt. Sie äußert sich als Befehls- und Zwangsgewalt, die prinzipiell dem Staat allein, im Bundesstaat Bund und Gliedeinheiten, zusteht, was als **Gewaltmonopol** des Staats bezeichnet wird.

Die Staatsgewalt unterliegt im westlichen Verfassungsstaat jedenfalls einer **horizontalen Gewaltenteilung** zwischen Gesetzgebung, Verwaltung und Gerichtsbarkeit; im dezentralisierten Staat wird diese noch durch eine **vertikale Gewaltenteilung** verstärkt, die sich aus der Aufteilung der Gewalten auf verschiedene territoriale Ebenen ergibt.[40]

Die prinzipielle Monopolisierung der Gewalt beim Staat ist charakteristisch für den neuzeitlichen Verfassungsstaat, dem die mittelalterliche Ordnungspyramide und ihre Mediatisierung[41] der Herrschergewalt fremd sind. Dessen ungeachtet zeigen sich auch heute wieder Tendenzen, die zu einer **Relativierung der Staatsgewalt** und damit des staatlichen Gewaltmonopols führen: Einerseits hängt dies mit der Bildung von Mehrebenensystemen (auf Grund von **Dezentralisierung** innerhalb der Staaten, aber auch, über die Nationalstaaten hinaus, auf Grund von **Internationalisierung** und **Globalisierung**), andererseits aber mit der in vielen einem liberal-marktwirtschaftlichen System verpflichteten Staaten beobachtbaren Entwicklung zu **Ausgliederung** und **Privatisierung** zusammen. In beiden Fällen

---

[39] Vgl dazu unten 69 ff.

[40] Vgl dazu unten 168.

[41] Vgl dazu unten 128 f.

wesentlich ist aber, dass die Ermächtigung zur Ausübung von Staatsgewalt durch nicht-staatliche Organe (zB durch unmittelbare EU-Organe, durch Gemeindeorgane oder durch Private) vom Staat ausgeht, von ihm diese Gewalt also übertragen wird. Dies geschieht völkerrechtlich dadurch, dass der Staat einer inter- oder supranationalen Organisation Anteil an der Staatsgewalt durch Vertrag mit anderen Staaten überträgt; im Fall der Ausgliederung und Privatisierung sichert sich der Staat sein Gewaltmonopol durch den Vorbehalt seiner Ermächtigungsgesetzgebung sowie dadurch, dass er sich maßgebliche Einflussmöglichkeiten in der Kontrolle und Steuerung des ermächtigten Organs vorbehält. In jüngster Zeit zeigen sich allerdings wieder verstärkt Tendenzen einer Renationalisierung; einer der Faktoren dafür dürfte das weitgehende Versagen inter- und supranationaler Organisationen – in denen die einzelnen, heterogene Interessen vertretenden Staaten freilich Mitglieder sind – in der Bewältigung verschiedener Krisen sein.

Ein in der Allgemeinen Staatslehre besonders umstrittener Begriff, der teils mit der Staatsgewalt gleichgesetzt, teils ihr nur als Merkmal zugeschrieben wird, ist die **Souveränität**, die nachfolgend näher dargestellt werden soll.

Inkurs: Die Souveränität

Lit: *Baldus*, Zur Relevanz des Souveränitätsproblems für die Wissenschaft vom öffentlichen Recht, Der Staat 1997, 381; *Bodin*, Les six livres de la république (1576); *Di Fabio*, Das Recht offener Staaten (1998); *Doehring*, Allgemeine Staatslehre[3] (2004); *Ermacora*, Allgemeine Staatslehre, Bd I (1970); *Fleiner/Basta Fleiner*, Allgemeine Staatslehre[3] (2004); *Grimm*, Souveränität (2009); *Haller/Kölz/Gächter*, Allgemeines Staatsrecht[5] (2013); *Heller*, Die Souveränität (1927); *Hillgruber*, Souveränität – Verteidigung eines Rechtsbegriffs, JZ 2002, 1072; *Jellinek*, Allgemeine Staatslehre[3] (1929); *Kelsen*, Allgemeine Staatslehre (1925); ders, Das Problem der Souveränität und die Theorie des Völkerrechts[2] (1928); *Kipp*, Staatslehre[2] (1949); *Koja*, Allgemeine Staatslehre (1993); *May*, Sovereignty and International Order, Ratio Iuris 8 (1995), 287; *Nawiasky*, Allgemeine Staatslehre, Zweiter Teil, Bd II (1955); *Quaritsch*, Staat und Souveränität (1970); ders, Souveränität (1986); *Randelzhofer*, Staatsgewalt und Souveränität, in: Isensee/Kirchhof (Hg), Handbuch des Staatsrechts der Bundesrepublik Deutschland, Bd II: Verfassungsstaat[3] (2004) 143; *Reichelt*, Was bleibt von Kelsens Souveränitätsbegriff?, ZÖR 61 (2006), 527; *Schliesky*, Souveränität und Legitimität von Herrschaftsgewalt (2004); *Schuppert*, Staatswissenschaft (2003); *Troper*, Sovereignty, in: Rosenfeld/Sajó (Hg), The Oxford Handbook of Comparative Constitutional Law (2012) 350; *Voigt*, Den Staat denken[3] (2014); *Zippelius*, Allgemeine Staatslehre[17] (2017).

Auch wenn der Antike und dem Mittelalter die Ausübung „höchster Gewalt" (*summa potestas*) durch einen weltlichen Herrscher, Papst oder obersten Lehensherrn nicht unbekannt war, gehen die begriffliche Prägung und Theorie zur Souveränität auf die **frühe Neuzeit** zurück. Vor dem Hintergrund religiöser Bürgerkriege entwarf *Jean Bodin* das Konzept der *souveraineté* als einer **übergeordneten und höchsten, von allen Bindungen losgelösten zentralen Herrschaftsgewalt**, die lediglich an das göttliche Recht gebunden sei. Während nach der *Bodin*schen Souveränitätslehre die Souveränität noch beim Herrscher lag, ging die Theorie der Aufklärung von der Souveränität des Volkes aus – eine Souveränitätsvorstellung, die sich bis heute als wesentliches Prinzip des westlichen Verfassungsstaats erhalten hat.[42]

Allerdings wird der Begriff der Souveränität auch in anderen Zusammenhängen bzw begrifflichen Kombinationen verwendet: Man spricht zB von der „Souveränität des Westminster-Parlaments“, von der „Souveränität der Gliedstaaten“, von der „inneren“ und der „äußeren“ Souveränität. In allen diesen Fällen ist die Souveränität aber letztlich eine des Volkes.

Das **Westminster-Parlament** gilt nach der klassischen britischen Doktrin der *sovereignty (supremacy) of parliament* als souverän, weil es mit einem *Act of Parliament* alle möglichen Regelungsinhalte beschließen kann, ohne dabei einer „geschriebenen“ Verfassung[43] unterworfen zu sein. Auch hinter dieser Souveränitätsvorstellung steckt aber die Volkssouveränität, die sich in der Wahl der Abgeordneten zum *House of Commons* (das mit weniger weitgehenden Befugnissen ausgestattete *House of Lords* befindet sich gegenwärtig in einem noch nicht abgeschlossenen Reformprozess) manifestiert; das repräsentativ-parlamentarische System, das sich ursprünglich als Vertretung der Stände gegenüber dem König zum Behufe seiner Machtbeschränkung herausgebildet hatte, ist daher das – direktdemokratische Partizipationsformen stark überwiegende – Regelmodell. Das britische Modell der Parlamentssouveränität (*Westminster*-Modell) wurde auch von anderen Verfassungen übernommen; beispielsweise bildet es die Grundlage für die so genannte *notwithstanding clause*, der zufolge in Kanada sowohl das Parlament des Bundes als auch die Parlamente der Gliedstaaten grundrechtswidrige Gesetze erlassen dürfen.[44] Gewisse – durch den bevorstehenden Austritt des Vereinigten Königreichs aus der EU („Brexit“) teilweise auflösbare – Spannungen ergeben sich zwischen der Parlamentssouveränitätsdoktrin einerseits und der Bindung an Völker- und Unionsrecht andererseits.

Auch die in vielen Bundesstaatstheorien artikulierte Vorstellung von **gliedstaatlicher Souveränität** beruht auf der Anerkennung des Gliedvolkes, das die Staatlichkeit des Gliedstaats mitkonstituiert.[45]

Die Unterscheidung zwischen „**innerer**“ und „**äußerer**“ Souveränität entspricht dem januskönfigen Antlitz der Staatsgewalt, das diese einerseits im staatlichen Innenverhältnis, andererseits im Außenverhältnis zur internationalen Staatengemeinschaft zeigt. Ist ein Staat **nach innen hin souverän**, bedeutet dies, dass er seine **oberste Herrschaftsgewalt unabhängig und effektiv** ausübt und dass diese prinzipiell nicht mit anderen Gewalten konkurriert. Ist ein Staat **nach außen hin souverän**, bedeutet dies **völkerrechtliche Unabhängigkeit und Anerkennung des Staats** als oberster Herrschaftsträger auf einem bestimmten Gebiet.

Im Regelfall ist ein Staat *sowohl* nach innen *als auch* nach außen hin souverän. Es gibt jedoch Ausnahmefälle, etwa weil sich zwar im Inneren eine oberste Herrschaftsgewalt konstituiert hat, die internationale Gemeinschaft aber dem Gebilde

---

[42] Vgl dazu unten 198 ff.
[43] Vgl dazu oben 33 f.
[44] Vgl dazu unten 189.
[45] Vgl dazu unten 87 ff.

die Anerkennung seiner Staatlichkeit versagt. Umgekehrt gewährt die internationale Gemeinschaft in manchen Fällen die formale Anerkennung als Staat, ohne dass dieser – trotz Vorhandenseins einer Verfassung – nach innen hin effektiv seine Herrschaft ausüben könnte (*failed state*, vgl va die Bürgerkriegsstaaten in Afrika und dem Vorderen Orient), um einer völligen Anarchie vorzubeugen oder die historische Kontinuität eines vormals auch nach innen hin souveränen Staats zu wahren. Dem im Jahr 2014 durch die Terrororganisation „Islamischer Staat" ausgerufenen so genannten „Kalifat" blieb jegliche internationale Anerkennung und damit auch die äußere Souveränität versagt; auch die übrigen Staatselemente wurden bis zum weitgehenden Gebietsverlust des Terrorregimes im Jahr 2017 nur in Ansätzen, dies noch dazu in rechtswidriger Weise, verwirklicht.

d. Weitere Staatselemente?

Nicht alle konstitutiven Elemente des Staats vermögen diesen gleichermaßen von anderen Organisationsformen abzugrenzen. Über ein Gebiet und ein Volk (wenn auch nur im Sinne einer residenten Wohnbevölkerung) verfügen auch kleinste Gebietskörperschaften wie etwa Gemeinden, ebenso aber auch supranationale Gebilde, deren Recht sich auf einen einheitlichen, Nationalgrenzen durchbrechenden Raum bezieht und denen von diesem Recht einheitlich behandelte Unionsbürger, unbeschadet ihrer nationalen Staatsbürgerschaft, angehören. Anders verhält es sich mit der **Staatsgewalt**: Denn es können zB Gemeinden zwar hoheitlich handeln und dabei auch Herrschaftsgewalt ausüben; jedoch handelt es sich bei dieser Herrschaftsgewalt nur um eine delegierte, die weder unabgeleitet noch souverän ist. Auch bei einem supranationalen Gebilde wie der EU ist die Herrschaftsgewalt übertragen, weil sie sich von den Mitgliedstaaten als Herren der Verträge ableitet, auch wenn ihr Recht generell mit Vorrangwirkung ausgestattet ist.

Eine weitere Abgrenzungsmöglichkeit zwischen Staaten und anderen Organisationsformen kann durch ein Element gefunden werden, das bisher nur vereinzelt Aufnahme in den Kanon der Staatselemente gefunden hat: Der **Staatszweck** soll demnach den Staat als viertes Element neben Gebiet, Volk und souveräner Gewalt charakterisieren.

Als oberster, alle konkreten Zwecke in sich vereinigender Staatszweck eines westlichen Verfassungsstaats kann das **Gemeinwohl** angesehen werden.[46] Damit unterscheidet sich der westliche Verfassungsstaat von jenen Organisationsformen, die nur partikuläre Interessen verfolgen. Er vermag zwar nicht, die individuellen Willen jedes Einzelnen (*volonté de tous*) zu verwirklichen, orientiert sich aber – wenigstens nach seiner Konzeption – an der *volonté générale* und damit am größtmöglichen Wohl der Allgemeinheit, selbst wenn dieses nicht mit dem größtmöglichen Wohl jedes Einzelnen ident ist; dass es indes nicht zur bedingungslosen Unterordnung des Individuums unter das Kollektiv kommt, soll durch Grundrechte gewährleistet werden.

---

[46] Vgl dazu unten 159 ff.

Dem könnte freilich entgegengehalten werden, dass das Gemeinwohl auch wichtigster Zweck von Gemeinden oder inter- bzw supranationalen Gebilden sein kann. Doch ist trotz der Bedeutung des Nationalstaats im Mehrebenensystem immer noch festzustellen, dass diesem die größte Breite und Komplexität in der Gemeinwohlerfüllung anvertraut sind. Sein Zweck ist nach wie vor die Verwirklichung des *allgemeinen* Wohls, nicht nur sektorieller Politiken, die dem allgemeinen Wohl mehr oder weniger förderlich sein können. Bereits die Kompetenzausstattung einer Einheit indiziert, ob sie einem umfassenden Gemeinwohlbegriff verpflichtet ist. Sind diese Kompetenzen von Anfang an stark beschränkt, zeigt dies auf, dass die Einheit damit das Gemeinwohl gar nicht umfassend zu verwirklichen vermag. Dies gilt für Gemeinden ebenso wie für inter- bzw supranationale Organisationen. Was die EU betrifft, so führt gerade die Zunahme ihrer Kompetenzen und Politikfelder (und damit auch der Gemeinwohlbelange) – sei es durch formale Vertragsänderungen, sei es durch extensive Auslegung ihrer Kompetenzen – zur Frage, ob ihr nicht zumindest mittelfristig Staatsqualität zukommen wird (die sie derzeit nach überwiegender Auffassung nicht hat, was ua damit begründet wird, dass sie über keine Kompetenz-Kompetenz verfügt und Art 50 EUV eine explizite Austrittsklausel enthält). Denn gerade der Ausbau eines vormals spezifischen Organisationszwecks hin zu einem komplex-umfassenden Gemeinwohlzweck ist ein Indiz für „wachsende“, wenngleich unvollendete Staatsqualität. In diesem Lichte müssen wohl auch die Entwicklung der EU zu einer politischen Organisation sowie die wachsende Generalisierung ihrer Zuständigkeiten und Aufgaben, die ihrerseits die Rolle der Mitgliedstaaten als bisherige Garanten der Gemeinwohlverwirklichung relativieren, interpretiert werden. Demgegenüber stehen jedoch in jüngster Zeit nicht nur der geplante „Brexit“, sondern auch verstärkte Forderungen anderer EU-Mitgliedstaaten nach mehr Subsidiarität[47].

Ein anderes Element, das bisweilen zu den Konstituanten des Staats gezählt, ja sogar mit dem Staat selbst gleichgesetzt wird (*Oswald Spengler*), ist die **Zeit**. *Hans Kelsen* etwa legte dar, dass, wenn der Staat identisch mit der staatlichen Rechtsordnung sei, die einen bestimmten örtlichen und persönlichen Geltungsbereich habe, diese Rechtsordnung auch eines zeitlichen Geltungsbereichs bedürfe, innerhalb dessen sie ihre Wirksamkeit entfalte. Auch ohne Zugrundelegung des kelsenianischen Staatsbegriffs aber ist ohne weiteres zu erkennen, dass Raum, Zeit und Mensch miteinander in einer Weise verknüpft sind, die es nicht gestattet, ein einzelnes dieser Elemente zu negieren. In den Dimensionen von Raum und Zeit werden durch menschliches Verhalten ausgelöste Prozesse, wie Entstehung, Untergang, Ablösung und Wandel von Staaten, manifest. Dennoch wird der Faktor Zeit zumeist als Konstituante des Staats übersehen, da Zeit etwas Allgegenwärtiges zu sein scheint, das, anders als das spezifische Staatsvolk oder das spezifische Staatsgebiet, grenzenlos wirkt. Deutlicher wird die begrenzende Bedeutung der Zeit für den Staat hingegen am Beispiel von In- und Außerkrafttretensbestimmungen einer Verfassung oder der Festlegung von Zeitzonen.

---

[47]   Vgl dazu unten 95.

VII. Spezialformen des Staats

1. Ausgangslage

Auf Basis des trielementaren Staatsbegriffs wurden zahlreiche begriffliche „**Staats-Composita**" gebildet, die einzelne Aspekte oder spezifische Ausformungen eines Staats betonen.

Geklärt wurde schon der Unterschied zwischen Staaten und Verfassungsstaaten sowie zwischen formellen und materiellen, westlichen und nicht-westlichen Verfassungsstaaten. Grundlegend für das heutige Staatsverständnis ist weiters die Vorstellung vom **Nationalstaat** als eines durch ein einheitliches Staatsvolk (Nation) geeinten Staats.[48] Besonders zahlreich finden sich Staats-Composita außerdem in der Lehre von den **Staats-** und **Regierungsformen**:[49] In der Abgrenzung von Bundes- zu Einheitsstaaten, in der Abgrenzung von Monarchien zu Republiken, in der Abgrenzung zwischen monokratischen, oligarchischen und demokratischen Staaten. Als **Rechtsstaat** wird ein Staat bezeichnet, der dem Einzelnen Rechtsschutz gegen rechtswidriges staatliches Handeln gewährt, dessen Gesetze staatliches Handeln vorhersehbar machen und der von Grundrechten und Gewaltenteilung geprägt ist.[50]

Über diese fundamentalen Begriffsbildungen hinaus aber wurden zahllose Sondertypen des Staats erkannt und begrifflich geprägt: Diese Prägungen bestimmen sich naturgemäß nach den unterschiedlichen von Staaten verfolgten Zwecken. Die besondere Bedeutung sozialer Wohlfahrt oder des Umweltschutzes als Staatszweck ist daher zB Grundlage für die Begriffe **Sozialstaat** oder **Umweltstaat**. Der Begriff des Wirtschaftsstaats erscheint dagegen eher unglücklich, da alle Staaten über irgendein Wirtschaftssystem verfügen und es daher kein besonderes Kennzeichen des Staats ist, ein Wirtschaftsstaat zu sein (wogegen Staaten keineswegs Sozial- oder Umweltstaaten sein müssen); begriffsschärfer ist daher die Unterscheidung der Staaten nach bestimmten ökonomischen Konzepten (zB Marktwirtschaft). Eine Entwicklung, der sich kaum ein Staat entziehen kann, ist schließlich die Globalisierung, die zum Begriff des „**globalisierten**" **Staats** geführt hat.

2. Der Sozialstaat

Lit: *Axer*, Soziale Gleichheit: Voraussetzung oder Aufgabe der Verfassung?, VVDStRL 68 (2009), 177; *Bull*, Daseinsvorsorge im Wandel der Staatsformen, Der Staat 2008, 1; *Davy*, Soziale Gleichheit: Voraussetzung oder Aufgabe der Verfassung?, VVDStRL 68 (2009), 122; *Fleiner/Basta Fleiner*, Allgemeine Staatslehre³ (2004); *Forsthoff*, Begriff und Wesen des sozialen Rechtsstaates, VVDStRL 12 (1954), 9; *ders* (Hg), Rechtsstaatlichkeit und Sozialstaatlichkeit (1968); *Hacker*, The Welfare State, in: Rhodes/Binder/Rockman (Hg), The Oxford Handbook of Political Institutions (2006) 385; *Häberle*, Europäische

---

[48] Vgl dazu unten 70 ff.
[49] Vgl dazu unten 137 ff.
[50] Vgl dazu unten 236 ff.

Verfassungslehre[8] (2016); *Haller/Kölz/Gächter*, Allgemeines Staatsrecht[5] (2013); *Koch*, Sozialstaat und Wohlfahrtsstaat, Leviathan 1995, 78; *Koslowski*, Vom socialen Staat zum Sozialstaat, Der Staat 1995, 221; *Ladeur*, Risiko Sozialstaat, Der Staat 2007, 64; *Mastronardi*, Verfassungslehre (2007); *Pernthaler*, Allgemeine Staatslehre und Verfassungslehre[2] (1996); *Wiederin*, Sozialstaatlichkeit im Spannungsfeld von Eigenverantwortung und Fürsorge, VVDStRL 64 (2005), 53; *Zippelius*, Allgemeine Staatslehre[17] (2017).

Die Idee der Sozialstaatlichkeit beruht fundamental auf der Frage nach der **Gerechtigkeit** im Staat, die als oberste Staatstugend von *Platon* und *Aristoteles* ebenso wie *Thomas von Aquin* oder *Karl Marx* zentral diskutiert wird. Dabei wurde die Gerechtigkeit (*Dike, Iustitia*) in eine **austeilende** Funktion (*iustitia distributiva*; gerechte Ausstattung der Menschen mit Gütern durch den Staat) und eine **ausgleichende** Funktion (*iustitia commutativa*; gerechtes Vorgehen der Menschen im rechtsgeschäftlichen Verkehr untereinander) unterschieden.

Insbes die **soziale Gerechtigkeit** und ihr Zusammenhang zu einer demokratischen Gesellschaft werden in der Gegenwart nach verschiedenen Ansätzen erörtert: Die marxistisch-kommunistische Lehre des 19. und 20. Jahrhunderts hält die Aufhebung des Privateigentums an den Produktionsmitteln für eine Bedingung des Übergangs zur klassenlosen Gesellschaft, die nur durch die „Revolution des Proletariats" erreicht werden könne und in der soziale Ungleichheiten ausgeschlossen sein sollen. Als „Illusion" bezeichnete die soziale Gerechtigkeit hingegen etwa der Nationalökonom *Friedrich August von Hayek*. Nichtsdestoweniger kann heute konstatiert werden, dass **Sozialstaatlichkeit** mittlerweile ein verfassungsrechtliches Anliegen vieler Staaten darstellt, dessen Umsetzung in Zeiten globaler Krisensituationen allerdings gefährdet erscheint.

Der **Sozialstaat** – mitunter auch als **Wohlfahrtsstaat** bezeichnet – entwickelte sich als Antwort auf den liberalen „**Nachtwächterstaat**" (*Ferdinand Lassalle*) des 19. Jahrhunderts, für den eine durch den Staat möglichst unbeeinträchtigte Wirtschaftsfreiheit auf Basis des Privateigentums kennzeichnend war. Die Industrialisierung und Bildung breiter Arbeiterschichten sowie, damit einhergehend, die Verelendung der Massen ließen die Forderung nach einem **sozialen Ausgleich** entstehen. In spärlichen Ansätzen schon vor dem Ersten Weltkrieg, va aber nach dem Ersten und Zweiten Weltkrieg wandelte sich daher das liberale Staatsverständnis vieler nicht-kommunistischer Staaten in eine sozialstaatlich geprägte Richtung, die als „**soziale Marktwirtschaft**" bezeichnet wurde.

Rechtlich war dieser Wandel in den meisten Staaten va auf einfachgesetzlicher Ebene, im Arbeits- und Sozialrecht, spürbar. Im Verfassungsrecht finden sich sozialstaatliche Ansätze dagegen in sehr unterschiedlichem Ausmaß.[51] Nur manche Verfassungen enthalten nämlich ausdrückliche **Sozialstaatsklauseln**, die entweder als leitendes Verfassungsprinzip, als Staatszielbestimmung oder – in selteneren Fällen – als Grundrecht[52] ausgestaltet sein können. Üblicherweise geben Verfassungen aber nur relativ vage vor, was Inhalt des Sozialstaats sein soll, sodass es im Wesentlichen der einfachen Gesetzgebung vorbehalten ist, ihn näher zu determinieren.

---

[51] Vgl dazu unten 265 f.
[52] Vgl dazu unten 265 f.

Justiziable subjektive Ansprüche, die Sozialleistungen verankern, existieren daher zumeist nur in einfachgesetzlicher Form oder auf völkerrechtlicher Ebene (vgl zB die Europäische Sozialcharta), ohne verfassungsrechtlich gewährleistet zu sein. Einen umfangreichen Katalog sozialer Grundrechte enthält allerdings die GRC, wenn auch unter zahlreichen Vorbehalten hinsichtlich einer Ausgestaltung durch die Mitgliedstaaten.

Die Verwirklichung des Sozialstaats begegnet daher zwei Schwierigkeiten: In rechtlicher Hinsicht dahingehend, dass sich auf verfassungsrechtlicher Ebene regelmäßig keine oder nur wenig präzise Vorgaben finden, die den Sozialstaat determinieren, sodass es letztlich immer wieder auf den rechtspolitischen Willen des einfachen Gesetzgebers ankommt, den Sozialstaat näher auszugestalten. Begründet ist diese Zurückhaltung des Verfassungsgesetzgebers aber nicht nur im allgemeinen Abstraktionsgrad der Verfassungen, sondern in faktischen Umständen und Zwängen, die eine umfassende verfassungsrechtliche Gewährleistung des Sozialstaats, etwa in Form grundrechtlicher Ansprüche, schwerlich zulassen. Einerseits kann der Staat bestimmte Güter (zB Gesundheit) nicht als *unmittelbaren* Anspruch gewährleisten, weil es faktisch unmöglich ist; andererseits kann er *mittelbar* diese Güter zu verwirklichen suchende Maßnahmen häufig nicht setzen, da es an der Finanzierung scheitert.[53]

Da selbst wohlhabende Staaten mit diesen Schwierigkeiten konfrontiert sind, die Aufrechterhaltung einfachgesetzlich gewährleisteter Sozialsysteme, abhängig von nationalen und globalen Entwicklungen (zB höheres durchschnittliches Lebensalter der Bevölkerung, Migration), oftmals nicht länger möglich erscheint, spricht man in jüngerer Zeit von einer „Krise des Wohlfahrtstaats". Ob es gar zu einem „Ende des Wohlfahrtsstaats" kommen wird, kann gleichwohl noch nicht prognostiziert werden, selbst wenn gravierende Einschnitte (zB in den Pensionssystemen, in der sozialen Fürsorge oder im Gesundheitswesen) bereits gegenwärtig Realität sind.

3. Der Umweltstaat

Lit: *Calliess*, Rechtsstaat und Umweltstaat (2001); *Cho/Pedersen*, Environmental rights and future generations, in: Tushnet/Fleiner/Saunders (Hg), Routledge Handbook of Constitutional Law (2013) 401; *Funk*, Die Ökologisierung des Rechtsstaates, in: Weber/Rath-Kathrein (Hg), Neue Wege der Allgemeinen Staatslehre (1996) 73; *Häberle*, Europäische Verfassungslehre[8] (2016); *Hoppe*, Staatsaufgabe Umweltschutz, VVDStRL 38 (1980), 211; *Kloepfer* (Hg), Umweltstaat (1989); *ders* (Hg), Umweltstaat als Zukunft (1994); *Pernthaler*, Der moderne Staat an den Grenzen des Wachstums, ZÖR 35 (1984), 115; *ders*, Allgemeine Staatslehre und Verfassungslehre[2] (1996).

Gegen Ende des 20. Jahrhunderts zeichnete sich in vielen Staaten eine Entwicklung hin zum „**Umweltstaat**" ab. Auslöser dafür waren die zunehmende Industrialisierung, Technisierung und der Verkehr, damit in Zusammenhang stehende Ressourcenknappheiten sowie dramatische Naturkatastrophen und Umweltphänomene

---

[53] Vgl dazu unten 265.

wie der Klimawandel, die sich als mittelbare oder unmittelbare Folge ungezügelten ökonomischen Wachstums ergaben.

Reaktiv dazu entstand eine Bewegung, die sich in der Gründung eigener Umweltschutzparteien, aber auch in verstärkter Umweltschutzgesetzgebung sowie der Verankerung des Umweltschutzes im Verfassungs- und Völkerrecht rechtlich artikulierte. In vielen Verfassungen finden sich mittlerweile Präambeln oder Staatszielbestimmungen, die ökologisches Verantwortungsbewusstsein, einen nachhaltigen Umgang mit natürlichen Ressourcen und die Erhaltung der natürlichen Lebensgrundlagen zu Gunsten künftiger Generationen verankern. In den wenigsten Fällen jedoch handelt es sich um individuelle oder kollektive Umweltschutzgrundrechte, die einklagbar wären. Ansätze finden sich allerdings in der neueren Judikatur des EGMR zu Art 8 EMRK[54] oder auch in der GRC[55].

Ähnlich wie bei der Sozialstaatlichkeit kann der Staat nicht unmittelbar eine unbeeinträchtigte Umwelt garantieren, Naturkatastrophen verhindern oder globale Klimaphänomene steuern; denkbar sind daher von vornherein nur mittelbare Ansprüche, die dem Staat eine Gewährleistungspflicht dahingehend auferlegen, durch seine Rechtsordnung zu einem möglichst weitgehenden Umweltschutz beizutragen, oder globale Umweltschutzabkommen, die von den einzelnen Staaten ratifiziert werden. Als besonderes Spannungsfeld ergibt sich dabei, dass der moderne Verfassungsstaat einer Fülle verschiedener Ziele verpflichtet ist, von denen der Umweltschutz nur eines darstellt. Vielfach können sich daher **Friktionen** zwischen **ökologisch** orientierten Staatszielen (Erhaltung einer möglichst unbeeinträchtigten Umwelt) einerseits und **ökonomisch** (zB möglichst hohes Wirtschaftswachstum) oder **sozial** (zB möglichst hohes Beschäftigungsniveau) orientierten Staatszielen andererseits ergeben.

4. Der „globalisierte" Staat

Lit: *Amar/Tushnet* (Hg), Global perspectives on constitutional law (2009); *Becker* et al (Hg), Die Europäische Verfassung – Verfassungen in Europa (2005); *Böckenförde/Sabsay*, Supranational organizations and their impact on national constitutions, in: Tushnet/Fleiner/Saunders (Hg), Routledge Handbook of Constitutional Law (2013) 469; *von Bogdandy*, Europäische und nationale Identität: Integration durch Verfassungsrecht, VVDStRL 62 (2002), 156; *Bryde*, Konstitutionalisierung des Völkerrechts und Internationalisierung des Verfassungsrechts, Der Staat 2003, 61; *de Búrca/Weiler* (Hg), The Worlds of European Constitutionalism (2012); *Chang/Yeh*, Internationalization of Constitutional Law, in: Rosenfeld/Sajó (Hg), The Oxford Handbook of Comparative Constitutional Law (2012) 1165; *Di Fabio*, Das Recht offener Staaten (1998); *ders*, Der Verfassungsstaat in der Weltgesellschaft (2001); *Dunoff/Trachtman* (Hg), Ruling the World? (2009); *Fleiner/Basta Fleiner*, Allgemeine Staatslehre³ (2004); *Hertel*, Die Normativität der Staatsverfassung und eine Europäische Verfassung – Elemente einer Europäischen Verfassungstheorie, JöR

---

[54] Vgl zB EGMR, 9.12.1994, *López Ostra v Spain*; EGMR, 19.2.1998, *Guerra and Others v Italy*; EGMR, 8.7.2003, *Hatton and Others v the United Kingdom*; EGMR, 2.11.2006, *Giacomelli v Italy*.

[55] Vgl die Zielbestimmung des Art 37 GRC.

48 (2000), 233; *Kokott*, Die Staatsrechtslehre und die Veränderung ihres Gegenstandes: Konsequenzen von Europäisierung und Internationalisierung, VVDStRL 63 (2003), 7; *Korioth*, Europäische und nationale Identität: Integration durch Verfassungsrecht, VVDStRL 62 (2002), 117; *Lang/Wiener* (Hg), Handbook on Global Constitutionalism (2017); *Nolte*, Das Verfassungsrecht vor den Herausforderungen der Globalisierung, VVDStRL 67 (2008), 129; *Perju*, Constitutional Transplants, Borrowing, and Migrations, in: Rosenfeld/Sajó (Hg), The Oxford Handbook of Comparative Constitutional Law (2012) 1304; *Pernthaler*, Die Globalisierung als Herausforderung an eine moderne Staatslehre, FS Koja (1998) 69; *Peters*, Elemente einer Theorie der Verfassung Europas (2001); *dies*, The Globalization of State Constitutions, in: Nijman/Nollkaemper (Hg), New Perspectives on the Divide Between National and International Law (2007) 251; *Saladin*, Wozu noch Staaten? (1995); *Schneiderman*, A new global constitutional order?, in: Ginsburg/Dixon (Hg), Comparative Constitutional Law (2011) 189; *Seckelmann*, Keine Alternative zur Staatlichkeit – Zum Konzept der „Global Governance", VwArch 2007, 30; *Thürer*, Vom paradigmatischen Einfluss des Völkerrechts auf das Staatsrecht, FS Pernthaler (2005) 385; *ders*, Kosmopolitisches Staatsrecht (2005); *de Wet*, The Constitutionalization of Public International Law, in: Rosenfeld/Sajó (Hg), The Oxford Handbook of Comparative Constitutional Law (2012) 1209; *Zumbansen*, Comparative, global and transnational constitutionalism: The emergence of a transnational legal-pluralist order, Global Constitutionalism 2012, 16; *ders*, Carving Out Typologies and Accounting for Differences Across Systems: Towards a Methodology of Transnational Constitutionalism, in: Rosenfeld/Sajó (Hg), The Oxford Handbook of Comparative Constitutional Law (2012) 75.

Ein Phänomen jüngerer Zeit ist der **„globalisierte" Staat**: Der Begriff wirkt zunächst fast paradox, da die klassische Vorstellung vom Staat ja die des National-staats[56] ist, der von seinem Konzept her klarerweise in einem Spannungsverhältnis zur Globalisierung steht.

Globalisiert – und damit auch relativiert – wird der Nationalstaat zum einen dadurch, dass Souveränität an zahlreiche inter- und supranationale Organisationen übertragen wird („**Globalisierung im öffentlichen Raum**"); zum anderen aber auch durch die Transnationalisierung („**Globalisierung im privaten Raum**"), die durch wirtschaftliche Verflechtungen, globale Migration oder Digitalisierung und Internet[57] bewirkt wird. Die damit einhergehenden Wechselwirkungen zwischen Völkerrecht, supranationalem Recht und nationalem Verfassungsrecht sowie das Phänomen des Zusammenwachsens dieser Rechtsordnungen in Richtung eines „globalen" Verfassungssystems werden, wie erwähnt,[58] auch mit dem Begriff des *cosmopolitan constitutionalism* beschrieben.

Teilweise Hand in Hand geht diese Entwicklung mit einer Tendenz zur **Binnendifferenzierung** des Staats, wie sie sich insbes in der europäischen Staatenwelt derzeit sehr gut beobachten lässt.[59] Die Vermutung scheint berechtigt, es könne eben ein Zusammenhang zwischen beiden Phänomenen bestehen: Die Verwischung nationaler Grenzen und die Virtualisierung in einem nahezu grenzenlosen Raum lassen

---

[56] Vgl dazu unten 73.
[57] Vgl dazu unten 135 f.
[58] Vgl dazu oben 25.
[59] Vgl dazu unten 110 ff.

vielfach in einer Gegenreaktion das Bedürfnis nach Kleinräumigkeit, Bürgernähe und der Wiederbelebung historischer Identitäten entstehen.

In Europa zeigt sich der „globalisierte" Staat in einer spezifischen Variante, nämlich als **„europäisierter"** Staat. Verantwortlich dafür sind insbes die EU mit derzeit (noch) 28 Mitgliedstaaten, in weniger intensivem Ausmaß auch der Europarat mit sogar 47 Mitgliedstaaten. Die mit dieser Mitgliedschaft verbundene Überlagerung staatlichen Rechts durch Vorgaben, die nur im europäischen Raum wirken, beschleunigen die Relativierung und Angleichung der ihr unterliegenden nationalen Rechtsordnungen in ganz besonderer Weise; paradigmatisch zeigt sich dies in der Entstehung eines komplexen europäischen Grundrechtsverbunds, der sich aus den wechselseitigen Bezügen zwischen den Grundrechten der EMRK und ihrer Zusatzprotokolle, der GRC und der nationalen Verfassungen ergibt. Allerdings sind mittlerweile auch in anderen Großräumen der Welt Organisationsformen intensiver, va wirtschaftlicher Zusammenarbeit entstanden, die möglicherweise künftig auch einen stärker politischen Charakter annehmen werden (zB NAFTA, MERCOSUR, ASEAN, AU etc). In jüngster Zeit wurden allerdings Gegenreaktionen zum „globalisierten" bzw „europäisierten" Staat spürbar, die vom „Brexit" über Renationalisierungsansprüche und Subsidiaritätsforderungen von EU-Mitgliedstaaten bis hin zu teilweise wieder erstarkendem Wirtschaftsprotektionismus, insbes der USA, reichen.

VIII. Die Metamorphose des Staats in der Verfassung

Lit: *Albert/Contiades/Fotiadou* (Hg), The Foundations and Traditions of Constitutional Amendment (2017); *Barshack*, Time and the Constitution, ICON 2009, 553; *Bryce*, Studies in History and Jurisprudence (1901); *Dixon*, Constitutional amendment rules: a comparative perspective, in: Ginsburg/Dixon (Hg), Comparative Constitutional Law (2011) 96; *Dupré/Yeh*, Constitutions and legitimacy over time, in: Tushnet/Fleiner/Saunders (Hg), Routledge Handbook of Constitutional Law (2013) 45; *Eichenberger*, Verfassung und Verfassungsreform, JöR 46 (1998), 55; *Gamper*, Verfassungsrevision und „Bewahrung" der Verfassung, ZÖR 60 (2005), 187; *dies*, Regeln der Verfassungsinterpretation (2012); *Ginsburg/Melton*, Does the constitutional amendment rule matter at all?: Amendment cultures and the challenges of measuring amendment difficulty, ICON 2015, 686; *Goldsworthy*, Constitutional Interpretation, in: Rosenfeld/Sajó (Hg), The Oxford Handbook of Comparative Constitutional Law (2012) 689; *Grawert*, Konstitutiven von Konstitutionen, Der Staat 52 (2013), 503; *Groppi/Ponthoreau* (Hg), The Use of Foreign Precedents by Constitutional Judges (2013); *Häberle*, Verfassungsrechtliche Ewigkeitsklauseln als verfassungsstaatliche Identitätsgarantien, FS Haug (1986) 81; *ders*, Europäische Verfassungslehre[8] (2016); *Halmai*, The Use of Foreign Law in Constitutional Interpretation, in: Rosenfeld/Sajó (Hg), The Oxford Handbook of Comparative Constitutional Law (2012) 1328; *Ipsen*, Richterrecht und Verfassung (1975); *Isensee*, Vom Ethos des Interpreten, FS Winkler (1997) 367; *Kirchhof*, Die Identität der Verfassung, in: Isensee/Kirchhof (Hg), Handbuch des Staatsrechts der Bundesrepublik Deutschland, Bd II: Verfassungsstaat[3] (2004) 261; *Klein*, Staat und Zeit (2006); *Lerche*, Verfassungsnachholung, insbesondere im Kleide der Interpretation, in: Blankenagel et al (Hg), Verfassung im Diskurs der Welt (2004) 631; *Levinson*, Responding to

Imperfection: The Theory and Practice of Constitutional Amendment (1995); *Loewenstein*, Über Wesen, Technik und Grenzen der Verfassungsänderung (1961); *Müller*, Materiale Schranken der Verfassungsrevision?, FS Haug (1986) 195; *Pace*, Starre und flexible Verfassungen, JöR 49 (2001), 89; *Schuppert*, Rigidität und Flexibilität von Verfassungsrecht, AöR 1995, 32; *Wiederin*, Über Inkorporationsgebote und andere Strategien zur Sicherung der Einheit der Verfassung, ZÖR 59 (2004), 175; *Winterhoff*, Verfassung – Verfassunggebung – Verfassungsänderung (2007).

1. Rechtlicher und außerrechtlicher Wandel

Reduziert man das Verständnis von Staat nicht bloß auf die staatliche Rechtsordnung, so erhellt daraus, dass er nicht ausschließlich in (verfassungs-)rechtlicher Form wandlungsfähig ist. Verschiedene Veränderungen, die im weiten Sinn dem gesellschaftlich-politischen Bereich zuzuordnen sind, gehen nämlich nicht unbedingt mit der Änderung des positivierten (Verfassungs-)Rechts einher. Im Folgenden soll aber nur auf jene Änderungen des Staats eingegangen werden, die rechtlicher Natur sind – wo sich die **Metamorphose des Staats** gleichsam **in der Metamorphose der Verfassung** vollzieht.

2. Starre und bewegliche Verfassungen

Die Unterscheidung zwischen **starren** und **beweglichen Verfassungen** (*rigid and flexible constitutions*) geht auf *James Bryce* zurück. Statt der ursprünglichen Bedeutung dieser Unterscheidung, die sich auf den Gegensatz zwischen **geschriebenen** und **ungeschriebenen** Verfassungen bezogen hatte,[60] versteht man nach der klassischen Begriffsprägung durch *Albert V. Dicey* heute darunter, dass sich Verfassungen unter dem Aspekt ihrer Abänderbarkeit und des dafür erforderlichen Abänderungsverfahrens voneinander unterscheiden können.

Während die starren Verfassungen entweder gar nicht oder nur unter erschwerten Verfahrensbedingungen geändert werden können, ist das Änderungsverfahren bei beweglichen Verfassungen erleichtert: Darunter kann einerseits verstanden werden, dass es zwar ein für die Änderung der Verfassung spezifisch vorgesehenes Verfahren gibt, dieses aber unter jenen Anforderungen liegt, die für starre Verfassungen typisch sind. Andererseits kann darunter der seltene Fall zu verstehen sein, dass sich das Änderungsverfahren für Verfassungsrecht überhaupt nicht von dem einfachen Gesetzesrechts unterscheidet.

Je nach Art des Änderungsverfahrens kann die Differenzierung zwischen starren und beweglichen Verfassungen in einer **gleitenden Skala zwischen Unabänderlichkeit und Abänderbarkeit** vorgenommen werden:

Unabänderlichkeit bedeutet, dass eine Verfassung – im Rahmen ihrer Kontinuität – nicht geändert werden darf, dh kein legitimes Verfahren zu ihrer Änderung zur Verfügung steht. Im Regelfall stehen Verfassungen allerdings nicht zur Gänze unter

---

[60] Vgl dazu oben 33 f.

einer Unabänderlichkeitsgarantie; vielmehr sind es einzelne, wesentliche Elemente und Prinzipien, die – wenn überhaupt – für unabänderlich erklärt werden: Dabei kann es sich, je nach Art der Verfassung, um Prinzipien des westlichen Verfassungsstaats, wie Demokratie und Grundrechte, ebenso handeln wie um die territoriale Integrität, die Festlegung des Republikanismus als Staatsform oder eine bestimmte Ideologie oder Religion, die, weil den Geist einer Verfassung bestimmend, unabänderlich sein sollen. Die Unabänderlichkeitsgarantie wird zumeist in Form so genannter „**Ewigkeitsklauseln**" explizit in Verfassungen verankert, doch kann die Unabänderlichkeit verfassungsrechtlicher Inhalte und Prinzipien auch in immanenter Form anerkannt sein. Unabänderliches Verfassungsrecht kann – im Rahmen der Kontinuität einer Verfassung – auf legale Weise nicht geändert werden. Nur durch illegalen Verfassungsbruch, der die Diskontinuität der Verfassung herbeiführt, wäre es möglich, dass sich eine neue verfassunggebende Gewalt des Volkes konstituiert, die auf revolutionärem Weg eine neue „historisch erste" Verfassung schafft.

Die **Abänderbarkeit** kann sich entweder auf die gesamte Verfassung oder bloß einzelne ihrer Teile beziehen. Durch die qualitative Unterscheidung zwischen bestimmten Inhalten der Verfassung und der „gewöhnlichen" Verfassung wird ein **verfassungsrechtliches Schichtenverständnis** erzeugt, das, sofern ihm formal durch verschiedene Arten von Änderungsverfahren Rechnung getragen wird, sogar eine Binnendifferenzierung der Verfassung nach dem Kriterium der Beweglichkeit bzw Starre gestattet.

Der Extremfall einer beweglichen Verfassung ist jener Typus, dessen Änderungsverfahren mit demjenigen von einfachem Gesetzesrecht identisch ist; den bekanntesten Fall stellt die ungeschriebene Verfassung des Vereinigten Königreichs dar. Weit häufiger jedoch ist der Fall einer beweglichen Verfassung, deren Änderungsverfahren sich von demjenigen im Falle einfachen Gesetzesrechts unterscheidet: Diese Unterscheidung besteht regelmäßig darin, dass im Vergleich zum einfachen Gesetzgebungsverfahren **erhöhte Anwesenheits-** und/oder **Zustimmungserfordernisse** bei der parlamentarischen Beschlussfassung normiert sind. Insbes in einer „geschichteten" Verfassung können darüber hinaus folgende zusätzliche Verfahrenserfordernisse festgelegt sein:
* Beteiligung beider Kammern eines bikameralen Parlaments, mit absoluten oder suspensiven Vetorechten
* Wiederholung der parlamentarischen Beschlussfassung (eventuell nach Parlamentsauflösung und -neuwahl)
* Sperrfristen
* direktdemokratische Elemente (zB Volksabstimmung)
* Beteiligung verschiedener Gebietskörperschaften (zB Zustimmung der bundesstaatlichen Gliedeinheiten)
* Einberufung eines Verfassungskonvents

Ob eine Verfassung eher dem beweglichen oder dem starren Typus zuzuordnen ist, erweist sich daher – abgesehen von den beiden Extremfällen einer völlig unabänderlichen bzw umgekehrt einer formal von einfachem Gesetzesrecht nicht unterscheidbaren Verfassung – als relativ.

Eine Verfassung ist **umso starrer, je strenger die Erfordernisse ihrer Änderung** (als Gesamtheit oder einzelner ihrer Teile) im Vergleich zur Änderung einfachen Gesetzesrechts (und allenfalls „gewöhnlichen" Verfassungsrechts) sind. Dagegen ist eine Verfassung **umso beweglicher, je geringer die Unterschiede** zwischen dem einfachgesetzlichen und dem verfassungsrechtlichen Änderungsverfahren oder zwischen verschiedenen Arten verfassungsrechtlicher Änderungsverfahren ausfallen.

Eine Verfassung, die wenigstens in Bezug auf manche Inhalte unabänderlich ist, ist daher starrer als eine Verfassung, die sowohl in ihrer Gesamtheit als auch in einzelnen Teilen abänderbar ist. Eine Verfassung, die für ihre Änderung lediglich erhöhte parlamentarische Anwesenheits- und Zustimmungserfordernisse vorsieht, ist beweglicher als eine Verfassung, die zusätzlich zu diesen erhöhten Quoren beispielsweise eine Volksabstimmung oder doppelte parlamentarische Beschlussfassung verlangt.

Die Gründe für die Starre bzw Beweglichkeit einer Verfassung sind vielfältig. Grundsätzlich kann die Entscheidung für eine starre Verfassung sowohl im besonderen Respekt vor dem Verfassungsrecht und seiner Bewahrung als auch im Misstrauen vor allzu beliebiger Abänderbarkeit begründet sein. Ebenso können dafür historische Rechtstraditionen[61] oder eine mehrgliedrige Staatsorganisation[62] verantwortlich sein. Beweglichkeit setzt eine Verfassung dagegen zwar stärker politischer Beliebigkeit aus, ist aber dennoch bis zu einem gewissen Grad erforderlich, da eine Verfassung gesellschaftlichem und politischem Wandel gegenüber nicht völlig verschlossen sein sollte. Ist nämlich eine Verfassung allzu starr und daher nicht oder kaum abänderbar, kann dies etwa zu die Grenzen der Interpretation überschreitender, aus Gründen der Demokratie und Gewaltenteilung problematischer Rechtsfortbildung durch ein Verfassungsgericht (**richterrechtliche Flexibilisierung der Verfassung**) oder aber dazu führen, dass Verfassungsrecht und Staatswirklichkeit nicht mehr zusammenpassen, was die Verfassung einem **Akzeptanzproblem** aussetzt. Regelmäßig anzutreffen sind daher Verfassungen, die zwar grundsätzlich zwischen ihrer eigenen Änderung und der einfachen Gesetzesrechts unterscheiden, aber, wenn überhaupt, nur in Bezug auf gewisse, für den Verfassungsstaat grundlegende Inhalte änderungsfest oder erschwert abänderbar sind.

---

[61] So etwa das Konventsmodell in den verschiedenen US-Bundesstaaten.

[62] Die Änderung der US-Verfassung erfordert beispielsweise eine Zweidrittelmehrheit in beiden Kammern des Bundesparlaments sowie die Zustimmung von drei Vierteln der 50 Staaten, von denen wiederum 49 ein bikamerales parlamentarisches System aufweisen, sodass auch hier jeweils die Zustimmung beider Kammern vonnöten ist (vgl Art V der US-amerikanischen Verfassung). Die Änderung der australischen Verfassung erfordert grundsätzlich die absolute Mehrheit in beiden Kammern des Bundesparlaments sowie sowohl eine Zustimmung der Mehrheit der Stimmberechtigten bundesweit als auch die Zustimmung einer Mehrheit der Stimmberechtigten in einer Mehrheit der Staaten (vgl Sec 128 der australischen Verfassung).

3. Arten des Verfassungswandels außerhalb formaler Änderungsverfahren

Auch wenn sich die Unterscheidung zwischen starren und beweglichen Verfassungen grundsätzlich am formalen Kriterium des Änderungsverfahrens orientiert, kann sich eine Verfassung ausnahmsweise auch **außerhalb eines Änderungsverfahrens** wandeln, ohne dass dies *a priori* als illegale Verfassungsdurchbrechung anzusehen wäre.

Einen solchen Fall des Verfassungswandels stellt die **rechtsfortbildende Interpretation des Verfassungsrechts** dar. Bedingt durch allgemeine Entwicklungen, insbes gesellschaftlichen Wertewandel, die Beeinflussung durch fremde Rechtssysteme, Änderungen in der Lehre oder der Rechtsprechung anderer Gerichte, interpretieren Gerichte (insbes Verfassungsgerichte) dabei Verfassungsnormen in Richtungen, die über den Wortlaut einer Norm oder zumindest die ursprüngliche Absicht (*original intent*) des ursprünglichen Verfassungsgesetzgebers hinausgehen; diese Art der dynamisch-teleologischen Interpretation versteht die Verfassung als „*living*"[63] *instrument*, gerät aber in eine sowohl in gewaltenteilender als auch demokratischer Hinsicht problematische Konkurrenz zum regulären Verfassungsänderungsverfahren, wie es in der Verfassung selbst verankert ist. Gerade im Fall starrer Verfassungen erweist sich die Möglichkeit der Verfassungsänderung *qua* richterlicher Rechtsfortbildung freilich als wesentliches dynamisches Element, das die Verfassung an neuartige Verhältnisse anpassen kann, ohne an ein schwerfälliges Änderungsverfahren gebunden zu sein. So kann die Rigidität einer Verfassung sogar Anlass sein, zu Formen der Verfassungsänderung Zuflucht zu nehmen, die außerhalb des formalen, durch die Verfassung selbst vorgesehenen Verfassungsänderungsverfahrens angesiedelt sind, was gerade dem Sinn einer rigiden Verfassung zuwiderläuft.

Umstritten ist dabei, wo die Grenze zwischen zulässiger Interpretation und unzulässiger Rechtsfortbildung anzusetzen ist. Diese Frage wird allgemein unter den Gegensatzbegriffen *judicial activism – judicial self-restraint* diskutiert, wobei sich auch in den stärker nomothetischen Rechtsordnungen Kontinentaleuropas eine gewisse Tendenz zu *judge-made law* erkennen lässt. Gerade an der europäischen Grundrechtejudikatur wurde in den letzten Jahren vermehrt Kritik geübt, indem sowohl dem EGMR als auch dem EuGH mangelnde demokratische Legitimation der Richter und ein allzu dynamischer Auslegungsstil vorgeworfen wurden. Vielfach handelt es sich dabei um Interpreten, deren Auslegung der Verfassung in einem konkreten Anlassfall selbst keinem Instanzenzug mehr unterliegt und daher autoritativ ist (was regelmäßig bei Höchstgerichten der Fall ist; in selteneren Fällen kann die autoritative Verfassungsinterpretation allerdings überhaupt einem anderen Organ anvertraut sein, wie etwa der Zweiten Kammer nach Art 62 Abs 1 der äthiopischen Verfassung). Eine allfällige Sanktionierung von Überschreitungen des Interpretationskanons durch ein autoritativ interpretierendes Organ vermag nur durch eine authentische Interpretation des (Verfassungs-)Gesetzgebers als ursprünglichem

---

[63] Vgl zur Begrifflichkeit schon *Edwards v A-G Canada* [1930] AC 136.

Normsetzer oder überhaupt eine formelle Verfassungsänderung vorgenommen zu werden, was allerdings Spannungsfelder zwischen Verfassungsgesetzgebung und Verfassungsgerichtsbarkeit im Hinblick auf die Frage, wer der eigentliche „Hüter der Verfassung" ist, eröffnet.[64] Eine gewisse Abhilfe kann neben der Beweglichkeit einer Verfassung auch die Verankerung ausdrücklicher Verfassungsinterpretationsregeln in der Verfassung schaffen, welche die Auslegung der Gerichte bindet; während nur relativ wenige Verfassungen solche Auslegungsregeln im engen Sinn vorsehen – wo dies der Fall ist, handelt es sich insbes um Regeln der Grundrechtsinterpretation –, enthalten viele Verfassungen Legaldefinitionen, die einer unvorhersehbaren Interpretation verfassungsrechtlicher Begriffe durch die Gerichte gerade durch deren präzise und kasuistische Festlegung zuvorkommen sollen. Freilich können auch derartige Auslegungsregeln gegebenenfalls nicht verhindern, dass Gerichte sich über sie hinwegsetzen, bzw obliegt es den Gerichten, wiederum die Auslegungsregeln auszulegen.

4. Verfassung und verfassungsrechtliche Grundordnung

Jede Verfassung kann darauf hin analysiert werden, ob ihre Inhalte einem „geschichteten" Typus entsprechen oder nicht. Regelmäßig lassen sich Verfassungen dabei in **Prinzipien** und **Regeln** – vgl zu dieser grundsätzlichen Unterscheidung auch die Rechtstheorien von *Ronald Dworkin* und *Robert Alexy* – differenzieren, von denen erstere in materieller Hinsicht als übergeordnete Verfassungsschicht anzusehen sind, während Regeln, also einzelne Bestimmungen normativ-konkreten Charakters, das „gewöhnliche" Verfassungsrecht ausmachen. Nichtsdestoweniger ist zu berücksichtigen, dass die Prinzipien von den Regeln getragen, dh ausgestaltet und konkretisiert werden, sodass „gewöhnliches" und „qualifiziertes" Verfassungsrecht untrennbar miteinander verknüpft sind.

Als **verfassungsrechtliche Grundordnung** kann daher die tragende Prinzipienschicht der Verfassung – und damit der Rechtsordnung generell – bezeichnet werden. In vielen Verfassungen wird der verfassungsrechtlichen Grundordnung ein besonderer formaler Status zuerkannt, auf Grund dessen sie entweder unabänderlich ist oder nur erschwert abgeändert werden kann. Starre Elemente einer Verfassung beziehen sich daher häufig auf Prinzipieninhalte, die dadurch einen besonderen Schutz erfahren sollen. Welche Inhalte zur verfassungsrechtlichen Grundordnung gezählt werden, kann von Verfassung zu Verfassung unterschiedlich sein und hängt letztlich von der Zugehörigkeit zu einem bestimmten Rechtskreis ab. Für die westlichen Verfassungen gilt, dass die Prinzipien der auf Volkssouveränität beruhenden Demokratie, des Rechtsstaats, der Gewaltenteilung, der Grundfreiheiten und Menschenrechte als gemeinsame Verfassungsüberlieferung anzusehen sind, auf die sich auch die EMRK stützt und die in Art 2 EUV direkt erwähnt werden.[65] Ob allerdings

---

[64] Vgl dazu unten 175 ff.
[65] Vgl dazu oben 37.

diesen inhaltlichen Prinzipien auch formal durch Unabänderlichkeit oder erschwerte Abänderbarkeit Rechnung getragen wird, ist von Fall zu Fall unterschiedlich.

5. Verfassunggebung, Änderung oder Ersetzung der Verfassung

In der Verfassungstheorie wird zwischen dem ursprünglichen Akt der **Verfassunggebung** und nachträglichen Formen der **Verfassungsänderung** unterschieden. Diese Vorstellung beruht auf der Annahme einer historisch ersten Verfassung, zu deren Erlassung die verfassunggebende Gewalt des Volkes, sei es im Rahmen eines Verfassungskonvents und/oder einer Volksabstimmung, ermächtigt, wozu im Fall der Gründung eines Bundesstaats[66] noch der freiwillige Zusammenschluss selbständiger territorialer Einheiten treten kann.

Der Akt der historischen Verfassunggebung durchläuft naturgemäß nicht dasjenige Erzeugungsverfahren, das die auf ihm beruhende Verfassung selbst für die Erzeugung von Verfassungsrecht vorsieht, worunter einerseits die **Ergänzung**, andererseits die **Änderung** bestehenden Verfassungsrechts fällt.

Einer **reinen Ergänzung** der bereits erlassenen Verfassung bedarf es insbes in jenen Fällen, in denen zunächst eine Rumpfverfassung erlassen wurde, die noch wesentliche verfassungsrechtliche Inhalte aussparte. Die Ergänzung kann aber auch **ausführenden** Charakters sein, wenn sie bestimmte bereits vorhandene Verfassungsaufträge, Zielbestimmungen und Programme verfassungsrechtlich näher ausgestaltet.

Ansonsten dient die Erzeugung von Verfassungsrecht der **Änderung** geltenden Verfassungsrechts. Formal werden verfassungsrechtliche Ergänzungen und Änderungen zumeist gleich behandelt, dh demselben (Ergänzungs- oder Änderungs-)Verfahren unterworfen, das üblicherweise als Änderungsverfahren im weiten Sinn bezeichnet wird und regelmäßig in der Verfassungsänderungsregel einer Verfassung verankert ist. Formelle Unterschiede finden sich aber häufig innerhalb von Änderungsverfahren: Diese können, je nach Grad der Beweglichkeit einer Verfassung, vielfältig gestuft sein. Von der Theorie wird mitunter zwischen **Verfassungsänderung** (im engen Sinn) und der **Ersetzung der Verfassung** unterschieden. Im ersten Fall (*amendment*) soll es sich um bloße Verfassungskorrekturen handeln; im zweiten Fall (*revision*) hingegen um eine so fundamentale Änderung, dass die Verfassung inhaltlich geradezu durch eine neue ersetzt würde. Begrifflich tragen dem manche Verfassungen Rechnung: So etwa die Unterscheidung der Schweizerischen Bundesverfassung zwischen Total- und Teilrevision oder die Unterscheidung der österreichischen Bundesverfassung zwischen Gesamt- und Teiländerung der Verfassung.

An der begrifflich-theoretischen Unterscheidung zwischen Ersetzung und Änderung ist richtig, dass die inhaltliche Ersetzung einer Verfassung durch eine neue – ohne dass dies formell zwangsläufig mit der Erlassung einer neuen Verfassungsurkunde verknüpft sein müsste – in materieller Hinsicht eher an den Akt der

---

[66] Vgl dazu unten 87 ff.

Verfassunggebung als an die bloße Änderung der Verfassung erinnert, bei der das inhaltliche Fundament der geltenden Verfassung bestehen bleibt. In vielen Verfassungen sind daher auch fundamentale Änderungen einer Verfassung, die materiell einer Ersetzung der Verfassung gleichkämen, überhaupt unzulässig oder zumindest an besonders erschwerte Änderungsverfahren geknüpft. Diese Änderungsverfahren ähneln zuweilen dem ursprünglichen Akt der Verfassunggebung insofern, als dafür Volksabstimmungen oder Verfassungskonvente vorgesehen sind.

IX. Der Staatsnotstand

Lit: *Doehring*, Allgemeine Staatslehre[3] (2004); *Dyzenhaus*, States of Emergency, in: Rosenfeld/Sajó (Hg), The Oxford Handbook of Comparative Constitutional Law (2012) 442; *Ermacora*, Allgemeine Staatslehre, Bd II (1970); *Ferejohn/Pasquino*, The law of the exception: A typology of emergency powers, ICON 2004, 210; *Gross*, Constitutions and emergency regimes, in: Ginsburg/Dixon (Hg), Comparative Constitutional Law (2011) 334; *Haller/Kölz/Gächter*, Allgemeines Staatsrecht[5] (2013); *Koja*, Der Staatsnotstand als Rechtsbegriff (1979); *ders*, Allgemeine Staatslehre (1993); *Lewinski* (Hg), Resilienz des Rechts (2016); *Quaritsch*, Souveränität im Ausnahmezustand, Der Staat 1996, 1; *Ramraj/Guruswamy*, Emergency powers, in: Tushnet/Fleiner/Saunders (Hg), Routledge Handbook of Constitutional Law (2013) 85; *Zippelius*, Allgemeine Staatslehre[17] (2017).

Unter einem **Staatsnotstand** ist eine **existentielle Krise** zu verstehen, in der sich ein Staat befindet, sodass die Handlungsfähigkeit staatlicher Organe gefährdet oder nicht mehr vorhanden ist, und für deren Bewältigung daher Rechtsakte erforderlich sind, die den Rahmen der „Regulärverfassung" überschreiten. Ein derartiger Notstand kann eine *innere* (zB Epidemie) oder *äußere* (zB Krieg), *objektive* (zB Naturkatastrophe) oder *subjektive* (zB Terrorismus) Ursache haben; ein *regionaler* Notstand etwa in einem Bundesstaat kann möglicherweise überregionale Notstandsmaßnahmen (des Bundes) erforderlich machen.

Auf einen Notstand vermag der Staat in zweierlei Weise zu reagieren: Zum einen kann diese Reaktion ausdrücklich verfassungsrechtlich determiniert sein (**konstitutioneller Notstand**). Zum anderen kann der Staat mangels verfassungsrechtlicher Notstandsregelungen faktische Maßnahmen zur Krisenbewältigung ergreifen (**extrakonstitutioneller Notstand**).

Während sich der Staat im erstgenannten Fall im Rahmen der geltenden Rechtsordnung bewegt, weil die Verfassung eben ausdrücklich für den Fall des Notstandes vorgesorgt hat, durchbricht der Staat im zweitgenannten Fall die durch die Rechtsordnung auferlegten Schranken. Im erstgenannten Fall handelt der Staat **legal**, im zweitgenannten Fall **illegal**; dennoch handelt der Staat in letzterem Fall möglicherweise ethisch **legitim**, sofern sein Handeln vom Ziel geleitet ist, die Bevölkerung vor größerem Schaden zu bewahren. Dass es sich dabei um besonders sensible Bereiche handelt, liegt auf der Hand: Wer bestimmt, wann ein Staatsnotstand vorliegt? Welche Maßnahmen werden im Rahmen des extrakonstitutionellen Staatsnotstands gesetzt? Handelt es sich möglicherweise um den Missbrauch einer vorgeblichen Notstandssituation, der gewissen Verfassungswidrigkeiten Vorschub leisten soll?

Typischerweise verlangt die Bewältigung eines Staatsnotstands Maßnahmen, die **schnelles und effizientes Handeln des Staats** ermöglichen. Zwangsläufig erfordert ein schlagkräftiges Vorgehen insbes Reduktionen in organisatorischer und prozeduraler Hinsicht. Tendenziell fördert dies die Exekutive zu Lasten der Legislative und den Zentralismus zu Lasten dezentraler Strukturen: Rascher tritt eine Regierung zusammen als ein ganzes Parlament, rascher erlässt eine Regierung einen Rechtsakt, als dass ein komplexes Gesetzgebungsverfahren durchgeführt würde. Ein einheitliches Vorgehen der zentralen Ebene bei einer gesamtstaatlichen Krise erfordert weniger Aufwand als verschiedene einzelne Maßnahmen, die erst zwischen Bund und Gliedeinheiten akkordiert werden müssen. Daher sind zentrale Spitzenexekutiven (Staatsoberhaupt und/oder Regierung) häufig, wenn auch nicht überall, jene staatlichen Organe, die Notstandsmaßnahmen anordnen, da das Parlament in der Krisensituation möglicherweise an seinem Zusammentreten gehindert ist.

Inhaltlich können Notstandsmaßnahmen im Widerspruch zur geltenden Rechtsordnung, ja sogar zur Verfassung stehen. Praktisch alle Elemente des westlichen Verfassungsstaats – Demokratie, Gewaltenteilung, Rechtsstaat, Grundrechte – sind im Staatsnotstand der Gefahr einer Durchbrechung ausgeliefert. Naturgemäß erfordern diese Elemente eine komplexere Organisationsstruktur sowie komplexere Verfahren als in einer Monokratie oder Oligarchie,[67] wo die Staatsgewalt einem Einzigen oder einer kleinen Gruppe von Personen übertragen ist, ohne dass die Mehrheit des Staatsvolkes daran hinreichend beteiligt wäre.

Gerade auf Grund der Problematik, dass ein Staatsnotstand aus praktischen Gründen Einschränkungen der Verfassungswerte eines Staats gebieten kann, die jedoch möglichst eine Ausnahme bleiben und nicht in einen Regulärzustand übergehen sollen, ist eine konstitutionelle Regelung des Staatsnotstands der extrakonstitutionellen Durchführung irgendwelcher Maßnahmen oder auch den in vielen Staaten anzutreffenden einfachgesetzlichen Staatsnotstandsregelungen vorzuziehen. Damit sollen verfassungsstaatliche Mindeststandards gewahrt bleiben und vor allen Dingen verhindert werden, dass der Anlass des Notstandes dazu missbraucht wird, temporäre Machtakkumulationen bei einzelnen Staatsorganen zu verfestigen und diktatorische Regime zu legitimieren. Verfassungsrechtliche Notstandsbestimmungen ermöglichen daher eine rechtliche Regulierung des Notstandes, überlassen diesen nicht der „normativen Kraft des Faktischen" und müssen im westlichen Verfassungsstaat so abgewogen sein, dass dieser möglichst unangetastet bleibt.

Letztlich liegt diesen Notstandsregelungen daher das **Verhältnismäßigkeitsprinzip**[68] zugrunde: Das Abweichen von den üblichen verfassungsrechtlichen Vorschriften muss durch ein existentielles öffentliches Interesse geboten sein, die Notstandsregelungen müssen tauglich sein, dieses Interesse zu verwirklichen, sie müssen das gelindeste Mittel sein, und es muss das durch sie erfüllte öffentliche

---

[67] Vgl dazu unten 147 ff.
[68] Vgl dazu unten 253 f.

Interesse in einem angemessenen Verhältnis zu den durch sie vorübergehend suspendierten Vorschriften stehen.

Konkret drückt sich dies regelmäßig durch konstitutionelle Notstandsregelungen aus, die den Ausnahmezustand als existentielle, staatsbedrohende Krise definieren, was jedwede Verlängerung über den Zeitraum der Krise hinaus ausschließt. Weiters sind zeitliche Befristungen des Ausnahmeregimes üblich, oder es wird die Ermächtigung von Spitzenexekutivorganen zur Setzung von Rechtsakten, für die sonst das Parlament verantwortlich wäre, beschränkt: Etwa durch die Notwendigkeit der Zustimmung eines auch im Staatsnotstand einberufbaren Parlamentsausschusses, die Verpflichtung zur unverzüglichen Information oder durch nachträgliche Zustimmungsrechte des parlamentarischen Plenums, ohne dessen Sanktionierung eine solche Maßnahme nach Zeitablauf wieder außer Kraft tritt. Schließlich erklären manche Verfassungen bestimmte Rechtsgüter, wie zB Grundrechte, überhaupt als „notstandsfest" oder verlangen eine strikte Verhältnismäßigkeit von Notstandsmaßnahmen (vgl zB besonders ausführlich Sec 37 der südafrikanischen Verfassung).

Sofern eine Verfassung explizite Notstandsregeln umfasst, ist deren Ausgestaltung auch Gradmesser der Verfassungsstaatlichkeit: Räumt eine Verfassung nämlich der Exekutive sehr weitgehende Befugnisse zur Setzung von Notstandsmaßnahmen ein, knüpft diese nicht an den Eintritt einer außergewöhnlichen Krisensituation, gewährleistet nicht bestimmte unbedingte Mindeststandards der Verfassungsstaatlichkeit oder beschränkt deren Suspension nicht auf einen bestimmten oder überhaupt nur einmaligen Zeitraum (vgl etwa die mehrfache „Verlängerung" des Ausnahmezustands seit 2016 in der Türkei), so läuft der Verfassungsstaat potentiell Gefahr, auf legale Weise dauerhaft ausgehebelt zu werden.

Wenngleich es wichtig erscheint, die Setzung allfälliger Notstandsmaßnahmen auf einer legalen Basis zu ermöglichen und nicht bloß praktisch-politischen Abläufen zu überlassen, müssen Verfassungen westlicher Verfassungsstaaten daher darauf Bedacht nehmen, den *Verfassungs*staat – nicht bloß den Staat – auch im Krisenfall in seinem Grundbestand zu schützen. Obzwar selbst die Möglichkeit zur Setzung von Maßnahmen im Rahmen des konstitutionellen Notstandes nicht immer die Setzung weitergehender Maßnahmen im Rahmen des extrakonstitutionellen Notstandes verhindern kann, erweist es sich auch im Fall des Staatsnotstands als unerlässlich, gerade auf Gewaltenteilung und demokratische Kontrolle nicht gänzlich zu verzichten.

„Dass aber der Mensch mehr noch als jede Biene und jedes schwarm- oder herdenweise lebende Tier ein soziales Lebewesen ist, ist offensichtlich."
(*Aristoteles*, Politik, 1. Buch, 2. Kapitel, 1253a [Übersetzung])

3. Kapitel: Der Mensch im Staat: Nation, Volk, Minderheit

I. Problemstellung

Auch wenn der Staat heute, in Abkehr von den älteren Organismustheorien, weitgehend abstrakt und entpersönlicht gesehen wird, so ist doch klar, dass der Staat mit keiner anderen Erscheinung der Realwelt so eng verknüpft ist wie mit dem **Menschen**. Denn der Staat entsteht durch den Zusammenschluss von Menschen, er existiert zum Zwecke der Schaffung der äußeren Voraussetzungen menschlichen Daseins und Überlebens, er wird durch Menschen gestaltet und bedient sich ihrer als Organe.

Bereits *Aristoteles* erkannte den Menschen als *„zoon politikon"*, als „geselliges", im heutigen Sinn „soziales" oder (im weiten Sinn) „politisches Lebewesen", und stellte ihn in einen ursächlichen Zusammenhang zur Entstehung des Staats. Wie Bienen, Ameisen oder andere staatenbildende Tiere sei der Mensch nämlich ein Gemeinschaftswesen und bedürfe daher der staatlichen Organisation.

Umgekehrt bedarf aber auch der Staat des Menschen, da seine Willensbildung nur durch den menschlichen Willen geleitet werden kann und die staatliche Willensbildung wiederum der menschlichen Umsetzung bedarf. Dass es überhaupt eine **Trennung von Staat und Mensch** (Gesellschaft) gibt, ist letztlich erst in der Neuzeit mit der Konstruktion des **Gesellschaftsvertrags**[69] theoretisch begründet worden.

Auf Grund dieser engen Verbindung von Staat und Mensch findet sich der Mensch in allen staatlichen Zusammenhängen und daher auch zentral in der staatlichen Verfassung wieder. Anknüpfungspunkt ist dabei einerseits der einzelne Mensch als **Individuum**, andererseits sind es aber auch **Kollektive** von Menschen, die verschiedene Organisationsformen aufweisen.

Als **Individuum** ist der Mensch im westlichen Verfassungsstaat Grundrechtsträger[70] und demokratischer Partizipant (bei Wahlen oder Plebisziten); der Einzelne kann aber auch selbst staatlicher Organwalter sein. Er ist Normadressat der staatlichen Rechtsordnung und daher Träger zahlreicher Rechte und Pflichten, die ihm der Staat gewährt oder auferlegt.

Als **Kollektiv** können Menschen dem Staat ganz unterschiedlich gegenüberstehen: Der umfassendste Fall eines solchen Kollektivs innerhalb des Staats ist das

---

[69] Vgl dazu unten 116 ff.
[70] Vgl dazu unten 248 f.

Staatsvolk, das überhaupt ein konstitutives Element des Staats darstellt.[71] Davon zu unterscheiden sind andere Kollektive, wie einzelne Volksgruppen oder generell Minderheiten, die sich nach bestimmten Merkmalen von der Mehrheit abheben. Darüber hinaus existieren zahllose weitere Organisationsformen, die jeweils **Teilgruppen des Staatsvolkes** in sich vereinen, sei es nach territorialen Kriterien (zB das Volk einer bundesstaatlichen Gliedeinheit), sei es nach wirtschaftlich-sozialen Kriterien (zB Angehörige einer bestimmten Berufsgruppe oder eines Interessenverbandes), sei es nach politischen Kriterien (zB Parteimitglieder) etc.

II. Nation und (Multi-)Nationalstaat

Lit: *Blumenwitz* et al (Hg), Rechte der Staaten, Volksgruppen und Individuen (2002); *Böckenförde*, Staat, Nation, Europa (1999); *Bosset/Gamper/Öhlinger*, Multicultural societies and migration, in: Tushnet/Fleiner/Saunders (Hg), Routledge Handbook of Constitutional Law (2013) 443; *Ermacora*, Allgemeine Staatslehre, Bd I (1970); *Fleiner*, Verfassungsgrundsätze für einen multikulturellen Staat, FS Öhlinger (2004) 235; *ders/Basta Fleiner*, Allgemeine Staatslehre³ (2004); *Huber*, Nationalstaat und Verfassungsstaat (1965); *Jerusalem*, Über den Begriff der Nation (1932); *Klein*, Völker und Grenzen im 20. Jahrhundert, Der Staat 1993, 357; *Leibholz*, Volk, Nation und Staat im 20. Jahrhundert (1958); *Marko*, Autonomie und Integration (1995); *Pan/Pfeil*, Minderheitenrechte in Europa² (2006); *dies* (Hg), Zur Entstehung des modernen Minderheitenschutzes in Europa (2006); *Schulze*, Staat und Nation in der europäischen Geschichte² (2004); *Sieyès*, Qu'est-ce que le Tiers-État? (1789); *Töpperwien*, Nation-State and Normative Diversity (2001); *Veiter*, Volk, Volksgruppe, Nation (1966); *ders*, Nationalitätenkonflikt und Volksgruppenrecht im 20. Jahrhundert, 3 Bde (1984); *Voigt* (Hg), Der neue Nationalstaat (1998).

1. Die Nation

„**Nation**" (> lat *natio* = Geburt, Abstammung, Volk) ist ein besonders vielschichtiger, umstrittener und politisch teilweise missbrauchter Begriff, der sich zusätzlich in zahlreichen spezifischen Zusammensetzungen findet und dabei ganz verschiedene Bedeutungen entfaltet. Grundsätzlich kann unter Nation zweierlei verstanden werden:

In einem **soziologischen** Sinn als eine Gemeinschaft von Menschen, die durch bestimmte **objektive Merkmale** verbunden sind, zu denen insbes gemeinsame historische Erfahrungen und Traditionen zählen und die noch **subjektiv** durch das Gefühl der Zusammengehörigkeit ergänzt werden. Zu den objektiven Merkmalen gehören häufig, aber nicht zwangsläufig, ethnische und kulturelle (va sprachliche und religiöse) Gemeinsamkeiten. Ob eine derart definierte Nation auch rechtlich in Form eines eigenen Nationalstaats berücksichtigt wird, wird durch diesen *vor-* bzw *außerrechtlichen Nationsbegriff* freilich nicht indiziert.

---

[71] Vgl dazu oben 47 ff.

Dessen ungeachtet kann Nation durchaus auch in einem **rechtlichen** Sinn verstanden werden, nämlich als das **konstitutive Staatsvolk eines Nationalstaats.** Beide Nationsbegriffe können, müssen aber nicht kongruent sein.

Das Bewusstsein, eine eigene Nation zu bilden, entstand in der **Neuzeit** zwar nicht völlig neu, da selbstverständlich auch in früheren Epochen Vorstellungen, einem bestimmten Volk oder einer bestimmten Bürgerschaft anzugehören, vorhanden waren. Forciert wurde die Idee der Nation zunächst durch den Absolutismus mit seinen Vorstellungen von einheitlich geführten und strukturierten Staaten; aber auch durch jene neuzeitlichen Staatstheorien, die das Prinzip der Volkssouveränität und den Gesellschaftsvertrag konzipierten, womit zwangsläufig auch die Vorstellung verbunden war, dass es verschiedene Völker und verschiedene Staaten gebe und jedes Volk seinen eigenen Staat gesellschaftsvertraglich begründen könne.

Im 19. Jahrhundert verstärkten die Befreiungskriege gegen Napoleon das Nationalbewusstsein der einzelnen europäischen Völker, während etwa die 1823 verkündete *Monroe*-Doktrin auf ein „amerikanisches" Nationalbewusstsein abstellt. Die durch die Romantik wiederbelebten Organismustheorien ließen das Volk im Staat überhaupt als „lebendes Ganzes" erscheinen.

Bezeichnend für die ersten ausdrücklichen Untersuchungen und Definitionsversuche des neuzeitlichen Nationsverständnisses ist *Abbé Emmanuel Joseph Sieyès* mit seiner berühmten Frage nach dem Dritten Stand:[72] *„Was ist eine Nation? Eine Gesamtheit von vereinigten Individuen, die unter einem gemeinsamen Gesetz stehen und durch dieselbe gesetzgebende Versammlung vertreten sind [...] Der Dritte Stand umfasst also alles, was zur Nation gehört, und alles, was nicht der Dritte Stand ist, darf sich nicht als zur Nation gehörend betrachten. Was ist also der Dritte Stand? Alles."* Sieyès begründet die Beschränkung der Nation auf den „Dritten Stand" und damit den Ausschluss der Aristokratie von der Nation damit, dass die Aristokratie einen anderen Ursprung und eine andere Sendung habe als das Volk und bloß ein Sonderinteresse vertrete. Dieser Nationsbegriff lässt sich nach einem modernen verfassungsstaatlichen Verständnis nicht mehr vertreten, weil das Staatsvolk heute abstrakt als Summe der Staatsangehörigen betrachtet wird und daher prinzipiell alle Stände umfasst, denen diese angehören; wohl aber enthält Sieyès' Definition prinzipiell die moderne juristische Umschreibung des Staatsvolkes als einer Gesamtheit von Individuen, die nicht nur Normadressaten der staatlichen Rechtsordnung, sondern zugleich bei der Erzeugung dieser Rechtsordnung demokratisch Repräsentierte sind.

Auf dem Begriff „nationale Souveränität" des französischen Volkes basiert auch die heutige französische Verfassung, in deren Präambel sich *„le peuple français"* zur durch die 1789 einberufene Französische Nationalversammlung erlassenen Erklärung der Menschen- und Bürgerrechte 1789 bekennt und in deren Art 3 die *„souveraineté nationale"* dem Volk zugesprochen wird, das sie repräsentativ oder im Wege des Referendums ausübt. Die ausdrückliche Berufung auf ein Staatsvolk liegt auch etwa der US-amerikanischen Verfassung von 1787 zugrunde, deren Präambel

---

[72] Vgl *Sieyès*, Qu'est-ce que le Tiers-État? (1789), 1. Kapitel (Übersetzung).

mit den Worten „*We the People of the United States*" beginnt (womit man allerdings auch vermeiden wollte, die föderierten Staaten selbst als Quelle der Souveränität aufzuzählen; die indigene Bevölkerung war nach damaliger Vorstellung übrigens nicht Teil des Verfassungsvolkes). Viele andere Verfassungen sind diesem Beispiel gefolgt und beziehen sich in einer Art kollektiver Anrede auf die souveräne Staatsnation als ihren jeweiligen Träger.

Die Bezeichnung als „Nationalversammlung" für ein Parlament oder im Zweikammernsystem für eine direkt volksgewählte parlamentarische Kammer[73] findet sich in vielen Verfassungen wieder. Bemerkenswert ist, dass selbst regionale Parlamente den Begriff mitunter für sich verwenden (vgl zB *National Assembly for Wales*).

2. Nationalstaat und Multinationalstaat

a. Allgemeines

Staaten können ganz unterschiedlich auf das Vorhandensein einer Nation reagieren: So anerkennt der **Nationalstaat** eine **einzige Staatsnation**, während der **Multinationalstaat** (Vielvölkerstaat) durch das Vorhandensein **mehrerer Staatsnationen** gekennzeichnet ist. Auch ein Multinationalstaat definiert sich jedoch letztlich durch eine integrative Funktion, sodass selbst verschiedene Staatsnationen gemeinsam ein multinationales Staatsvolk bilden können. Selbst in den ausgeprägtesten Bundesstaaten,[74] in denen die Existenz eigener „Gliedvölker" anerkannt ist und diese sogar als Staatsnationen angesehen werden, bilden diese gemeinsam immer auch ein Bundesvolk, sodass man sagen könnte – wie es ja auch einige Verfassungen explizit tun –, dass der Bundesstaat auf einem Staatsvolk beruht, das aus verschiedenen Arten von Völkern, dem Bundesvolk und den einzelnen Gliedvölkern, besteht; dass Bundesvolk und Gliedvölker nicht aus jeweils verschiedenen Personen gebildet werden, sondern die Angehörigen der Gliedvölker zugleich auch Angehörige des Bundesvolkes sind, steht einer solchen Differenzierung nicht entgegen.

Zu den schwierigsten Herausforderungen der Bewahrung der Staatseinheit dürfte die **binationale** Organisation eines Staats zählen, der auf zwei einzelnen Völkern beruht, die sich jeweils als eigene Staatsnation verstehen; die zentrifugale Wirkung eines solchen doppelten Nationalbewusstseins kann zum Auseinanderbrechen des Staats, zum Entstehen einer Konföderation oder überhaupt zweier völlig getrennter Staaten führen. Europäische Beispiele für solche binationalen, teilweise auch trinationalen Spannungen finden sich in unterschiedlich weit verwirklichtem Ausmaß in Zypern, Belgien sowie Bosnien und Herzegowina.

---

[73] Vgl dazu unten 207 ff.
[74] Vgl dazu unten 87 ff.

b. Der Nationalstaat

Der **Nationalstaat** entstand aus dem Bedürfnis heraus, Völkern, die über eine gemeinsame Abstammung und Vergangenheit verfügten (**ethnische** und **historische** Komponente), die politisch eine Schicksalsgemeinschaft darstellten (**politische** Komponente), die **kulturell** (insbes sprachlich oder religiös) miteinander verbunden *und* sich all dieser Gemeinsamkeiten auch **bewusst** waren, einen eigenen Staat zu gewährleisten. *Idealiter* würde so jedes Volk eine Nation darstellen und über einen eigenen Nationalstaat verfügen.

Realiter gibt es heute wohl keinen Staat mehr, der über ein derart „einheitliches" Volk verfügt. Abgesehen von den fast in jedem Staat anzutreffenden ethnisch-kulturellen Mischungen, die sich als Konsequenz der großen Migrationen, Eroberungen und Kolonialisierungen der Vergangenheit ergaben, haben sich Migrationsprozesse in der globalisierten Welt noch verstärkt. Wenn heutige Verfassungen daher einen Nationalstaat mit einem einzigen Staatsvolk konstruieren, ist das in gewisser Weise eine rechtliche Fiktion: Was soziologisch keineswegs ein einheitliches Volk darstellt, wird dennoch als einheitliche Staatsnation konzipiert, die an einem **gemeinsamen rechtlichen Merkmal**, der **Staatsbürgerschaft**, anknüpft. Sich durch besondere Merkmale vom Mehrheitsvolk abhebende Bevölkerungsgruppen eines Nationalstaats sind danach entweder Fremde, dh Nicht-Staatsbürger dieses Staats, die auf seinem Territorium leben, oder einer Minderheit zugehörige Staatsbürger, die vom Nationalstaat wiederum besonders berücksichtigt werden können oder nicht.

Diese Berücksichtigung kann prinzipiell – wie im Multinationalstaat – durch entweder auf dem **Personalitätsprinzip** oder **Territorialitätsprinzip** aufbauende Garantien bis hin zu einer bundesstaatlichen Staatsorganisation erfolgen. Während diese Formen der Berücksichtigung allerdings beim Multinationalstaat regelmäßig anzutreffen sind, ist ihr Vorhandensein im Rahmen eines Nationalstaats keineswegs immer gegeben.

c. Der Multinationalstaat

Der **Multinationalstaat** wird gelegentlich auch als **Nationalitätenstaat** bezeichnet. Die Begriffe „Volk", „Nation" und „Nationalität" werden dabei allerdings in unterschiedlichen Zusammenhängen verwendet.

Die Verfassungen der meisten Multinationalstaaten gehen vom Konzept eines übergreifenden „Staatsvolkes", bestehend aus verschiedenen einzelnen Staatsnationen oder Staatsnationalitäten, aus, was die Einheit des Gesamtstaats unterstreichen soll. Hingegen unterscheidet etwa die äthiopische Verfassung in ihrer Präambel ausdrücklich zwischen „Nationen, Nationalitäten und Völkern von Äthiopien". Die Präambel der russischen Verfassung spricht vom „multinationalen Volk der Russländischen Föderation". Die Präambel der chinesischen Verfassung verweist auf das „Volk aller Nationalitäten Chinas". Zahlreiche Verfassungen va lateinamerikanischer Staaten verweisen auf „indigene Völker" (Ureinwohner), was diesen einen besonderen Status innerhalb des Staatsvolks verleiht. Die belgische Verfassung gewährleistet jeder der drei Sprachgemeinschaften (französisch-, flämisch-, deutschsprachige) den Status einer bundesstaatlichen Gliedeinheit. Nach der Schweizerischen Bundesverfassung setzt sich die Schweizerische Eidgenossenschaft aus dem „Schweizervolk und den Kantonen" zusammen. Das Vereinigte Königreich baut auf dem Konzept von vier „historischen Nationen" (Engländern, Walisern, Schotten, Nordiren) auf, denen allerdings (trotz der rezenten Regionalisierung) nicht der Status einer bundesstaatlichen Gliedeinheit zukommt. Seit 2006 – vgl aber die Entscheidung des spanischen Verfassungsgerichts vom 28.6.2010[75], mit welcher der auf Katalonien bezogene Begriff der Nation als juristisch wirkungslos erkannt wurde – heißt es im neuen Autonomiestatut Kataloniens zweideutig: „Das Parlament von Katalonien hat als Ausdruck der Gefühle und Wünsche der Bürger Kataloniens mit großer Mehrheit Katalonien als Nation definiert. Die spanische Verfassung anerkennt in Artikel zwei die nationale Wirklichkeit Kataloniens als Nationalität." Viele Verfassungen, darunter auch die spanische, bezeichnen die (einzige) Nation des Staats als „unteilbar", was va Sezessionsbestrebungen[76] unterbinden soll. Eine weltweit einheitliche Vorstellung von Volk, Nation und Nationalität liegt den Verfassungen daher nicht zugrunde.

Im **soziologischen** Sinn bestimmt sich eine Nation nach den Kriterien ethnischer, kultureller (insbes sprachlicher oder religiöser) und/oder historischer Identität; neben diesen **objektiven** Kriterien kennzeichnet sich eine Nation aber auch durch eine **subjektive** Komponente, nämlich ein Zusammengehörigkeitsgefühl und das Bewusstsein einer gemeinsamen Identität. Fraglich ist, inwiefern die **Zahl** der Angehörigen einer bestimmten, durch solche Kriterien gekennzeichneten Bevölkerungsgruppe für die Anerkennung als eigene Nation maßgeblich ist. Denn während die erwähnten objektiven und subjektiven Kriterien prinzipiell für jede Volksgruppe oder andere Minderheit zutreffen können, muss eine Staatsnation im Multinationalstaat wohl über eine Bedeutung verfügen, die sie nicht bloß als Minderheit neben einer Bevölkerungsmehrheit erscheinen lässt. Auch hier zeigen sich allerdings Unterschiede zwischen den Multinationalstaaten: Während in echten Multinationalstaaten (zB besonders vielfältig in Russland oder China) eine unterschiedliche Größe der einzelnen Nationalitäten typisch ist, ist im Falle binationaler Staaten, in denen zwei Staatsnationen einander gegenüberstehen, eine einigermaßen ausgewogene Relation zwischen den Staatsnationen üblich; ist eine der beiden „Staatsnationen" der anderen zahlenmäßig sehr deutlich unterlegen, hat sie zumeist eher den Status einer Minderheit (Volksgruppe) als den einer der Bevölkerungsmehrheit ebenbürtigen „Staatsnation" inne. Einen Sonderfall stellt Belgien dar, das regelmäßig als binational (auf Grund der beiden großen Bevölkerungsgruppen der Flamen und Wallonen) bezeichnet wird, in Wahrheit aber trinational ist, da die kleine deutschsprachige Gemeinschaft praktisch über denselben föderalen Status wie die beiden größeren Sprachgemeinschaften verfügt.

Multinationalstaaten sind naturgemäß fragiler als Staaten mit einer einzigen und einheitlichen Staatsnation. Fühlt sich ein Volk innerhalb eines Multinationalstaats

---

[75] STC 31/2010.
[76] Vgl dazu unten 76 ff.

nicht nur als eine von mehreren „Staatsnationen", sondern auch als staatstragende und eigenstaatsberechtigte Nation, kann dies die Sezession[77] oder den gesamten Zerfall des Multinationalstaats (vgl zB das ehemalige Jugoslawien) zur Folge haben – eine Gefahr, die dann noch verstärkt wird, wenn dem Staat Einseitigkeit in der Behandlung der Staatsnationen vorzuwerfen ist oder wenn den Nationen nicht jener (zB föderale) Status eingeräumt wird, der ihren Ansprüchen gerecht wird. Besonders gefährdet sind auch binationale Staaten, deren Nationen über ethnisch, kulturell oder historisch stark divergierende Identitäten verfügen oder die in einen künstlichen Staatsverband gedrängt wurden, der diesen Identitäten nicht entspricht.

In solchen Fällen stellt sich typischerweise die Frage, ob dem Verband beider Nationen eher eine **föderale** Lösung (typischerweise mit schwachem Bund und sehr weitgehender Selbständigkeit der Teilstaaten) oder eine **konföderale** Lösung (die aber zwei unabhängige Staaten voraussetzt) gerecht wird. Eng verbunden ist diese Frage mit dem **Sezessionsrecht**[78] einzelner „Staatsnationen", ob also nach dem Grundsatz *„Jede Nation ein Staat. Jeder Staat ein nationales Wesen."*[79] einzelne Völker einen eigenen Staat für sich beanspruchen und sich aus diesem Grund von einem vorhandenen Staatsverband trennen dürfen (vgl zB die Unabhängigkeitserklärung des Kosovo 2008 und das diese nicht als völkerrechtswidrig beurteilende Gutachten des Internationalen Gerichtshofs vom 22.7.2010).

Konflikten und politischer Instabilität in Multinationalstaaten bis hin zur Sezession einzelner „Staatsnationen" kann in verschiedener Weise vorgebeugt werden, die dem Konfliktlösungsmodell der **Konkordanzdemokratie**, in der alle Bevölkerungsgruppen trotz großer Unterschiedlichkeit repräsentiert sind und nicht bloß Entscheidungen der Bevölkerungsmehrheit unterliegen, entspricht: Idealtypisch bietet sich für den Multinationalstaat das Modell eines **Bundesstaats**[80] an, womit den Staatsnationen die weitestgehende Form der Selbständigkeit innerhalb des aufrechten Gesamtstaatsverbandes eingeräumt wird; weniger weitgehende Formen der Rücksichtnahme auf die Multinationalität eines Staats sind die **Territorial-** oder **Personalautonomie**, die je nachdem einer bestimmten Region oder einem bestimmten Personenverband Sonderrechte gewährleistet. Tendenziell drückt sich die Anerkennung einer Staatsnation am ehesten durch Verleihung des Status einer föderalen Einheit aus, während die verschiedenen Formen der Autonomie eher typisch für Volksgruppen (Minderheiten) sind. Doch lässt sich empirisch keine exakte Kategorisierung vornehmen, insbes da umfassende Standards fehlen, die in verbindlicher Weise für alle Staaten festlegen würden, was unter einer Staatsnation zu verstehen ist.

Punktuell freilich bieten sich Ansätze im **Völkerrecht**, sei es im Rahmen der UNO, des Europarats, der ILO oder der OSZE, die sich mit dem Selbstbestimmungsrecht der Völker sowie der Sezessionsfrage, aber auch der Definition und dem Schutz von Minderheiten befasst haben.

---

[77] Vgl dazu unten 76 ff.
[78] Vgl dazu unten 76 ff.
[79] *Bluntschli*, Allgemeine Staatslehre, Bd I[5] (1875) 107.
[80] Vgl dazu unten 87 ff.

III. Das Selbstbestimmungsrecht der Völker

Lit: *Decker*, Das Selbstbestimmungsrecht der Nationen (1955); *Doehring*, Allgemeine Staatslehre[3] (2004); *Ermacora*, Die Selbstbestimmungsidee (1974); *ders*, Über die innere Selbstbestimmung, FS Veiter (1982) 31; *Gamper*, Regionalismus und Sezession – verfassungsrechtliche Herausforderungen und Antworten im europäischen Vergleich, in: Obwexer et al (Hg), Integration oder Desintegration? (2017) 59; *Heintze*, Selbstbestimmungsrecht und Minderheitenrechte im Völkerrecht (1994); *ders*, Autonomie und Völkerrecht (1995); *ders* (Hg), Selbstbestimmungsrecht der Völker – Herausforderung der Staatenwelt (1997); *Mancini*, Secession and Self-Determination, in: Rosenfeld/Sajó (Hg), The Oxford Handbook of Comparative Constitutional Law (2012) 481; *Murswiek*, Offensives und defensives Selbstbestimmungsrecht, Der Staat 1984, 523; *Oeter*, Selbstbestimmungsrecht im Wandel, ZaöRV 52 (1992), 741; *Rabl*, Das Selbstbestimmungsrecht der Völker[2] (1973); *Thürer*, Das Selbstbestimmungsrecht der Völker (1976); *Tomuschat* (Hg), Modern Law of Self-determination (1993).

Das **Selbstbestimmungsrecht der Völker** (*right to self-determination*) ist mittlerweile ein völkerrechtlich anerkannter Grundsatz, der im neuzeitlichen Prinzip der Volkssouveränität[81] wurzelt und 1918 im „14-Punkte-Programm" des US-amerikanischen Präsidenten *Woodrow Wilson* ausdrücklich vertreten wurde.

Im Rahmen verschiedener Akte der UNO findet sich das Selbstbestimmungsrecht der Völker explizit und zwingend verankert: In Art 1 Abs 2 der Charta der Vereinten Nationen wird der „Grundsatz der Selbstbestimmung der Völker" im Rahmen der Zielsetzungen der UNO erwähnt und in Art 55 nochmals bekräftigt. Weiters findet sich das Selbstbestimmungsrecht der Völker wortgleich im jeweiligen Art 1 Abs 1 der beiden UN-Pakte 1966 (Internationales Übereinkommen über bürgerliche und politische Rechte sowie Internationales Übereinkommen über wirtschaftliche, soziale und kulturelle Rechte) folgendermaßen verankert: „Alle Völker haben das Recht auf Selbstbestimmung. Kraft dieses Rechts entscheiden sie frei über ihren politischen Status und gestalten in Freiheit ihre wirtschaftliche, soziale und kulturelle Entwicklung". Details enthält der jeweilige Art 1 Abs 2 der beiden Übereinkommen, aber auch die Erklärung über Grundsätze des Völkerrechts betreffend freundschaftliche Beziehungen und Zusammenarbeit zwischen den Staaten im Einklang mit der Charta der Vereinten Nationen 2625 (XXV) vom 24.10.1970, in der ua die „souveräne Gleichheit der Staaten" betont sowie der Grundsatz der Nichteinmischung oder -intervention in innere Angelegenheiten anderer Staaten näher bestimmt wird.

Demnach obliegt den Staaten, einzeln und gemeinsam, die Pflicht, das Selbstbestimmungsrecht der Völker zu fördern und zu verwirklichen, insbes „um dem Kolonialismus unter gebührender Berücksichtigung des frei geäußerten Willens der betroffenen Völker ein rasches Ende zu bereiten", da die „Unterwerfung von Völkern unter fremde Unterjochung, Herrschaft und Ausbeutung" abgelehnt wird. Die Gründung eines souveränen und unabhängigen Staats, die freie Assoziation mit einem unabhängigen Staat, die freie Eingliederung in einen solchen Staat oder der

---

[81]   Vgl dazu unten 198 ff.

Eintritt in einen anderen, durch ein Volk frei bestimmten politischen Status sind Möglichkeiten der Verwirklichung des Selbstbestimmungsrechts durch das betreffende Volk, das in seinem Widerstand gegen gewalttätige Maßnahmen eines sein Recht auf Selbstbestimmung verletzenden Staats zu Unterstützung berechtigt ist. Die Erklärung bezieht sich dabei aber klar auf koloniale und quasi-koloniale Völker (ohne Möglichkeit der Selbstregierung) und legt daher nachdrücklich fest, dass die territoriale Unversehrtheit und die politische Einheit souveräner und unabhängiger Staaten, die das Selbstbestimmungsrecht der Völker wahren und eine die gesamte Bevölkerung eines Gebiets nicht-diskriminatorisch vertretende Regierung besitzen, nicht gefährdet werden dürfen.

Damit wird das Recht auf Selbstbestimmung freilich gravierend eingeschränkt und kann daher weder von Volksgruppen noch jenen Völkern, die einen autonomen oder föderalen Status aufweisen, für sich beansprucht werden – es sei denn, dass sie, so der im Völkerrecht allerdings nicht unumstritten geltende Ansatz der so genannten *remedial secession*, **fundamentale Repressalien wie Menschenrechtsverletzungen** geltend machen könnten. Auf Grund des **Gewaltverbots** müsste das Recht auf Selbstbestimmung zudem in einer gewaltlosen, demokratischen Weise durchgesetzt werden – insbes in Form einer **Volksabstimmung**, wo sich allerdings die Frage stellt, wer abstimmungsberechtigt ist. Denn das Gesamtvolk stimmt möglicherweise einer Abtrennung des Territoriums nicht zu; verlangen aber Angehörige des die Selbstbestimmung für sich beanspruchenden Volkes die Selbstbestimmung über ein bestimmtes Territorium, auf dem auch Angehörige eines anderen Volkes dieses Staats leben, wäre es illegitim, letztere von der Teilhabe an der Volksabstimmung auszuschließen.

Die meisten Verfassungen der Welt verbieten – explizit oder implizit – die **Sezession** von Landesteilen. Ausnahmen stellen die Verfassungen Äthiopiens, Usbekistans, des Sudans (mit erfolgter Abspaltung des Südsudans 2011) und von St. Kitts and Nevis dar, die ein einseitig, durch ein regionales Referendum wahrnehmbares Sezessionsrecht von Regionen vorsehen und entsprechende Verfahren normieren. Die liechtensteinische Verfassung gewährleistet ein – allerdings unter Genehmigung des Landesgesetzgebers stehendes – Sezessionsrecht von Gemeinden. Sonderregelungen auf gesetzlicher Basis, die allerdings jeweils die Zustimmung zentralstaatlicher Institutionen vorsehen, finden sich etwa im *Northern Ireland Act* oder im dänischen Gesetz über die Autonomie Grönlands.

Ungeachtet dieser Rechtslage wurden Sezessionen in vielen Staaten der Welt angestrebt und teilweise auch, häufig mit einem **regionalen Referendum** (vgl etwa das als verfassungswidrig erklärte kurdische Unabhängigkeitsreferendum im Nordirak 2017 oder das umstrittene Unabhängigkeitsreferendum vor Annexion der Krim durch Russland 2014), umzusetzen versucht. In Europa kam es insbes ab 2014 zu verstärkten Sezessionsbestrebungen einzelner Regionen, von denen va Schottland und Katalonien erwähnt werden sollen. In **Schottland** kam es 2014 zur Abhaltung eines Unabhängigkeitsreferendums, das durch die Regierung des Vereinigten Königreichs nicht nur gestattet wurde, sondern dessen Ergebnis auch politisch – so die Vereinbarung zwischen ihr und der schottischen Regionalregierung – akzeptiert werden sollte. Nachdem die Schotten in diesem Referendum für den Verbleib im Vereinigten Königreich votiert hatten, wurden ihre regionalen Kompetenzen und Steuerautonomie noch erweitert. Nach dem „Brexit"-Referendum von schottischer Seite aus verfolgte Pläne eines zweiten Unabhängigkeitsreferendums wurden vorläufig auf Eis gelegt. Dagegen zeigte sich die spanische Regierung weder bereit, den Forderungen Kataloniens nach einem Unabhängigkeitsreferendum nachzugeben noch ein solches anzuerkennen noch auch nur mit **Katalonien** über einen Ausbau der Regionalautonomie zu verhandeln. Der katalanische Unabhängigkeitsprozess, der zu verschiedenen Aufhebungen katalanischer Rechtsakte durch das spanische Verfassungsgericht führte, eskalierte im – als verfassungswidrig erklärten – Unabhängigkeitsreferendum 2017, das in der Folge zur befristeten Zwangsverwaltung Kataloniens durch die Zentralregierung sowie zur Entmachtung des regionalen Parlaments sowie der regionalen Regierung führte.

Dagegen anerkannte der kanadische *Supreme Court* in seiner berühmten Entscheidung[82] über die verfassungsrechtliche Zulässigkeit einer Sezession Quebecs von Kanada die Möglichkeit einer Sezession, sofern diese nach Verhandlungen zwischen der sezedierenden Einheit und dem verbleibenden Staat vereinbart worden sei.

Insgesamt zeigt sich, dass sowohl das Völker- als auch das Verfassungsrecht der meisten Staaten eine sezessionsfeindliche Haltung vertreten und die territoriale Integrität des Nationalstaats unter besonderen Schutz stellen. Gleichzeitig zeigen sich allerdings, nicht zuletzt auch in der Wissenschaft, Ansätze, die im Sinne der Rechtsprechung des kanadischen *Supreme Court* Verhandlungen und Dialog zwischen den beteiligten Seiten einfordern.

Das Sezessionsrecht bezieht sich allerdings auf das so genannte „**äußere Selbstbestimmungsrecht**", eine Form der Selbstbestimmung also, die auf die Gründung eines eigenen unabhängigen und souveränen Staats, einschließlich der Möglichkeit der Sezession von einem bestehenden Staat, gerichtet ist. Dass die „äußere Selbstbestimmung" nur in sehr eingeschränkten Fällen zulässig ist und bei den (potentiell) betroffenen Staaten zumeist auf Ablehnung stößt, hindert aber nicht daran, einem Volk oder einer Volksgruppe Formen der „**inneren Selbstbestimmung**" einzuräumen, die sich gerade als politische Kompromisslösung zwischen dem Nationalstaat und einer abspaltungswilligen Region anbieten.

Unter der Möglichkeit „innerer Selbstbestimmung", wie sie auch von UNO und OSZE (Schlussakte von Helsinki 1975) vertreten wird, ist eine Form der **Autonomie** zu verstehen, die sich darauf beschränkt, einem Volk **im Inneren eines Staats** die Möglichkeit der „Selbstregierung" (*home rule*), dh der möglichst weitgehenden politischen Autonomie, zu gewährleisten, ohne diese im Sinne eines völkerrechtlich unabhängigen und souveränen Staats durchzusetzen. Im Fall eines **Bundesstaats** erhält ein Gliedvolk die Möglichkeit, sich im Rahmen der Bundesverfassung eine eigene Verfassung zu geben und darin sein politisches System näher zu gestalten. Die betreffende Gliedeinheit verfügt über eigene staatliche Institutionen, wie insbes

---

[82] *Reference re Secession of Quebec*, [1998] 2 S.C.R. 217.

ein Parlament und eine Regierung, hat Kompetenzen sowohl in Gesetzgebung als auch in Vollziehung und kann darüber hinaus an der gesamtstaatlichen Gesetzgebung und Vollziehung mitwirken.[83] Im Rahmen der „bloßen" **Regionalautonomie**[84] können diese Rechte in ähnlicher, wenn auch abgeschwächter Weise gewährleistet werden, während sich die **Personalautonomie** überhaupt nicht nach den Grenzen eines bestimmten Territoriums bemisst, sondern vielmehr den Angehörigen einer bestimmten Personalkörperschaft, unabhängig von ihrem Wohnsitz, Rechte verleiht. Die Personalautonomie beschränkt sich jedoch regelmäßig – atypisch daher die Stellung der deutschsprachigen Gemeinschaft Belgiens – auf die Einräumung bestimmter **Minderheitenrechte**, die **kollektiv** oder **individuell** gewährleistet werden können.

IV. Minderheitenrechte

Lit: *Blumenwitz*, Minderheiten- und Volksgruppenrecht (1992); *ders* et al (Hg), Minderheiten- und Volksgruppenrechte in Theorie und Praxis (1993); *ders/Gornig/Murswiek* (Hg), Minderheitenschutz und Demokratie (2004); *dies* (Hg), Minderheitenschutz und Menschenrechte (2006); *Dersso/Palermo*, Minority rights, in: Tushnet/Fleiner/Saunders (Hg), Routledge Handbook of Constitutional Law (2013) 159; *Doehring*, Allgemeine Staatslehre[3] (2004); *Ermacora*, Der Minderheitenschutz im Rahmen der Vereinten Nationen (1988); *Heintze*, Selbstbestimmungsrecht und Minderheitenrechte im Völkerrecht (1994); *ders*, Autonomie und Völkerrecht (1995); *ders* (Hg), Moderner Minderheitenschutz (1998); *Hilpold*, Modernes Minderheitenrecht (2001); *Pan/Pfeil*, Minderheitenrechte in Europa[2] (2006); *dies* (Hg), Zur Entstehung des modernen Minderheitenschutzes in Europa (2006); *Zippelius*, Allgemeine Staatslehre[17] (2017).

1. Begriff

Als **Minderheiten** können **Gruppen von Personen** verstanden werden, die sich von der Mehrheit eines Staatsvolkes (wenn sie selbst Staatsbürger sind) oder von einem Staatsvolk (wenn sie Fremde sind) des Staats, in dem sie leben, durch das Vorhandensein bestimmter, insbes ethnischer oder kultureller (im weiteren Sinn: va sprachlicher und religiöser), Merkmale unterscheiden und die dabei von einem Zusammengehörigkeitsgefühl sowie dem Bewusstsein getragen sind, diese Merkmale bewahren zu wollen.[85] Eine Minderheit kann entweder in einem einzigen Staat

---

[83] Vgl dazu unten 93 ff.

[84] Vgl dazu unten 110 ff.

[85] So auch die „klassische" Definition der Minderheiten des UN-Sonderberichterstatters *Francesco Capotorti*, Study on the Rights of Persons Belonging to Ethnic, Religious and Linguistic Minorities (1979) 96 = UN Doc. E/CN.4/Sub.2/384/Rev.1: „*A group numerically inferior to the rest of the population of a State, in a non-dominant position, whose members – being nationals of the State – possess ethnic, religious or linguistic characteristics differing from those of the rest of the population and show, if only implicitly, a sense of solidarity, directed towards preserving their culture, traditions, religion or language.*"

(innerhalb dieses Staats auf einem bestimmten Territorium oder verstreut) leben oder aber in mehreren Staaten (möglicherweise im einen Staat als Mehrheit, im anderen als Minderheit) oder sogar weltweit angesiedelt sein. Wie hoch die Zahl der Minderheitenangehörigen sein muss, um von einer Minderheit sprechen zu können, ist nicht exakt festlegbar. Jedenfalls muss es sich definitionsgemäß um eine kleinere Personengruppe handeln als die in einem Staat lebende Personenmehrheit. Viele kleine Minderheiten stehen dem Problem gegenüber, ihre Sprache und Traditionen in globalisierten „Mischgesellschaften" dauerhaft bewahren zu können; in anderen Fällen können Minderheiten eines Staats Staatsvölkern anderer Staaten entstammen, mit diesen ethnisch oder kulturell verbunden sein oder über eine gemeinsame historische Identität verfügen.

Minderheiten können weiters danach unterschieden werden, ob sie in ihrem Gebiet **autochthon** (eingeboren, ureingesessen) oder **zugewandert** sind, wobei auch die Ansiedelung vieler der heute als autochthon bezeichneten Minderheiten – nicht anders zumeist als das „Mehrheitsvolk" – letztlich auf länger in der Vergangenheit zurückliegenden Migrationsbewegungen (zB die Völkerwanderung in der Spätantike) beruht. In jüngerer Zeit zugewanderte Minderheiten werden als „neue" Minderheiten bezeichnet: Teilweise handelt es sich dabei um Gruppen ausländischer Arbeitnehmer, insbes aber um Flüchtlinge, die sich in großen Migrationsbewegungen verstärkt nach Europa und Nordamerika aufmachen. Der Umgang der Verfassungen mit diesen Minderheiten ist durchaus unterschiedlich: Tendenziell erweisen sich Verfassungen als minderheitenfreundlicher, wenn es sich um autochthone Minderheiten handelt, deren Angehörige Staatsbürger dieses Staats sind; so haben auch die Rechte indigener Völker etwa in lateinamerikanischen Staaten in den letzten Jahren zunehmend verfassungsrechtliche Verankerung gefunden. Sec 27 der *Canadian Charter of Rights and Freedoms* normiert sogar eine verfassungsrechtliche Interpretationsregel am Maßstab des „multikulturellen Erbes der Kanadier". Dagegen sind Verfassungen deutlich zurückhaltender, Minderheiten bzw deren Angehörigen ohne Staatsbürgerschaft des betreffenden Staats besondere Rechte einzuräumen, zumal wenn diese über die allgemeinen Menschenrechte oder Rechte nach der Genfer Flüchtlingskonvention hinausgehen sollen.

Immer noch maßgeblich erscheint daher die Einteilung danach, ob die Angehörigen einer Minderheit Staatsbürger des Staats, in dem sie leben, oder dort niedergelassene Fremde sind. Als „**nationale Minderheiten**" wurden etwa nach der Empfehlung 1201 (1993) der Parlamentarischen Versammlung des Europarats jene Minderheiten im oben erwähnten Sinn verstanden, deren Angehörige Staatsangehörige jenes Staats sind, in dessen Gebiet sie leben und zu dem sie eine lange historische Beziehung haben. Um den Mitgliedstaaten jedoch Spielraum zu belassen, selbst zu entscheiden, welche Personengruppen zu den „nationalen Minderheiten" gehören sollen, wurde der Begriff der „nationalen Minderheit", wie er in Art 14 EMRK und insbes im 1998 in Kraft getretenen **Rahmenübereinkommen des Europarats zum Schutz nationaler Minderheiten** verankert ist, dort bewusst nicht näher definiert. Es obliegt daher den einzelnen Staaten selbst, ihre nationalen Minderheiten zu bestimmen, wenn dabei auch in vielen Fällen an das Kriterium der

Staatsbürgerschaft angeknüpft wird. Die Konzeption eines *universellen* Minderheitenschutzes[86] analog der Konzeption des universellen Menschenrechtsschutzes hat sich noch nicht durchgesetzt. Zahlreiche Krisenherde der Welt sind letztlich auf unbewältigte Konflikte zwischen Mehrheit und Minderheit zurückzuführen, weil im einen Fall Minderheiten adäquate Schutzrechte im Rahmen des inneren Selbstbestimmungsrechts verwehrt werden, im anderen Fall Minderheiten das Recht der äußeren Selbstbestimmung gewaltsam für sich beanspruchen.

2. Individuelle und kollektive Minderheitenrechte

Unterschiedlich ist die Verbürgung der Minderheitenrechte in Bezug auf den Rechtsträger: **Kollektive** Minderheitenrechte sind diejenigen, die nicht einem einzelnen Minderheitenangehörigen, sondern der gesamten Minderheit eingeräumt sind, während **individuelle** Minderheitenrechte von jedem einzelnen Minderheitenangehörigen geltend gemacht werden können. Der seltenere Fall ist der des kollektiven Minderheitenrechts. Je nachdem unterschiedlich sind die Durchsetzung und Einklagbarkeit, die entweder dem Einzelnen und/oder einem Personenverband zustehen, so wie manche Grundrechte ja auch natürlichen wie juristischen Personen eingeräumt sein können.[87]

Zu den wichtigsten den nationalen Minderheiten zu gewährleistenden Rechten zählen nach dem oben erwähnten Rahmenübereinkommen des Europarats:

- die Gleichbehandlung von Angehörigen der Minderheit gegenüber der Mehrheit, einschließlich erforderlicher Förderungsmaßnahmen;
- Schutz und Förderung der Kultur (Sprache, Religion, Traditionen) der Minderheit, ohne sie gegen ihren Willen zu assimilieren;
- Schutz vor Maßnahmen, die das Bevölkerungsverhältnis im von der Minderheit bewohnten Gebiet entgegen dem Rahmenübereinkommen verändern;
- Recht auf wirksame Teilnahme an den verschiedenen Bereichen des öffentlichen und privaten Lebens;
- Versammlungs- und Vereins-, Kommunikations-, Glaubens- und Gewissensfreiheit (die an sich den Angehörigen einer nationalen Minderheit schon auf Grund der allgemeinen Menschenrechte der EMRK und ihrer Zusatzprotokolle gewährleistet sind);
- der freie Gebrauch der Minderheitensprache, sei es privat oder in der Öffentlichkeit, mündlich oder schriftlich, mit möglichst weitgehenden Rechten hinsichtlich des Gebrauchs vor öffentlichen Ämtern;
- das Recht, in der Minderheitensprache über die Gründe einer Festnahme und einer Beschuldigung in Kenntnis gesetzt zu werden sowie sich in dieser Sprache, allenfalls unter unentgeltlicher Beiziehung eines Dolmetschers, zu verteidigen;
- das Recht auf Führung und Anerkennung des Namens in der Minderheitensprache;

---

[86] Vgl dazu den von der Venedig-Kommission des Europarats verfassten *Report on Non-Citizens and Minority Rights,* CDL-AD(2007)001, 36 f.

[87] Vgl dazu unten 248 f.

- unter gewissen Voraussetzungen (wie zB einer „beträchtlichen" Zahl von Minderheitenangehörigen) die Anbringung topographischer Bezeichnungen (zB Orts- und Straßennamen) in der Minderheitensprache;
- das Recht, die Minderheitsprache zu erlernen oder nach Maßgabe bestimmter Möglichkeiten und Voraussetzungen darin unterrichtet zu werden sowie eigene private (Aus-)Bildungseinrichtungen zu gründen und zu betreiben;
- die Möglichkeit, ungehindert und friedlich grenzüberschreitenden Kontakt mit anderen Personen, insbes Angehörigen derselben Minderheit, oder nichtstaatlichen Organisationen zu pflegen.

Manche dieser Rechte gehen nicht über das hinaus, was jedem Staatsangehörigen und überhaupt jedem Menschen – gleich, ob Angehöriger der Mehrheit oder einer Minderheit – an allgemeinen Grundrechten im Rahmen der EMRK zusteht. In anderen Fällen werden dem Staat besondere Schutz- und Gewährleistungspflichten auferlegt, die allerdings immer wieder von bestimmten Voraussetzungen abhängen oder überhaupt nur nach Maßgabe staatlichen Rechts zu gewährleisten sind.

Als besonders typische Minderheitenrechte erweisen sich diejenigen Rechte, die auf die **eigene Kultur und Identität**, va die **Sprache** der Minderheit bezogen sind: Der Gebrauch der Sprache privat und öffentlich sowie auch im Verkehr mit staatlichen Behörden, die Möglichkeit, eine Ausbildung in der Minderheitensprache zu erhalten (sei es als einzelnes Schulfach, sei es als Gesamtunterricht, der in der Minderheitensprache durchgeführt wird), oder die Verwendung der Minderheitensprache für topographische Bezeichnungen ist für eine sprachlich-kulturelle Minderheit von besonderer Bedeutung. Dieser besonderen Bedeutung trägt die seit 1998 in Kraft befindliche Europäische Charta der Regional- oder Minderheitensprachen des Europarats Rechnung.

Im Rahmenübereinkommen nicht erwähnt sind hingegen besondere (dh über allgemeine politische, auch den Minderheitenangehörigen eingeräumte Rechte hinausgehende) **politische** Rechte, die im Minderheitenschutz eine wichtige Rolle spielen können. Es geht dabei insbes um die Frage einer eigenen Vertretung der Minderheit in den staatlichen Spitzeninstitutionen, wie Parlament oder Regierung, die über eine den Angehörigen der Minderheit gleich wie allen Staatsangehörigen eingeräumte politische Partizipation hinausgeht, indem etwa eine im Vergleich zur Größe der Minderheit überproportionale Vertretung oder im Falle kleiner Gruppen überhaupt eine Mindestvertretung in den staatlichen Institutionen garantiert wird. Überwiegend werden besondere politische Rechte, so sie einer Minderheit überhaupt eingeräumt werden, aber nicht im Rahmen der **Personalautonomie**, sondern im Rahmen der Territorialautonomie verankert.

3. Minderheitenrechte und Territorialautonomie

In Form einer **Territorialautonomie** verliehene Minderheitenrechte knüpfen primär nicht am Status einzelner Personen oder einer Personengruppe, sondern an ein bestimmtes Territorium an, dem eine autonome Stellung innerhalb des Staatsverbandes eingeräumt wird. Eine Territorialautonomie ist naturgemäß dort besonders sinnvoll, wo eine Minderheit (im Verhältnis zum gesamten Staatsvolk im *gesamten* Staatsgebiet) die Bevölkerungsmehrheit (im Verhältnis zum übrigen Staatsvolk innerhalb des betreffenden Territoriums) darstellt. Die Territorialautonomie eröffnet der Minderheit insbes die Möglichkeit innerer Selbstbestimmung, dh eigene staatliche Institutionen zu schaffen und ihre inneren Angelegenheiten möglichst frei von Fremdbestimmung selbst zu regeln, sowie allenfalls auch auf gesamtstaatlicher Ebene mitwirken zu können.

Die weitestgehende Form einer solchen Autonomie wäre der Status der Region als bundesstaatliche Gliedeinheit. In diesem Fall könnte der Minderheit sogar der Status eines „Gliedvolkes" im Bundesstaat eingeräumt werden, der sie von (irgendwelchen) anderen Minderheiten unterscheidet. Mit dieser umfassendsten Form innerer Selbstbestimmung wird oftmals versucht, Konflikte in Multinationalstaaten möglichst friktionsfrei zu lösen.

„It is often argued against federal government that it is out of date because, in a world where economic, and indeed, social, life is becoming more and more a single whole, federal government preserves hard and fast regional divisions [...] where a world unity is so ardently desired, federalism offers multiplicity and plurality [...] It stands for multiplicity in unity. It can provide unity where unity is needed, but it can ensure also that there is variety and independence in matters where unity and uniformity is not essential."

(*K. C. Wheare*, Federal Government [1947] 259 f)

4. Kapitel: Zentralisation und Dezentralisation als Organisationsprinzipien staatlicher Mehrebenensysteme

I. Staat und Mehrebenensystem

Lit: *von Bogdandy*, Supranationale Union als neuer Herrschaftstypus: Entstaatlichung und Vergemeinschaftung in staatstheoretischer Perspektive, Integration 1993, 210; *Bußjäger*, Linearität oder Komplexität? Zur Problematik der Theorie von Mehrebenensystemen am Beispiel der Europäischen Union, ZÖR 60 (2005), 237; *Ermacora*, Das Wesen und die Grundformen der Zentralisation und Dezentralisation, ZÖR 5 (1953), 101; *Evers*, Supranationale Staatlichkeit am Beispiel der Europäischen Union: Civitas civitatum oder Monstrum?, Leviathan 1994, 115; *Haack*, Der Staat mit den geteilten Organen (2013); *Kadelbach*, Autonomie und Bindung der Rechtssetzung in gestuften Rechtsordnungen, VVDStRL 66 (2007), 7; *Oeter*, Föderalismus und Demokratie, in: von Bogdandy/Bast (Hg), Europäisches Verfassungsrecht[2] (2009) 73; *Pernthaler*, Allgemeine Staatslehre und Verfassungslehre[2] (1996); *Peters*, Elemente einer Theorie der Verfassung Europas (2001); *Scharpf*, Regieren im europäischen Mehrebenensystem – Ansätze zu einer Theorie, Leviathan 2002, 65; *Schönberger*, Die Europäische Union als Bund, AöR 2004, 81; *Tietje*, Autonomie und Bindung der Rechtsetzung in gestuften Rechtsordnungen, VVDStRL 66 (2007), 45.

Der **Staat** in seiner modernen Gestaltung – konstituiert aus Gebiet, Volk und Herrschaftsgewalt, souverän nach innen und nach außen sowie oberster Hüter des Gemeinwohls[88] – erscheint nach der traditionellen Sichtweise als **geschlossenes Gebilde** und **vollendetes Gemeinwesen**, über dem und unter dem sich keine gleichartigen oder gleichwertigen Ebenen befinden.

Die Relativität dieser Sichtweise wird heute jedoch offenkundig, wenn man sich die Fülle **internationaler Organisationen** vor Augen führt, die auf einer Organisationsebene oberhalb des einzelnen Nationalstaats angesiedelt sind. Diese Wahrnehmung intensiviert sich im Zusammenhang mit **supranationalen Unionen wie der EU**, die noch stärker als die internationale Organisation in die Nähe eigener Staatsqualität rückt, zwar kein Staat im Sinne des klassischen Nationalstaats ist, aber doch in so beträchtlichem Ausmaß Herrschaftsgewalt über ein bestimmtes Unionsgebiet (bestehend aus den Staatsgebieten der Mitgliedstaaten) und ein multinationales

---

[88] Vgl dazu unten 159 ff.

abhängige Staaten, deren Souveränität bei ihnen auch als Gliedstaaten verbleibt. Allerdings ist schwer erkennbar, wo die Grenze zwischen einem Bundesstaat dieser Art und einem Staatenbund liegen soll; als Konsequenz der Annahme der alleinigen Souveränität der Gliedstaaten wurde ein Sezessionsrecht[92] abgeleitet, das im Bundesstaat aber normalerweise verneint wird.

- **Trialistische Bundesstaatstheorien**: Dazu zählt insbes die von *Hans Kelsen* entwickelte, so genannte „Drei-Kreise-Lehre". Sie geht davon aus, dass Bund und Gliedstaaten (in der Sprache der Reinen Rechtslehre: Bundesrechtsordnung und Gliedrechtsordnungen) paritätisch seien, beide jedoch unter dem „Schirm" des Gesamtstaats (der Gesamtrechtsordnung) stünden. An dieser Theorie überzeugen va zwei Gesichtspunkte: Zum einen die **Parität von Bund und Gliedern** sowie, damit verbunden, auch die Anerkennung der besonderen Qualität des Bundesstaats im Vergleich zu anderen Dezentralisationsformen; zum anderen die Konstruktion der **Gesamtrechtsordnung**, die sich über beide Typen von Teilrechtsordnungen (des Bundes und der Gliedeinheiten) erhebt. Dieses Modell macht auch den Unterschied zwischen dem Staat in seiner völkerrechtlichen Position (als geschlossenes Ganzes nach außen) und seiner Binnendifferenzierung sehr anschaulich. Als problematisch erweist sich hingegen die Anwendbarkeit dieser Theorie in der Staatenwirklichkeit: Wollte man die Staaten der Welt tatsächlich diesem Raster unterziehen, müsste man wahrscheinlich bei allen die Bundesstaatsqualität verneinen; daraus wäre aber für die typologische Einordnung dieser Staaten nichts gewonnen.

Die Schwierigkeit liegt dabei darin, die Existenz von Gesamtrechtsordnungen (insbes Gesamtverfassungen) nachzuweisen. An der Spitze der Rechtsordnungen bundesstaatlich organisierter Staaten stehen nämlich Bundesverfassungen, die regelmäßig sowohl Grundzüge der Bundesrechtsordnung als auch der Gliedrechtsordnungen enthalten, die im Bundesstaat allerdings nicht fundamental verschieden sein dürfen (**bundesstaatliches Homogenitätsprinzip**). Für eine eigene „Gesamtverfassung" gibt es dagegen kaum Anhaltspunkte: *Formal* nicht, weil Bundesverfassungen sich als „Bundesverfassungen" bezeichnen (oder sich jedenfalls als solche verstehen) und zu ihrer Erzeugung und Änderung bestimmte Verfahren und Organe festlegen, die auf die Rechtssatzform „Bundesverfassung" bezogen sind. Hier behilft sich *Kelsen* mit der Fiktion, die Gesamtverfassung bediene sich zu ihrer Erzeugung und Änderung der Verfahren und Organe der Erzeugung und Änderung der Bundesverfassung. Dies ist allerdings eine theoretische Annahme, die in den Bundesverfassungstexten kaum Niederschlag findet. Ein seltenes Beispiel liefert etwa Art 2 Abs 3 des österreichischen Bundes-Verfassungsgesetzes, wonach für Änderungen im Bestand der Länder oder eine Einschränkung sämtlicher ihrer auf territoriale Änderungen bezogenen Mitwirkungsrechte eine „paktierte" Verfassungsgesetzgebung – die Erlassung inhaltlich übereinstimmender Verfassungsgesetze des Bundes sowie des betroffenen Landes – erforderlich ist; die Bundesverfassung legt damit ein Erzeu-

---

[92] Vgl dazu oben 76 ff.

gungsverfahren fest, das eine der Rechtssatzform eines Bundesverfassungsgesetzes noch übergeordnete „paktierte" Rechtssatzform, bestehend aus jeweils einem Verfassungsgesetz beider Teilrechtsordnungen, schafft. Solche formalen Qualifikationen sind jedoch sehr selten anzutreffen. Inhaltlich hingegen scheint eine Differenzierung zwischen Bundesverfassung und Gesamtverfassung eher möglich, da Bundesverfassungen regelmäßig Vorschriften eigen sind, die „neutral" über Bundes- und Gliedrechtsordnungen stehen: Dazu gehört etwa die Kompetenzverteilung zwischen Bund und Gliedeinheiten oder „gemeinsame Einrichtungen", wie zB ein Verfassungsgericht, das über die Einhaltung der Kompetenzverteilung zu wachen hat. Wenn aber die Kompetenz-Kompetenz[93] oder die Kompetenz zur Regelung einer solchen „gemeinsamen Einrichtung" formal beim Bundesverfassungsgesetzgeber liegt, wirkt die Konstruktion eines Gesamtverfassungsgesetzgebers gekünstelt.

Wie schon erwähnt, können Bundesstaaten weiters in **originäre** (ursprüngliche) und **derivative** (abgeleitete) eingeteilt werden. Im ersten Fall ist der Bundesstaat von Beginn der Staatsentstehung an als solcher konzipiert, sodass auch die historisch erste Verfassung bereits als Bundesverfassung erlassen wird. Im zweiten Fall handelt es sich ursprünglich um einen Einheitsstaat mit einer einheitsstaatlichen Verfassung, die allerdings (allmählich oder in einem einzigen Änderungsschritt) zu einer bundesstaatlichen umgewandelt wird. Die traditionelle Bundesstaatstheorie hielt nur die originären Bundesstaaten für „echte" Bundesstaaten – wobei sie sich an historischen Bundesstaatsgründungen in den USA oder der Schweiz orientierte – und differenzierte sie damit von „bloß" dezentralisierten Staaten, selbst wenn diese durch Dezentralisierungsprozesse einen verfassungsrechtlichen Standard erreicht hatten, der dem eines Bundesstaats entsprach.

Nicht zuletzt unter dem Einfluss jüngerer Dezentralisationsentwicklungen – wie etwa in Belgien, abgeschwächt auch in Spanien und Italien – zeigt sich die Theorie etwas flexibler. Die Unterscheidung zwischen originären Bundesstaaten und erst später dezentralisierten Staaten erscheint dann bedeutungslos, wenn verfassungsrechtlich ein – trotz Inkaufnahme von Nuancen insgesamt – vergleichbarer „**bundesstaatlicher Standard**" erreicht wurde. Dies ist für Belgien mittlerweile anerkannt; andere stark regionalisierte Staaten haben diese Schwelle allerdings (noch) nicht ganz überschritten.

Dieser „bundesstaatliche Standard" besteht aus verschiedenen, insbes verfassungsrechtlich verankerten Elementen, die im Folgenden näher dargestellt werden sollen.

c. Die Elemente des Bundesstaats

Lit: *Ahmad/Brosio* (Hg), Handbook of Fiscal Federalism (2006); *dies*, Handbook of Multilevel Finance (2015); *Bauer*, Die Bundestreue (1992); *Blickle/Hüglin/Wyduckel* (Hg), Subsidiarität als rechtliches und politisches Ordnungsprinzip in Kirche, Staat und Gesellschaft, Rechtstheorie 2002, Beiheft 20; *Bußjäger*, Föderale Systeme (2017); *Ermacora*, Allgemeine

---

[93] Vgl dazu unten 93.

Staatslehre, Bd II (1970); *Fleiner/Basta Fleiner*, Allgemeine Staatslehre[3] (2004); *Gamper*, Die Regionen mit Gesetzgebungshoheit (2004); *dies*, A „Global Theory of Federalism": The Nature and Challenges of a Federal State, German Law Journal 2005, 1297; *dies* et al (Hg), Föderale Kompetenzverteilung in Europa (2016); *Haller/Kölz/Gächter*, Allgemeines Staatsrecht[5] (2013); *Isensee*, Subsidiaritätsprinzip und Verfassungsrecht[2] (2001); *Kelsen*, Die Bundesexekution (1927); *Kincaid/Tarr* (Hg), Constitutional Origins, Structure, and Change in Federal Countries (2005); *Le Roy/Saunders* (Hg), Legislative, Executive, and Judicial Governance in Federal Countries (2006); *Luther/Passaglia/Tarchi* (Hg), A World of Second Chambers (2006); *Majeed/Watts/Brown* (Hg), Distribution of Powers and Responsibilities in Federal Countries (2006); *Palermo/Kössler*, Comparative Federalism (2017); *Pernthaler*, Allgemeine Staatslehre und Verfassungslehre[2] (1996); *Shah* (Hg), The Practice of Fiscal Federalism: Comparative Perspectives (2007); *Sorens*, The Institutions of Fiscal Federalism, Publius 41 (2011), 207; *Watts*, Comparing Federal Systems[3] (2008); *Weber*, Elemente eines umfassenden Föderalismusbegriffes, FS Klecatsky, Bd II (1980) 1013; *ders*, Kriterien des Bundesstaates (1980); *Zippelius*, Allgemeine Staatslehre[17] (2017).

aa. Kompetenzverteilung zwischen Bund und Gliedeinheiten

α. Allgemeines

Als **Kompetenzverteilung** zwischen Bund und Gliedeinheiten wird die Aufteilung von Regelungsmaterien (Kompetenztatbeständen) im Bundesstaat verstanden. Üblicherweise bezeichnet Kompetenzverteilung begrifflich eine Verteilung von *Zuständigkeiten*, nicht jedoch von Aufgaben. Manche Bundesverfassungen (vgl zB die Schweizerische Bundesverfassung) verwenden allerdings Formulierungen, die nicht nur „passive" Zuständigkeiten des Bundes und der Gliedeinheiten festlegen, sondern diese zugleich mit einem Auftrag verbinden, von den Zuständigkeiten – etwa im Sinne eines bestimmten Staatsziels – Gebrauch zu machen.

Zumeist ist die Kompetenzverteilung Teil der Bundesverfassung: Es liegt dann die **Kompetenz-Kompetenz** (dh die Kompetenz, die Kompetenzverteilung zu bestimmen) beim Bundesverfassungsgesetzgeber selbst, der diese allerdings delegieren kann. In einigen Staaten (zB Belgien) ist die Kompetenzverteilung in beträchtlichem Ausmaß einer Sondergesetzgebung zwischen Bundesverfassungsrang und einfachem Bundesgesetzesrang vorbehalten.

Die Kompetenzverteilung im Bundesstaat stellt eine **„vertikale" Gewaltenteilung** in Ergänzung zur „horizontalen" Gewaltenteilung[94] dar: So werden in Bundesstaaten jedenfalls Kompetenzen in Gesetzgebung und Verwaltung, häufig auch in der Gerichtsbarkeit zwischen Bund und Gliedeinheiten aufgeteilt; in manchen Bundesstaaten ist die Gerichtsbarkeit hingegen ausschließliche Bundeskompetenz (va hinsichtlich der Zivil- und Strafjustiz). Die „vertikale" Gewaltenteilung erhöht zwar die Komplexität staatlicher Aufgabenerfüllung, vermehrt aber auch die Chancen, einseitige Machtakkumulationen zu verhindern und größere Bürgernähe zu gewährleisten.

---

[94]   Vgl dazu unten 168.

Kompetenzverteilungen können je nachdem variieren, ob es sich um einen **symmetrischen** oder **asymmetrischen** Bundesstaat handelt, wobei letzterer Fall seltener vorkommt und eher für jene stark regionalisierten Staaten typisch ist, die sich an der Schwelle zum Bundesstaat befinden.[95] Die Koexistenz verschiedener Arten von Gliedeinheiten geht in solchen Fällen regelmäßig mit einer unterschiedlichen, oft auch in verschiedenen Rechtsakten vorgenommenen Kompetenzausstattung einher.

Die Kompetenzverteilung ist jedoch für das Stärkeverhältnis zwischen den bundesstaatlichen Ebenen nicht allein ausschlaggebend: Die Gliedeinheiten können zB, da sie regelmäßig über eine Vertretung (Zweite Kammer) in der Bundesgesetzgebung[96] verfügen, auch indirekten Einfluss auf die Ausübung von Bundeskompetenzen nehmen. Wesentlich ist außerdem eine über die Einhaltung der Kompetenzverteilung wachende unabhängige Instanz, die sowohl vom Bund als auch den Gliedeinheiten im Fall eines Kompetenzkonflikts angerufen werden kann: Diese Funktion wird insbes von Verfassungsgerichten wahrgenommen.

Die Aufteilung der Kompetenzen kann verschiedenen Modellen folgen: Es geht dabei nicht nur um die Verteilung von Regelungsmaterien als Kompetenztatbestände, sondern auch um die Frage, welche Ebene welche Funktion (Gesetzgebung – Vollziehung) *innerhalb* dieser Kompetenztatbestände ausüben soll. In manchen Fällen werden Kompetenztatbestände zur Gänze einer Einheit zugewiesen (diese ist dann sowohl in Gesetzgebung als auch Vollziehung „exklusiv" dafür zuständig), in anderen Fällen erfolgt eine Teilung des Kompetenztatbestandes, sodass einer Einheit möglicherweise die Gesetzgebung, der anderen Einheit die Vollziehung zugewiesen ist. Bei „konkurrierenden" Kompetenztatbeständen sind Bund und Gliedeinheiten zunächst gleichermaßen zur Ausübung berechtigt, zumeist finden sich jedoch Kriterien, welche diese Konkurrenz gegebenenfalls auflösen, indem zB „bei Bedarf an Einheitlichkeit" der Bund zuständig wird.

In allen Fällen findet eine Aufteilung nach Regelungsmaterien statt, wobei sich aus dem Vergleich der Bundesstaaten ergibt, dass folgende Angelegenheiten zumeist als **Bundeskompetenz** verankert werden: Bundesverfassung, Handel, Gewerbe und Industrie, Währung und Geldwesen, Zölle, Verteidigung, Postwesen, Patent- und Urheberrecht, Maß- und Gewichtswesen, Asyl- und Fremdenwesen, Luftfahrt, Zivil- und Strafrecht. Umgekehrt fallen Naturschutz, Fischerei, Jagd, Forstwesen, Gemeinderecht und soziale Fürsorge häufig in die Kompetenz der Gliedeinheiten. Geteilte bzw konkurrierende Kompetenzen finden sich regelmäßig in den Bereichen Sicherheit, Wirtschaft, Gesundheit und Bildung. Diese Listen stellen freilich nur gröbste Filterungen aus dem Verfassungsvergleich dar und sind daher nicht spezifisch für einen bestimmten Bundesstaat zu verstehen. Unter den Bundesstaaten finden sich ja Kleinstaaten ebenso wie die größten Staaten der Welt, sodass naturgemäß auch große Disparitäten zwischen den Gliedeinheiten innerhalb eines Bundesstaats oder zwischen den Gliedeinheiten verschiedener Bundesstaaten bestehen können, die eine Zuweisung unterschiedlicher Materien nahelegen.

---

[95]   Vgl dazu unten 110 ff.
[96]   Vgl dazu unten 207 ff.

β. Subsidiaritätsprinzip

Empirisch kann dabei nicht nachgewiesen werden, dass die Materien durchgängig nach dem **Subsidiaritätsprinzip** verteilt würden: Das von *Johannes Althusius* und später insbes durch die Katholische Soziallehre (vgl die Päpstliche Enzyklika „*Quadragesimo Anno*" von 1931) entwickelte Subsidiaritätsprinzip postuliert, dass jene Kompetenzen möglichst auf niedrigerer Ebene angesiedelt werden sollen, die durch diese kleine Einheit selbst bestmöglich mit eigenen Kräften und in ihrem eigenen Interesse wahrgenommen werden können, während die höhere Ebene nur dafür zuständig sein soll, wofür die niedrigere nicht geeignet ist. Unbeschadet der theoretischen Überzeugungskraft dieses Prinzips, beziehen sich die Kompetenzverteilungen der meisten Bundesstaaten nicht explizit darauf und entsprechen diesem inhaltlich zwar teilweise, aber nicht zur Gänze; vielfach beruhen Kompetenzverteilungen auf politischen Kompromissen und nur teilweise objektiven Parametern.

Tatsächlich können wohl nur ganz wenige Regelungsmaterien pauschal als solche qualifiziert werden, die in allen Bundesstaaten gleichermaßen optimal von einer bestimmten Einheit wahrgenommen werden. Da sich auch innerhalb von Bundesstaaten Sachbedingungen immer wieder ändern, sodass optimale Effizienz der Aufgabenerfüllung nicht statisch garantiert werden kann, muss das Subsidiaritätsprinzip wohl eher als *flexibles Effizienzprinzip* verstanden werden, das im einen Fall diese, im anderen Fall jene Kompetenzverteilung gebietet. Wesentlich dafür ist allerdings auch ein entsprechendes Verfahren der Festlegung und Änderung der Kompetenzverteilung, an dem auch die Gliedeinheiten nachhaltig beteiligt sind.

γ. Enumeration und Residualkompetenz

Die prinzipielle **Methode** der Verteilung von Kompetenzen ist in allen Bundesverfassungen dieselbe: Sie beruht auf einem Dualismus von **Enumeration** und **Residualkompetenz.** Dahinter verbirgt sich ein grundsätzlich sehr einfaches Modell, das die Lückenlosigkeit der Kompetenzverteilung gewährleisten soll.

Enumeration bedeutet, dass die einzelnen Kompetenztatbestände begrifflich aufgezählt werden, sodass eine Liste von Regelungsmaterien entsteht, die entweder der Kompetenz des Bundes oder der Kompetenz der Gliedeinheiten zugewiesen werden. Wenn nun alle denkbaren Regelungsmaterien – dh alle Sachverhalte des Lebens, die in einem Staat irgendwie geregelt werden können – enumerativ jeweils Bund oder Gliedeinheiten zugewiesen würden, entstünden daraus letztlich zwei sehr lange, jedenfalls aber endliche Listen von Kompetenztatbeständen. Es ließe sich dabei aber nicht vermeiden, dass „vergessene" Regelungsmaterien übrig blieben, die nicht unter diese Listen fielen, oder dass sich in Zukunft neue Regelungsmaterien entwickelten, die von den statischen Listen nicht umfasst wären.

Um der Statik und Begrenztheit „doppelter" Enumeration zu entgehen, werden zumeist[97] lediglich die ausschließlichen Kompetenzen der einen Ebene (im

---

[97] Eine „doppelte" Enumeration findet sich jedoch unbeschadet einer Regelung über die Residualkompetenz zB in Art 246 iVm Anhang 7 der indischen Verfassung oder Art 91 ff des kanadischen *Constitution Act* von 1867.

Regelfall: des Bundes) enumeriert, während die Kompetenzen der anderen Ebene (im Regelfall: der Gliedeinheiten) in einer Generalklausel als **Residualkompetenz** umschrieben werden („alles, was nicht ausdrücklich als Kompetenz enumeriert ist …"). Damit wird einerseits vermieden, diese nicht-enumerierten „Restkompetenzen" umständlich aufzählen zu müssen; andererseits fungiert die Generalklausel als Lückenschließungsinstrument, da die Residualkompetenz alle denkbaren, nicht-enumerierten Kompetenztatbestände umfasst, und zwar nicht nur bei statischer Betrachtung, sondern auch im Hinblick auf die Zukunft, sollten neue regelbare Lebenssachverhalte entstehen und diese nicht unter einen bereits enumerierten Kompetenztatbestand fallen oder ein solcher neu geschaffen werden.

Fast alle Bundesstaaten weisen die Residualkompetenz den Gliedeinheiten zu,[98] was bundesstaatstheoretisch damit begründbar ist, dass der als prototypisch angesehene „originäre" Bundesstaat aus der freiwilligen Vereinbarung vormals selbständiger Staaten entsteht und daher alle dem Bund übertragenen Kompetenzen ihrer ursprünglichen „**All(gemein)zuständigkeit**" entspringen, die durch diese Übertragung nun freilich beschränkt wird. Dem steht nicht entgegen, dass die Gliedeinheiten *zusätzlich* immer wieder auch über enumerierte Kompetenzen verfügen können (zB hinsichtlich mit dem Bund geteilter oder konkurrierender Kompetenzen). Die theoretische Erkenntnis der „All(gemein)zuständigkeit" der Glieder bietet sich für „derivative" Bundesstaaten freilich nicht an, obwohl auch für diese die Zuweisung der Residualkompetenz an die Gliedeinheiten typisch ist.

Praktisch stellt sich überdies das Problem, dass die Bedeutung der Residualkompetenz davon abhängt, welche Kompetenzen zu Gunsten des Bundes enumeriert wurden. Je mehr und je wichtigere Kompetenzen nämlich als Bundeskompetenzen enumeriert werden, desto bescheidener gestaltet sich die Residualkompetenz. In nicht wenigen Bundesstaaten wird die Residualkompetenz der Gliedeinheiten dadurch entleert, dass sehr viele oder wichtige Kompetenzen zu Gunsten des Bundes enumeriert sind. Die Vorstellung von der Residualkompetenz der Gliedeinheiten als verbliebene „All(gemein)zuständigkeit" gibt in diesen Fällen die Realität einer Kompetenzverteilung nicht angemessen wieder.

δ. Kompetenzauslegung

Die Formulierweise der enumerierten Kompetenztatbestände kann ganz unterschiedlich sein und von bloßen Substantiven, die für eine bestimmte Regelungsmaterie stehen (zB „Handel"), bis hin zu längeren Wortfolgen („Angelegenheiten, die zum Handel gehören, mit Ausnahme von …, vorbehaltlich von …") reichen. Je detaillierter ein Kompetenztatbestand formuliert ist, desto leichter fällt die **Subsumtion** einer Regelungsmaterie, desto zersplitterter wird damit jedoch auch die Kompetenzverteilung insgesamt. Je gröber und breiter die Formulierung von Kompetenztatbeständen als „Kompetenzfelder" ausfällt, desto weniger zersplittert fällt auch die Kompetenzverteilung insgesamt aus. Subsumtionsprobleme im Randbereich dieser Felder werden dadurch aber ebenso wenig ausgeschlossen wie die den

---

[98] Anders jedoch die Verfassungen von Belgien, Indien, Kanada, Nepal und Südafrika.

Gliedeinheiten drohende Konsequenz, durch die Enumeration allzu breiter Kompetenzfelder des Bundes marginalisiert zu werden.

Nie aber wird es möglich sein, alle konkreten Regelungsmaterien, die unter einen Kompetenztatbestand zu subsumieren sind, im Detail im Kompetenztatbestand selbst zu verankern. Allen Arten der Enumeration ist daher ein mehr oder weniger hoher Abstraktionsgrad eigen, der die auslegende Praxis fordern kann, eine Auswahl unter mehreren Subsumtionsmöglichkeiten zu treffen. Regelmäßig ist die Entwicklung von **Regeln der Kompetenzinterpretation** den auslegenden Gerichten überlassen, statt in Bundesverfassungen ausdrücklich verankert zu werden. Dabei stehen insbes historische und dynamisch-teleologische Interpretationsregeln zueinander in Gegensatz: Die historische Interpretation bürgt für einen höheren Grad der Voraussehbarkeit und Statik des Kompetenzinhalts, während die teleologische Interpretation mehr Spielraum für Flexibilisierung bietet, dafür allerdings auch schwerer berechenbar ist. Einen Kompromiss zwischen beiden Interpretationsmethoden stellt jene häufig anzutreffende Interpretationsregel dar, wonach die Regelung neuer, kompetenzrechtlich scheinbar ungeregelter Lebenssachverhalte, die es zur Zeit der Erlassung der Kompetenzverteilung noch nicht gab, unter einen Kompetenztatbestand fällt, wenn man auf Grund der engen Sachnähe zur ursprünglich von diesem umfassten Regelungsmaterie annehmen kann, dass der Verfassungsgesetzgeber die Regelung unter diesen hätte fallen lassen, hätte er von diesem Lebenssachverhalt Kenntnis gehabt.

In eine ähnliche Richtung, allerdings nicht beschränkt auf neue Lebenssachverhalte, geht die Theorie der *implied powers*, worunter Kompetenzen zu verstehen sind, die selbst nicht ausdrücklich erwähnt, aber von einer ausdrücklich erwähnten Kompetenz mitumfasst werden, weil der Sachzusammenhang zwischen ihnen sehr eng ist. Eine großzügige Anwendung der Theorie der *implied powers* kann zu einer erheblichen Kompetenzerweiterung führen, die zumeist dem Bund zugute kommt, hingegen für die Gliedeinheiten „kompetenzabsaugend" wirkt. Dies liegt daran, dass *implied powers* enumerierten Kompetenzen unterstellt werden, was die (im Regelfall den Gliedeinheiten zugewiesene) Residualkompetenz verkleinert.

ε. Kompetenzteilung und Kompetenzkonkurrenz

Unterschiede bestehen weiters dahingehend, ob Kompetenztatbestände nur zu Gunsten des Bundes oder zu Gunsten von Bund *und* Gliedeinheiten enumeriert werden. Ist Letzteres der Fall und sind die Gliedeinheiten zugleich Träger der Residualkompetenz, kann es sich bei der Enumeration der Glied-Kompetenzen einerseits um eine demonstrative Liste von in die Residualkompetenz fallenden Kompetenztatbeständen handeln, die bloß der größeren Anschaulichkeit und Klarheit halber aufgezählt werden. Andererseits kann es sich aber auch *zusätzlich* zur Residualkompetenz der Gliedeinheiten um eine Enumeration von Kompetenztatbeständen handeln, die zwischen Bund und Gliedeinheiten geteilt sind.

Diese **Kompetenzteilung** kann entweder nach dem Kriterium erfolgen, welche **Funktion** durch Bund (zB Gesetzgebung) oder Gliedeinheiten (zB Vollziehung) ausgeübt werden soll; die starke Heranziehung dieses Verteilungstyps führt zum

Phänomen des so genannten „**Exekutivföderalismus**" („Vollzugsföderalismus"),
der den Bund tendenziell als Gesetzgeber, die Gliedeinheiten als Vollzieher einsetzt
(was letztlich den Bundesstaat aushöhlt, da die Gliedeinheiten eines Bundesstaats
auch über die Möglichkeit eigener politischer Steuerung und damit Gesetzgebungskompetenzen verfügen müssen). Eine weit verbreitete andere Art der **Teilung** ist die
innerhalb der Gesetzgebung, wo dem Bund die Rahmengesetzgebung innerhalb
einer bestimmten Regelungsmaterie und den Gliedeinheiten die Ausführungsge-
setzgebung zusteht; auch diese Form der Kompetenzteilung fördert eher den Vollzugsföderalismus, da die wichtige rechtspolitische Weichenstellung ja durch die
Rahmengesetzgebung erfolgt.

Strukturell andersartig ist die so genannte **Kompetenzkonkurrenz**, von der es
verschiedene Unterformen gibt: Die **„echte" Kompetenzkonkurrenz** weist eine
Regelungsmaterie der Kompetenz *sowohl* des Bundes *als auch* der Gliedeinheiten
zu, die damit zu einem bestimmten Zeitpunkt oder im selben Zeitraum *beide* ermächtigt sind, eine Kompetenz auszuüben. Ein solcher Zustand verursacht allerdings auf
Dauer große Rechtsunsicherheit im Bundesstaat, da sich Bund und Gliedeinheiten
dann abwechseln könnten, einen Rechtsakt der jeweils anderen Einheit nach der
lex-posterior- und *lex-specialis*-Regel durch einen eigenen zu ersetzen.

Echte Kompetenzkonkurrenzen sind daher häufig an besondere Bedingungen
und eng begrenzte Zeiträume gebunden: Beispielsweise kann die Säumigkeit einer
zunächst ausschließlich für einen bestimmten Regelungsakt zuständigen Einheit die
Folge nach sich ziehen, dass die andere Einheit nun ebenfalls zur Setzung dieses
Rechtsakts zuständig wird und eine Ersatzvornahme durchführen darf, dass aber die
ursprünglich zuständige Einheit, sobald sie nachträglich den Rechtsakt gesetzt hat,
wieder die alleinige Kompetenz für sich zurückgewinnt und die Ersatzvornahme
außer Kraft tritt. Solche Kompetenzkonkurrenzen finden sich häufig im Zusammenhang mit der Umsetzung von Völkerrecht oder umzusetzendem bzw durchzufüh-
rendem Unionsrecht, wo der Mitgliedstaat durch ein Einschreiten des Bundes bei
Säumigkeit der Gliedeinheiten vor Sanktionen der internationalen oder supranationalen Organisation geschützt werden soll.

Die **„unechte" Kompetenzkonkurrenz** ist die weit typischere Variante der
Kompetenzkonkurrenz. „Unecht" ist sie deshalb, weil sie keine Konkurrenz der
Kompetenzen von Bund und Gliedeinheiten zum *selben* Zeitpunkt oder im *selben*
Zeitraum schafft, sondern zeitversetzte Kompetenzübergänge von den Gliedeinheiten auf den Bund oder umgekehrt vorsieht. Üblicherweise dienen die unechten
Kompetenzkonkurrenzen va der Zentralisierung, nämlich dem Kompetenzübergang
von den Gliedeinheiten auf den Bund, sofern ein bestimmtes Kriterium wie etwa
der „Bedarf an Einheitlichkeit" erfüllt ist. Während ohne Vorliegen dieses „Bedarfs
der Einheitlichkeit" eine ausschließliche Zuständigkeit der Gliedeinheiten gegeben
ist, wird also bei – von wem immer festzustellenden – Eintritt des Bedarfs der Bund
ausschließlich kompetent; *weder* davor *noch* danach sind aber *sowohl* Bund *als auch*
Gliedeinheiten dafür kompetent. Der „Bedarf an Einheitlichkeit" kann näher umschrieben sein, wie zB *„wenn und soweit die Herstellung gleichwertiger Lebensverhältnisse im Bundesgebiet oder die Wahrung der Rechts- oder Wirtschaftseinheit im*

gesamtstaatlichen Interesse eine bundesgesetzliche Regelung erforderlich macht" (Art 72 Abs 2 GG). Art 51 der australischen Verfassung hingegen enumeriert zahlreiche Kompetenztatbestände scheinbar nur zu Gunsten des nationalen Parlaments, doch wird diese Liste von der Rechtspraxis als unechte Kompetenzkonkurrenz mit Vorrang des Bundesrechts verstanden.

In jedem Bundesstaat müssen den Gliedeinheiten aber jedenfalls (auch) Kompetenzen ohne (echte oder unechte) Konkurrenz eingeräumt sein, weil sonst ihr Wirkungsbereich nach „Bedarf" völlig ausgehöhlt werden könnte.

Im Grauzonenbereich zur „echten" Kompetenzkonkurrenz kann eine kompetenzrechtliche Gemengelage dazu führen, dass **komplexe Regelungsmaterien** (zB Umweltschutz) nicht einer einzigen Einheit, sondern sowohl Bund als auch Gliedeinheiten zugewiesen sind, ohne dass diese jedoch eine identische Regelungskompetenz besäßen. Vielmehr handelt es sich um verschiedene Aspekte innerhalb derselben Regelungsmaterie, die im einen Fall vom Bund, im anderen Fall von den Gliedeinheiten wahrzunehmen sind, sodass keine eigentliche Kompetenzkonkurrenz vorliegt. Die Abgrenzung dieser Kompetenzen je nach dem zu regelnden Aspekt kann freilich große Schwierigkeiten mit sich bringen und in der Praxis zu Überschneidungen führen, was einer *de-facto*-Konkurrenz gleichkommt, die im Konfliktfall nur (verfassungs-)gerichtlich gelöst werden kann. Für Fälle unerwünschter *de-facto*-Konkurrenz wurden **Prinzipien der wechselseitigen Rücksichtnahme** der bundesstaatlichen Einheiten in den Verfassungen (vgl besonders ausführlich Sec 41 der südafrikanischen Verfassung) verankert oder durch die Rechtsprechung entwickelt, die eine Erweiterung des Grundsatzes der **Bundestreue** darstellen. Einseitig verstanden, bedeutet Bundestreue, dass die Gliedeinheiten kein den Interessen des Bundes zuwiderlaufendes, „treuloses" Verhalten setzen dürfen; passiert dies dennoch, kann als *ultima ratio* mittels **Bundesexekution** (notfalls unter Zuhilfenahme der Streitkräfte) vorgegangen werden. Unter der Annahme der Parität von Bund und Gliedeinheiten muss dieses Treueprinzip aber auch für den Bund gegenüber den Gliedeinheiten gelten.

Unter der Regel **„Bundesrecht bricht Landesrecht"** wird ein in manchen Bundesstaaten üblicher Vorrang des Bundesrechts vor dem Recht der Gliedeinheiten verstanden. Erlässt eine Gliedeinheit verfassungswidrig eine Regelung, so ist ihr entgegenstehendes, verfassungskonformes Bundesrecht anzuwenden, ohne dass es dafür einer (verfassungs-)gerichtlichen Entscheidung (einschließlich Aufhebung oder Nichtigerklärung dieser verfassungswidrigen Regelung) bedürfte. In anderen Bundesstaaten ist das Verhältnis zwischen beiden Rechtsordnungen grundsätzlich ein gleichrangiges; jedenfalls aber geht in *allen* Bundesstaaten das Bundes*verfassungs*recht dem Recht der Gliedeinheiten (samt deren Verfassungsrecht) vor, da sonst die bundesstaatliche Einheit nicht mehr gewährleistet wäre.

bb. Verfassungsautonomie

Die **Verfassungsautonomie** der Gliedeinheiten stellt zwar in gewisser Weise nur eine **besondere Form einer Gesetzgebungskompetenz** dar, ist „herkömmlichen" Gesetzgebungskompetenzen dabei jedoch in *formeller* wie *materieller* Hinsicht so überlegen, dass sie als eigenes Charakteristikum eines Bundesstaats anzusehen ist. Es handelt sich dabei auch um eines jener Kriterien, die den Bundesstaat vom (bloß) regionalisierten Staat abgrenzen, da im letztgenannten Fall Regionen zwar häufig über Gesetzgebungskompetenzen, nicht aber über Verfassungsautonomie verfügen.[99]

Unter Verfassungsautonomie ist die Kompetenz einer Gliedeinheit zu verstehen, sich selbst eine Verfassung zu geben. Diese **Gliedverfassungen** stehen an der Spitze der Rechtsordnungen der Gliedeinheiten, sind jedoch in allen Bundesstaaten der Bundesverfassung untergeordnet: Dies ergibt sich aus der bundesstaatlichen Konstruktion, in der den Gliedeinheiten eben keine völlige Selbständigkeit zukommt, sondern wo sich die Bundesverfassung vielmehr wie eine „Homogenitätsklammer" über die Rechtsordnungen des Bundes und der Gliedeinheiten legt.

Ganz unterschiedlich ist in den verschiedenen Bundesstaaten hingegen das einzelne Ausmaß dieser Verfassungsautonomie: Zumeist ist die Verfassungsautonomie umso weiter, je stärker allgemein die Position der Gliedeinheiten ist. Je zentralistischer ein Bundesstaat aber insgesamt ist, desto mehr reduziert sich die Verfassungsautonomie auf eine bloße Wiedergabe oder Detaillierung präzise vorgegebener bundesverfassungsrechtlicher Regelungen. Da die Verfassungen der Gliedeinheiten die Bundesverfassung nicht verletzen dürfen, ist jeder Widerspruch zu einer bundesverfassungsrechtlichen Bestimmung unzulässig. Dies kann dann zu Problemen führen, wenn sich der Widerspruch nicht auf eine ausdrückliche bundesverfassungsrechtliche Bestimmung bezieht, also nicht offenkundig ist, sondern daran liegt, dass die Verfassung der Gliedeinheit einem nur vage vorgegebenen oder bloß implizit verankerten bundesverfassungsrechtlichen „Prinzip" widerspricht, ohne dass dieses im Detail so ausgestaltet ist, dass der Widerspruch ohne weiteres erkennbar wäre. Umso mehr Gewicht kommt diesfalls einem Verfassungsgericht zu, das entweder präventiv (so zB in Südafrika) und/oder repressiv (so in den meisten Bundesstaaten) über eine mögliche Verletzung der Bundesverfassung durch die Gliedverfassung zu urteilen hat.

Sehr verschieden ist auch die Art der Bezugnahme der Bundesverfassung auf die Gliedverfassungen: Während in manchen Fällen (zB Belgien) der Begriff „Verfassung" in Bezug auf die Gliedeinheiten nicht ausdrücklich verwendet wird, obwohl diesen die Möglichkeit formell und materiell qualifizierter Gesetzgebung eröffnet ist, widmen sich viele Bundesverfassungen den Gliedverfassungen eingehender, wobei grundsätzlich zwei Arten zu unterscheiden sind:

Zum einen können Bundesverfassungen die durch die Gliedverfassungen regelbaren Angelegenheiten (taxativ oder demonstrativ) **enumerieren**. Zum anderen können sie diese Angelegenheiten **generalklauselhaft** umschreiben, indem der Gliedverfassung alles zur Regelung übertragen wird, was die Bundesverfassung (einschließlich der bundesstaatlichen Kompetenzverteilung) nicht verletzt; dies kann noch durch explizite Verbote unzulässiger gliedverfassungsrechtlicher Rege-

---

[99] Vgl dazu unten 110.

lungen oder umgekehrt durch einzelne Ermächtigungen des Gliedverfassungsgesetzgebers verstärkt werden. Wie schon im Zusammenhang mit der (allgemeinen) Residualkompetenz ausgeführt wurde,[100] kann aus der Methode der generalklauselartigen Verankerung der Verfassungsautonomie jedoch noch nicht gefolgert werden, dass es sich auch um eine besonders breite Autonomie handelt; vielmehr ergibt sich diese Einschätzung erst aus der konkreten Betrachtung dessen, was durch die Bundesverfassung bereits vorgegeben ist und was daher durch die Gliedverfassung nicht mehr frei geregelt werden darf.

Je stärker allerdings der bundesverfassungsrechtlich vorgegebene **Homogenitätsstandard** ist, desto unnötiger erscheint die Existenz eigener Gliedverfassungen überhaupt. Denn auch die Vielfalt der Gliedverfassungen – und „Vielfalt in der Einheit" ist ja die Grundlegitimation jedes föderalen Systems – leidet, wenn es sich dabei nur noch um austauschbare „Kopien" von Regelungen handelt, die im Wesentlichen eine Wiederholung der bundesverfassungsrechtlichen Vorgaben darstellen.

Im Vergleich zu einer „herkömmlichen" Gesetzgebungskompetenz erweist sich die Verfassungsautonomie im Regelfall zweifach qualifiziert: Einerseits dadurch, dass die – zumeist auch als „Verfassung" bezeichnete – Gliedverfassung üblicherweise einem Erzeugungsverfahren unterliegt, das **erschwerte formale Bedingungen** aufweist (zB erhöhte Anwesenheits- und Zustimmungserfordernisse, Erfordernis eines Plebiszits oder Einberufung eines Verfassungskonvents in der betreffenden Gliedeinheit etc). Im Verhältnis zur einfachen Gesetzgebung der Gliedeinheit differenziert sich die Gliedverfassung dadurch also in einem formalen Sinn. Andererseits aber kennzeichnen sich Gliedverfassungen auch durch bestimmte **verfassungstypische Inhalte**, die sie von irgendwelchen Gesetzen unterscheiden: Zu diesen typischen Inhalten zählen etwa – auf die einzelne Gliedeinheit bezogene – Regelungen über staatliche Symbole (Wappen, Flaggen, Hymnen etc), Staatsziele und Grundrechte, das politische System (insbes das Verhältnis zwischen Parlament und Regierung), Rechtsschutzeinrichtungen (zB Institutionen der finanziellen Kontrolle, Ombudsman-Einrichtungen), demokratische Verfahren (zB Plebiszite) auf Gliedebene oder die organisatorischen Grundzüge territorialer Ebenen unterhalb der Gliedeinheit (zB Gemeinden). Die Grenzen zu den Inhalten anderer Gesetze der Gliedeinheit sind freilich nicht exakt zu bestimmen: In vielen Fällen führen einfache Gesetze die gliedverfassungsrechtlichen Vorgaben nur aus (zB Wahlgesetze) und unterscheiden sich insofern von der Gliedverfassung nur formal, nicht aber materiell.

Die Verfassungsautonomie ist wichtigster Ausdruck des so genannten „**inneren Selbstbestimmungsrechts**"[101] der Gliedeinheiten. Obwohl den Gliedeinheiten im Bundesstaat keine völkerrechtliche Unabhängigkeit oder unbeschränkte Souveränität zukommt, ermöglicht ihnen das innere Selbstbestimmungsrecht die Selbstorganisation und Selbstregierung. Je stärker die Bundesverfassung daher die Glied-

---

[100] Vgl dazu oben 95 f.
[101] Vgl dazu oben 76 ff.

verfassungen determiniert und ihre Inhalte bereits vorgibt, desto schwächer ist auch das Recht der Gliedeinheiten auf innere Selbstbestimmung.

cc. Mitwirkung der Gliedeinheiten an der Gesetzgebung des Bundes

α. Allgemeines

Die bundesstaatliche Notwendigkeit zweier selbständiger Wirkungsbereiche – des Bundes und der Gliedeinheiten – wird durch das Erfordernis der **Mitwirkung der Gliedeinheiten am selbständigen Wirkungsbereich des Bundes** komplettiert. Die Mitwirkung bezieht sich dabei jedenfalls auf das Verfahren der **Bundes(verfassungs)gesetzgebung**, in untergeordnetem Ausmaß aber auch auf andere Staatsfunktionen.

Umgekehrt können bundesverfassungsrechtliche Partizipationsmöglichkeiten des Bundes an der Rechtsetzung der Gliedeinheiten (zB Informationsrechte, Vetorechte, andere Instrumente der **Bundesaufsicht**) vorgesehen sein, die allerdings vornehmlich in zentralistischen Bundesstaaten anzutreffen und daher an sich eben nicht bundesstaatstypisch sind. Durch die allgemeine Geltung des Bundesrechts im gesamten Bundesgebiet (mit Ausnahme des auf einzelne Gliedeinheiten bezogenen „partikulären Bundesrechts") und durch die Möglichkeit der Gestaltung des Bundesstaats *qua* Bundesverfassungsgesetzgebung gestaltet der Bund die Rechtslage in den Gliedeinheiten ohnehin maßgeblich mit.

Die Mitwirkung der Gliedeinheiten an der Bundesgesetzgebung kann **direkt** oder **indirekt** erfolgen:

Direkte Formen der Mitwirkung stellen eher den Ausnahmefall dar, da sie unmittelbar jede einzelne Gliedeinheit und ihre Institutionen involvieren, was naturgemäß Verzögerungen und Schwerfälligkeit im Bundesgesetzgebungsverfahren oder in der Ausübung anderer Staatsfunktionen zur Folge hat. In den USA und Australien führt beispielsweise das Erfordernis, Verfassungsänderungen nicht nur einem Verfahren des jeweiligen Parlaments auf Bundesebene (in dessen Zweiter Kammer, dem Senat, die einzelnen Staaten ohnehin repräsentiert sind) zu unterziehen, sondern dafür auch, im Falle der USA, die Zustimmung der Parlamente von drei Vierteln der einzelnen Staaten, oder, im Falle Australiens, die direkte Zustimmung der Gliedvölker auf Grund von Volksabstimmungen in den einzelnen Gliedeinheiten zu erlangen, zu einer beträchtlichen Lähmung des Verfassungsreformprozesses.[102]

Üblicher sind daher Formen der **indirekten** Mitwirkung, die regelmäßig durch die **Zweite Kammer**[103] des Bundesparlaments wahrgenommen werden, in der die Gliedeinheiten repräsentiert sind. In seltenen Fällen kann eine besondere Vertretung von Gliedeinheiten in der Ersten Kammer (zB Belgien) oder einem Einheitsparlament (zB Venezuela) einen ähnlichen Effekt haben. Zu dieser rechtlichen Form

---

[102] Vgl dazu oben 60 ff.
[103] Vgl dazu unten 207 ff.

der Mitwirkung kann überdies noch eine formlose „politische" Mitwirkung der Gliedeinheiten in Form von gemeinsamen Konferenzen hinzutreten.[104]

β. Entsendungsmodelle

Auffällige organisatorische Unterschiede zwischen jenen Zweiten Kammern, deren Funktion in der Gliedstaatsrepräsentanz liegt, finden sich hinsichtlich der **Art der Entsendung** ihrer Mitglieder.

Zum einen unterscheiden sich die Entsendungsformen grundlegend darin, ob die Abgeordneten **direkt vom Volk** der Gliedeinheit **gewählt**, durch das **Parlament** oder die **Regierung** der Gliedeinheit **gewählt** oder vom Staatsoberhaupt **ernannt** werden. Immer wieder anzutreffende Modelle sind auch die bundesverfassungsrechtliche Normierung einer **Doppelfunktion** von Mitgliedern der Regierungen der Gliedeinheiten, die gleichzeitig Abgeordnete in der Zweiten Kammer sind, die **Kooption** („Zuwahl" einer bestimmten Zahl von Abgeordneten durch [nach einem anderen Modell] entsendete Abgeordnete der Zweiten Kammer) oder **Mischsysteme**.

Zum anderen besteht ein wesentlicher Unterschied zwischen der „**arithmetischen**" (symmetrischen, absoluten) und „**geometrischen**" (asymmetrischen, relativen) Vertretung der Gliedeinheiten: Im Fall der „arithmetischen" Vertretung werden nämlich alle Gliedeinheiten, unbeschadet ihrer Bevölkerungszahl, räumlichen Größe etc, durch jeweils einen oder die gleiche Zahl an Abgeordneten vertreten, während im „geometrischen" Fall unterschiedliche Zahlen an Abgeordneten vorgesehen sind, die zumeist nach der Bürgerzahl des jeweils vertretenen Gliedstaats berechnet werden.

Für die „**arithmetische**" Vertretung, die tendenziell typisch für die Konföderation ist, in der unabhängige Staaten ohne Rücksicht auf ihre Bürgerzahl oder Größe gleich stark vertreten sind, spricht der Gedanke der zumindest von manchen Bundesstaatstheoretikern geforderten ursprünglichen Unabgeleitetheit der Gliedeinheiten, der ihre absolute Gleichbehandlung auch innerhalb des bundesstaatlichen Systems nahelegen würde. Hinzu kommt noch die Überlegung, dass eine nach der Bürgerzahl gestufte Entsendung von Abgeordneten in die Zweite Kammer letztlich dem Entsendungsmodus der volksgewählten Abgeordneten der Ersten Kammer ähnelt, sofern deren Mandate auf die regionalen Wahlkreise je nach Bevölkerungszahl unterschiedlich verteilt werden; dies aber wirft die Frage auf, ob die Zweite Kammer organisatorisch überhaupt eine echte Gliedvolksvertretung oder eine nach einem dezentralisierten Mandatsverteilungsmodell gewählte nationale Volksvertretung im Sinne einer „zweiten Ersten Kammer" darstellt.

Für die „**geometrische**" Vertretung spricht hingegen der demokratische Ausgleich unter den Gliedvölkern nach bevölkerungsproportionalen Gesichtspunkten. Ob das eine Vorstellung ist, die im Bundesstaat eben durchbrochen werden müsste, damit die Gliedstaaten (und ihre Gliedvölker) absolut gleich behandelt werden – was in Kauf nimmt, dass deren Bürger im bundesweiten Vergleich ungleich stark in der Zweiten Kammer vertreten sind –, oder ob der Bundesstaat vielmehr diesen na-

---

[104] Vgl dazu unten 105.

tionalen Demokratieausgleich verträgt, um sich eben vom Staatenbund abzuheben, kann theoretisch letztlich nicht geklärt werden. Nicht zuletzt vor dem Hintergrund der überwiegend „geometrischen" Zusammensetzung Zweiter Kammern, die sich wenigstens grundsätzlich an der Bürgerzahl als demokratischem Kriterium orientiert, hat sich aber die Vorstellung durchgesetzt, dass eine absolute Gleichheit nicht erforderlich ist. Dafür spricht auch, dass der Bundesstaat keinen Staatenbund und die Zweite Kammer im Bundesstaat daher keinen Konföderationsrat darstellt. Viel mehr ist dem Bundesstaat immanent, dass die einzelne Gliedeinheit keine Unabhängigkeit oder Selbständigkeit im Sinne des Völkerrechts mehr genießt. Darüber hinaus könnte auch eine absolut gleiche Vertretung der Gliedeinheiten weder verhindern, dass Abstimmungen nach dem Mehrheitsprinzip vorgenommen, Abgeordnete einer Gliedeinheit also durch Abgeordnete anderer Gliedeinheiten überstimmt werden, noch ist damit garantiert, dass es sich um eine mit „starken" Befugnissen ausgestattete Zweite Kammer handelt.

Geht man nach dem ältesten bundesstaatlichen Prototyp, den USA, findet man dort das „arithmetische" Modell verwirklicht. In vielen anderen Bundesstaaten wurde jedoch ein „geometrisches" Modell gewählt. In wieder anderen Bundesstaaten, wie etwa der Schweiz, Kanada und Australien, gilt ein Mischmodell, wonach sich die Zweite Kammer prinzipiell „arithmetisch", ausgenommen allerdings Territorien mit besonderem Status (in der Schweiz früher als „Halbkantone" bezeichnet, die über die „halbierte" Vertretung im Ständerat hinaus jedoch einen „Vollstatus" genießen), zusammensetzt.

Die Bedeutung der Frage, ob die Gliedeinheiten „arithmetisch" oder „geometrisch" vertreten sind, relativiert sich, wenn man, wie erwähnt, die vorgesehenen **Abstimmungsmodalitäten im Gesetzgebungsverfahren** berücksichtigt. Ist – so der Regelfall – eine bestimmte numerische Mehrheit von Abgeordneten bei der Beschlussfassung erforderlich, kann sich eine durch eine höhere Zahl an Abgeordneten vertretene Gliedeinheit tendenziell stärker durchsetzen als eine durch weniger Abgeordnete vertretene Gliedeinheit; überstimmt werden kann allerdings auch eine durch eine höhere oder gleiche Zahl an Abgeordneten vertretene Gliedeinheit, je nachdem, wie die Abgeordnetenmehrheit gebildet wird. Anders verhält es sich beim selteneren Fall, wo statt oder in Ergänzung zur Abgeordnetenmehrheit eine Mehrheit der Gliedeinheiten erforderlich ist, indem nicht nur eine Mehrheit der Abgeordneten, sondern auch die Abgeordneten einer Mehrheit der Gliedeinheiten ihre Zustimmung erteilen müssen. Erwähnenswert ist hier etwa das südafrikanische *National Council of Provinces*, in dem jede der neun Provinzen mit einer Delegation aus je zehn Vertretern „arithmetisch" repräsentiert wird: Die grundsätzlich normierte Abstimmungsmehrheit in dieser Kammer verlangt die Zustimmung von mindestens fünf Provinzen (durch ihre Delegationen, deren Leiter jeweils einheitlich für die Delegation ihre Stimme abgeben). Dem ähnelt etwa auch Art 35 Abs 4 des österreichischen Bundes-Verfassungsgesetzes, wonach die Bestimmungen der Art 34 und 35 nur abgeändert werden können, wenn im Bundesrat – abgesehen von der für seine Beschlussfassung überhaupt erforderlichen Stimmenmehrheit – die Mehrheit der Vertreter von wenigstens vier Ländern die Änderung angenommen hat.

γ. Funktionen Zweiter Kammern im Bundesstaat

Funktional kann zwischen **vollkommen** und **unvollkommen bikameralen** Parlamenten unterschieden werden:[105] In starken Bundesstaaten, wie zB den USA oder der Schweiz, handelt es sich um vollkommen bikamerale Bundesparlamente, in denen die Zweite Kammer praktisch die gleichen Befugnisse hat wie die Erste Kammer. In vielen Bundesstaaten sind die Bundesparlamente hingegen unvollkommen bikameral gestaltet, wobei die Zweite Kammer die unterlegene Position einnimmt. Je nachdem, an welchen Staatsfunktionen neben der Gesetzgebung (zB Kontrolle der Exekutive, auswärtige Angelegenheiten, Mitwirkung an der Gerichtsbarkeit) das Bundesparlament beteiligt ist, kann sich diese Unterlegenheit in Form von schwächeren oder überhaupt fehlenden Befugnissen der Zweiten Kammer ausdrücken. Auch im Gesetzgebungsverfahren kommt den Zweiten Kammern diesfalls nur vereinzelt ein absolutes Veto zu, etwa im Zusammenhang mit die Gliedeinheiten besonders berührenden Fragen. Die Schwäche einer Zweiten Kammer kann sich aber auch darin äußern, über ein lediglich suspensives Vetorecht, kein Gesetzesinitiativrecht oder – in manchen Arten von Gesetzgebungsverfahren – nicht einmal über irgendein Mitwirkungsrecht zu verfügen.

Freilich geben die Funktionen der Zweiten Kammer nicht allein Aufschluss darüber, wie stark die Stellung der Gliedeinheiten im Bundesstaat generell ist. Die deutsche Föderalismusreform 2006 zeigt etwa auf, dass eine Schwächung der Zweiten Kammer (Bundesrat) mit einer Stärkung der Kompetenzen der Gliedeinheiten einhergehen kann (weniger Angelegenheiten der Bundesgesetzgebung, die dem Zustimmungsrecht des Bundesrates unterworfen sind; dafür eine Erweiterung der Landesgesetzgebungskompetenzen), während die Reform des deutschen Grundgesetzes 2017 wiederum die entgegengesetzte Richtung einschlug. In manchen Bundesstaaten finden sich außerdem Doppelstrukturen der Repräsentanz der Gliedeinheiten, wofür es bemerkenswerterweise keinen Unterschied zu machen scheint, ob die Zweite Kammer die Gliedeinheiten wirkungsvoll vertritt oder nicht: In Österreich etwa vertritt die formlos eingerichtete Landeshauptleutekonferenz die Länderinteressen beim Bund politisch stärker als der förmlich zur Interessenvertretung der Länder eingesetzte Bundesrat. In Deutschland hingegen war der – allerdings aus Regierungsvertretern der Länder bestehende – Bundesrat va bis 2006 sehr gewichtig im Bundesgesetzgebungsverfahren, und dies in Koexistenz mit der formlos errichteten, aber ebenfalls machtvollen Ministerpräsidentenkonferenz der Länder.

Die verschiedenen Formen der Mitwirkung gestatten den Gliedeinheiten nicht nur, Einfluss auf die Funktionen, insbes die Gesetzgebung, des Bundes zu nehmen. Vielmehr können die Gliedeinheiten über die verschiedenen Partizipationsmöglichkeiten auch ihr eigenes künftiges Schicksal mitentscheiden, indem sie an den Änderungsverfahren der Bundesverfassung beteiligt sind.

---

[105] Vgl dazu unten 207 ff.

dd. Intergouvernementale Beziehungen

α. Allgemeines

Unter **intergouvernementalen Beziehungen** sind die verschiedenen Verflechtungen zwischen den Gliedeinheiten untereinander und zwischen den Gliedeinheiten und dem Bund zu verstehen, die sich in Einrichtungen und Verfahren der **Kooperation** und **Koordination** ausdrücken. Im Vergleich der Bundesstaaten insgesamt kann festgestellt werden, dass verfassungsrechtliche oder überhaupt rechtsförmlich verankerte Vorgaben für diese Einrichtungen und Verfahren in geringem Ausmaß anzutreffen sind und eher der politischen Praxis überlassen werden.

Verfassungsrechtlich verankert sind üblicherweise Verfassungsgerichte oder sonstige unabhängige Einrichtungen, die über Streitigkeiten (insbes Kompetenzkonflikte) zwischen Bund und Gliedeinheiten zu entscheiden haben; auch andere „gemeinsame" Einrichtungen, die für Bund und Gliedeinheiten gleichermaßen zuständig sind (zB Rechnungshöfe), beruhen häufig auf einer verfassungsrechtlichen Grundlage. Manche Bundesverfassungen sehen ausdrücklich Treue-, Rücksichtnahme-, Koordinations-, Kooperations- oder Konsultationspflichten zwischen den bundesstaatlichen Einheiten vor, die durch die Zurverfügungstellung verschiedener Instrumente (zB förmlicher Vereinbarungen oder Verträge) noch konkretisiert werden können. Dabei handelt es sich um spezielle Ausprägungen des Prinzips der **Bundestreue**, das dabei allerdings nicht einseitig zu Gunsten des Bundes, sondern im Gegenseitigkeitsverhältnis verstanden wird.

In fast allen Bundesstaaten haben sich daneben aber auch **formlose Gremien der Zusammenarbeit** etabliert, die oft als „Rat" oder „Konferenz" bezeichnet werden und sich entweder nur aus Vertretern der Gliedeinheiten oder in gemischter Form aus Vertretern des Bundes und der Gliedeinheiten, allenfalls auch anderer territorialer Einheiten (zB Gemeinden), zusammensetzen. Je nachdem, ob diese Repräsentation von Interessen einheitlicher oder „gemischter" Natur ist, erweisen sich diese Gremien eher als defensive Bollwerke der Abwehr zentralistischer Bestrebungen – was sie, wie erwähnt, mitunter als „heimliche" Zweite Kammer erscheinen lässt – oder als Foren echter intergouvernementaler Kooperation. In manchen Fällen beschränkt sich die Tätigkeit der Gremien auf einzelne Rechtsmaterien, in denen eine Kooperation von besonderer Bedeutung ist (zB Finanzausgleich); in anderen Fällen fungieren sie als generelle Plattformen der Interessenvertretung, Koordination und Kooperation.

β. Kooperativer Föderalismus – Wettbewerbsföderalismus

Im Gegensatz zum **kooperativen Föderalismus** steht das Konzept des **Wettbewerbsföderalismus** (kompetitiver Föderalismus), wie es va in den USA und der Schweiz entwickelt wurde. Immer wieder wird der Wettbewerbsföderalismus verstärkt als mögliches Remedium gegen die negativen Effekte des kooperativen Föderalismus ins Treffen geführt: Ein Zuviel an Kooperation und Koordination führe zu Schwerfälligkeit, Verlangsamung sowie zur Blockierung von Reformvorhaben, da es immer gelte, einen kleinsten gemeinsamen Nenner zu finden, der als Kompromiss für alle beteiligten Einheiten zumutbar sei. Wettbewerbsföderalismus hingegen sporne die Gliedeinheiten untereinander dazu an, originelle Rechtsgestaltungen vorzunehmen, damit als föderalistische "Laboratorien" zueinander in einen Wettbewerb der Innovationskraft zu treten und auch dem Bund rechtsgestalterische Erfahrungswerte zu liefern, die dieser für sich nützen könne. Leistungsfähigere Gliedeinheiten würden auf diese Weise Standortvorteile zu nutzen wissen, aus einem erhöhten Steueraufkommen lukrieren und damit Druck auf andere Gliedeinheiten erzeugen, ihre eigene Effizienz zu steigern, was sich wiederum positiv auf den gesamten Staat auswirke.

Voraussetzung für einen solchen Wettbewerb sind möglichst „entflochtene", eigenständige Kompetenzen[106] der Gliedeinheiten, aus deren unterschiedlicher Handhabung überhaupt erst individuelle und innovative Lösungen entstehen können. Ein extremer Wettbewerbsföderalismus kann allerdings Treue- und Rücksichtpflichten im Bundesstaat zuwiderlaufen und vorhandene Asymmetrien, auch in der Leistungsfähigkeit der Gliedeinheiten, noch verstärken. Allzu große Schwankungen der Leistungsfähigkeit zwischen den Gliedeinheiten können wiederum den Bundesstaat finanziell und letztlich politisch in ein Spannungsgefälle und Entsolidarisierung zwischen „armen" und „reichen" Gliedeinheiten bis hin zu Sezessionsbestrebungen führen. Sowohl der kooperative als auch der kompetitive Föderalismus sind daher im Extrem kein Garant für einen stabilen und balancierten Bundesstaat. Dennoch sind sowohl ein Mindestmaß an Kooperation als auch an Wettbewerb notwendig und überhaupt jedem Bundesstaat wesensimmanent, wie es sich schon in seinem Grundprinzip „Vielfalt in der Einheit" ausdrückt.

ee. Fiskalföderalismus

Das tatsächliche „Funktionieren" eines Bundesstaats hängt sehr maßgeblich von einer **adäquaten Finanzausstattung** aller territorialen Einheiten ab. Nicht nur die Verteilung der Finanzmittel, auch die Verteilung der Finanzhoheit selbst – also der Kompetenz, wer über die Einhebung und Verteilung der Finanzmittel entscheiden darf – gibt Zeugnis darüber, wie zentralistisch ein Bundesstaat ist. Eine Ausstattung der Gliedeinheiten mit Kompetenzen ist nämlich nur dann sinnvoll, wenn diese zugleich auch über die Voraussetzungen verfügen, die Ausübung dieser Kompetenzen zu finanzieren, sei es in Form der Zuweisung von Finanzmitteln im Wege des Finanzausgleichs, sei es in Form eigener Finanzhoheit, die sie selbst darüber entscheiden lässt, wie sie zu finanziellen Mitteln gelangen. Das komplexe Geflecht dieser finanziellen Beziehungen im Bundesstaat wird als **Fiskalföderalismus** bezeichnet.

Zunächst betrifft der Fiskalföderalismus die Frage, welche Gebietskörperschaft (auch subregionale Einheiten wie die Gemeinden spielen hier üblicherweise eine Rolle) über welche Kompetenz verfügt, Finanzmittel zu erlangen, und wem diesfalls die Kompetenz-Kompetenz zusteht, diese fiskale Kompetenzverteilung zu regeln. Regelmäßig ist es die Bundesgesetzgebung, die diese Kompetenz-Kompetenz

---

[106] Vgl dazu oben 93 ff.

(zwischen Bund und Gliedeinheiten bzw den Gliedeinheiten untereinander) wahrnimmt, wobei in den verschiedenen Staaten unterschiedlich weitreichende Mitwirkungsrechte der Gliedeinheiten an der Fiskalgesetzgebung des Bundes, sei es durch die Zweite Kammer oder „gemischte" Kommissionen, vorgesehen sind.

Die fiskale Kompetenzverteilung zwischen einer Gliedeinheit und ihren territorialen Untergliederungen, wie zB den Gemeinden, wird hingegen häufig der Kompetenz der einzelnen Gliedeinheit überlassen, wenngleich Grundzüge durch die Bundesgesetzgebung vorgegeben sein können. Von einem „Abgabenfindungsrecht" der Gliedeinheiten spricht man, wenn diese frei all jene Abgaben in ihrem jeweiligen Territorium einführen dürfen, über die die Bundesgesetzgebung nicht bereits disponiert hat.

Nach der fiskalen Kompetenzverteilung bemisst sich aber nicht nur, welche Einheit welche Abgaben für sich selbst erheben kann, sondern auch, welche dieser Abgaben geteilt sind oder inwiefern ein Ausgleich vertikal (zwischen Bund und Gliedeinheiten [Gemeinden]) oder horizontal (zwischen den Gliedeinheiten) vorgenommen wird.

Ein Vergleich der verschiedenen Bundesstaaten ergibt, dass trotz der großen Vielfalt fiskalföderaler Systeme dem Bund die Einhebung – und oftmals auch der Ertrag – der wichtigsten Abgaben vorbehalten ist. Der Ertrag einer Abgabe kann dem Bund, den Gliedeinheiten oder den anderen Gebietskörperschaften ausschließlich zustehen oder zwischen Bund, Gliedeinheiten und/oder anderen Gebietskörperschaften geteilt sein, wobei verschiedene Formen der Teilung denkbar sind: Möglich ist etwa die Einhebung derselben Art der Abgabe durch Bund, Gliedeinheiten und andere Gebietskörperschaften oder die Einhebung bloß durch den Bund, Aufteilung des Ertrages aber an alle Arten von Gebietskörperschaften, wobei unterschiedliche Aufteilungsschlüssel in Frage kommen (zB nach der Bürgerzahl, nach Bedarfserfordernissen etc).

Sofern es zu einem Ausgleich der finanziellen Ressourcen zwischen den verschiedenen Gebietskörperschaften kommt – wie es in den meisten Bundesstaaten, nicht aber zB in den USA üblich ist –, werden auch besondere Bedürfnisse benachteiligter Gebietskörperschaften (mehr oder weniger weitgehend) berücksichtigt, wobei dies entweder in der primären Verteilung (Einhebung eigener Abgaben bzw Ertragsanteile an geteilten Abgaben) oder in der sekundären Zuweisung spezieller Finanzmittel erfolgen kann, die an bestimmte Bedingungen, wie das Vorhandensein besonderer von einer Gebietskörperschaft zu tragender Lasten oder sie treffender Härten (zB Naturkatastrophen), geknüpft sein können. Darüber hinaus gibt es weitere Möglichkeiten der finanziellen Unterstützung, die etwa in Form eines nicht-hoheitlichen tertiären „Ausgleichs" vorgenommen werden können.

Das gesamte Bündel dieser Ausgleichsmaßnahmen wird als **Finanzausgleich** bezeichnet: Häufig wird darunter in einem weiten Sinn überhaupt das gesamte System der Aufteilung von Finanzmitteln im Bundesstaat verstanden, selbst wenn dies ohne Umverteilungen von Bund auf Gliedeinheiten, von reichen auf arme Gliedeinheiten oder andere Gebietskörperschaften vor sich geht. Getragen ist der Finanzausgleich prinzipiell von einer besonderen Ausformung des Gleichheitssatzes, der zwar nicht verlangt, alle Gebietskörperschaften in absoluten Zahlen gleich auszustatten, sie jedoch „angemessen" zu berücksichtigen, was insbes die **Kompetenzverteilung** zu einem wichtigen Anknüpfungspunkt macht: Die zugewiesenen Kompetenzen sollen ja real ausübbar sein, was eine sachgerechte Finanzausstattung erfordert macht. Genau diese Frage jedoch zählt in den meisten Bundesstaaten zu den konfliktträchtigsten, da naturgemäß jede Gebietskörperschaft an einer möglichst hohen finanziellen Ausstattung interessiert ist, was Finanzausgleichsverhandlungen oftmals als zähes Ringen um einen letzten Endes politischen Kompromiss erscheinen lässt. Unterschiede in der finanziellen und wirtschaftlichen Kraft der Regionen und daraus resultierende Forderungen nach finanzieller Solidarität haben Sprengkraft für den Zusammenhalt des Gesamtstaates, wie sich in jüngster Zeit nicht zuletzt auch am Beispiel der Sezessionsbestrebungen Kataloniens[107] zeigt.

Die Frage der Kompetenzverteilung zwischen Bund und Gliedeinheiten, insbes der für viele Bundesstaaten typische Kampf der Gliedeinheiten um mehr Kompetenzen, hängt daher letztlich davon ab, welche Kompetenzen finanzierbar sind. Da die Kompetenzverteilung regelmäßig in der Bundesverfassung selbst, der Finanzausgleich hingegen manchmal nur in einem gewöhnlichen Bundesgesetz geregelt ist, kann es hier zu Diskrepanzen hinsichtlich des Einflusses der Gliedeinheiten kommen, zB weil sie im Fall der Bundesverfassungsänderung – via Zweite Kammer – über ein absolutes, im Fall der Änderung der einfachen Bundesgesetzgebung hingegen nur über ein suspensives Veto verfügen. **Kooperation** zwischen Bund und Gliedeinheiten ist daher für den Fiskalföderalismus besonders wichtig, wie sich auch in der dort besonders verdichteten Zusammenarbeit in Form gemeinsamer Gremien und Verfahren zeigt.

Die Notwendigkeit der Einbeziehung und Kooperation gilt auch für lokale Gebietskörperschaften, die normalerweise keine bundesstaatlichen „Partner" sind, dh einen Bund und Gliedeinheiten untergeordneten Status haben; nur in Ausnahmefällen sind Gemeinden (Hauptstädte oder Metropolen) gleichzeitig eine bundesstaatliche Gliedeinheit. Eine praxisnahe Betrachtung zeigt auf, dass lokale Gebietskörperschaften heute eine Vielzahl wichtiger Aufgaben der Daseinsvorsorge wahrnehmen, was ihnen verfassungsrechtlich zwar nicht allgemein einen mit Bund und Gliedeinheiten vergleichbaren Status verleiht, es aber doch erforderlich macht, die Gemeinden wenigstens im System des Fiskalföderalismus und seiner kooperativen Verflechtungen zu integrieren.

3. Regionalismus

Lit: *Gamper*, Die Regionen mit Gesetzgebungshoheit (2004); *Gerdes* (Hg), Aufstand der Provinz (1980); *Häberle*, Der Regionalismus als werdendes Strukturprinzip des Verfassungsstaates und als europarechtspolitische Maxime, AöR 1993, 1; *ders*, Föderalismus und Regionalismus in Europa, ERPL 10/2 (1998), 299; *ders*, Europäische Verfassungslehre[8] (2016); *Huber/Pernthaler* (Hg), Föderalismus und Regionalismus in europäischer Perspektive (1988); *Ossenbühl* (Hg), Föderalismus und Regionalismus in Europa (1990); *Pahl*, Regionen mit Gesetzgebungskompetenzen in der Europäischen Union (2004); *Palermo/Kössler*,

---

[107] Vgl dazu oben 77 f.

Comparative Federalism (2017); *Pernthaler*, Allgemeine Staatslehre und Verfassungslehre[2] (1996); *ders*, (Kon-)Föderalismus und Regionalismus als Bewegungsgesetze der europäischen Integration, JRP 1999, 48.

Das klassische Gegenstück zum Bundesstaat ist der **Einheitsstaat**, bei dem es sich um einen Staat handelt, der über keine Gliedeinheiten verfügt, die mit einer dem institutionellen Standard des Bundesstaats entsprechenden Selbständigkeit ausgestattet sind. Aus dieser Definition der einheitsstaatlichen Staatsform[108] ergibt sich umgekehrt aber sehr wohl die Möglichkeit einer Untergliederung und damit Dezentralisierung des Einheitsstaats insoweit, als diese Untergliederungsebenen nicht gerade den Status einer bundesstaatlichen Gliedeinheit erreichen.

Tatsächlich ist fast allen Einheitsstaaten (ausgenommen Mikrostaaten) eine dezentrale Struktur in Form *lokaler* Gebietskörperschaften eigen. Ein Einheitsstaat kann mehr oder weniger zentralisiert sein, ebenso wie auch ein Bundesstaat mehr oder weniger dezentralisiert sein kann. Bundesstaat und Einheitsstaat sind daher zwar idealtypisch ein Gegensatzpaar, können aber Erscheinungsformen annehmen, die in gewissem Ausmaß in die Richtung des jeweiligen Gegensatzbegriffes (dezentralisierter Einheitsstaat – zentralistischer Bundesstaat) gehen.

Es gibt daher Grauzonenfälle, wo sich ein Einheitsstaat so weitgehend dezentralisiert hat, dass neben lokalen auch noch regionale Einheiten unterhalb der nationalen Ebene existieren, die sich mehr oder weniger dem institutionellen Status bundesstaatlicher Gliedeinheiten angenähert haben. Man spricht in solchen Fällen von regionalisierten Einheitsstaaten oder **Regionalstaaten**; der **Regionalismus** wurde deshalb auch als „kleiner Bruder" des **Föderalismus** (*Peter Häberle*) bezeichnet; beide Begriffe – insbes der des Regionalismus – leiden allerdings an ausgesprochener begrifflicher Unschärfe und werden immer wieder undifferenziert verwendet.

Innerhalb der Regionalstaaten muss daher danach unterschieden werden, um welchen Grad der Dezentralisation es sich handelt: Dass eine regionale Ebene existiert, bedeutet noch keineswegs, dass diese institutionell auch einen „bundesstaatlichen Status" innehat. So verfügen die Regionen zahlreicher Regionalstaaten bloß über Befugnisse im Bereich der Verwaltung oder „Sekundärgesetzgebung", also weder über (primäre) Gesetzgebungshoheit noch über Verfassungsautonomie, wie es für die Gliedeinheiten eines Bundesstaats typisch ist. In den Grauzonenbereich zum Bundesstaat fallen daher überhaupt nur jene Regionalstaaten, deren Regionen zumindest über **Gesetzgebungshoheit** verfügen. Dazu muss aber insbes auch eine Form der **Mitwirkung an der Bundes(verfassungs)gesetzgebung** treten, die es den Regionen gestattet, ua ihr künftiges verfassungsrechtliches Schicksal mitzubestimmen. Denn können die Zuweisung regionaler Gesetzgebungskompetenzen und überhaupt die Schaffung eines quasi-bundesstaatlichen Status ohne entsprechende Zustimmung der Regionen abgeschafft werden, ist das mit dem bundesstaatlichen Erfordernis der Partizipation nicht vereinbar, sondern typisch für den Einheitsstaat mit seiner einseitigen (zentralistischen) Anordnungsbefugnis.

---

[108] Zur Einteilung der Staatsformen vgl unten 142 ff.

Insbes in Europa zeigen sich in den letzten drei Jahrzehnten zunehmend Fälle einer solchen **ex-post-Regionalisierung** von **Einheitsstaaten**, deren Verfassungen ursprünglich keine Regionen oder Regionen ohne entsprechende Befugnisse vorgesehen bzw deren Schaffung der einfachen Gesetzgebung überlassen hatten. Teils über längere Reformetappen, teils in einschneidenden Verfassungsänderungen wandelten sich einige Staaten so weitgehend, dass die Aufrechterhaltung der begrifflichen Grenze zwischen Bundesstaat und Regionalstaat in diesen Fällen mittlerweile gekünstelt wirkt und in der Lehre weitgehend aufgegeben wurde.

Anerkennt man bundesstaatstheoretisch die Möglichkeit der Entstehung „derivativer" Bundesstaaten und beschränkt den Begriff des Bundesstaats nicht bloß auf „originäre" Bundesstaaten,[109] so können auch bestimmte Regionalstaaten als Bundesstaaten bezeichnet werden, weil sie den dafür erforderlichen institutionellen Standard mittlerweile erfüllen. Dies gilt etwa nunmehr unbestritten für Belgien, das in Europa zu den drei „originären" Bundesstaaten Schweiz, Deutschland und Österreich hinzutritt.

Umstritten, wenn auch zunehmend akzeptiert ist die Bezeichnung „(Quasi-) Bundesstaat" für Spanien und Italien, die sehr weitgehend regionalisierte Staaten darstellen. Vielfach wird der Unterschied zwischen diesen Staaten und originären Bundesstaaten damit begründet, dass die politisch-historische Tradition der Regionalstaaten immer noch eine einheitsstaatliche sei, was sich auch in den Verfassungen beider Staaten durch die Verwendung des Wortes „Staat" (*estado, stato*) ausschließlich für den Zentralstaat (statt „Bund") ausdrückt; dies entspricht der einheitsstaatlichen Gleichsetzung von Staat mit Zentralstaat. Ein abstrakter Vergleich der institutionellen Standards ergibt hingegen ein anderes Bild, nämlich einen qualitativen Wandel dieser beiden Regionalstaaten, die sie insbes mit zentralistischeren Bundesstaaten durchaus vergleichbar macht. Ein Haupttrennpunkt ist neben den politisch nicht als regionale Interessenvertretung fungierenden Zweiten Kammern in diesen beiden Staaten sicherlich nach wie vor die fehlende Verfassungsautonomie der Gliedeinheiten, deren „Verfassungen" (Statute) überwiegend als *zentrale* Gesetze erlassen werden, wenngleich dafür besondere regionale Partizipationsmöglichkeiten vorgesehen sind.

Anders fällt die Beurteilung sonstiger europäischer Regionalstaaten aus: Ein ins besondere Licht der europäischen Verfassungsvergleichung gerückter Fall ist die so genannte *devolution* im Vereinigten Königreich, worunter ein Bündel verschiedener Gesetze zu verstehen ist, die seit 1998 verschiedenen Regionen des Vereinigten Königreichs (Nordirland, Schottland, Wales; ausgenommen bisher England) eine mehr oder weniger weitgehende Autonomie verschafften. Obwohl diese Autonomie auch primäre Gesetzgebungskompetenzen umfasst, handelt es sich doch um eine der spanischen und italienischen Regionalautonomie unterlegene Form des Regionalismus, die noch weit vom bundesstaatlichen Standard entfernt ist. Hauptursache dafür ist einerseits, dass die Regionalautonomie in zentralstaatlichen *Acts of Parliament* verankert ist, die durch das Westminster-Parlament jederzeit wieder geändert

---

[109] Vgl dazu oben 89 ff.

oder beseitigt werden können, ohne dass diese Regionen (etwa über eine Zweite Kammer) rechtlich daran beteiligt wären; andererseits, dass die jeweilige Kompetenzverteilung dem Westminster-Parlament einen zumindest formellen Kompetenzvorbehalt einräumt.

Wiederum auf einer Stufe unterhalb befinden sich jene nicht nur in Europa zahlreichen Staaten, die zwar über eine – wie immer im Einzelnen bezeichnete – regionale Untergliederung, möglicherweise selbst über eine Zweite Kammer als eine Art regionale Vertretung verfügen, deren Regionen aber weder mit Gesetzgebungshoheit noch Verfassungsautonomie ausgestattet sind, sondern lediglich Verwaltungsfunktionen (die bestenfalls auf eine „Sekundärgesetzgebung" hinauslaufen) wahrnehmen, welche unter Umständen nicht einmal im Verfassungsrang eingeräumt werden. In diese letztere Richtung geht seit einigen Jahren ein Trend, der west- und nordeuropäische Staaten genauso ergriffen hat wie zahlreiche Staaten Ost- und Mitteleuropas. In den meisten der früheren kommunistischen Staaten war der Zentralismus vorherrschend, sodass nach wie vor Schwierigkeiten bei der Dezentralisierung, sichtbar etwa in der Beschränkung des Regionalismus auf einen so genannten „Verwaltungsregionalismus", zu überwinden sind. Selbst Frankreich, als geradezu klassischer Fall eines zentralistischen Einheitsstaats, bezeichnet sich nunmehr als „dezentralisiert" (Art 1 der französischen Verfassung), wobei sich die Dezentralisation auf einen Verwaltungsregionalismus beschränkt (Sonderfälle: Korsika und die Überseegebiete). Erhebliche Unterschiede zu den bereits erwähnten europäischen Bundesstaaten weisen schließlich Bosnien und Herzegowina sowie Russland auf: Während Bosnien und Herzegowina stark konföderale Züge trägt, zeichnet sich der Vielvölkerstaat Russland einerseits durch eine krasse Asymmetrie der Gliedeinheiten, andererseits durch ein zentralistisches präsidiales Regierungssystem aus. Asymmetrische Sonderfälle stellen die autonome Provinz Vojvodina im ansonsten einheitsstaatlich organisierten Serbien, verschiedene Inselautonomien in Portugal (Madeira, Azoren), Dänemark (Färöer, Grönland) und Finnland (Åland) sowie die so genannten *crown dependencies* (Kanalinseln, Man) dar.

Insgesamt erscheint es daher zwar richtig, auch „derivative" Bundesstaaten als solche anzuerkennen und den Begriff des Bundesstaats nicht bloß auf die „originären" zu beschränken. Umgekehrt darf freilich der Begriff des Bundesstaats nicht beliebig auf Regionalstaaten angewendet werden, deren institutionelle Ausstattung (insbes: Gesetzgebungskompetenzen, Verfassungsautonomie, Vertretung auf Ebene der Bundesgesetzgebung) diesem Standard nicht entspricht: Demnach sind die meisten Staaten der Welt und auch Europas immer noch als Einheitsstaaten zu bezeichnen, wenngleich einige sehr große und bevölkerungsreiche Staaten bundesstaatlich organisiert sind.

4. Unitarismus und Asymmetrie

Lit: *Boysen*, Gleichheit im Bundesstaat (2005); *Gamper*, „Arithmetische" und „geometrische" Gleichheit im Bundesstaat, FS Pernthaler (2005) 143; *Häberle*, Europäische Verfassungslehre[8] (2016); *Hesse*, Der unitarische Bundesstaat (1962); *Palermo* et al (Hg),

Auf dem Weg zu asymmetrischem Föderalismus? (2007); *Pernthaler*, Der differenzierte Bundesstaat (1992); *ders*, Asymmetric Federalism as a Comprehensive Framework of Regional Autonomy, in: Griffiths (Hg), Handbook of Federal Countries, 2002 (2002) 472; *Pleyer*, Föderative Gleichheit (2005); *Schindler*, Differenzierter Föderalismus, FS Häfelin (1989) 371.

Bundesstaaten können **unitarische (symmetrische)** oder **differenzierte (asymmetrische)** Systeme darstellen. Darunter ist zu verstehen, dass die Stellung der Gliedeinheiten im Bundesstaat entweder einheitlich oder unterschiedlich ist.

Im **unitarischen** Bundesstaat werden die Gliedeinheiten absolut gleich behandelt, unabhängig davon, wie groß ihr Territorium oder ihre Bürgerzahl, ihre wirtschaftliche Kapazität etc ist. Demgemäß ist auch ihre Bezeichnung dieselbe (Länder, Kantone, *states*, *provinces* etc). Die Gleichbehandlung äußert sich insbes dadurch, dass alle Gliedeinheiten mit denselben Kompetenzen und derselben Verfassungsautonomie ausgestattet sind. In welcher Art und Weise diese Befugnisse ausgeübt werden, ist freilich der individuellen Entscheidung jeder Gliedeinheit überlassen, da nach dem jedem Bundesstaat wesenseigenen Prinzip der „Einheit in der Vielfalt" ja gerade die individuelle und differenzierte Rechtsetzung durch die Gliedeinheiten angestrebt wird. Eine zusätzliche Unitarisierung ergibt sich etwa bei „arithmetischer" Vertretung der Gliedeinheiten in der Zweiten Kammer, doch weichen viele an sich unitarische Bundesstaaten davon zu Gunsten eines „geometrischen" Modells ab.[110] Keine unitarische Behandlung der Gliedeinheiten ist außerdem im Fiskalföderalismus üblich, da eine absolut gleiche finanzielle Ausstattung aller Gliedeinheiten der Realität divergierender Bürgerzahlen, wirtschaftlicher Kapazitäten oder konkreter Bedarfssituationen entgegenstünde.

Auch wenn also differenzierende Ansätze selbst in unitarischen Bundesstaaten vorkommen, liegt der wesentliche Gegensatz des unitarischen zum differenzierten Bundesstaat doch in der Existenz verschiedener Arten von Gliedeinheiten, die auch unterschiedlich bezeichnet werden, sowie deren divergenter Ausstattung mit Kompetenzen und Verfassungsautonomie. Diesbezüglich können unterschiedlich weitgehende Formen der **Asymmetrie** differenziert werden:

- **Unitarischer Bundesstaat mit partikulär asymmetrischem Einschlag**: Dabei handelt es sich um Bundesstaaten mit zwei unterschiedlichen Typen von Gliedeinheiten (zB Kanada, Australien). Während die meisten Gliedeinheiten in diesen Staaten dem unitarischen Haupttypus zugeordnet werden können, gibt es einen Nebentypus, der (zB auf Grund geographischer Randlagen, ethnischer oder kultureller Besonderheiten, historischer Entwicklungen) eine andere verfassungsrechtliche Behandlung erfährt. Die Position der diesem Nebentypus zugehörigen Gliedeinheit oder Minderzahl von Gliedeinheiten gestaltet sich demnach stärker oder schwächer als die Position der Gliedeinheiten des Haupttypus. In gewisser Weise zählen auch jene Bundesstaaten dazu, deren **Hauptstadt** zugleich den Status einer Gliedeinheit hat, der sich von dem anderer Gliedeinheiten ganz (zB Washington D.C.) oder teilweise (zB Wien, Berlin, Brüssel) un-

---

[110] Vgl dazu oben 103 f.

terscheidet. Ein besonderer Status kann auch größeren Städten und Metropolen zukommen, die nicht zugleich Bundeshauptstadt sind (zB Bremen, Hamburg). Die Besonderheit liegt in der **Doppelstellung** als Gemeinde und bundesstaatliche Gliedeinheit, da Gemeinden üblicherweise nicht als konstitutive Gliedeinheiten des Bundesstaats angesehen werden.

• **Asymmetrischer Bundesstaat**: Diese Bundesstaaten bestehen aus verschiedenen Typen von Gliedeinheiten, die nicht im Verhältnis Regel-Ausnahme zueinander stehen, dh nicht in Haupt- oder Nebentypen einzuteilen sind. Nach einer Ausprägung des asymmetrischen Bundesstaats stehen alle Typen von Gliedeinheiten in einem paritätischen Verhältnis zueinander, verfügen also über einen hierarchisch ausgewogenen, wenngleich inhaltlich, zB nach Art der Kompetenzausstattung, differenzierten Status (vgl etwa die unterschiedlichen Kompetenzen von Regionen und Gemeinschaften in Belgien). Nach einer anderen Ausprägung unterscheiden sich die Gliedeinheiten allerdings deutlich voneinander, sodass „stärkere" und „schwächere" Typen von Gliedeinheiten nebeneinander existieren. Tendenziell begünstigt wird diese Ausprägung durch das Vorhandensein mehrerer Typen von Gliedeinheiten (vgl als Extrembeispiel Russland mit sechs verschiedenen Typen von Gliedeinheiten).

Da die historischen Prototypen der Bundesstaaten weltweit (insbes USA und Schweiz; in abgeschwächtem Ausmaß auch Kanada, Australien, Deutschland) stärker unitarisch als differenziert organisiert sind, erschienen die verschiedenen Formen des asymmetrischen Bundesstaats lange Zeit eher als Ausnahmen denn als Regelsystem. Asymmetrische Systeme schienen eher für Regionalstaaten als Bundesstaaten typisch. Die Begründung dafür liegt wohl darin, dass Asymmetrien zumeist auf keiner künstlichen verfassungsrechtlichen Unterscheidung beruhen, sondern letztlich auf historische, räumliche, ethnische oder kulturelle Besonderheiten zurückzuführen sind. Regionalstaaten entwickeln sich oft aus zunächst asymmetrischen Konstellationen, weil gewisse Regionen auf Grund vorhandener Besonderheiten einen speziellen Status der Autonomie für sich einfordern. Während es in manchen Fällen zentralistischer Einheitsstaaten bei einer krass asymmetrischen Regionalisierung bleibt (zB die Inselautonomien mit Gesetzgebungshoheit in Portugal, Dänemark und Finnland), „symmetrisieren" sich andere Regionalstaaten (vgl zB die Annäherung von Regionen mit Normalstatut an die Regionen mit Sonderstatut in Italien seit 2001); wieder andere Regionalstaaten (vgl zB Spanien) lassen trotz eines allgemein hohen Grades der Regionalisierung stark asymmetrische Akzente zu. Die Klassifikation asymmetrischer Regionalstaaten als Bundesstaaten wurde in der Wissenschaft jedoch zuletzt überwiegend angenommen, sofern der „bundesstaatliche Standard" trotz Nuancen zwischen den Regionen insgesamt erfüllt ist. Insbes „derivative" und multinationale Bundesstaaten haben gleichzeitig einen asymmetrischen Einschlag.

„If man in the state of Nature be so free as has been said, if he be absolute lord of his own person and possessions, equal to the greatest and subject to nobody, why will he part with his freedom? Why will he give up this empire, and subject himself to the dominion and control of any other power? To which it is obvious to answer, that though in the state of Nature he hath such a right, yet the enjoyment of it is very uncertain and constantly exposed to the invasion of others [...] and it is not without reason that he seeks out and is willing to join in society with others who are already united, or have a mind to unite for the mutual preservation of their lives, liberties and estates [...]"

(*John Locke,* Two Treatises of Government [1690], 2. Buch, 9. Kapitel, § 123)

5. Kapitel: Staat und Gesellschaft

I. Trennung oder Identität von Staat und Gesellschaft?

Lit:*Böckenförde,* Die verfassungstheoretische Unterscheidung von Staat und Gesellschaft als Bedingung der individuellen Freiheit (1973); *ders* (Hg), Staat und Gesellschaft (1976); *Ehmke,* „Staat" und „Gesellschaft" als verfassungstheoretisches Problem, FS Smend (1962) 23; *Haller/Kölz/Gächter,* Allgemeines Staatsrecht[5] (2013); *Hesse,* Bemerkungen zur Problematik und Tragweite der Unterscheidung von Staat und Gesellschaft, DÖV 1975, 437; *Koja,* Allgemeine Staatslehre (1993); *Koslowski,* Gesellschaft und Staat (1982); *Krüger,* Allgemeine Staatslehre[2] (1966); *Pernthaler,* Allgemeine Staatslehre und Verfassungslehre[2] (1996); *Rupp,* Die Unterscheidung von Staat und Gesellschaft, in: Isensee/Kirchhof (Hg), Handbuch des Staatsrechts der Bundesrepublik Deutschland, Bd II: Verfassungsstaat[3] (2004) 879; *Zippelius,* Allgemeine Staatslehre[17] (2017).

Staat und Gesellschaft können prinzipiell im Verhältnis von **Identität** oder **Trennung** zueinander stehen. Identisch sind Staat und Gesellschaft entweder dann, wenn der Staat „alles" ist, oder, wenn umgekehrt die Gesellschaft „alles" ist, wobei in beiden Fällen der jeweils eine Begriff vom anderen verdrängt wird: Der erstgenannte Fall beschreibt den **totalitären** Staat, in dem es (etwa im Gegensatz zum **autoritären** Staat) keinen privaten gesellschaftlichen Bereich der Bürger mehr gibt, die Kontrolle des Staats umfassend ist, keine Grundrechte gewährleistet sind, jede Form des Pluralismus verboten ist. Im zweitgenannten Fall handelt es sich um jene Frühformen des Staats, wo noch keine Abstraktion des Staats von seinem Staatsvolk zu erkennen ist (erkennbar etwa im Ausdruck „Bürgerschaft" [*civitas*] für einen Staat, der sich über seine Bürger [*cives*] definiert).

Mit der **Entpersonalisierung** des Staatsbegriffs – wie *Polis, res publica, imperium, regnum,* Reich etc – beginnt auch die Trennung von Staat und Gesellschaft. Je abstrakter der Staat als begriffliches Gebilde gesehen wird, desto trennschärfer wird auch die Unterscheidung zwischen ihm und der Gesellschaft. Mit der frühneuzeitlichen Begriffsprägung des Wortes „Staat"[111] wird die Differenzierung zur Gesellschaft ebenso wie die begriffliche Loslösung von bisherigen Bezeichnungen, die

---

[111] Vgl dazu oben 30.

sich auf konkrete Staats- und Regierungsformen[112] bezogen, erreicht. Geradezu vervollkommnet wird diese Trennung durch die Theorie vom **Gesellschaftsvertrag**, die besonders anschaulich beschreibt, wie sich die Gesellschaft zunächst im Naturzustand befindet, um sich dann erst vertraglich gegenseitig und dem neu begründeten Staat gegenüber zu binden. Die Gesellschaft ist damit ursprünglicher als der Staat, wenngleich dieser, sobald er geschaffen ist, monopolhaft Herrschaftsgewalt über die Gesellschaft, die nunmehr sein Volk geworden ist, ausüben kann. Zwar ist nach dieser Konzeption die Gesellschaft mit dem Staat verknüpft – weil sie (oder ihr überwiegender Teil) das Staatsvolk und damit eines der konstitutiven Elemente des Staats darstellt –, doch ist ihr gleichzeitig ein staatsfreier Raum garantiert, der durch die Grund- und Menschenrechte[113] abgesteckt ist. Zudem verhindert im westlichen Verfassungsstaat das Prinzip der Gewaltenteilung[114] eine interne Machtakkumulation bei einem einzigen Träger staatlicher Gewalt, während wiederum das demokratische Prinzip[115] dafür sorgt, dass das Staatsvolk in eben diesen Gewalten direkt oder indirekt vertreten ist.

II. Der Gesellschaftsvertrag

1. Theoretische Entwicklung: Vom Naturzustand des Menschen zum staatlich verfassten Gemeinwesen

Lit: *Hengsbach*, Die Vertragstheorie als Staatslegitimation (1998); *Hobbes*, Leviathan (1651); *Kant*, Über den Gemeinspruch, Berlinische Monatsschrift 1793, 201; *Locke*, Two Treatises of Government (1690); *Mayer-Tasch*, Autonomie und Autorität (1968); *Pernthaler*, Allgemeine Staatslehre und Verfassungslehre[2] (1996); *Rousseau*, Du contract social ou principes du droit politique (1762); *Schmitt*, Der Leviathan in der Staatslehre des Thomas Hobbes (1938); *Schottky*, Die staatsphilosophische Vertragstheorie als Theorie der Legitimation des Staates, in: Kielmansegg (Hg), Legitimationsprobleme politischer Systeme (1976) 81; *ders*, Untersuchungen zur Geschichte der staatsphilosophischen Vertragstheorie im 17. und 18. Jahrhundert (1995); *A. Voigt* (Hg), Der Herrschaftsvertrag (1965); *R. Voigt* (Hg), Der Leviathan (2000); *ders*, Zwischen Leviathan und Res Publica, ZfP 2007, 259; *Willms*, Thomas Hobbes – Das Reich des Leviathan (1987); *Zippelius*, Geschichte der Staatsideen[10] (2003); *ders*, Allgemeine Staatslehre[17] (2017).

a. Allgemeines

Der Gesellschaftsvertrag ist eine der bedeutendsten Errungenschaften neuzeitlichen Staatsdenkens, die als theoretische Voraussetzung jedes Verfassungsstaats nicht mehr wegzudenken ist. Wo die Frage nach der Legitimation des Staats – die

---

[112] Vgl dazu unten 137 ff.
[113] Vgl dazu unten 243 ff.
[114] Vgl dazu unten 165 ff.
[115] Vgl dazu unten 198 ff.

auf seine Verfassung und damit letzten Endes auf die verfassunggebende Gewalt eines souveränen Volkes gestützt und damit auch konkret auf einen historischen Akt der Verfassunggebung rückgeführt werden kann – endet, setzt die **theoretische Erklärungsfunktion des Gesellschaftsvertrages** an.

Von antiken und mittelalterlichen Autoren (zB *Aristoteles*, *Thomas von Aquin*) war der Staat teils, wie bereits erwähnt,[116] mit der Vorstellung vom Menschen als „sozialem Lebewesen" und dessen Bedürfnis nach Eingliederung in eine staatliche Gemeinschaft erklärt worden; teils war der (unvollkommene) irdische Staat als notwendige Folge des Sündenfalls des Menschen dem Gottesstaat gegenübergestellt worden (*Augustinus*).

Ein ganz neuer Ansatz war daher die neuzeitliche Vorstellung eines **Vertragsschlusses** der im Naturzustand befindlichen Menschen untereinander, der zur Begründung einer abstrakten Herrschaftsgewalt führt, welcher der Name „Staat" gegeben wird. Wesentlich an diesem Ansatz ist, dass er vom Menschen als einem **vernunftbegabten und freien Lebewesen** ausgeht: zum einen deshalb, weil dem Menschen überhaupt die Fähigkeit zum Vertragsschluss zuerkannt wird; zum anderen, weil der Vertragsschluss von dem rationalen Zweck getragen ist, den in der vertraglich begründeten staatlichen Gemeinschaft versammelten Menschen Vorteile gegenüber dem nicht-staatlichen Naturzustand zu verschaffen.

Durch den Gesellschaftsvertrag soll also der menschliche Zustand verbessert werden, indem **freiwillig Einzelgewalt des Individuums auf den Staat übertragen** wird, der auf diesem Wege der Einzelübertragungen eine **Gesamtgewalt** erwirbt. Dieser Ansatz kann mit der Vorstellung des „sozialen" Menschen ebenso kombiniert werden wie mit der pessimistischen Annahme, dass sich die Menschen in einem gegenseitigen Kriegszustand befänden, dem erst durch die Staatsgründung abgeholfen werden könne.

Unterschiede bestehen bei den einzelnen Theoretikern hingegen nicht nur hinsichtlich des dem Gesellschaftsvertragsdenken vorausgesetzten **Menschenbildes**, das die Menschen in ihrem Zusammenleben im Naturzustand als jeweils gut oder schlecht begreift. Verschiedene theoretische Auffassungen bestehen auch darüber, ob die Menschen ihre individuelle Herrschaftsgewalt zur Gänze auf den Staat übertragen oder sich bestimmte **unveräußerliche Rechte**[117] vorbehalten; damit verknüpft ist etwa die Frage des Widerstandsrechts[118] des Einzelnen gegenüber der Staatsgewalt, wenn diese in bestimmte Menschenrechte eingreift, oder die Frage nach dem Unterschied zwischen Legalität und Legitimität, was bis zur Frage nach den unveräußerlichen Rechten als ungeschriebenem und unabänderlichem Verfassungskern[119] reichen kann.

Folgt man der Ansicht, dass der Mensch die Gewalt über sich selbst zur Gänze an den Staat übertragen, der Staat somit absolute Herrschaftsmacht über alle ihm unterworfenen Menschen erlangt hat, schafft dies freilich eine bedenkliche Legiti-

---

[116] Vgl dazu oben 69.
[117] Vgl dazu unten 120 f und 244 f.
[118] Vgl dazu unten 257 ff.
[119] Vgl dazu oben 60 ff.

mationsgrundlage des totalitären Staats – der eben nicht der theoretischen Vorgabe entspricht, dem Gemeinwohl zu dienen und dem Menschen von Vorteil zu sein, indem er Freiheit und Sicherheit in einer ausgewogenen Balance gewährleistet. Damit in Zusammenhang steht auch die Frage, ob der Gesellschaftsvertrag kündbar ist, wenn der Staat nicht jenen obersten Staatszweck[120] verwirklicht, der ihm durch den Gesellschaftsvertrag aufgetragen ist: das Gemeinwohl zu verwirklichen. Kommt dem Menschen also wie bei einem privaten Vertrag ein Rücktrittsrecht zu, wenn der Staat diesen durch den Gesellschaftsvertrag bestimmten Zweck nicht erfüllt, sodass die zunächst übertragenen Rechte wieder an das Individuum zurückfallen, oder überträgt er dem Staat von vornherein gewisse Rechte nicht, sodass die staatliche Herrschaftsmacht auch zu keiner absoluten wird?

b. Die Gesellschaftsvertragstheorie von Hobbes

Lit: *Hobbes*, Leviathan (1651).

Aus der Phase politischer Instabilität, die Großbritannien im 17. Jahrhundert prägte, stammt die früheste Theorie des Gesellschaftsvertrages, die, beeinflusst durch die Krisensituation zur Zeit ihrer Entstehung, von einem **negativen Bild menschlichen Zusammenlebens** und gerade deshalb vom Erfordernis einer **unbeschränkten Herrschaftsübertragung vom Menschen auf den Staat** ausgeht, der als einziger und absoluter Garant einer Verbesserung des friedlosen menschlichen Daseins gesehen wird. Diese Theorie stammt von *Thomas Hobbes*, der in seinem Werk „*Leviathan*" die Ursache für die Entstehung eines Staats darin sieht, dass sich die Menschen im „*elenden Zustande eines Krieges aller gegen alle*" (*bellum omnium contra omnes*) befinden, wo der „*Mensch dem Menschen Wolf ist*" (*homo homini lupus est*), jeder Mensch also Feind des anderen ist.[121] Der einzige Weg zu einer Verbesserung bestehe darin, dass „*jeder all seine Macht oder Kraft einem oder mehreren Menschen übertrage, wodurch der Wille aller gleichsam in einem Punkt vereinigt wird, sodass dieser eine Mensch oder diese eine Gesellschaft eines jeden Einzelnen Stellvertreter werde*".[122] Diese Vereinigung beruhe auf dem „*Vertrag eines jeden mit einem jeden, wie wenn ein jeder zu einem jeden sagte: ‚Ich übergebe mein Recht, mich selbst zu beherrschen, diesem Menschen oder dieser Gesellschaft unter der Bedingung, dass du ebenfalls dein Recht über dich ihm oder ihr abtrittst.'*"[123] Dadurch, dass *Hobbes* zufolge die Menschen eine freiwillige Vereinbarung dahingehend schließen, „*dem Einen oder der Gesellschaft gemeinschaftlich zu gehorchen, dem oder der die Stimmenmehrheit das Recht überträgt, wird ein Staat errichtet. Jeder von ihnen wird dadurch verpflichtet, er mag demselben seine Stimme gegeben haben oder aber nicht, dem zu gehorchen, den die größere Anzahl gewählt hat*".[124]

---

[120] Vgl dazu unten 157 ff.
[121] *Hobbes*, Leviathan (1651), 1. Buch, 17. Kapitel (Übersetzung).
[122] *Hobbes*, Leviathan, 1. Buch, 17. Kapitel (Übersetzung).
[123] *Hobbes*, Leviathan, 1. Buch, 17. Kapitel (Übersetzung).
[124] *Hobbes*, Leviathan, 1. Buch, 18. Kapitel (Übersetzung).

Demnach besteht der Gesellschaftsvertrag aus zwei verschiedenen Verträgen, die später als *pactum unionis* und *pactum subiectionis* bezeichnet wurden: Im *pactum unionis* sichern sich die Menschen gegenseitig zu, ihre jeweiligen Rechte – die von *Hobbes* als ursprünglich ihnen zustehend angesehen werden – an den Staat abzutreten. Im zwischen ihnen abgeschlossenen *pactum subiectionis* werden diese Rechte der Menschen auf den Staat, der durch einen Einzelnen oder eine Gruppe von Menschen verkörpert wird, übertragen. Auf diese Weise werden „*alle Einzelnen eine Person und heißen Staat oder Gemeinwesen*".[125] Den auf diese Weise gegründeten Staat bezeichnet *Hobbes* als *Leviathan* (im Buch Hiob der Name für ein machtvolles biblisches Seeungeheuer) oder den „*sterblichen Gott*", weil keine Erscheinung auf Erden diesem an Macht gleichkommen solle. Diesen „*sterblichen Gott*" unterscheidet *Hobbes* vom über allem thronenden „*unsterblichen Gott*"; der weltliche Staat ist damit, anders als bei *Augustinus*, keine aus der Sündhaftigkeit des Menschen entstandene Konstruktion, sondern ermöglicht vielmehr als einziger Herrschaftsträger Schutz und Frieden des Menschen auf Erden.[126]

Staat ist nach *Hobbes* also „*eine Person, für deren Handlungen eine große Menge Menschen, kraft der gegenseitigen Verträge eines jeden mit einem jeden, die Urheberschaft übernommen hat*", damit der Staat „*nach seinem Gutdünken die Macht aller zum Frieden und zur gemeinschaftlichen Verteidigung anwende*".[127] *Hobbes* nimmt dabei in Kauf, dass die Unterwerfung der Menschen dem Staat gegenüber auf einer „Stimmenmehrheit" beruhen kann, also auch jener Mensch der staatlichen Macht unterworfen ist, der seine individuelle Herrschaftsgewalt nicht der neuen Macht übertragen hat. Weder kann ein Einzelner sich bestimmte Rechte vorbehalten noch den Rücktritt vom Gesellschaftsvertrag verlangen, da sonst die Friedensfunktion des Staats für die Gesamtheit gefährdet würde. Diese Überlegung widerspricht der von so genannten „Staatsverweigerern"[128] häufig vertretenen Ansicht, wonach diese für sich in Anspruch nehmen, individuell aus dem Gesellschaftsvertrag austreten zu können oder diesem überhaupt niemals beigetreten zu sein.

Vor dem Hintergrund des englischen Bürgerkriegs erscheint die überragende Bedeutung, die *Hobbes* dieser **Friedensfunktion** des geeinten Staats einräumt, verständlich; doch beschränkt sich aus heutiger Sicht das durch den Staat zu verwirklichende Gemeinwohl nicht nur auf die Gewährleistung innerer und äußerer Sicherheit. Selbst ein totalitärer Staat kann in gewisser Weise für sich beanspruchen, Frieden etwa im Sinne eines bürgerkriegslosen Zustandes zu verwirklichen und insofern dem Gemeinwohl zu dienen (so bezeichnete *Albert Camus* das Gemeinwohl als das „Alibi der Tyrannen"). Gemeinwohl bedeutet aber auch, dass der Staat Sicherheit und Freiheit des Menschen miteinander abzuwägen und in einen ausgewogenen Zusammenhang zu bringen hat. So ist die Unbeschränktheit staatlicher Herrschaftsgewalt, wie sie typisch für den Absolutismus ist und für die es *Hobbes* zufolge keine bessere Alternative gibt, da er diese nur in der Anarchie sieht – wie-

---

[125] *Hobbes*, Leviathan, 1. Buch, 17. Kapitel (Übersetzung).
[126] *Hobbes*, Leviathan, 1. Buch, 17. Kapitel (Übersetzung).
[127] *Hobbes*, Leviathan, 1. Buch, 17. Kapitel (Übersetzung).
[128] Vgl dazu unten 259.

wohl *Hobbes* die Möglichkeit eines die Staatsgewalt missbrauchenden Herrschers nicht ausschließt –, abzulehnen und vielmehr die Unveräußerlichkeit bestimmter Grundrechte jedes Einzelnen anzunehmen.

Ansatzweise in diese Richtung geht etwa bereits *Baruch de Spinozas* Vorstellung von der Beschränkung staatlicher Gewaltausübung durch allgemeine Moralvorstellungen. Theoretisch grundgelegt wurde die Vorstellung von unveräußerlichen Grundrechten aber letztlich durch andere Vertreter der Lehre vom Gesellschaftsvertrag, die eine aufgeklärt-liberale Richtung vertraten.

c. Die Gesellschaftsvertragstheorie von Locke

Lit: *Locke*, Two Treatises of Government (1690).

An erster Stelle zu nennen ist hier *John Locke*, der in seinem Hauptwerk „*Two Treatises of Government*" den Gesellschaftsvertrag folgendermaßen begründet: Die Menschen seien vernunftbegabte Lebewesen – wie auch *Hobbes* annimmt – und befänden sich insofern in einem gefährdeten Naturzustand, als es keine gesicherte Rechtsordnung, keine unabhängigen Richter und keine gerechte Urteilsvollstreckung gebe. Trotz der Freiheit, Gleichheit und Unabhängigkeit, die sie im Naturzustand besäßen, hätten die Menschen daher ein Bedürfnis nach staatlichem Zusammenschluss.

Der Gesellschaftsvertrag stellt für *Locke* eine durchaus historisch und real zu verstehende Staatsgründung dar, wie er auch mit Beispielen aus der Geschichte zu belegen sucht. Dies wird auch daraus ersichtlich, dass *Hobbes* den Gesellschaftsvertrag als einen alle Menschen umfassenden Akt versteht, dem selbst Widerstände Einzelner nichts anhaben können; für *Locke* hingegen wird die Freiheit jener, die den Gesellschaftsvertrag nicht eingehen wollen, nicht beeinträchtigt – sie verblieben eben in der Freiheit des Naturzustandes (was freilich nicht bedeutet, dass „Staatsverweigerer" daraus das Recht auf einen eigenen Staat begründen könnten). Diese Vorstellung von der Variabilität der gesellschaftsvertraglichen Staatsgründung, was die Zahl der davon umfassten Menschen anbelangt, zeigt deutlich, dass *Locke* von verschiedenen Konkretisierungsmöglichkeiten ausgeht, die historisch eben in dieser oder jener Form verwirklicht werden können.

Klar wendet sich *Locke* gegen die Vorstellung, der Gesellschaftsvertrag könne mit einer absoluten Monarchie vereinbar sein (was für *Hobbes* kein Problem darstellt): Für *Locke* ist es der Zweck des Staats, den Naturzustand dadurch zu überwinden, dass Konfliktfälle aller Menschen, auch derjenigen, die die staatliche Herrschaft ausüben, von einem unparteiischen Richter entschieden werden. Da ein absoluter Herrscher keiner solchen Autorität unterworfen sei, sei die absolute Herrschaft *per se* mit einem gesellschaftsvertraglich begründeten Staat unvereinbar.

Der maßgeblichste Unterschied zur *Hobbes*schen Theorie liegt aber darin, dass *Locke* zwar von einem Verzicht der Menschen bezüglich derjenigen Gewalt (Gleichheit, Freiheit und exekutive Gewalt), über die sie im Naturzustand verfügten, ausgeht, zugleich aber annimmt, dass der Staat darüber nur insoweit zu verfügen habe, als das Wohl der Gesellschaft es erfordere. Da der Verzicht individueller Herrschaftsgewalt von jedem in der rationalen Absicht geschehe, sich selbst, seine Freiheit und sein Eigentum durch den gesellschaftsvertraglich gegründeten Staat umso besser schützen und erhalten zu lassen, könne nämlich nicht angenommen werden, dass sich die staatliche Gewalt weiter erstrecke als auf das gemeinsame Wohl. Damit ist zum einen die staatliche Herrschaftsgewalt insofern beschränkt, als jene Rechte bei den Individuen verbleiben, die für die staatliche Gemeinwohl-verwirklichung nicht übertragen werden müssen; zum anderen ist der Staat verpflichtet, seine Herrschaftsgewalt so auszuüben, dass dem Gemeinwohl Rechnung getragen wird und die Menschen dadurch einen größeren Vorteil erlangen, als wenn sie ihre Rechte nicht übertragen hätten.

d. Die Gesellschaftsvertragstheorie von Kant

Lit: *Kant*, Über den Gemeinspruch, Berlinische Monatsschrift 1793, 201.

Für *Immanuel Kant* ist der Gesellschaftsvertrag, anders als für *Locke*, kein reales Faktum, sondern eine Idee der Vernunft, die allerdings in ihren Auswirkungen Realität schaffe. Bereits die Staatserrichtung durch die Menschen als vernunftbegabte Lebewesen sei durch die Prinzipien der Freiheit, Gleichheit und Selbständigkeit jedes Individuums gekennzeichnet. *Kant* geht von diesen *„unverlierbaren"* Rechten des Menschen aus, *„die er nicht einmal aufgeben kann, wenn er auch wollte, und über die er selbst zu urtheilen befugt ist"*.[129] Was nun ein Volk über sich selbst nicht beschließen könne, das könne der Gesetzgeber auch nicht über das Volk beschließen. Es stehe daher jedem Bürger zu, seine Meinung über das ihm durch staatlichen Machtmissbrauch zugefügte Unrecht öffentlich bekanntzugeben. Alle *„Widersetzlichkeit gegen die oberste gesetzgebende Macht, alle Aufwiegelung, [...] aller Aufstand, der in Rebellion ausbricht"*,[130] sei jedoch, weil dies die Grundfesten des Staats zerstöre, unbedingt verboten, selbst wenn die staatliche Regierung tyrannisch vorgehe. Die unverlierbaren Rechte dürften daher nicht in aktivem Widerstand gegen die Staatsgewalt eingesetzt werden.

Die Überstimmung der Minderheit durch die Mehrheit im gesellschaftsvertraglich gegründeten Staat hält *Kant* – in Übereinstimmung mit *Hobbes* und *Locke* – für zulässig: Wie *Locke* begründet er dies damit, dass alle Menschen, die den Gesellschaftsvertrag geschlossen hätten, damit auch ihre Zustimmung zu Mehrheitsbeschlüssen erteilt hätten. Da der Staat nicht für jede Entscheidung den Willen jedes einzelnen Bürgers berücksichtigen könne, seien Mehrheitsbeschlüsse notwendig. Dadurch, dass jeder Einzelne, der dem Gesellschaftsvertrag zustimme, damit auch dieser Notwendigkeit zustimme, nehme er die Möglichkeit, durch die Mehrheit überstimmt zu werden, in Kauf.

Es kann hier dahingestellt bleiben, ob *Locke*s historische Belege realer Gesellschaftsverträge nachgewiesen werden können oder nicht. Wollte man den Gesell-

---

[129] *Kant*, Über den Gemeinspruch, Berlinische Monatsschrift 1793, 201 (304).
[130] *Kant*, Berlinische Monatsschrift 1793, 299.

schaftsvertrag nämlich tatsächlich als realen Akt verstehen, so müsste er von jedem neu geborenen oder in den Staat eingebürgerten Bürger aufs Neue geschlossen werden – dann aber mit Bürgern, die ihrerseits den Gesellschaftsvertrag miteinander und in Unterwerfung unter den Staat geschlossen hatten, dh als Erweiterungen und Ergänzungen des bereits geschlossenen Gesellschaftsvertrages. Derartige Vorgänge sind jedenfalls empirisch nicht nachweisbar.

Es ist daher der *Kant*schen bloß **theoretischen Annahme** des Gesellschafts vertrages zu folgen. Der fiktive Charakter ändert nichts daran, dass es sich dabei um das einzige theoretische Erklärungsmodell handelt, das einem liberalen Verfassungsstaat gerecht wird. Nur so lässt sich der Gedanke des ursprünglich freien Menschen mit seiner Unterwerfung unter einen Staat und dessen Rechtsordnung vereinen. Letztlich sind es die verfassungsstaatlichen Prinzipien der Demokratie, Grundrechte, Gewaltenteilung und Rechtsstaatlichkeit, die den Zweck des Gesellschaftsvertrages zu erreichen suchen – dem Gemeinwohl zu dienen, ohne die Freiheit der Bürger unverhältnismäßig zu beschneiden. Dieser Auffassung liegt naturgemäß die Vorstellung von der **Würde des einzelnen freien Menschen** zugrunde, die etwa in totalitären Staaten geleugnet wird.

e. Die Gesellschaftsvertragstheorie von Rousseau

Lit: *Rousseau*, Du contract social ou principes du droit politique (1762).

Jean-Jacques Rousseau widmete dem Gesellschaftsvertrag eine ganze Abhandlung („Vom Gesellschaftsvertrag oder Prinzipien des Staatsrechts"). Im Gegensatz zu anderen Theoretikern des Gesellschaftsvertrags geht er prinzipiell davon aus, dass der Mensch im Naturzustand glücklicher sei als in der Zivilisation. Da sich die Stimme der Natur und die Stimme der Vernunft niemals widersprächen, sei der Mensch im Naturzustand nicht nur glücklich, sondern auch gut. Mit dem Fortschritt wachse aber auch die Raffgier des Menschen, wodurch er unglücklich und unzufrieden werde. In diesem Zustand müsse der Mensch über die richtige Form des Staats und der Regierung aufgeklärt werden, die allein ihn zu einem tugendsamen Bürger machen könne. Der „richtige" Staat entstehe aber nur aus dem Gesellschaftsvertrag: *„Es muss eine Gesellschaftsform gefunden werden, die mit der gesamten gemeinsamen Kraft aller Mitglieder die Person und die Habe jedes einzelnen Mitglieds verteidigt und beschützt; in der jeder einzelne, mit allen verbündet, nur sich selbst gehorcht und so frei bleibt wie zuvor."*[131] *Rousseau* geht dabei von einer vollständigen Überäußerung jedes Mitglieds dieser neuen Gesellschaftsform aus, da, sofern einzelne Rechte beim Individuum verblieben, kein sowohl über dem Individuum als auch über der Gemeinschaft stehender Richter im Konfliktfall entscheiden würde, sondern das Individuum selbst, was jedoch die neue Gesellschaftsform desavouieren würde. Die Überäußerung sei daher notwendig, aber: *„Da man über jedes Mitglied das gleiche Recht erwirbt, das man ihm über sich selber einräumt, gewinnt*

---

[131] *Rousseau*, Du contract social ou principes du droit politique (1762), 1. Buch, 6. Kapitel (Übersetzung).

man den Gegenwert über alles, was man verliert, und ein Mehr an Kraft, das zu bewahren, was man hat."[132] Allerdings sei der Einzelne frei, dem Gesellschaftsvertrag beizutreten oder nicht. Wer dem Gesellschaftsvertrag nicht beigetreten sei, sei ein „*Fremder unter Bürgern*";[133] wer allerdings im einmal gegründeten freien Staat verbleibe, stimme mit seinem Verbleiben zu und unterwerfe sich damit der Souveränität des Staats.

Wie auch die übrigen Theoretiker des Gesellschaftsvertrags hält *Rousseau* die mögliche Überstimmung der Minderheit durch die Mehrheit für zulässig. Dabei sollten bei besonders bedeutsamen Entscheidungen qualifizierte Beschlussfassungsmehrheiten bis hin zur Einstimmigkeit erforderlich sein, während sich diese Erfordernisse umgekehrt in rasch zu entscheidenden Angelegenheiten auf eine einfache Mehrheit beschränken sollten. Wenn eine Minderheit an Bürgern durch eine Mehrheit überstimmt würde, beweise dies nur, dass die Minderheit sich geirrt habe, weil sie nicht dem Gemeinwillen gefolgt sei. Dafür sei es allerdings erforderlich, dass sich der **Gemeinwille** (*volonté générale*) und nicht die **Summe aller Einzelwillen** (*volonté de tous*) in der Stimmenmehrheit ausdrücke. Damit sich der Gemeinwille klar ausdrücken könne, dürfe es im Staat keine intermediären Gewalten geben, und jeder Bürger dürfe nur seiner eigenen Meinung folgend abstimmen.

Diese Idealkonzeption *Rousseau*s, der den Gemeinwillen ja als Ausdruck des Gemeinwohls versteht und damit keine totalitären Regime legitimieren wollte, ist *realiter* problematisch, weil die politische Mehrheit allein nicht zwangsläufig am Gemeinwohl orientiert ist; darüber hinaus ist das Gemeinwohl im westlichen Verfassungsstaat immer auch mit individuellen Grundrechten abzuwägen. Zwar ist dem Gemeinwohl auch der Gedanke des Ausgleichs verschiedener Interessen immanent, der eben durch die Bildung von immer wieder wechselnden Mehrheiten und Minderheiten erreicht werden soll. Doch muss im demokratischen Rechtsstaat gewährleistet sein, dass auch die Minderheit über bestimmte Rechte und Kontrollinstrumente gegenüber der Mehrheit verfügt und darüber hinaus die Essentialien des westlichen Verfassungsstaats so geschützt werden, dass ihre Änderung unzulässig oder nur mit, wie *Rousseau* selbst es fordert, möglichster Annäherung an das Prinzip der Einstimmigkeit, also wenigstens qualifizierten Mehrheiten oder besonderen verfahrensrechtlichen Hürden, zulässig ist. Bezieht man diese verfassungsstaatlichen Elemente mit ein, erhellt, dass es ein Missverständnis der Gesellschaftsvertragstheorie *Rousseau*s wäre, seine Ableitung des Gemeinwillens aus der Stimmenmehrheit als Versuch zu sehen, einem demokratiefeindlichen Regime Vorschub zu leisten.

---

[132] *Rousseau*, Contract, 1. Buch, 6. Kapitel (Übersetzung).
[133] *Rousseau*, Contract, 4. Buch, 2. Kapitel (Übersetzung).

2. Kritik und Weiterentwicklung des Gesellschaftsvertrags

Lit: *Bachmaier* (Hg), Der neue Generationenvertrag (2005); *Boehl*, Verfassunggebung im Bundesstaat (1997); *Buchanan*, The Limits of Liberty (1975); *Koller*, Neue Theorien des Sozialkontrakts (1987); *Nozick*, Anarchy, State, and Utopia (1974); *Pernthaler*, Allgemeine Staatslehre und Verfassungslehre[2] (1996); *Rawls*, A Theory of Justice (1971); *Voigt*, Den Staat denken[3] (2014).

Die Lehre vom Gesellschaftsvertrag ist der bisher wohl überzeugendste Versuch, die Existenz staatlicher Herrschaftsgewalt theoretisch zu legitimieren. Die Vorstellung von der Freiheit und Gleichheit der Menschen im Naturzustand, die sich als vernunftbegabte Lebewesen dafür entscheiden, durch die gesellschaftsvertragliche Gründung eines Staats einen Zustand zu erlangen, der im Vergleich zum Naturzustand für sie von Vorteil ist, setzt Ideen voraus, die für den westlichen Verfassungsstaat prägend sind: Maßgeblich sind va die Konzeption einer **ursprünglichen Gleichheit** der Menschen, die sich aus freiem Willen zur Staatsgründung entschließen, der **Gemeinwohlgedanke**, der dem neugegründeten Staat zugrunde liegt, sowie die besonders von *Locke* und *Kant* vertretene Auffassung, dass die Übertragung individueller Herrschaftsgewalt an den Staat diesem nicht gestatte, seine Herrschaftsgewalt zum Nachteil der Individuen auszuüben und in deren **fundamentalste Rechte** einzugreifen.

Überzeugend wirkt die Theorie vom Gesellschaftsvertrag auch dahingehend, die prinzipielle Notwendigkeit der Mehrheitsbildung in der Demokratie – deren demokratische Alternative nur die in keinem größeren Gemeinwesen praktikable Einstimmigkeit wäre – daraus zu legitimieren, dass jeder Mensch zuallermeist am Erhalt und Schutz seiner fundamentalen Rechte durch einen friedenstiftenden Staat interessiert sein und daher in Kauf nehmen müsse, seinen Einzelwillen in der staatlichen Willensbildung nicht immer durchsetzen zu können.

Empirisch nicht nachgewiesen werden kann aber die **konkrete Verwirklichung** des Gesellschaftsvertrags, der ja immer wieder von neuem von den Menschen untereinander und mit dem Staat abgeschlossen werden müsste und nicht nur, wie *Rousseau* annimmt, konkludent aus dem Verbleiben eines Bürgers in seinem Staat erschlossen werden kann; da mittlerweile alles bewohnbare Territorium der Erde zu irgendeinem Staat gehört, hat der Mensch in Wahrheit also nicht die Wahl, in *einem* Staat oder *keinem* zu leben, sondern nur (und auch dies nur unter eingeschränkten Voraussetzungen), ob im *einen* Staat oder im *anderen*.

Es überrascht daher nicht, dass die Theorien des Gesellschaftsvertrags ihre Blütezeit im 17. und va 18. Jahrhundert hatten, jedoch mit Erstarken des **Utilitarismus**, der vom Streben nach einem maximalen Gemeinnutzen unter gleichzeitiger Inkaufnahme der Verteilung dieses Nutzens auf bloß eine Minderzahl von Menschen ausgeht, und später dann des **Rechtspositivismus** an Bedeutung verloren. Für die positivistische Rechtswissenschaft hat der Gesellschaftsvertrag nur hypothetische Erklärungsfunktion, die rechtlich nicht verbindlich ist, solange im positiven Recht nichts darauf schließen lässt.

Hier zeigt sich freilich in besonderer Schärfe der Unterschied zwischen dem positiven Verfassungsrecht und der Allgemeinen Staatslehre als wissenschaftlichen Disziplinen. Im positiven Verfassungsrecht der Staaten finden sich so gut wie keine direkten Bezüge auf den Gesellschaftsvertrag; gewisse Indizien geben die Präambeln mancher Verfassungen, die die „unveräußerlichen Rechte" der Bürger proklamieren, von einem „geeinten Volk" sprechen und die Geltung der Verfassung auf dieses Volk beziehen. Hinter diesen Vorstellungen stehen aber historische Identifikations-, Einigungs- und Bündnisprozesse eher als der reale Abschluss eines durch die Menschen in ihrem Naturzustand geschlossenen Gesellschaftsvertrags. Zwar mag es sein, dass der historischen Entstehung mancher Staaten zunächst ein anarchischer Naturzustand – an Stelle eines anderen Staats, den der neue ablöste oder der in mehrere neue Staaten auseinanderbrach – vorausging; auch kann in Volksabstimmungen über die Entstehung eines neuen unabhängigen Staats entschieden werden.[134] Doch kann aus all dem nicht ohne weiteres gefolgert werden, dass der Gründung des neuen Staats der historisch nachweisbare Abschluss des Gesellschaftsvertrages vorausging – der eben der Zustimmung aller im Naturzustand freien und gleichen Menschen bedürfte, die dann Bürger des neuen Staats sein sollen. Für den Positivisten gilt die Rechtsordnung, wie sie auf Grund der Anwendung der in der Verfassung angeordneten Rechtserzeugungsregeln geschaffen wird; die Verfassung selbst kann in Kontinuität auf eine historisch erste Verfassung zurückgeführt werden oder selbst die (bislang nicht abgeänderte) historisch erste Verfassung sein – dahinter steht dann nur noch die axiomatische Annahme einer Grundnorm, die die Geltung der historisch ersten Verfassung anordnet.

Letztlich ungelöst bleibt in der Gesellschaftsvertragstheorie auch die Frage der „unveräußerlichen Rechte", mit denen die Individuen von Anfang an ausgestattet sind und die sie auch im gesellschaftsvertraglich gegründeten Staat nach überwiegender Auffassung behalten sollen. Zunächst stellt sich schon die Frage, wie die Individuen im Naturzustand über die Rechte der Freiheit, Gleichheit und des Eigentums verfügen sollen, wenn dieser – zumindest nach überwiegender Auffassung – gleichzeitig ein *„bellum omnium contra omnes"*, eine Anarchie oder jedenfalls ein von Rechtsunsicherheit und Richterlosigkeit geprägter Zustand sein soll. Unklar ist auch, in welcher Form diese unveräußerlichen Rechte des Einzelnen nach Abschluss des Gesellschaftsvertrags geschützt sein sollen – nur, wie es *Kant* für richtig hält, in einer Form, die Widerstand gegen staatliche Eingriffe, ausgenommen den schriftlichen Protest in der Öffentlichkeit, nicht zulässt – und wer darüber richten soll, dass der Staat in diese Rechte eingreift. Im positiven Verfassungsrecht hat sich dafür die spezielle Institution der Verfassungsgerichtsbarkeit[135] herausgebildet, doch handelt es sich dabei um eine staatliche Institution, was dem Staat – zumindest nach der gesellschaftsvertraglichen Logik – die Rolle des Richters in eigener Sache zuweist.

---

[134] Zur Sezessionsfrage vgl oben 76 ff.
[135] Vgl dazu unten 185 ff.

Dessen ungeachtet weist die Gesellschaftsvertragstheorie im 20. Jahrhundert mit *John Rawls* einen weiteren bedeutenden Vertreter auf, der in seiner „*Theory of Justice*" eine neuartige Konzeption des Gesellschaftsvertrags entwarf. Demnach befinden sich die Menschen in einem theoretischen Naturzustand, in dem sie in **vernünftiger** und **fairer** Weise („Gerechtigkeit als Fairness") eine **Grundvereinbarung** treffen. Auf Grund des „Schleiers des Nichtwissens" bezüglich ihrer individuellen Stellung und Disposition, der über den Menschen im Naturzustand liegt, sollen die Gleichheit und Neidlosigkeit der Menschen in der Ausgangsposition gewährleistet werden. Die Grundvereinbarung wird von den mit Gerechtigkeitssinn ausgestatteten Menschen getroffen, die damit auch ihre Verbindlichkeit anerkennen. Dabei gelten **zwei allgemeine Gerechtigkeitsgrundsätze**: Jedermann hat das gleiche Recht auf das umfangreichste Gesamtsystem gleicher Grundfreiheiten, das für alle möglich ist. Soziale und wirtschaftliche Ungleichheiten müssten unter dem Vorbehalt des fairen Spargrundsatzes den am wenigsten Begünstigten den größtmöglichen Vorteil bringen und allen in fairer Chancengleichheit Ämter und Positionen eröffnen. Gemäß diesen grundlegenden Maximen sollten die staatliche Ordnung und ihre Verfassung aufgestellt, sodann Gesetze gegeben und diese vollzogen werden.

Dieser „Theorie der Gerechtigkeit" wurde von *Robert Nozick* in seinem – später von ihm teilweise relativierten – extrem liberalistischen Werk „*Anarchy, State and Utopia*" entgegnet. In seiner „Anspruchstheorie der sozialen Gerechtigkeit" greift er va *Locke*s Idee von den bereits vor Abschluss des Gesellschaftsvertrags vorhandenen „natürlichen Rechten" der Menschen auf, die diesen schon im Naturzustand auf Grund natürlicher Moral zukämen. Der sich moralisch entwickelnde Staat dürfe jedoch – nach einer vorübergehenden Etappe als **Ultraminimalstaat** – nur ein **Minimalstaat** sein, der im Sinne des „Nachtwächterstaats" des 19. Jahrhunderts Leben, Freiheit und Eigentum der Bürger schütze, darüber hinaus aber nicht in deren Rechte eingreife. Während der Ultraminimalstaat mit Hilfe seines Gewaltmonopols nur für diejenigen Schutzleistungen erbringe, die dafür eine Gegenleistung erbrächten, garantiere der Minimalstaat allen Bürgern seinen Schutz, auch wenn einige von ihnen keine Gegenleistung erbrächten, was einen gewissen Umverteilungseffekt bewirke.

Aus der Reihe der neueren Theorien zum Gesellschaftsvertrag sei schließlich noch die Lehre von *James M. Buchanan* erwähnt, der in seinem Werk „*The Limits of Liberty. Between Anarchy and Leviathan*" prinzipiell an *Hobbes*' Gesellschaftsvertragsmodell anknüpft, darauf aufbauend aber eine liberalistische ökonomische Theorie vertritt, die den Staat als Schützer der vertraglich vereinbarten Rechte erscheinen lässt, der auf diese Weise ökonomischen Ausgleich zwischen den Individuen ermöglicht. Auf der Stufe des **konstitutionellen Kontrakts** werde die Vereinbarung zwischen den Individuen über ihre Rechte und die primäre Ausstattung an knappen Gütern getroffen, während auf der Stufe des **postkonstitutionellen Kontrakts** darüber hinausgehende ökonomische Austauschhandlungen im Bereich privater und öffentlicher Güter vereinbart würden. Dabei erkennt *Buchanan* ein Paradoxon von Expansion staatlicher Herrschaft einerseits und wachsendem Widerstreben gegen die staatliche Herrschaft als ungebändigtem „*Leviathan*", die durch die Mehrheitsdemokratie noch begünstigt werde, andererseits.

Die großen Gesellschaftsvertragstheorien des 20. Jahrhunderts wurden von Philosophen und Ökonomen entwickelt, ohne dabei freilich Aussagekraft für die Interpretation des positiven Rechts zu besitzen. Aus der Unterschiedlichkeit der Legitimationstheorien des Staats – und innerhalb dieser wieder aus den Theorien des Gesellschaftsvertrages – wird jedoch ersichtlich, wie verschieden insbes die verfassungsstaatlichen Errungenschaften der Demokratie und der Grundrechte begründet werden können und welche Konsequenzen die Staatsgründung – im Sinne einer erst dadurch ermöglichten Gewährleistung dieser Rechtsgüter oder aber ihrer Weitergeltung zum besseren Vorteil aller – haben kann.

Eine eigene Variante des Gesellschaftsvertrags stellt der **Verfassungsvertrag** (*constitutional compact*) dar, der den **originären Bundesstaat**[136] begründet. Nach der klassischen Bundesstaatstheorie ist ein Bundesstaat ja ein aus Staaten gebildeter Staat, der durch ihre freiwillige Vereinbarung geschaffen wird. Darin garantieren sich diese Staaten die gegenseitige Beschränkung ihrer Souveränität und Gründung einer Zentralgewalt zum größeren Wohle aller. Nicht die einzelnen Individuen also schließen diesen Vertrag, sondern die staatlichen Kollektive; ähnlich wie der Gesellschaftsvertrag ist aber auch der den Bundesstaat begründende Verfassungsvertrag eher eine theoretische Fiktion als eine empirisch nachweisbare Tatsache, da zum einen viele Bundesstaaten zwar „originär" und „freiwillig", jedoch ohne explizite vertragliche Grundlage, entstanden sind, zum anderen Bundesstaaten unter gewissen Umständen auch „derivativ" gegründet werden können, was naturgemäß einen ursprünglichen Verfassungsvertrag ausschließt.[137] Die feierliche Berufung mancher Bundesverfassungen (zB der USA, der Schweiz oder Äthiopiens) darauf, durch einen gemeinsamen verfassunggebenden Willensakt der nunmehrigen Gliedeinheiten zustande gekommen zu sein, mag ebenso wie der Hinweis auf historische „Beitrittserklärungen" und ähnliche Akte dokumentarisches Indiz für einen Verfassungsvertrag sein, kann ihn aber gleichwohl nicht in allen Fällen erweisen.

Zu unterscheiden wäre weiters zwischen einem **völkerrechtlichen Vertrag** und einem **Verfassungsvertrag** (letztere Richtung indizierte der an sich völkerrechtliche „Vertrag über eine Verfassung für Europa", der jedoch nie in Kraft trat). Gründet sich ein Bundesstaat nämlich bloß über einen völkerrechtlichen Vertrag, so ist dieser auch den völkervertragsrechtlichen Vertragsbeendigungsregeln unterworfen, was in Konsequenz auch auf ein Sezessionsrecht der „Gliedstaaten" hinauslaufen würde – gerade dieses ist aber im Bundesstaat nach überwiegender Auffassung unzulässig. Zu unterscheiden ist daher zwischen völkerrechtlich immer noch unabhängigen Staaten, die sich zu einem **Staatenbund** zusammengeschlossen haben, und den verfassungsvertraglich zusammengeschlossenen Gliedstaaten eines **Bundesstaats**.

---

[136] Vgl dazu oben 92.
[137] Vgl dazu oben 92 und 110 f.

Eine moderne Anwendung der Denkmuster des Gesellschaftsvertrags findet sich in der Vorstellung eines **Generationenvertrags**, den jüngere und ältere Generation miteinander abschließen, um sich ihre Rechte gegenseitig solidarisch zuzusichern, die von der nachhaltigen Bewahrung der Umwelt zum Wohle künftiger Generationen bis hin zur Sicherung der Pensionen reichen können. Ohne als subjektives Recht ausformuliert zu sein, finden sich Ansätze einer gemeinwohlorientierten Symbiose der Generationen mitunter als Staatszielbestimmungen (zB Belgien, Österreich, Polen, Schweiz) sowie als konkrete Ausformungen im einfachgesetzlichen Recht vieler Staaten.

Hinzuweisen ist schließlich auf die zunehmende Relativierung des Bürger-Staat-Verhältnisses durch die Globalisierung des Rechts, die in einzelnen Regionen der Welt wie in Europa eine besondere Verdichtung erfährt. Schon der Begriff des *cosmopolitan constitutionalism* bezieht sich auf den Menschen als Kosmopoliten oder Weltbürger, der gesellschaftsvertraglich nicht (nur) im Nationalstaat, sondern in einem „Weltrechtsraum" verwurzelt ist. Diese Entwicklung ist freilich noch nicht vollendet und kann im Übrigen ebenso wenig als empirisch feststellbares Vertragsverhältnis nachgewiesen werden wie im Falle des klassischen staatsbezogenen Gesellschaftsvertrags.

III. Die intermediären Gewalten

1. Allgemeines

Die **Trennung von Staat und Gesellschaft** ist auch im westlichen Verfassungsstaat aus mehreren Gründen **keine absolute**: Die in einem Staat lebende Gesellschaft ist zum überwiegenden Teil identisch mit dem Staatsvolk, ist an den staatlichen Gewalten maßgeblich beteiligt, verfügt aber über einen durch Grundrechte und -freiheiten garantierten staatsfreien Raum. Staat und Gesellschaft stehen sich hier einerseits gegenüber, andererseits durchdringen sie sich gegenseitig. Als klassisches Beispiel für die Unmittelbarkeit dieses Verhältnisses ist das Instrument der **Wahl** anzusehen, durch welche die Gesellschaft (genauer: eine Teilmenge der Gesellschaft in Form von Wahlberechtigten) ein oder mehrere staatliche Organe direkt bestimmt.

Der Verfassungsstaat baut fundamental auf diesem teils *konfrontativen*, teils *integrativen* Dualismus von Staat und Gesellschaft auf. Trotz dieser prinzipiellen Unmittelbarkeit, in der sich Staat und Gesellschaft gegenüberstehen oder sogar miteinander verwoben sind, finden sich aber auch im Verfassungsstaat Erscheinungen, die zu einer **Mediatisierung** des Staats von der Gesellschaft führen. Diese Erscheinungen werden als **intermediäre Gewalten** bezeichnet, als Gewalten also, die zwischen Staat und Gesellschaft treten und damit beide voneinander abschirmen.

Das Phänomen der intermediären Gewalten ist nicht auf die Gegenwart beschränkt: Typisch dafür ist etwa auch das mittelalterliche „Staatswesen", das eben nicht durch eine einheitliche, unmittelbare Staatsorganisation gekennzeichnet war, sondern in zahllose kleinräumige Organisationen, die in **Lehenspyramiden** zusammengefasst waren, zerfiel. Damit stand der Einzelne etwa nicht dem übergeordneten Staat (zB Heiliges Römisches Reich Deutscher Nation) unmittelbar gegenüber, sondern war von diesem vielmehr durch die lokale Grundherrschaft, in der er sich befand, mediatisiert. Auch die **Stände** und **Zünfte** stellten typische intermediäre Gewalten dar, die jeweils nur eine bestimmte Gruppe von (nach ihrer Herkunft oder ihrem Beruf ausgewählten) Personen umfassten und eine eigene, relativ geschlossene Ordnung im Staate bildeten.

Heute gelten als traditionelle intermediäre Gewalten insbes **politische Parteien** und **Verbände**. Zunehmend kann man aber auch **große Wirtschaftsunternehmen** und in einem weiteren Sinn die Medien der **Massenkommunikation** dazu zählen. Generell unterschieden werden kann dabei zwischen **korporativen** und **assoziativen** Formen, worunter im ersten Fall eine öffentlichrechtliche, im zweiten Fall eine privatrechtliche Organisationsform zu verstehen ist.

Korporativ sind also jene intermediären Gewalten, die im **öffentlichen Recht** wurzeln und von diesem mit gewissen Zwangsbefugnissen gegenüber ihren Angehörigen (den „Gewaltunterworfenen") ausgestattet sind. Bei den Korporationen handelt es sich zumeist um vom Staat gegründete juristische Personen öffentlichen Rechts, die in vielen Fällen mit Zwangsmitgliedschaft verbunden sind. Während die Bürger in totalitären oder autoritären Systemen sämtlich korporativ (von faschistischen Ständeordnungen bis hin zu den Zwangsparteimitgliedschaften des totalitären Kommunismus) organisiert sind, beschränkt sich das korporative System im westlichen Verfassungsstaat auf einzelne Fälle (zB Kammern, Sozialversicherung), die einer staatlichen Aufsicht sowie gesetzlichen Bindungen unterliegen.

Assoziativ sind hingegen alle Organisationsformen **privaten Rechts**, einschließlich des Sonderprivatrechts. Darunter fallen Vereine ebenso wie gesellschaftsrechtlich organisierte Wirtschaftsunternehmen, wobei zahlreiche Spezialformen (zB Genossenschaft) möglich sind. Typisch für die assoziativ organisierten intermediären Gewalten ist die Freiwilligkeit der Mitgliedschaft (vgl auch die „negative" Vereinsfreiheit gem Art 11 EMRK); uneinheitlich sind hingegen ihre Zwecke, die von Gemeinnützigkeit oder anderen ideellen Vorstellungen geleitet oder auch auf wirtschaftlichen Gewinn hin gerichtet sein können.

2. Die politischen Parteien

Lit: *von Beyme*, Parteien in westlichen Demokratien[2] (1984); *Doehring*, Allgemeine Staatslehre[3] (2004); *Ermacora*, Allgemeine Staatslehre, Bd I (1970); *Haller/Kölz/Gächter*, Allgemeines Staatsrecht[5] (2013); *Kafka*, Die verfassungsrechtliche Stellung der politischen Parteien im modernen Staat, VVDStRL 17 (1959), 53; *Koja*, Allgemeine Staatslehre (1993); *Nawiasky*, Allgemeine Staatslehre, Zweiter Teil, Bd I (1952); *Pernthaler*, Allgemeine Staatslehre und Verfassungslehre[2] (1996); *Pildes*, Political parties and constitutionalism, in: Ginsburg/Dixon (Hg), Comparative Constitutional Law (2011) 254; *Sartori*, Parties and

Party Systems (2005); *Skach*, Political Parties and the Constitution, in: Rosenfeld/Sajó (Hg), The Oxford Handbook of Comparative Constitutional Law (2012) 874.

Als **politische Partei** ist eine Gruppe von Personen zu verstehen, die im Rahmen einer bestimmten, für einen dauerhaften Zeitraum konzipierten Organisationsform einen gemeinsamen politischen Zweck verfolgen und zu diesem Behufe versuchen, an den verfassungsrechtlich vorgesehenen Institutionen und Verfahren möglichst umfassend zu partizipieren und Einfluss zu gewinnen.

Neben rein politischer Einflussnahme ist es daher insbes auch das Bestreben der politischen Parteien, sich auf rechtlichem Wege, zumal durch den Antritt bei **Wahlen**, an der politischen Willensbildung zu beteiligen. Hier wird auch ihre Natur als intermediäre Gewalt besonders anschaulich: Das Staatsvolk legitimiert ein mit Staatsgewalt ausgestattetes staatliches Organ (zB Parlament), indem die Stimmen der Wahlbürger auf politische Parteien abgegeben werden, aus deren Mitgliedern sich die Repräsentanten rekrutieren. Wahlen zu staatlichen Organen entpuppen sich daher regelmäßig als Wahlen von politischen Parteien und deren Kandidaten. Damit aber schiebt sich die politische Partei in gewisser Weise zwischen Staatsvolk und staatliches Organ, das zwar formell gewählt, letztlich aber in seinem politischen Handeln über die politischen Parteien gesteuert wird.

Bei den politischen Parteien handelt es sich um jene Art von intermediärer Gewalt, hinsichtlich derer mittlerweile am häufigsten verfassungsrechtliche Bestimmungen anzutreffen sind, die entweder die politische Partei als Rechtsform explizit normieren oder sie als vorausgesetzte Größe zum Gegenstand ihrer Regelung haben. Während Parteien früher als „gesellschaftliche Erscheinung" betrachtet wurden, die keiner besonderen rechtlichen Verankerung bedürfte, welche über die gewöhnlichen Assoziationsrechte hinausginge, erscheint es heute – nicht zuletzt nach den ideologischen Entartungen verschiedener politischer Parteien im Laufe der Geschichte – vielfach angebracht, die Parteien zum Gegenstand ausdrücklicher rechtlicher Regelungen zu machen, um derartige Entwicklungen ausschließen zu können. Einschlägige verfassungsrechtliche Regelungen beziehen sich zumeist auf die Freiheit, eine politische Partei zu gründen, das Gründungsverfahren politischer Parteien, Beschränkungen oder Verbote politischer Parteien, die Einsetzung einer einzigen politischen Partei (in Diktaturen) oder explizite Diskriminierungsverbote wegen Zugehörigkeit zu einer bestimmten politischen Partei.

In manchen Staaten haben Parteien daher einen verfassungsrechtlich eingeräumten Sonderstatus, in anderen werden sie durch einfache Gesetze geregelt, in wieder anderen haben sie denselben Status, wie er auch für assoziative Körper (zB Vereine) vorgesehen ist. Auch der korporative Status einer Partei – dh als juristische Person öffentlichen Rechts – ist mit dem westlichen Verfassungsstaat vereinbar, sofern bestimmte Bedingungen erfüllt sind: Dazu zählen etwa die Freiwilligkeit der Mitgliedschaft, das Erfordernis der „Verfassungsfreundlichkeit" (insbes Bekenntnis zu Demokratie und Grundrechten) oder ein Verbot damit in Widerspruch stehender ideologischer Richtungen.

Rechtliche Vorschriften über (erlaubte) politische Parteien umfassen va Regelungen über ihre äußere Organisation, ihre innere Organisation und Verfahren sowie die staatliche Parteienförderung. Zur **äußeren Organisation** gehören etwa die Parteigründung und -auflösung, das Parteistatut oder das äußere Erscheinungsbild einer Partei wie zB durch Farben und Symbole. Ihre **innere Organisation** und **Verfahren** betreffen etwa die Rechte und Pflichten der Parteimitglieder, die Mitgliedsbeiträge, die Bestellung der Funktionäre, die Schlichtungsorgane, die Geschäftsordnung und die Verfahren zur Erlassung und Änderung des Parteiprogramms, die mehr oder weniger demokratisch (Mitbestimmung aller Parteimitglieder oder Entscheidung durch einzelne Parteiorgane) gestaltet sein können. Die Regelungen über die **staatliche Parteienförderung** umfassen die wichtige Frage der Parteienfinanzierung, die direkt oder indirekt erfolgen kann, sowie andere Formen der staatlichen Förderung: Üblich sind neben einer Basisfinanzierung auch bestimmte staatliche Zuschüsse für Wahlen, für parlamentarische Klubs, für bestimmte Zwecke (zB Förderung der politischen Bildung); indirekte Förderungen wie öffentliche Auftragsvergaben, Subventionen oder Steuerbegünstigungen, aber auch private Spenden sind in den letzten Jahren jedoch zunehmend kritisiert und in manchen Staaten sogar strafrechtlich verfolgt worden. Rechtlich wird dem va durch verstärkte Transparenzverpflichtungen von Parteien und parlamentarischen Abgeordneten Rechnung zu tragen gesucht.

Politische Parteien sind aber auch häufig Gegenstand von Regelungen, die ihre ideologische Ausrichtung und damit die Autonomie der Parteiprogramme beschränken. Dem liegt das Konzept der so genannten **„wehrhaften" Demokratie** zugrunde, wonach die Demokratie eben dadurch geschützt werden soll, dass demokratiefeindliche (und damit den westlichen Verfassungsstaat gefährdende) Parteien verboten sein sollen. Dies betrifft besonders Staaten, in deren Vergangenheit solche Parteien an die Macht gelangten (zB im Nationalsozialismus) und die nunmehr ähnliche Entwicklungen aktiv verhindern wollen. Im Gegensatz dazu ist unter der **„neutralen" Demokratie** zu verstehen, dass (verfassungs-)rechtlich lediglich die „Spielregeln", dh die Verfahren der Demokratie festgelegt werden, ohne dabei bestimmte ideologische Richtungen *a priori* auszuschließen. Nach diesem Konzept entscheidet allein der Wähler darüber, welche politischen Parteien in den staatlichen Organen und Willensbildungsprozessen vertreten sind.

Während in der „wehrhaften" Demokratie die Gefahr des Missbrauchs des Verbots politischer Parteien besteht, weil die ideologische Bewertung möglicherweise nicht am Maßstab des westlichen Verfassungsstaats orientiert ist und gerade dadurch diktatorischen Regimen der Weg bereitet werden kann, die letztlich nur eine einzige politische Partei erlauben, gebietet die „neutrale" Demokratie dem Einfluss jener politischen Parteien keinen Einhalt, deren ideologische Ausrichtung dem westlichen Verfassungsstaat zuwiderläuft. Dahinter steckt letztlich das Dilemma, ob dem Wähler – als Angehörigem des souveränen Volkes – zugetraut werden darf, seine Entscheidungen auf Basis einer „Spielregelverfassung" zu treffen, oder ob Verfassungen vielmehr materielle Vorkehrungen schaffen müssen, um die Demokratie und damit die Rechte der Bürger gegebenenfalls vor diesen selbst zu bewahren.

Unterschieden werden kann je nach Anzahl der Parteien in einem Staat zwischen **Ein-, Zwei-, Mehr-** und **Vielparteiensystemen. Einparteiensysteme** waren typisch etwa für das nationalsozialistische Regime oder die kommunistischen Staaten und sind prinzipiell mit dem Verfassungsstaat kaum vereinbar, weil ein Einparteiensystem in der Regel in autoritäre oder totalitäre Strukturen (Zwangsmitgliedschaft, Verbot anderer Parteien) eingebettet ist. **Zweiparteiensysteme**, wie etwa in den USA (Demokraten – Republikaner) üblich, stellen daher eine Mindestanforderung im Rahmen verfassungsstaatlicher Gewaltenteilung dar. Viele **Mehrparteiensysteme** entsprechen faktisch eher dem Zweiparteiensystem, wenn zwei große Parteien die politische Macht unter sich aufteilen, eine oder mehrere kleine Parteien hingegen keine hinreichend starke Opposition darstellen. Allerdings kann den kleinen Parteien mitunter die Rolle eines „Züngleins an der Waage" zukommen, wenn keine der beiden großen Parteien über eine (Verfassungs-)Mehrheit im Parlament verfügt und auf einen Koalitionspartner angewiesen ist. Auch das Wahlsystem spielt hier eine Rolle, da das Mehrheitswahlrecht[138] tendenziell zu Lasten kleinerer Parteien geht. Die Möglichkeit einer Volkswahl der Regierung oder des Staatsoberhaupts im präsidialen Regierungssystem[139] kann zu stärkeren *checks and balances* zwischen den Organen führen, da die Organwalter der verschiedenen politischen Spitzenorgane dann möglicherweise unterschiedlichen politischen Parteien entstammen.

Die Notwendigkeit der Koalitionsbildung, die Bedeutung der Opposition und die Stärke der Fraktionsdisziplin (Klubzwang) sind im parlamentarischen und präsidialen System jeweils schwächer oder stärker ausgeprägt,[140] doch sagt dies letztlich nichts über die Bedeutung der politischen Partei als solcher aus. **Vielparteiensysteme** werden durch das Verhältniswahlrecht eher ermöglicht, das eine proportionale Beteiligung selbst kleiner Parteien (allenfalls unter der Voraussetzung einer Mindeststimmenanzahl) vorsieht. Je zersplitterter und vielfältiger die Parteienlandschaft ist, desto weniger Macht kann bei einer einzigen Partei akkumuliert werden; nachteilig ist aber die große politische Instabilität, die aus der Zersplittertheit politischer Interessen und der permanenten Notwendigkeit von Kompromissen entstehen kann.

Ein weiteres wichtiges Strukturmerkmal der Kategorisierung politischer Parteien ist der **politische Zweck**, nach dem sie ausgerichtet sind. Immer wieder werden politische Parteien von Verbänden danach unterschieden, ein allgemeines bzw „gesamtpolitisches" statt eines ganz spezifischen Interesses zu vertreten. Dies trifft sicherlich für die klassischen **Volksparteien** (welcher ideologischen Richtung auch immer) oder **Sammelparteien** zu, die möglichst weite Kreise der Bevölkerung zu umfassen versuchen und daher zwangsläufig ein allgemeines politisches Programm vertreten, das verschiedenste Standpunkte auf Basis einer bestimmten ideologischen Grundrichtung einbezieht. Davon unterscheiden sich die so genannten **Interessenparteien**, die jeweils nur partikuläre Interessen eines bestimmten Bevölkerungsteils (zB einer bestimmten Berufsgruppe, Religion, Volksgruppe etc) vertreten. Allerdings sind die Grenzen zwischen Sammel- und Interessenparteien

---

[138] Vgl dazu unten 219 ff.
[139] Vgl dazu unten 195 f.
[140] Vgl dazu unten 193 ff.

zuweilen fließend, weil es keiner Art von Partei möglich ist, sämtliche Interessen der Bevölkerung zu vertreten.

Unterschiede bei den politischen Parteien ergeben sich auch danach, auf welcher **Ebene** sie wirken. Manche Parteien existieren nur auf lokaler Ebene (zB Bürgerlisten in Gemeinden), andere nur auf regionaler Ebene, während jene, die auf nationaler Ebene wirken, zumeist auch auf regionaler oder lokaler Ebene vertreten sind. Nach ihrem inneren Aufbau gibt es „zentralistischere" und „föderalistischere" Parteien, die entweder ihre innere Willensbildung den Parteizentralen vorbehalten oder diese auch von der Unterstützung ihrer regionalen/lokalen Untergliederungen abhängig machen.

Abzugrenzen sind politische Parteien insbes von **Verbänden**, bloßen **weltanschaulichen „Bewegungen"** sowie **adhoc-Aktionsgruppen**, auch wenn sich daraus künftige politische Parteien entwickeln könnten; umgekehrt können auch etablierte politische Parteien versuchen, sich durch die Bezeichnung als „Bewegung" ein dynamischeres Image zu geben. Zu unterscheiden ist die politische Partei auch von der **Wahlpartei**, worunter bei Wahlen antretende Organisationen zu verstehen sind, die politische Parteien sein können, aber nicht müssen. Wahlparteien müssen, um bei Wahlen antreten zu können, üblicherweise eine bestimmte Anzahl von Unterstützungserklärungen aufweisen; ihr weiteres politisches Schicksal hängt von ihrem Erfolg bei der Wahl ab, der bei kleinen Wahlparteien, die nicht zugleich als politische Parteien verankert sind und insbes nicht über deren Zugang zu den Medien sowie eine staatliche Parteienfinanzierung verfügen, häufig ausbleibt.

3. Die Verbände

Lit: *von Arnim*, Gemeinwohl und Gruppeninteressen (1977); *von Beyme*, Interessengruppen in der Demokratie[5] (1980); *Doehring*, Allgemeine Staatslehre[3] (2004); *Haller/Kölz/Gächter*, Allgemeines Staatsrecht[5] (2013); *Koja*, Allgemeine Staatslehre (1993); *Leibholz*, Staat und Verbände (Bericht), VVDStRL 24 (1966), 5; *Leisner*, Staat (1994); *Pernthaler*, Allgemeine Staatslehre und Verfassungslehre[2] (1996); *Steinberg* (Hg), Staat und Verbände (1985); *Zippelius*, Allgemeine Staatslehre[17] (2017).

Im Gegensatz zu politischen Parteien werden unter **Verbänden** üblicherweise Organisationsformen verstanden, die sich überwiegend **privatrechtlich** konstituieren und nur **partikuläre Interessen** vertreten, die insbes **wirtschaftlicher** oder **sozialer** Natur sind. Diese traditionelle Differenzierung lässt sich heute allerdings nicht uneingeschränkt übernehmen: Abgesehen davon, dass Verbände in manchen Staaten einen öffentlichrechtlichen Status haben (zB Kammern), weisen politische Parteien umgekehrt in vielen Staaten eine privatrechtliche Organisationsform auf. Außerdem vertreten viele politische Parteien, wie erwähnt, bloß segmenthaft partikuläre Interessen und keineswegs immer eine „allgemeine Politik".

Ein zusätzliches Unterscheidungsmerkmal zwischen politischen Parteien und Verbänden ist, dass volksgewählte staatliche Organe regelmäßig mit Mitgliedern politischer Parteien, nicht jedoch der Verbände besetzt werden, weil Verbände zumeist auch nicht bei Wahlen antreten. Sie entfalten dessen ungeachtet große politische Bedeutung: Dies zum einen deshalb, weil viele Verbände politischen Parteien nahestehen und auf deren Parteiprogramme und Politik Einfluss nehmen. Zum anderen aber deshalb, weil sie in der Phase der Vorbereitung von Gesetzesentwürfen formell oder informell einbezogen werden oder über Lobbying dort ihre Interessen zu vertreten suchen. Die Rechtsordnungen gehen dabei unterschiedlich weit, was die Institutionalisierung der Verbände und die Intensität ihrer Einbeziehung in die Gesetzgebungsverfahren betrifft: Immer wieder werden Verbände, die von besonderem wirtschaftlichen oder sozialen Interesse für die Bevölkerung sind, auf Grund ihrer großen Mitgliederzahl – die oft weit über die Mitgliederzahl politischer Parteien hinausgeht – oder ihrer besonderen Fachkunde (zB in Belangen des Arbeits-, Sozial- und Unternehmensrechts oder des Konsumentenschutzes) formell am Gesetzgebungsverfahren (allenfalls auch einer Vorphase) oder an der Vollziehung (sei es zB in Beiräten für bestimmte Verwaltungsmaterien und -verfahren, sei es in Form der fachkundigen Laiengerichtsbarkeit) beteiligt.

In einem rechtlich wohl nur beschränkt regelbaren Grauzonenbereich spielen sich andere, häufig finanziell gesteuerte Einflussnahmen ab, die indirekt Druck auf Gesetzgebung, Verwaltung oder gar Gerichtsbarkeit ausüben können. Im westlichen Verfassungsstaat sind daher Vorkehrungen erforderlich, die solche, letztlich oligarchisch[141] strukturierte Einflussnahmen so weitgehend wie möglich ausschalten sollen (zB Legalitätsprinzip, Unabhängigkeit der Gerichte, demokratische Kontrollrechte über die Exekutive, Rechenschaftsberichte, Kontrolle durch Rechnungshöfe, Transparenzregelungen, strafrechtliche Verfolgung von Lobbyisten etc).

4. Die Wirtschaftsunternehmen

Lit: *Di Fabio*, Der Verfassungsstaat in der Weltgesellschaft (2001); *Fleiner/Basta Fleiner*, Allgemeine Staatslehre[3] (2004); *Leidenmüller*, Nichtstaatliche Akteure, in: Reinisch (Hg), Österreichisches Handbuch des Völkerrechts[5] (2013) 284; *Pernthaler*, Allgemeine Staatslehre und Verfassungslehre[2] (1996); *Schmalenbach*, Multinationale Unternehmen und Menschenrechte, AVR 39 (2001), 57.

Die Bedeutung der **Wirtschaftsunternehmen** für einen Staat liegt nicht nur in ihren eigentlichen Produktionsergebnissen und den damit verbundenen Implikationen für den Arbeitsmarkt, die Steuerleistung sowie allgemein die Konjunktur einer Volkswirtschaft, sondern auch in der Möglichkeit direkter und indirekter politischer **Einflussnahmen**: Häufig sind Wirtschaftsunternehmen – sowohl von Seiten des Managements als auch der Beschäftigten – in politischen Parteien und insbes Verbänden vertreten, die ja typischerweise wirtschaftliche oder soziale Interessen vertreten (zB Gewerkschaften, Kammern und sonstige Interessenvertretungen der Arbeitnehmer- und Arbeitgeberseite). Durch die Internationalisierung, ja Globalisierung vieler Wirtschaftsbereiche erlangen bestimmte Konzerne eine multinationale Verankerung, da sie in verschiedensten Staaten Niederlassungen betreiben und

---

[141] Vgl dazu unten 148 ff.

damit direkt oder indirekt auch an deren Politik mitwirken. Dies verleiht ihnen eine oligarchische (plutokratische)[142] Machtposition, die sie geradezu als transnationalen Konkurrenten zum klassischen Staat erscheinen lässt, dessen „Bürger" die Beschäftigten sowie die Konsumenten sind, die vom multinationalen Unternehmen beruflich abhängig bzw auf bestimmte durch das Unternehmen produzierte Güter der Daseinsvorsorge, zunehmend aber auch digitale Technik angewiesen sind, die selbst in der Wahrnehmung von Kernaufgaben des Staates eine wichtige Rolle spielt (zB Bürgerbeteiligung via *open government*, elektronisches Wählen mittels *e-voting*, softwareunterstützte Lösung juristischer Probleme mit Hilfe von *legal technology*).

5. Die Massenkommunikation

Lit: *Fetzer/Yoo*, New technologies and constitutional law, in: Tushnet/Fleiner/Saunders (Hg), Routledge Handbook of Constitutional Law (2013) 485; *Habermas*, Strukturwandel der Öffentlichkeit (1990); *Haller/Kölz/Gächter*, Allgemeines Staatsrecht[5] (2013); *Hill/Schliesky* (Hg), Auf dem Weg zum Digitalen Staat – auch ein besserer Staat? (2015); *Hoffmann-Riem*, Mediendemokratie als rechtliche Herausforderung, Der Staat 2003, 193; *Holznagel*, Erosion demokratischer Öffentlichkeit?, VVDStRL 68 (2009), 381; *Schmitt Glaeser*, Die Macht der Massenmedien in der Gewaltenteilung, JöR 50 (2002), 169; *Schulz*, Politische Kommunikation[3] (2011); *Schuster*, Staat und Medien[2] (2004); *Strohmeier*, Politik und Massenmedien (2004); *Zippelius*, Allgemeine Staatslehre[17] (2017).

Auch die Medien der **modernen Massenkommunikation** stellen in gewisser Weise intermediäre Gewalten dar, da staatliches Handeln über sie einer breiten Öffentlichkeit vermittelt wird und sie umgekehrt als ein Kommunikationsmittler der Öffentlichkeit gegenüber den staatlichen Organen dienen. **Öffentlichkeit** aber ist eine der Voraussetzungen für die in der Demokratie erforderliche **Partizipation** (*Jürgen Habermas*). Dementsprechend steht die Funktion der Massenmedien unter dem besonderen grundrechtlichen Schutz der **Kommunikationsfreiheit**, wie er etwa durch Art 10 EMRK umfangreich gewährleistet wird.

Versucht man, die intermediären Gewalten der heutigen Verfassungsstaaten in ein System zueinander zu bringen, erscheinen die politischen Parteien als „staatsnächste" Gewalt, da sie in den staatlichen Organen auch regelmäßig vertreten sind. Die Verbände und mehr noch die Wirtschaftsunternehmen nehmen vergleichsweise eine mittelbarere Position ein. Allen diesen Gewalten aber ist eigen, prinzipiell bestimmte Interessen und inhaltliche Positionen zu vertreten. Massenmedien hingegen sind von ihrer Natur her eher Mittler als Interessenvertretung. *Idealiter* stellen sie Kommunikationskanäle zwischen Staat und Gesellschaft zur Verfügung, bieten also ein Forum für ihren Austausch. *Realiter* hingegen zeigt sich selbst bei traditionellen Massenmedien wie Zeitungen bis hin zu modernsten Möglichkeiten der Kommunikation in Form von sozialen Netzwerken via Internet, dass Massenmedien gewisse politische Richtungen mit mehr oder weniger Objektivität und Unabhängigkeit vertreten, Massen dadurch steuern und mobilisieren können und damit nicht nur

---

[142] Vgl dazu unten 150.

neutraler Kommunikationsmittler sind, sondern selbst Politik mitgestalten, was beispielsweise durch gezielte Verbreitung von *Fake News* überaus problematisch ist.

Dieses Phänomen lässt sich grundsätzlich bei allen Arten von Massenmedien beobachten: Presse, Rundfunk und Fernsehen ebenso wie das Internet, das zT ja gerade von den klassischen Medien für Präsentationen genutzt wird. Das Internet stellt darüber hinaus jedoch eine bisher nicht gekannte Kommunikationsarena dar, die durch schier unendliche Mengen an Information sowie ihre Befähigung zu steter Aktualität und Interaktivität ungeahnte neue Möglichkeiten bietet, bisher aber keiner adäquaten rechtlichen Steuerung unterliegt, wie sie für die traditionellen Medien – im Spannungsfeld zwischen den verschiedenen Formen der Kommunikationsfreiheit, anderen Grundrechten (zB Menschenwürde, Privatsphäre, Datenschutz, Religionsfreiheit) und entsprechenden straf- und zivilrechtlichen Beschränkungen – typisch ist. Die Digitalisierung kann verfassungsstaatlichen Anliegen ebenso nützen wie schaden: Durch die Nutzung sozialer Netzwerke können Individuen politische Prozesse in Gang setzen und sich daran beteiligen, was die Rolle traditioneller Medien, aber auch anderer intermediärer Gewalten relativiert.

Eine derart schwer steuerbare Form der intermediären Gewalt stellt daher im Vergleich zu den bisherigen Formen ein *Novum* dar. Während politische Parteien, Verbände oder Wirtschaftsunternehmen in unterschiedlichem Ausmaß zum Gegenstand staatlicher Regelungen gemacht und dadurch auch in ihrer Machtfülle beschränkt werden können, hinkt das Recht den technischen Möglichkeiten des Internets geradezu hinterher. Die Mediatisierung der Gesellschaft vom Staat erfolgt hier nicht durch Personenverflechtungen in staatlichen Organen, sondern durch die gezielte Information (vgl etwa die wichtige Rolle des Internets, speziell sozialer Netzwerke, für die Revolutionen im Zusammenhang des so genannten „Arabischen Frühlings") oder (durch fehlende, falsche oder einseitige Information, aber auch durch Teilsperren des Internets bewirkte) Desinformation der Massen und ihre politische Mobilisierung durch bisher unerschlossene Kommunikationskanäle. Die formlose Bündelung von Bürgeranliegen im Wege elektronischer Kommunikation geht dabei weit über nationale Grenzen hinaus und führt zu „kosmopolitischen" Bewegungen mit rechtlich unverfassten Aktionsformen wie etwa weltweiten politischen Petitionen, die über Internetforen organisiert werden. Selbst Verfassungsreformprozesse wurden vereinzelt schon (etwa in Island und Irland) von *constitutional crowdsourcing* begleitet, ohne dass diese digital unterstützte Bürgerbeteiligung freilich zu verbindlichen parlamentarischen Beschlüssen geführt hätte.

„If men were angels, no government would be necessary."
(*Federalist* No 51)

6. Kapitel: Staatsformen und Regierungsformen

I. Allgemeines

Bereits in der Antike wurden Typologien entwickelt, welche die Staaten danach unterschieden, wer **Träger staatlicher Herrschaftsgewalt** und welche **Staatsform** die „beste" sei. Dabei wurden Staatsformen und Regierungsformen begrifflich nicht immer so präzise auseinander gehalten, wie es heute der Fall ist. Während der moderne Begriff der **Staatsform** einerseits auf das **Staatsoberhaupt** (Republik – Monarchie), andererseits auf die innere territoriale **Einheitlichkeit** oder **Gegliedertheit** eines Staats (Einheitsstaat – Bundesstaat) abstellt, bezieht sich der moderne Begriff der **Regierungsform** auf die **innere Machtverteilung und -ausübung in einem politischen System** (zB Demokratie – Diktatur). Da die Lehre von den Staats- und Regierungsformen zu den ältesten Gebieten der Allgemeinen Staatslehre überhaupt zählt, soll zunächst ein Überblick über die wichtigsten Richtungen im Laufe ihrer historischen Entwicklung gegeben werden.

II. Die Staats- und Regierungsformen in der Theoriegeschichte

Lit: *Baranger/Murray*, Systems of government, in: Tushnet/Fleiner/Saunders (Hg), Routledge Handbook of Constitutional Law (2013) 73; *Bernatzik*, Republik und Monarchie[2] (1919); *Brinkmann*, Verfassungslehre[2] (1994); *Ermacora*, Allgemeine Staatslehre, Bd I (1970); *Haller/Kölz/Gächter*, Allgemeines Staatsrecht[5] (2013); *Jellinek*, Allgemeine Staatslehre[3] (1929); *Kelsen*, Allgemeine Staatslehre (1925); *Koja*, Allgemeine Staatslehre (1993); *Loewenstein*, Verfassungslehre[3] (1975); *Nawiasky*, Allgemeine Staatslehre, Vierter Teil (1958); *Pernthaler*, Allgemeine Staatslehre und Verfassungslehre[2] (1996); *Riklin*, Machtteilung (2006); *Wiegand*, Demokratie und Republik (2017).

1. Historischer Überblick: Von der Antike zur Neuzeit

Bereits *Platon* unterscheidet zunächst zwischen der **Monokratie** als Herrschaft eines Einzelnen und der **Aristokratie** als Herrschaft von mehreren, findet später aber zu einer anderen Form der Zweiteilung, nämlich der zwischen **Monokratie** und **Demokratie**. Beide Herrschaftsformen seien miteinander im richtigen Ausmaß zu vermischen, womit sich *Platon* als ein früher Vertreter der Lehre von der **„gemischten Verfassung"** erweist, derzufolge die beste Verfassung jene sei, in der sich Elemente verschiedener Herrschaftsformen wiederfänden.

Aristoteles geht grundsätzlich von **drei** idealtypischen Herrschaftsformen aus, die er – entgegen der heute üblichen Terminologie – als „Verfassungen" bezeichnet: Er unterscheidet dabei die **Herrschaft eines Einzelnen**, die **Herrschaft von Wenigen** und die **Herrschaft der Menge**. Wenn diese Herrschaftsformen *„die Herrschaft zum allgemeinen Besten führen"*, so seien sie *„die richtigen, geschieht es aber nur zum eigenen Vorteil des Einen oder der Wenigen oder der Menge, so sind es Entartungen"*.[143] Damit wird den **guten** und **gerechten Ausprägungen** dieser drei möglichen Herrschaftsformen jeweils eine **entartete Erscheinung** gegenübergestellt:

Im Fall der Einzelherrschaft unterscheidet *Aristoteles* zwischen einem guten **Königtum**, das sich durch die Rücksichtnahme des Monarchen auf das Gemeinwohl auszeichne, und einer schlechten **Tyrannis**, bei der nur der Eigennutzen des Monarchen im Vordergrund stehe. Die Herrschaft von Wenigen sei im guten Fall die **Aristokratie** als (wörtlich übersetzt) elitäre „Herrschaft der Besten", im schlechten Fall die **Oligarchie**, die nur den Vorteil der Reichen zum Ziel habe. Wenn das Volk den Staat zum allgemeinen Besten verwalte, handle es sich um eine **Politie**, die im negativen Fall aber eine Pöbelherrschaft darstelle; *Aristoteles* verwendet für letztere Herrschaftsform den Begriff der **Demokratie**, der mittlerweile jedoch eine positive Begriffsprägung erfahren hat, sodass der Begriff der **Ochlokratie** (Pöbelherrschaft) geeigneter erscheint.

Wie bereits *Platon* versucht auch *Aristoteles*, den Wandel der Herrschaftsformen in ein System zu bringen und ein Modell zu entwickeln, welche Herrschaftsformen unter welchen Umständen vom Untergang und der Umwandlung in eine andere Herrschaftsform bedroht seien. In der Realität lassen sich *Aristoteles* zufolge verschiedenste Unterarten und Mischformen dieser Trias entdecken. Damit bekennt sich auch Aristoteles zur Lehre von der „**Mischverfassung**".

Diese Lehre wird von *Polybios* am Beispiel der Römischen Republik weitergeführt: Ihm zufolge ist die beste Herrschaftsform eine Mischung der drei guten Herrschaftsformen und keine Reinform. Auch *Cicero* hält als „vierte Herrschaftsform" jene für die richtigste, die aus den drei Herrschaftsformen harmonisch gemischt sei. *Cicero* greift außerdem die **Kreislauftheorie** von *Polybios* auf: Während *Polybios* zufolge, ausgehend von der Einzelherrschaft, die gute Herrschaftsform entartet und diese schlechte Herrschaftsform sodann von der guten Herrschaftsform der nächsten Stufe abgelöst wird, geht *Cicero* von der (idealisierten) Möglichkeit eines Staatslenkers aus, der in Erkenntnis der vorhandenen Möglichkeiten die beste Herrschaftsform wiederherstelle, ohne sich dabei einem starren Kreislauf unterzuordnen.

Im Mittelalter hält *Thomas von Aquin* das **Königtum** für die beste aller Staatsformen, weil die durch einen Einzelnen ausgeübte Herrschaft der göttlich geordneten Natur entspreche und aus Demokratie oder Oligarchie nur Konflikte entstünden, die nicht dem Gemeinwohl dienten.

---

[143] *Aristoteles*, Politik, 3. Buch, 7. Kapitel, 1279a (Übersetzung).

An der Schwelle zwischen Mittelalter und Neuzeit äußert sich *Niccolò Machiavelli* zu den verschiedenen Staats- und Regierungsformen, die sich nach seiner Einschätzung der damaligen Verhältnisse entweder als **Republiken** oder **Fürstentümer** (Monarchien) darstellten. Er verengt damit die Vielfalt möglicher Staatsformen auf den Aspekt der Bestellung des Staatsoberhaupts, die im einen Fall durch Wahl, im anderen Fall auf Grund von Erbfolge oder Neuerwerbung eines Gebiets erfolge. Damit wird er aber auch Begründer der modernen Lehre der **Zweiteilung der Staatsformen**, die insbes auf dem Dualismus des Gegensatzpaares Monarchie – Republik aufbaut.

John Locke hingegen bleibt bei der antiken Einteilung der Herrschaftsformen in (erbliche und Wahl-)Monarchie, Oligarchie und Demokratie, ohne dabei ausdrücklich zwischen positiven und negativen Formen zu unterscheiden. Auch für ihn jedoch sind Mischformen ohne weiteres möglich, da es der Gesellschaft und deren legislativer Gewalt überlassen sei, darüber zu entscheiden.

Ebenso anerkennt *Jean-Jacques Rousseau*, ausgehend von der klassischen Dreiteilung idealtypischer (von ihm so bezeichneter) Regierungsformen, die Möglichkeit zahlloser Mischformen. Die Frage nach der besten Regierungsform sei allerdings für ihn relativ, da „*jede in bestimmten Fällen die beste ist und in anderen die schlechteste sein kann*".[144] Als allgemeine Regel gelte immerhin, dass die demokratische Regierung für kleine, die aristokratische für mittlere und die Monarchie für große Staaten geeignet sei. Die negative Form der Monarchie wird von *Rousseau* in die Tyrannis und die Despotie unterschieden: Der Tyrann erhebe sich zwar gegen das Gesetz, um dann allerdings mit eigenen Gesetzen zu regieren, während der Despot sich über alle Gesetze selbst hinwegsetze.

Besonders ausführlich setzt sich *Montesquieu* mit der Thematik auseinander und differenziert dabei zwischen der republikanischen, monarchischen und despotischen „Regierung". Die republikanische Regierung sei diejenige, in der das Volk als Ganzes oder ein Teil davon die oberste Gewalt innehabe, wobei es sich im ersten Fall um die Demokratie und im zweiten Fall um die Aristokratie handle. Als monarchische Regierung sei diejenige anzusehen, bei der ein Einzelner nach fest bestimmten Gesetzen regiere, während bei der despotischen Regierung ein Einzelner ohne Recht und Gesetz alles nach seinem Willen und seinen Launen lenke. *Montesquieu* ordnet den Staatsformen verschiedene Eigenschaften zu: der Demokratie die Tugend, der Aristokratie die Mäßigung, der Monarchie die Ehre, der Despotie die Furcht.

In eine ähnliche Richtung geht die von *Robert von Mohl* getroffene Einteilung der Staatsformen nach „Lebensansichten": Demnach entspreche „*der religiösen Lebensrichtung des Volkes […] die Theokratie; der sinnlich verkümmerten die Despotie; der privatrechtlichen Forderung der Patrimonialstaat; der einfachen Familienansicht der patriarchalische Staat; dem sinnlich-vernünftigen Lebenszwecke der Rechtsstaat*".[145] Derartige Versuche der Einteilung der Staats- und Regierungsfor-

---

[144] *Rousseau*, Contract, 3. Buch, 3. Kapitel (Übersetzung).
[145] *Von Mohl*, Die Polizei-Wissenschaft nach den Grundsätzen des Rechtsstaates, Bd I (1832) 5.

men sind allerdings heute nicht mehr üblich, da dadurch einzelne Aspekte eines Staats überbewertet werden und auch die Identifizierung von Staat und menschlichen Eigenschaften mittlerweile überholt ist.

Georg Jellinek unterscheidet zwischen **Monarchien** und **Republiken** als den zwei Hauptgattungen der Staatsformen, die wiederum in zahlreiche Unterarten unterteilt werden könnten, warnt aber vor einer „toten Scholastik", die zu einer realitätsfernen inflationären Begriffsbildung führen würde.

Für *Hans Kelsen* ist die Einteilung der Staatsformen eine rechtliche Einteilung und damit nichts anderes als eine Lehre von den verschiedenen Möglichkeiten, die **staatliche Ordnung als Rechtsordnung** zu erzeugen. Aus der Perspektive der Reinen Rechtslehre erhellt daher auch, warum *Kelsen* das Kapitel über die Lehre von den Staatsformen in seiner „Allgemeinen Staatslehre" mit „Die Erzeugungsmethoden" betitelt hat. Als Idealtypen beschreibt er die **Demokratie** als freien und die **Autokratie** als unfreien Staat, eine Zweiteilung, die ähnlich auch *Karl Loewenstein* (Autokratie – Konstitutionalismus) vorgenommen hat. Der antiken Dreiteilung der Staats- und Regierungsformen stellt er die modernere Zweiteilung der Staatsformen in Monarchie und Republik gegenüber, die er unter demokratischen und autokratischen Aspekten untersucht, wobei er besonders zwischen Demokratie in der Gesetzgebung und Demokratie in der Vollziehung differenziert.

2. Kritik und Würdigung

Auch heute noch gilt die antike Trias der Herrschaftsformen als klassisches Modell und Grundlage der modernen Unterteilung in Staats- und Regierungsformen. Die heutige Lehre unterscheidet allerdings grundsätzlich zwischen Staats- und Regierungsformen und konnotiert die antiken Begriffe teilweise etwas anders.

So orientiert sich die moderne Zweiteilung der Staatsformen überwiegend am Unterscheidungskriterium des **Staatsoberhaupts**, *ohne* dadurch zu präjudizieren, ob die Herrschaft durch einen Einzelnen, durch eine kleine Gruppe von Personen oder durch die Gesamtheit des Volkes ausgeübt wird, was eben eine Frage der **Regierungsform** darstellt. Kombinationsmöglichkeiten zwischen Staats- und Regierungsformen stehen grundsätzlich beliebig offen (die oligarchische Monarchie oder Republik wird allerdings im Folgenden vernachlässigt, weil sie zur Bildung der Haupttypen der Staatsformen wenig beiträgt, obzwar oligarchische Strukturen unterschwellig trotzdem eine Rolle spielen können[146]), während eine ausschließliche Identifikation bestimmter Staatsformen mit bestimmten Regierungsformen (zB Republik = Demokratie) **falsch** ist. So kann es diktatorische Republiken mit einem monokratischen Staatsoberhaupt geben; oder parlamentarische Monarchien, in denen der Monarch als *„king in parliament"* auf die Ausübung formaler und repräsentativer Funktionen beschränkt ist und eben keine Alleinherrschaft auszuüben berechtigt ist. Der heute relevante Gegensatz zwischen diesen beiden Staatsformen

---

[146] Vgl dazu unten 148 ff.

drückt sich daher auch nicht in der wörtlichen Begriffsbedeutung von Monarchie („Alleinherrschaft") oder Republik („die öffentliche Sache") aus.

Ebenso ist aber auch die Organisation des Staats als **Einheits-** oder **Bundesstaat** eine (oben[147] bereits erörterte) Frage der Staatsform, was nicht immer beachtet wird, weil sich zumindest die ältere Staatsformenlehre mit dem Phänomen der Dezentralisierung nicht näher auseinandersetzte. Gerade bei dieser Kategorie zeigt sich aber, dass die Wahl der Staatsform zumindest Einfluss auf die Regierungsform haben kann, weil etwa die Konzepte der repräsentativen und direkten Demokratie[148] im Mehrebenensystem mit unterschiedlichem Akzent verwirklicht werden können.

Die Frage, welche Staatsform die **beste** ist, lässt sich nach heutiger Auffassung nicht klar beantworten.[149] Empirisch lassen sich – eher als das in der Antike angenommene Kreislaufmodell – ein deutlicher Rückgang der Monarchien sowie eine steigende Zahl dezentralisierter Staaten wahrnehmen, sodass nicht auszuschließen ist, dass der Republikanismus und ein höherer Grad an Dezentralisierung längerfristig zu den Merkmalen jedes westlichen Verfassungsstaats zählen werden.[150] Hingegen ist der westliche Verfassungsstaat überhaupt nur unter der Voraussetzung einer demokratischen Regierungsform verwirklichbar. Auch die idealtypische Gegenüberstellung „guter" und „schlechter" Staats- und Regierungsformen in der Antike orientierte sich bereits an Aspekten, die eher mit der Regierungsform als mit der Staatsform zusammenhingen.

Das Prinzip der „**gemischten Verfassung**" ist auch westlichen Verfassungsstaaten in gewissem Ausmaß eigen, insoweit Regierungsformen selten in ihrer Reinform verwirklicht sind: So finden sich beispielsweise auch in Demokratien oligarchische Elemente (zB in der Zusammensetzung mancher Zweiter Kammern, im Konzept der Repräsentation, das durch die regelmäßig stattfindende Wahl der Repräsentanten freilich demokratisiert wird, im Einfluss intermediärer Gewalten auf die staatliche Willensbildung) oder monokratische Elemente (zB die Figur eines Staatsoberhaupts, sonstige monokratische Staatsorgane), die allerdings in das demokratisch-gewaltenteilende Gesamtsystem eingebettet sein müssen. Mitunter sind in Bundesstaaten unterschiedliche Staatsformen auf den verschiedenen Ebenen anzutreffen: In sehr seltenen Fällen ist der Bundesstaat republikanisch, während die Gliedeinheiten Monarchien sind (zB wählen die Emire der Vereinigten Arabischen Emirate einen Präsidenten als Staatsoberhaupt). Wo der Bundesstaat eine Monarchie ist, verfügen die Gliedeinheiten selten über einen eigenen Monarchen an ihrer Spitze (so aber ein Teil der Gliedeinheiten Malaysias). Sonderfälle können außerdem durch die verfassungsrechtliche Berücksichtigung indigener Traditionen entstehen, etwa durch die Anerkennung der Rolle der *traditional leaders* in der Republik Südafrika.

---

[147] Vgl dazu oben 87.
[148] Vgl dazu unten 201 ff.
[149] Vgl dazu oben 37 f.
[150] Vgl dazu oben 38.

III. Die Staatsformen

Lit: *Bernatzik*, Republik und Monarchie[2] (1919); *von Bogdandy*, Die europäische Republik, APuZ 36/2005, 21; *Brinkmann*, Verfassungslehre[2] (1994); *Ermacora*, Allgemeine Staatslehre, Bd I (1970); *Gallus/Jesse* (Hg), Staatsformen von der Antike bis zur Gegenwart[2] (2007); *Gamper*, Dezentralisation als Element „gemeineuropäischer" Verfassungsstaatlichkeit, in: Europäisches Zentrum für Föderalismus-Forschung Tübingen (Hg), Jahrbuch des Föderalismus 2007 (2007) 42; *Häberle*, Monarchische Strukturen und Funktionen in europäischen Verfassungsstaaten, FS Schambeck (1994) 683; *Haller/Kölz/ Gächter*, Allgemeines Staatsrecht[5] (2013); *Jellinek*, Allgemeine Staatslehre[3] (1929); *Kelsen*, Allgemeine Staatslehre (1925); *Kipp*, Staatslehre[2] (1949); *Loewenstein*, Die Monarchie im modernen Staat (1952); *ders*, Verfassungslehre[3] (1975); *Nawiasky*, Allgemeine Staatslehre, Vierter Teil (1958); *Pernthaler*, Allgemeine Staatslehre und Verfassungslehre[2] (1996); *Riescher/Thumfart* (Hg), Monarchien (2008); *Schmitt*, Verfassungslehre (1928); *Zippelius*, Allgemeine Staatslehre[17] (2017).

1. Die Monarchie

a. Begriff

Wörtlich übersetzt bedeutet **Monarchie** dasselbe wie **Monokratie**[151], nämlich **Alleinherrschaft**. Nach heute üblicher Definition unterscheidet sich die Monarchie jedoch lediglich nach der Art des **Staatsoberhaupts** von der Republik, ohne dabei zu präjudizieren, ob dieses Staatsoberhaupt tatsächlich alleiniger Träger der Staatsgewalt ist oder nicht. Die Monokratie hingegen ist eine Regierungsform, die mit der Monarchie – ebenso wie mit der Republik – kombiniert werden kann, aber nicht muss. Typische Unterschiede der Monarchie zur Republik liegen in der Bestellung des **Staatsoberhaupts** durch **Erbfolge**, der grundsätzlichen Amtsdauer auf **Lebenszeit** sowie der fehlenden **parlamentarischen Verantwortlichkeit**.

Unterschieden werden Monarchien üblicherweise in **absolute**, **konstitutionelle** und **parlamentarische**, wobei sich diese Unterscheidung im Wesentlichen danach bemisst, ob die Monarchie mit einer monokratischen oder demokratischen Regierungsform kombiniert wird. Kombinationen mit einer rein oligarchischen Regierungsform sind seltener (vgl aber den seltenen Fall eines „doppelten" Staatsoberhaupts, so häufiger in der antiken Staatenwelt, heute etwa noch in Andorra und San Marino), allerdings sind gewisse oligarchische Züge auch im Falle des Überwiegens einer anderen Regierungsform in untergeordnetem Ausmaß möglich („ehernes Gesetz" der Oligarchie)[152]. Eine weitere Unterscheidung findet sich hinsichtlich der Art der Bestellung des Monarchen, sodass man von **Erb**- oder **Wahlmonarchie** spricht.

Beispiele vorwiegend historischer Typen sind außerdem die Patrimonialmonarchie (Monarch als „Obereigentümer" des gesamten in der Lehenspyramide ge-

---

[151] Vgl dazu unten 147 f.
[152] Vgl dazu unten 149.

schichteten Staatsgebiets) oder die theokratische Monarchie (Gottesstaat auf Basis einer behaupteten göttlichen Berufung oder göttlichen Natur des Monarchen).

b. Die absolute Monarchie

In der **absoluten Monarchie** übt der Monarch als alleiniger Träger der Staatsgewalt („Souverän") die volle und unbeschränkte Herrschaftsgewalt aus, ohne dabei an weltliches Recht gebunden zu sein (*princeps legibus solutus est*). Die absolute Monarchie ist also die Kombination einer monarchischen Staatsform mit einer **monokratischen Regierungsform**. Sofern die Legitimation zur Ausübung dieser Herrschaftsgewalt auf den Willen Gottes zurückgeführt, diese also „von Gottes Gnaden" abgeleitet wird, spricht man von **Gottesgnadentum**. Eine Unterwerfung unter die göttlichen Gesetze sowie religiösen und moralisch-naturrechtlichen Gebote charakterisiert diese Form der absoluten Monarchie gegenüber anderen absoluten Monarchien bzw generell Monokratien, in denen der Monokrator weder weltlichen noch geistlichen Gesetzen unterworfen ist.

c. Die konstitutionelle Monarchie

Als **konstitutionelle Monarchie** wird ein Staat bezeichnet, in dem der Monarch durch eine Verfassung in seiner Herrschaftsausübung beschränkt wird. Nach konstitutionalistischem Denken muss eine Verfassung bestimmte materielle Erfordernisse, wie Demokratie, Rechtsstaat, Gewaltenteilung und Grundrechte, erfüllen; eine **demokratische Regierungsform** ist daher für eine konstitutionelle Monarchie nach überwiegender Vorstellung unerlässlich. Nach anderer Vorstellung handelt es sich beim konstitutionellen Monarchen lediglich um einen Monarchen, dessen Position in einer Verfassung förmlich verankert ist, ohne dass es sich dabei um eine demokratische Verfassung handeln müsste. In beiden Fällen ist nicht ausgeschlossen, dass erhebliche Befugnisse beim Monarchen verbleiben.

d. Die parlamentarische Monarchie

Die **parlamentarische Monarchie** ist eine heute besonders häufig anzutreffende Subkategorie der konstitutionellen Monarchie, in der die Herrschaftsgewalt des Monarchen sehr weitgehend beschränkt und im Wesentlichen dem **Parlament** überantwortet ist. Die dem Monarchen verbleibenden Rechte sind zumeist **repräsentativer** oder **formaler** Natur. Ein Beispiel für letztere Art von Befugnis, die theoretisch zwar bedeutsam ist, dem Monarchen praktisch aber keine wesentliche Machtfülle verleiht, ist das Zustimmungsrecht im Gesetzgebungsverfahren, das im parlamentarischen System bestenfalls auf die Prüfung formaler Aspekte der parlamentarischen Beschlussfassung beschränkt ist; in den europäischen Monarchien der Gegenwart ist der Monarch regelmäßig zur Unterzeichnung von Gesetzen verpflichtet (Ausnahmen: Liechtenstein und, mit anders aufgebautem Gesetzgebungsverfahren, Monaco).

Für diese Rolle des im parlamentarischen System eingebetteten Monarchen wurde im Vereinigten Königreich der Begriff *„king (queen) in parliament"* geprägt.[153] Die dieser Form der Monarchie zugehörige Regierungsform ist daher die der (parlamentarischen) **Demokratie**.

e. Die Erbmonarchie

Die herkömmliche Form jeder Monarchie ist die **Erbmonarchie**, in welcher der Monarch seine Stellung auf Grund seiner Zugehörigkeit zu einer bestimmten **Dynastie** mit Geburt erwirbt. Die Thronfolge wird in einigen Monarchien in der Verfassung, in anderen im „Hausstatut" des Herrscherhauses geregelt und war zumeist dem ältesten Sohn des amtierenden Monarchen vorbehalten, wovon es mittlerweile allerdings zahlreiche Ausnahmen gibt, welche auch Töchtern diese Möglichkeit einräumen. Die lange historische Tradition eines herrschenden Hauses wird dabei als besondere Legitimation angesehen, die besonders früher mit dem Gottesgnadentum verbunden wurde.

f. Die Wahlmonarchie

Unter **Wahlmonarchie** ist jene seltene Form der Monarchie zu verstehen, in der der Monarch gewählt und nicht durch Erbfolge bestimmt wird (zB Wahl des Papstes durch das Konklave; Wahl des malaysischen *Yang di-Pertuan Agong* durch den Rat der monarchischen Staatsoberhäupter der malaysischen Gliedstaaten). Damit ergibt sich allerdings ein Abgrenzungsproblem gegenüber der Republik, da gerade für diese die Wahl des Staatsoberhaupts charakteristisch ist.

2. Die Republik

a. Begriff

Der Begriff der Republik (> lat *res publica* = die „öffentliche Sache", im weiteren Sinn: der Staat) wird heute in einer im Vergleich zur Antike sehr verengten Bedeutung für all jene Staatsformen verwendet, die **keine Monarchien** sind. Die Konnotation der früheren *res publica*, die mit Elementen der Demokratie und dem Gemeinwohlgedanken[154] verbunden war (so zB noch die in den *Federalist Papers* anzutreffende Vorstellung von den USA als einer neu zu gründenden demokratischen Bundesrepublik im Gegensatz zum monarchisch und daher undemokratisch verstandenen Großbritannien), verschwand. Gelegentlich werden wissenschaftliche Versuche der Neubelebung eines umfassenderen Republikbegriffs unternommen, was insgesamt aber eher begriffliche Abgrenzungsprobleme zutage fördern dürfte.

---

[153] Dies zeigt sich sehr anschaulich in der allen *Acts of Parliament* vorangestellten Klausel: *„Be it enacted by the Queen's most Excellent Majesty, by and with the advice and consent of the Lords Spiritual and Temporal, and Commons, in this present Parliament assembled, and by the authority of the same, as follows".*

[154] Vgl dazu unten 159 ff.

Typische Merkmale der Republik sind die Bestellung des **Staatsoberhaupts** durch **Wahl** und nicht durch Erbfolge, die **Begrenzung seiner Amtsdauer** sowie seine **parlamentarische Verantwortlichkeit**. Allerdings können diese Merkmale im Fall der monokratischen Republik insofern fehlen, als in einer solchen das Staatsoberhaupt möglicherweise durch einen Akt der Usurpation oder als Folgegeneration einer neubegründeten monokratischen Präsidentendynastie (vgl zB Nordkorea) an die Macht kommt bzw sein Amt ohne Verantwortlichkeit einem Parlament gegenüber auf Lebenszeit ausübt.

Das Staatsoberhaupt einer Republik wird im Regelfall als **Präsident** bezeichnet. Zu unterscheiden sind – abhängig von der jeweiligen Regierungsform – insbes **demokratische** und **monokratische Republiken**. Auf Grund des „ehernen Gesetzes" der Oligarchie[155] sind aber auch solche Republiken nicht frei von oligarchischen Einschlägen.

b. Die demokratische Republik

Im – weltweit überwiegenden – Fall der **demokratischen Republik** stützt sich der Präsident auf eine demokratische Legitimation durch Wahl – insbes Volkswahl oder Wahl durch das Parlament. In **präsidialen Regierungssystemen**[156] verfügt er über eine größere Machtfülle, was angesichts seiner demokratischen Legitimation (Volkswahl) und Einbindung in das demokratische Kontrollsystem (zB rechtliche Anklagemöglichkeit, Absetzung durch Volksabstimmung, beschränkte Amtsdauer) rechtfertigbar ist. In **parlamentarischen Regierungssystemen**[157] hingegen ist eine Trennung der Ämter von Regierungschef und Staatsoberhaupt üblich, wobei letzteres gegenüber erstgenanntem Organ deutlich weniger Befugnisse wahrnimmt. Generell gilt für die demokratische Republik: Je größer die Machtfülle des Präsidenten ist, desto stärkerer demokratischer Legitimation bedarf er und desto limitierter muss seine Amtsdauer sein (begrenzte Amtsdauer mit Unzulässigkeit oder Beschränkung der Wiederwahl). Problematisch sind daher die in den letzten Jahren in verschiedenen südamerikanischen und afrikanischen Staaten durchgeführten Verfassungsänderungen, mit denen eine unbegrenzte Amtsdauer des Präsidenten oder dessen unbeschränkte Wiederwahlmöglichkeit ermöglicht wurde.

c. Die monokratische Republik

Um eine **monokratische Republik** handelt es sich, wenn die Staatsgewalt monokratisch ausgeübt wird, ohne dass das monokratische Organ ein Monarch wäre. Es fehlen in diesem eher seltenen Fall (vgl aber zB Nordkorea) die (während der gesamten Amtsdauer gewährleistete) demokratische Legitimation und Verantwortlichkeit des Staatsoberhaupts, aber auch andere verfassungsstaatliche Erfordernisse, sodass es, wie in allen Monokratien, zur Beschränkung oder Aufhebung des

---

155 Vgl dazu unten 149.
156 Vgl dazu unten 195 f.
157 Vgl dazu unten 194 f.

Rechtsstaats, der Gewaltenteilung und der Grundrechte, zum Verbot der politischen Opposition und des gesellschaftlichen Pluralismus und zur Anwendung autoritärer oder totalitärer Methoden kommt.

Bereits der etymologische Ursprung – Republik als „öffentliche Sache" im Sinne einer Staatsform, die eben nicht von einem Einzelnen getragen wird, sondern wo Träger der Staatsgewalt ein ganzes Volk ist – zeigt auf, dass zumindest die mit der Republik ursprünglich verbundene Regierungsform keine monokratische war.

3. Die Abgrenzung der Monarchie zur Republik

Nach ihren gebräuchlichsten Erscheinungsformen unterscheiden sich Monarchie und Republik nicht bloß hinsichtlich der Art der **Bestimmung** des Staatsoberhaupts, sondern auch hinsichtlich der jeweiligen **Amtsdauer**. Merkmal von Monarchien ist es nämlich, dass das Staatsoberhaupt sein Amt bis zum Lebensende ausübt (vgl allerdings die Möglichkeit des Thronverzichts oder in Malaysia die bloß fünfjährige Bestellung des *Yang di-Pertuan Agong*), während das Staatsoberhaupt in Republiken im Regelfall nur für eine bestimmte Amtsdauer – allenfalls mit der Möglichkeit der Wiederwahl – bestellt wird. Es ist also die Kombination beider Merkmale, die den Hauptunterschied zwischen beiden Staatsformen ausmacht. Ein drittes Unterscheidungskriterium stellt die rechtliche und politische **Verantwortlichkeit** des Staatsoberhaupts dar, die in Monarchien üblicherweise, anders als in Republiken, fehlt.

Schwierig ist die Abgrenzung zwischen monokratischen (absoluten) Monarchien und monokratischen Republiken. In beiden Fällen kann das monokratische Staatsoberhaupt sein Amt durch Usurpation oder sogar Erbfolge erlangt haben. In vielen republikanischen Diktaturen entwickeln sich sogar quasi-dynastische Systeme, wodurch der ursprüngliche Usurpator dem von ihm begründeten System Legitimation zu verleihen und die Herrschaft innerhalb seiner Familie zu erhalten sucht (vgl etwa die „Republik" Nordkorea, in welcher der verstorbene Präsident Kim Il-sung unter dem Regime seines Sohnes posthum die Funktion eines „Ewigen Präsidenten" verliehen bekam und in der mittlerweile sein Enkel als Diktator herrscht).

Die unbeschränkte Amtsdauer und Unabsetzbarkeit eines auf Lebensdauer bestellten Staatsoberhaupts sind überhaupt nur dann mit einer Demokratie vereinbar, wenn die dem Staatsoberhaupt vorbehaltenen Funktionen unmaßgeblich sind bzw in ihrer rechtlichen Entfaltung wesentlich von der Mitwirkung anderer, demokratisch bestellter Staatsorgane abhängen. Monarchie indiziert also nicht zwangsläufig Monokratie; doch scheint die Monarchie mit ihrem Regelmodell der (für sich betrachtet) undemokratischen Erblichkeit der Position des Staatsoberhaupts sowie der lebenslangen Amtsdauer des Staatsoberhaupts monokratische Systeme *tendenziell* eher zu begünstigen als die Republik, der im Regelfall die Wahl und begrenzte Amtsdauer des Staatsoberhaupts immanent sind. Insgesamt zeigt sich jedoch, dass die Wahl der Regierungsform den Unterschied in der Staatsform in den Schatten stellt.

IV. Die Regierungsformen

1. Allgemeines

Als **Regierungsform** wird das System bezeichnet, nach dem die **politische Herrschaftsmacht im Inneren des Staats verteilt ist und ausgeübt wird**. Es geht dabei einerseits um die Frage, inwiefern ein **Einzelner**, **Wenige** oder das **Volk** an der Herrschaft beteiligt sind; andererseits auch um das **innere Verhältnis der verschiedenen staatlichen Gewalten zueinander**.

2. Die Monokratie

Lit: *Brinkmann*, Verfassungslehre[2] (1994); *Ermacora*, Allgemeine Staatslehre, Bd I (1970); *Haller/Kölz/Gächter*, Allgemeines Staatsrecht[5] (2013); *Kipp*, Staatslehre[2] (1949); *Pernthaler*, Allgemeine Staatslehre und Verfassungslehre[2] (1996); *Thio*, Constitutionalism in Illiberal Polities, in: Rosenfeld/Sajó (Hg), The Oxford Handbook of Comparative Constitutional Law (2012) 133; *Zippelius*, Allgemeine Staatslehre[17] (2017).

Unter **Monokratie** wird die **Ausübung der Herrschaftsgewalt durch einen Einzelnen** verstanden. Auch wenn die Definition dieser Regierungsform wieder in die Staatsformenlehre zurückzuführen scheint, so ist für die Monokratie nicht die Art der Bestellung oder die Amtsdauer des Staatsoberhaupts maßgeblich. Sie ist vielmehr dadurch gekennzeichnet, dass ein Einzelner die Herrschaftsgewalt ausschließlich und allein – freilich regelmäßig mit Rückgriff auf ihn unterstützende Personen – für sich beansprucht, was impliziert, dass das Staatsoberhaupt zugleich all jene Funktionen ausübt, die in einer anderen Regierungsform auf mehrere Herrschaftsträger verteilt wären.

Damit ist aber noch nicht gesagt, ob die Monokratie eine Republik oder Monarchie darstellt. Es kann sich beim Monokrator daher um einen **absoluten Monarchen** oder den **Diktator einer Republik** handeln. Anders als in der Vergangenheit handelt es sich bei der überwiegenden Zahl der heutigen Monarchien um keine Monokratien, da die Machtfülle des Monarchen in diesen Systemen wesentlich durch die konstitutionelle Gewaltenteilung beschränkt wird. Der Monokrator hingegen ist nicht nur Staatsoberhaupt, sondern vereint auch alle anderen Funktionen der Herrschaftsgewalt auf sich. Eine Monokratie ist daher keine für den westlichen Verfassungsstaat akzeptable Regierungsform, da die Ausübung unumschränkter Herrschaftsgewalt durch einen Einzelnen mit verfassungsstaatlichen Grundwerten unvereinbar ist.

Typische Merkmale einer Monokratie sind daher: Unterdrückung der Bevölkerung, die keine oder nur scheinbare demokratische Rechte für sich in Anspruch nehmen kann; gänzliches Fehlen oder nur Scheinexistenz anderer Staatsorgane; Fehlen eines Kräfteverhältnisses im Sinne von *checks and balances*, dh keine Kontrolle des Monokrators durch andere Gewalten; Fehlen von Grundrechten. Der **totalitäre** Charakter einer Monokratie äußert sich auch im Verbot bzw der Unterdrückung von politischem und gesellschaftlichem Pluralismus. Der britische Historiker *John*

Acton erkannte die im Falle der Akkumulation absoluter Macht noch einmal erhöhte Gefahr des Machtmissbrauchs und formulierte dieses „Korruptionsgesetz" im bekannten Aphorismus: *„Power tends to corrupt and absolute power corrupts absolutely."*[158]

Hinzuweisen ist allerdings darauf, dass einzelne monokratische Elemente regelmäßig auch in Oligarchien und Demokratien vorkommen und mit diesen Regierungsformen vereinbar sind, *sofern* sie durch andere Elemente entsprechend beschränkt werden. So verfügen Staaten regelmäßig über ein Staatsoberhaupt, was *per se* ein monokratisches Element – ein Einzelner an der Staatsspitze – darstellt; durch das – in den meisten dieser Fälle – gewährleistete Überwiegen anderer und durch andere Funktionsträger ausgeübter staatlicher Gewalten tritt der monokratische Charakter jedoch in den Hintergrund.

Die Monokratie kann damit der **Tyrannis** bzw der **Despotie** gleichgesetzt werden; diese älteren Begriffe bezeichneten jene „schlechten" Verfassungen mit einem Einzelherrscher an der Spitze, die in der Staatsphilosophie lange Zeit dem „guten" Königtum gegenübergestellt wurden, was eine heute überholte Auffassung darstellt. Ebenso stellt die Monokratie eine Form der **Diktatur** dar – doch gibt es außer monokratischen auch oligarchische Diktaturen; als „Volksdiktatur" wird die in Revolutionszeiten beobachtbare Ochlokratie („Pöbelherrschaft"), gelegentlich aber überspitzt auch das demokratische Überstimmen der Minderheit durch die Mehrheit, insbes in grundrechtssensiblen Belangen, bezeichnet.

3. Die Oligarchie

Lit: *Brinkmann,* Verfassungslehre[2] (1994); *Haller/Kölz/Gächter,* Allgemeines Staatsrecht[5] (2013); *Herzog,* Politische Führungsgruppen (1982); *Jellinek,* Allgemeine Staatslehre[3] (1929); *Kelsen,* Allgemeine Staatslehre (1925); *Michels,* Zur Soziologie des Parteiwesens (1911); *Mosca,* Die herrschende Klasse (1950); *Pernthaler,* Allgemeine Staatslehre und Verfassungslehre[2] (1996); *Schmitt,* Verfassungslehre (1928); *Zippelius,* Allgemeine Staatslehre[17] (2017).

Die **Oligarchie** (> altgriech *oligoi* = die Wenigen, *archein* = herrschen) ist jene Regierungsform, in der die Herrschaftsgewalt auf eine **Gruppe von Personen**, wörtlich auf „**Wenige**", beschränkt ist. Die genaue Zahl der Oligarchen lässt sich staatstheoretisch nicht bestimmen; in Abgrenzung zur Monokratie braucht es jedenfalls eine Verteilung der Herrschaftsgewalt auf mehr als eine einzige Person; im Gegensatz zur Demokratie repräsentieren die Oligarchen entweder nur eine Minderheit der Bevölkerung oder überhaupt nur ihre eigenen Interessen.

Wie die Monokratie ist auch die Reinform der Oligarchie mit dem westlichen Verfassungsstaat nicht vereinbar, da dieser demokratische Strukturen, basierend auf dem Prinzip der Volkssouveränität, voraussetzt. Allerdings zeigt sich, dass Oligarchien schillernde Formen annehmen können, die weder ein auf die Vergangenheit beschränktes Phänomen darstellen noch selbst in Demokratien völlig fehlen.

---

[158] *Acton,* Letter to Bishop Mandell Creighton (1887).

Vielmehr wurde das Konzept der Oligarchie als „*ehernes Gesetz*"[159] beschrieben, das in größeren Organisationsformen unvermeidlich sei, weil Führungseliten ihre eigenen Interessen am meisten verträten. Selbst in der „klassenlosen Gesellschaft" könne es zu oligarchischen Formen kommen, wenn eine Minderheit von Parteikadern die Herrschaftsgewalt ausübe. Erst recht könnten oligarchische Strukturen in gesellschaftlichen Mehrklassensystemen entstehen, wo regelmäßig „herrschende Klassen" oder gesellschaftliche Eliten direkt oder indirekt, in rechtlichen oder außerrechtlichen Formen, an der Herrschaft beteiligt seien. In einer Demokratie ist dies in gewissem Ausmaß zulässig: Beispielsweise wird in der repräsentativen Demokratie die Herrschaft durch – allerdings demokratisch legitimierte – Repräsentanten ausgeübt, deren Zahl verhältnismäßig gering ist. Ebenso ist der – mehr oder weniger offene – Einfluss intermediärer Gewalten, wie politischer Parteien, von Verbänden, Wirtschaftsunternehmen oder Massenmedien, von Klerus oder Militär, auch in demokratischen Systemen nicht unüblich und insoweit mit der Demokratie vereinbar, als dieser Einfluss pluralistisch geübt werden kann, das Volk maßgeblich – ob direkt oder indirekt – an den staatlichen Gewalten beteiligt ist und rechtsstaatlich-gewaltenteilende Kontrollmechanismen eine effektive Beteiligung des Volkes sowie generell die Einhaltung der Rechtsordnung garantieren. In Monokratien wiederum können oligarchische Elemente insoweit eine Rolle spielen, als ein Monokrator, mag er auch als Einzelherrscher die vorrangige Position einnehmen, seine Herrschaft niemals ohne Unterstützung bestimmter Personen aus seiner Umgebung (politische Berater, Militärstab, Familienclan etc) ausüben könnte.

Die Oligarchie kennt ganz unterschiedliche Ausprägungen: Während die **Aristokratie** als – wörtlich – „Herrschaft der Besten" (> altgriech *aristoi* = die Besten, *kratein* = herrschen) in der Antike als „gute" Form der „entarteten" Oligarchie gegenübergestellt wurde, stellt sie nach heutiger Begrifflichkeit nur mehr eine Variante eines oligarchischen Systems dar. Unter Aristokratie ist demnach ein System der Adelsherrschaft zu verstehen, das in der heutigen Welt westlicher Verfassungsstaaten zumindest in seiner formalrechtlichen Bedeutung deutlich reduziert oder abgeschafft wurde. Wohl finden sich aber noch aristokratische Restelemente selbst in demokratischen Systemen, wofür das bekannteste Beispiel das *House of Lords* als Zweite Kammer des Westminster-Parlaments darstellt, in dem traditionell der hohe weltliche und geistliche Adel des Vereinigten Königreiches vertreten war, auch wenn es nun in einem unabgeschlossenen Reformprozess befindlich ist, der längerfristig zu einer Demokratisierung führen könnte. Vielen noch älteren Zweiten Kammern,[160] darunter auch dem römischen Senat der Antike, lag die Vorstellung einer „Kammer der Elite", einer durch Adels- und Alterswürde ausgezeichneten Kammer, zugrunde. Auch heute noch ist für viele Zweite Kammern das Erfordernis eines im Vergleich zur Mitgliedschaft in der Ersten Kammer erhöhten Alters (**Gerontokratie**) vorgesehen. Die so genannte verfassungsmäßige („**kommissarische**") Oligarchie tritt immer wieder in Zeiten des Staatsnotstands auf, beruht allerdings

---

[159] *Michels*, Zur Soziologie des Parteiwesens² (1925) 479 ff.
[160] Vgl dazu unten 207 ff.

unter Umständen auf einer verfassungsrechtlichen Verankerung (konstitutioneller Notstand)[161], sodass die der oligarchischen Führung übertragene Machtfülle rechtmäßig nur unter ganz besonderen Umständen und in einem zeitlich eng begrenzten Rahmen ausgeübt werden kann. Eine nach Kapital und Vermögen ausgerichtete Oligarchie stellt die **Plutokratie** dar. Gerade diese Form der Oligarchie ist auch in den Verfassungsstaaten der Gegenwart durchaus verbreitet, etwa in Form transnationaler Konzerne[162]. Die heutige Elitenbildung im Rahmen des „ehernen Gesetzes" der Oligarchie stützt sich daneben auch auf eine Vielzahl anderer Kriterien, wie etwa Geschlecht, Zugehörigkeit zu einer politischen Partei, gesellschaftlichen Klasse, militärischen Führungsschicht, ethnischen Gruppe, Religionsgemeinschaft, Bildung, Sachverstand und Leistungsbereitschaft, Kommunikationsfähigkeit etc. Auch Übergangsregierungen in Verfassungstransitionsstaaten oder nur eine Minderheit der Bevölkerung repräsentierende „Expertenregierungen" tragen unter Umständen stärker oligarchische Züge, mögen sie auch in demokratischen Verfahren bestellt worden sein.

Im westlichen Verfassungsstaat muss zumindest eine „demokratische Fluktuation" in den oligarchischen Strukturen möglich sein, sodass diese also nicht starr gewissen Teilen der Bevölkerung verschlossen sind, sondern prinzipiell einem Wechsel offen stehen („Chance auf Aufstieg"). Demokratisierend wirkt auch das Nebeneinanderbestehen mehrerer oligarchischer Strukturen, die unterschiedliche oder gegensätzliche Interessen vertreten (zB in Form von verschiedenen politischen Parteien, Verbänden, Wirtschafts- und Medienunternehmen).

4. Die Demokratie

Lit (vgl auch unten 198): *Brinkmann*, Verfassungslehre[2] (1994); *D'Atena*, Das demokratische Prinzip im System der Verfassungsprinzipien, JöR 47 (1999), 1; *Di Fabio*, Das Recht offener Staaten (1998); *Ermacora*, Allgemeine Staatslehre, Bd I (1970); *Friedrich*, Demokratie als Herrschafts- und Lebensform[2] (1966); *Haller/Kölz/Gächter*, Allgemeines Staatsrecht[5] (2013); *Hillgruber*, Die Herrschaft der Mehrheit, AöR 2002, 460; *Isensee*, Salus publica – suprema lex? (2006); *Jellinek*, Allgemeine Staatslehre[3] (1929); *Kelsen*, Allgemeine Staatslehre (1925); *ders*, Vom Wesen und Wert der Demokratie[2] (1929); *Kipp*, Staatslehre[2] (1949); *Koja*, Allgemeine Staatslehre (1993); *Loewenstein*, Verfassungslehre[3] (1975); *Mantl*, Repräsentation und Identität (1975); *Mastronardi*, Verfassungslehre (2007); *Nawiasky*, Allgemeine Staatslehre, Vierter Teil (1958); *Pernthaler*, Allgemeine Staatslehre und Verfassungslehre[2] (1996); *Schmidt*, Demokratietheorien[5] (2010); *Zippelius*, Demokratie als Ideal und Wirklichkeit, FS Marcic (1974) 921; *ders*, Allgemeine Staatslehre[17] (2017).

a. Begriff

Die Demokratie (> altgriech *demos* = Volk, *kratein* = herrschen) ist die einzige Regierungsform, die als solche mit dem westlichen Verfassungsstaat vereinbar

---

[161] Vgl dazu oben 66.
[162] Vgl dazu oben 134 f.

ist, ja dessen grundlegende Voraussetzung bildet, weil das **Volk Herrschaftsträger** ist. Der westliche Verfassungsstaat baut auf dem Prinzip der **Volkssouveränität**[163] auf, was eine Souveränität des Monokraten oder einer Gruppe von Oligarchen ausschließt (anders Art 2 der liechtensteinischen Verfassung, wonach die Staatsgewalt im Fürsten *und* im Volk verankert sei). Demokratie gewährleistet eben dadurch einen Raum größtmöglicher individueller Freiheit, dass die Herrschaft keinem Einzelnen oder nicht bloß einer kleinen Gruppe übertragen ist.

Die der Demokratie (damaliger Begriff: *Politie*) in der Antike als „entartete" Erscheinung gegenübergestellte **Ochlokratie** („Pöbelherrschaft") befindet sich im Grauzonenbereich zur **Anarchie**, in der alle verfassungsstaatlichen Herrschaftsformen aufgehoben sind. Das Volk wird nach heutigem Verständnis als eine neutrale staatliche Konstituante gesehen, die aus staatsrechtlicher Perspektive keinem moralischen Urteil – als guter *Demos* oder entarteter Pöbel – unterliegt. In den letzten Jahren wird aber auch in Europa zunehmend die Frage nach der Begrenzung der demokratischen Durchsetzung des – repräsentativ oder direkt geäußerten – Volkswillens in Zusammenhang mit umstrittenen Reformvorhaben gestellt (vgl zB die Aufnahme eines Minarettverbots in die Schweizerische Bundesverfassung 2009, die Reform der ungarischen Verfassung 2013, die Änderung der türkischen Verfassung 2017 oder die polnische Justizreform 2017).

b. Demokratie und Gleichheit

Eng verknüpft ist die Demokratie mit dem Prinzip der **Gleichheit**, das der Monokratie und der Oligarchie fehlt: Denn die Monokratie beruht auf dem entscheidenden Gegensatz von Einzelherrscher und Volk (den „Untertanen"), während die Oligarchie von einem Gegensatz zwischen einer elitären Minderheit und einer von der Führung des Staats ausgeschlossenen Mehrheit des Volks ausgeht. Die Demokratie, die eine Regierung des Volkes *durch* das Volk und *für* das Volk[164] (letzteres im Sinne der antiken Idee von *res publica*, die sich insofern mit dem ursprünglich auf den Herrschaftsträger [„durch das Volk"] gemünzten Demokratiebegriff vermischt hat) und damit eine Identität von Regierenden und Regierten verwirklichen will, geht hingegen von einer grundsätzlichen Gleichheit aller Bürger aus.

Es ist dabei eine wiederum auf die Antike zurückgehende Frage, ob diese Gleichheit „arithmetischer" oder „geometrischer" Natur ist:[165] Im erstgenannten Fall sind die Bürger absolut und ausnahmslos gleich zu behandeln, im zweitgenannten Fall hingegen darf nur dann (und muss sogar) zwischen ihnen unterschieden werden, wenn dafür sachliche Gründe vorliegen. Es könnte gerade die absolute Gleichbehandlung in

---

[163] Vgl dazu unten 198 ff.

[164] Vgl auch die berühmte Formulierung als „*government of the people, by the people, for the people*" von *Abraham Lincoln* in seiner *Gettysburg Address* 1863 sowie Art 2 Abs 5 der heutigen französischen Verfassung: „*Son principe est: gouvernement du peuple, par le peuple et pour le peuple.*"

[165] Vgl für den Bundesstaat oben 103 f.

eine Ungleichheit münden, weil sie zu wenig auf tatsächliche Unterschiede zwischen den Bürgern Rücksicht nimmt.

Unterschiede wie zB im Hinblick auf Geschlecht, Vermögen, Zugehörigkeit zu einer bestimmten gesellschaftlichen Klasse, Religion, Rasse oder Ethnie stellen im westlichen Verfassungsstaat keine grundsätzlich zulässigen Kriterien einer unterschiedlichen rechtlichen Behandlung dar, sofern dafür nicht besondere sachliche Rechtfertigungen bestehen. Darin unterscheidet sich daher die moderne verfassungsstaatliche Demokratie von früheren Demokratieformen, die die Idee der Gleichheit und demokratischer Rechte der Bürger zwar kannten, jedoch nur gewissen Personen oder Personengruppen pauschal nach Kriterien einräumten, die heute als unsachlich beurteilt werden müssen (zB Ausschluss von Frauen, Sklaven, gewissen Berufs- oder Altersgruppen, Armen); dennoch werden elementare demokratische Rechte wie das Wahlrecht auch im heutigen westlichen Verfassungsstaat regelmäßig nur beschränkt gewährleistet (zB Ausschluss von Fremden, Kindern und Jugendlichen, unter Umständen auch psychisch Kranken oder strafrechtlich Verurteilten).[166]

c. Demokratie als „gemischte" Regierungsform

Sachlich ungerechtfertigte Privilegierungen einzelner Personen oder Personengruppen sind zwar immanentes Merkmal von Monokratien und Oligarchien, doch enthalten auch Demokratien in untergeordnetem Ausmaß monokratische und oligarchische Elemente: So verfügen alle modernen Demokratien über ein Staatsoberhaupt – das ein Monarch oder Präsident sein kann – und verwirklichen zumeist die Form der **repräsentativen Demokratie**. Die Herrschaft durch gewählte Repräsentanten, womit die Identität von Regierenden und Regierten nur mehr in geringem Maße gewährleistet ist, trägt *prima facie* insofern auch *oligarchische* Züge, als zum einen das Volk selbst nicht direkt die politische Willensbildung steuert, zum anderen seine *unmittelbaren Repräsentanten* in Form parlamentarischer Abgeordneter üblicherweise keiner Weisungsbindung seitens des sie wählenden Volkes unterliegen und daher in Ausübung ihres freien Mandats auch eigene Interessen verfolgen können, die nicht dem Interesse der Allgemeinheit dienen. Die demokratische Steuerung erfolgt jedoch durch das Instrument der regelmäßig wiederkehrenden Wahl, das auch als Sanktionsmechanismus gegen eine oligarchische Ausübung des Mandats eingesetzt werden kann. Die Repräsentanten werden dadurch in ihrer Macht beschränkt, dass sie in periodischen Abständen abgelöst und darüber hinaus, je nach Art des Amts, das sie bekleiden, wegen rechtswidrigen Verhaltens angeklagt oder ihres politischen Amtes für verlustig erklärt werden können. *Mittelbare Repräsentanten* – wie etwa nicht direkt volksgewählte Regierungsmitglieder – leiten hingegen ihre demokratische Legitimation, je nach dem sie wählenden oder ernennenden Organ, üblicherweise entweder von einem direkt gewählten Parlament oder Staatsoberhaupt ab und unterstehen regelmäßig verschiedenen Formen der Kontrolle dieser Organe, was auch ihre Absetzung miteinschließt.

---

[166] Vgl dazu unten 215 f.

Aber auch das in Demokratien anzutreffende monokratische Element in Form eines einzelnen Menschen als Staatsoberhaupt unterliegt demokratischer Beschränkung: Ein nichtgewähltes Staatsoberhaupt (typischerweise der Fall in Erbmonarchien) verfügt in demokratischen Staaten nur über eine sehr beschränkte Machtfülle, die sich zumeist in repräsentativen Aufgaben oder Formalbefugnissen, deren Ausübung an das Einvernehmen mit demokratisch legitimierten Organen geknüpft ist, erschöpft. Je unmittelbarer die demokratische Legitimation eines Staatsoberhaupts ist, desto zulässiger erscheint auch seine Ausstattung mit maßgeblichen Befugnissen, wie in präsidialen Regierungssystemen[167]; je maßgeblicher und damit (tendenziell) monokratischer die Befugnisse des Staatsoberhaupts sind, desto demokratischer muss also seine Bestellung sein, soll dem westlichen Verfassungsstaat genügt werden.

Die Demokratie ist also eine flexible Regierungsform, die Mischungen mit anderen Regierungsformen nicht verschlossen und auch prinzipiell mit allen Staatsformen – Monarchien und Republiken, Bundesstaaten und Einheitsstaaten – vereinbar ist. Wesentlich dabei ist freilich, dass das demokratische Gesamtsystem gewahrt bleibt, Elemente anderer Regierungsformen also durch die demokratischen überlagert oder in die Demokratie integriert werden. Je nach Art dieser Mischung zeigt die Demokratie ein unterschiedliches Antlitz: Der oligarchische Einschlag ist stärker im Modell der repräsentativen Demokratie, da hier das Volk in seiner Gesamtheit nicht direkt Herrschaftsgewalt ausübt, sondern sich durch eine kleine Gruppe von Repräsentanten vertreten lässt. In präsidialen Regierungssystemen ist wiederum das monokratische Element stärker vertreten als in parlamentarischen, da das Staatsoberhaupt hier über eine größere Machtfülle verfügt. Bundesstaaten verwirklichen eine stärker gegliederte Demokratie als Einheitsstaaten, die sich auf zwei Ebenen – der des Bundes und der der Gliedeinheiten – entfalten kann.

d. Das Problem von Mehrheit und Minderheit

Eine klassische Streitfrage ist, ob die direkte oder die repräsentative Demokratie die „richtigere" Art der Demokratie darstellt.[168] Die direkte Demokratie, in der das Volk unmittelbar einen politischen Willen zu bilden und durchzusetzen vermag, scheint der „Volksherrschaft" naturgemäß näher zu sein als ein System, wo eine kleine Gruppe direkt oder indirekt gewählter Repräsentanten diese Willensbildung vornimmt. Auch wird die Gleichheit aller Bürger eher in einem System der direkten Demokratie verwirklicht, wo jeder Bürger seine Stimme abzugeben berechtigt ist und diese Stimmen prinzipiell gleichwertig sind; in einem repräsentativen System mit freiem Mandat hingegen ist ein gewählter Repräsentant nicht verpflichtet, die Interessen seiner Wähler gleich zu berücksichtigen.

In beiden Fällen jedoch garantiert Demokratie nicht, dass jeder Bürger sich politisch gleich wirksam durchsetzen oder die Entscheidung der anderen durch

---

[167] Vgl dazu unten 195 f.
[168] Vgl dazu unten 201 ff.

seine Stimme blockieren kann – eine **Überstimmung der Minderheit durch die Mehrheit** wird in der Demokratie prinzipiell in Kauf genommen, wobei bestimmte **Minderheitenrechte** und die prinzipielle **Flexibilität des Wandels der Mehrheit** gewährleistet sein müssen, um die Minderheit nicht der Tyrannei der Mehrheit auszusetzen. Jedenfalls muss in westlichen Verfassungsstaaten daher ein Mindestmaß an **Grundrechten der Minderheit** gewährleistet sein, in die auch durch die Mehrheit nicht eingegriffen werden darf. Als Mehrheit können sich zudem immer wieder verschiedene Konstellationen von Bürgern formieren, ohne dass diese von vornherein auf eine bestimmte Gruppe konkreter Personen festgelegt wäre.

Die schon von *Marsilius von Padua* erkannte Überlegenheit der Mehrheitsentscheidung ist auch der Grundgedanke des *Rousseau*schen Demokratiekonzepts: *Rousseau* geht von einem fiktiven **Gemeinwillen** (*volonté générale*) aus, der bei der Abstimmung durch die Bürger ausgedrückt werde und mehr als die **Summe aller Einzelwillen** (*volonté de tous*) sei, weil dadurch das öffentliche Interesse und nicht bloß die individuellen, selbstsüchtigen Interessen einzelner Bürger (*volontés particulières*) verkörpert würden. Zum Zwecke der Verwirklichung des **Gemeinwohls** durch Bildung des Gemeinwillens erscheine es auch gerechtfertigt, wenn die Minderheit durch die Mehrheit überstimmt werde. Der Einzelne bleibe somit dem staatlichen Gemeinwillen unterworfen, auch wenn dieser nicht mit seinem Einzelwillen übereinstimme. Diese für die Legitimation von Grundrechtsverletzungen in undemokratischen Systemen missbrauchte These ist im westlichen Verfassungsstaat freilich darum zu ergänzen, dass auch die Mehrheit bestimmten völker- und verfassungsrechtlichen Schranken zu Gunsten der Minderheit unterliegen muss.[169]

*Rousseau*s radikale Vorstellung, dass die Gesellschaft den Gemeinwillen direkt-demokratisch als Volksversammlung, ohne Dazwischentreten von Repräsentanten, zu bilden habe, wurde von ihm selbst als taugliches System jedoch nur dann befunden, wenn es sich um kleine und überschaubare Gemeinwesen handle. *Montesquieu* lehnt dagegen überhaupt die direkte Demokratie auf Grund der von ihm angenommenen Unfähigkeit des Volkes zur Selbstentscheidung ab und vertritt das Modell der repräsentativen Demokratie, wo der Volkswille, durch die Repräsentanten „bereinigt", in einem Parlament vertreten werde. Die repräsentative Demokratie darf allerdings nicht zur Tyrannei der Repräsentanten über die Repräsentierten ausarten und hat den Repräsentierten daher Formen der Kontrolle über die Repräsentanten zu gewährleisten; Demokratie erschöpft sich also nicht darin, absolute Herrschaftsgewalt in einem einmaligen Akt auf die Repräsentanten zu übertragen.

Insgesamt ist die Demokratie unter den drei Regierungsformen diejenige, die am ehesten **Transparenz** und **Sachrationalität** von Entscheidungen erwarten lässt, da sie einen **Austausch** und **Ausgleich von Interessen innerhalb der Allgemeinheit** ermöglicht, der eine generelle Sachlegitimität und Kompromissfindung eher gestattet als die monokratische oder oligarchische Durchsetzung individueller und spezifischer Interessen einer einzelnen Person oder einer Gruppe von Personen.

---

[169] Vgl dazu oben 79 ff.

„Denn das Streben eines jeden, der eine Herrschaft ausübt, muss darauf gerichtet sein, das, was er zu regieren übernommen hat, heil zu erhalten. So ist es die Pflicht des Steuermannes, das Schiff vor den Gefahren des Meeres zu bewahren und unversehrt in den sicheren Hafen zu geleiten. Die Wohlfahrt und das Heil einer zu höherer Gemeinschaft verbundenen Menge ist es aber, jene Einigkeit zu erhalten, die man Friede nennt."

(*Thomas von Aquin*, Über die Herrschaft der Fürsten, 1. Buch, 2. Kapitel [Übersetzung])

7. Kapitel: Legitimation, Zweck und Aufgaben des Verfassungsstaats

Lit: *Brandt*, Über die einzig mögliche Aufgabe des Staates: Die globale Rechtsverwirklichung, Der Staat 1988, 505; *Brugger*, Staatszwecke im Verfassungsstaat, NJW 1989, 2425; *Bull*, Staatszwecke im Verfassungsstaat, NVwZ 1989, 801; *Burgi*, Privatisierung, in: Isensee/Kirchhof (Hg), Handbuch des Staatsrechts der Bundesrepublik Deutschland, Bd IV: Aufgaben des Staates[3] (2006) 205; *Del Vecchio*, Über die Aufgaben und Zwecke des Staates, AöR 1963, 249; *Di Fabio*, Das Recht offener Staaten (1998); *Doehring*, Allgemeine Staatslehre[3] (2004); *Gamper*, Ist der „pursuit of happiness" ein Staatszweck? Zur Abgrenzung von Zweck, Aufgaben und Kompetenzen bei der Gemeinwohlverwirklichung, FS Wimmer (2008) 135; *Häberle*, Europäische Verfassungslehre[8] (2016); *Herzog*, Der überforderte Staat, FS Lerche (1993) 15; *Hesse*, Staatsaufgaben (1979); *Isensee*, Die alte Frage nach der Rechtfertigung des Staates, JZ 1999, 265; *ders*, Gemeinwohl im Verfassungsstaat, in: ders/Kirchhof (Hg), Handbuch des Staatsrechts der Bundesrepublik Deutschland, Bd IV: Aufgaben des Staates[3] (2006) 3; *ders*, Staatsaufgaben, ibidem, 117; *ders*, Salus publica – suprema lex? (2006); *Jellinek*, Allgemeine Staatslehre[3] (1929); *Kelsen*, Allgemeine Staatslehre (1925); *Koja*, Allgemeine Staatslehre (1993); *Ladeur*, Der Staat als „Gesellschaft der Netzwerke", Der Staat 2009, 163; *Nawiasky*, Allgemeine Staatslehre, Zweiter Teil, Bd I (1952); *Vesting*, Erosionen staatlicher Herrschaft, AöR 1992, 4; *Voigt*, Den Staat denken[3] (2014); *Würtenberger*, Die Legitimität staatlicher Herrschaft (1973); *Zippelius*, Allgemeine Staatslehre[17] (2017).

I. Problemstellung

Platon begründet die Entstehung des Staats damit, dass kein Mensch sich selbst genüge und jeder der anderen Menschen bedürfe, sodass sich staatliches Zusammenleben dieser aufeinander angewiesenen Menschen entwickle. Zweck des Staats ist demnach die Optimierung der Erfüllung menschlicher Bedürfnisse durch geordnetes und arbeitsteiliges Zusammenleben. *Aristoteles* stellt den Zweck noch pointierter bei der Definition des Staats in den Vordergrund: Er definiert den Staat über das Gut, das er verfolgt, und damit über den Zweck, nach dem er strebt. Die Frage nach dem Zweck des Staats steht seither im Fokus der Staatsphilosophie und, seit ihrer Herausbildung als eigene Wissenschaft, der Allgemeinen Staatslehre.

Im Lauf der Geschichte können verschiedenste Richtungen unterschieden werden, die entweder von einem für alle Staaten gleichen, allgemeingültigen Zweck oder aber von der Wandlungsfähigkeit und Unterschiedlichkeit der Zwecke eines konkreten Staats ausgingen, die entweder den Staatszweck für „gegeben" erachteten oder aber überhaupt verneinten, dass es einen solchen gebe. Mit dem Aufkommen des Rechtspositivismus verschwand die Vorstellung von einem spezifischen Zweck des Staats, da als Zweck alles angesehen wurde, was durch die staatliche Rechtsordnung als solcher normiert wurde. Damit wurde die Existenz eines Staatszwecks zwar nicht geleugnet, aber von rechtlicher Positivierung abhängig gemacht. Bezeichnend dafür ist etwa *Kelsens* Ansicht, wonach die „*Frage, welche Zwecke mit dem sozialtechnischen Mittel ‚Staat' verfolgt werden sollen, […] als politisch außerhalb des Bereiches der Allgemeinen Staatslehre*" fällt.[170]

Dennoch enthält selbst *Kelsens* Staatslehre ebenso wie die meisten heute gängigen Standardwerke eine „Staatszweckelehre". Immer wieder im Zusammenhang zur Staatszweckelehre finden sich auch Erörterungen über die „Staatsaufgaben" und über die Legitimation des Staats, sodass es auf den ersten Blick schwer fällt, eine klare inhaltliche Abgrenzung zwischen diesen Begriffen zu erkennen.

II. Begriffliches

Ein zentrales Thema der Allgemeinen Staatslehre und Verfassungslehre stellt dar, wie die Entstehung von Staaten und Verfassungen legitimiert werden kann. Beispiele dafür sind die Theorien des Gesellschaftsvertrags,[171] der Bundesstaatsgründung[172] oder der verfassunggebenden Gewalt[173] als Geltungsgrund einer historisch ersten Verfassung. Ebenso kann die Legitimation des Staats über einen oder mehrere **Staatszwecke** nachzuweisen gesucht werden.

Der Begriff der **Staatsaufgaben** wird teils synonym mit dem der **Staatszwecke** verwendet, teils ersetzt er diesen älteren Terminus, teils wird darunter überhaupt etwas anderes verstanden. Nach dem hier zugrunde liegenden Verständnis wird unter **Staatszweck** ein **übergeordnetes Ziel** verstanden, nach dem ein Staat strebt und das ihm Legitimität verleiht. **Staatsaufgaben** hingegen sind die **einzelnen Konkretisierungen des Staatszwecks**, wie sie sich positivrechtlich in den einzelnen Verfassungen ausgeprägt finden. Man könnte daher auch sagen, dass „Staatszweck" letztlich ein theoretischer Begriff ist, der jedem Verfassungsstaat axiomatisch vorausgesetzt wird, während Staatsaufgaben der positivrechtlichen Verankerung bedürfen. Der positivrechtliche Nachweis des Staatszwecks verläuft dann über die rechtsdogmatische Analyse einer Verfassung und der darin verankerten Staatsaufgaben, welche die theoretische Annahme eines vorausgesetzten Staatszwecks gewissermaßen bestätigen.

---

[170] *Kelsen*, Staatslehre 39.
[171] Vgl dazu oben 116 ff.
[172] Vgl dazu oben 87 ff.
[173] Vgl dazu oben 42 ff.

III. Der „oberste Staatszweck"

Lit: *Ambrosius/Schmitt-Egner* (Hg), Europäisches Gemeinwohl – Historische Dimension und aktuelle Bedeutung (2006); *von Arnim/Sommermann* (Hg), Gemeinwohlgefährdung und Gemeinwohlsicherung (2004); *Brugger/Kirste/Anderheiden* (Hg), Gemeinwohl in Deutschland, Europa und der Welt (2002); *Fisch/Strohm,* Wandel in der Kontinuität? Überlegungen zum Begriff Gemeinwohl, FS von Arnim (2004) 73; *Heintzen,* Beteiligung Privater an der Wahrnehmung öffentlicher Aufgaben und staatliche Verantwortung, VVDStRL 62 (2003), 220; *Hesse/Zöpel* (Hg), Der Staat der Zukunft (1990); *Isensee,* Salus publica – suprema lex? (2006); *Jellinek,* Allgemeine Staatslehre³ (1929); *Kelsen,* Allgemeine Staatslehre (1925); *Kirchhof,* Der Staat – eine Erneuerungsaufgabe (2005); *Menzel,* Zur Lehre vom Staatszweck, ZÖR 7 (1928), 211; *Volkmann,* Leitbildorientierte Verfassungsanwendung, AöR 2009, 157; *Voßkuhle,* Beteiligung Privater an der Wahrnehmung öffentlicher Aufgaben und staatliche Verantwortung, VVDStRL 62 (2003), 266.

1. Staatszwecke und Staatszweckelehren im Überblick

Vor dem Hintergrund einer bereits jahrtausendealten Tradition unterschiedlicher Staatszweckelehren ist *Georg Jellinek* eine systematische Einteilung der Staatszwecke und ihrer Theorien zu verdanken.

Die Staatszwecke unterteilt er zunächst in den **objektiven Staatszweck,** worunter er die Frage nach dem Zweck der Institution des Staats allgemein für die Menschheit (*universaler objektiver Staatszweck*) sowie der eines konkreten Staats im historischen Kontext (*partikularer objektiver Staatszweck*) versteht, und den **subjektiven Staatszweck,** den er als die Frage nach den Beziehungen des Staats zu den individuellen Zwecken definiert. Zumindest die westlichen Verfassungsstaaten können wohl tatsächlich auf denselben universalen objektiven Staatszweck, nämlich das **Gemeinwohl,**[174] zurückgeführt werden, wiewohl die einzelnen Staatsaufgaben oder subjektiven Staatszwecke unterschiedlich ausgeprägt sein mögen. Dass *„jeder Staat in jedem Augenblick seine besonderen Zwecke für sich und seine Angehörigen erstrebt",* hindert *Jellinek* zufolge nicht daran, in all diesen subjektiven Einzelzwecken *„einen großen Gesamtzweck zu erkennen".*[175] Letztlich kann daraus eine vom Konkreten zum Abstrakten reichende Pyramide abgeleitet werden, an deren Spitze dieser „Gesamtzweck" steht. Wesentlich ist aber dabei, zwischen materiellen Verfassungsstaaten und anderen Staaten zu unterscheiden, da der „große Gesamtzweck", der etwa die westlichen Verfassungsstaaten untereinander eint, nicht auf verfassungslose oder nicht-westliche Verfassungsstaaten anwendbar sein muss. Zwar konstatiert *Montesquieu,* dass alle Staaten den gleichen Zweck hätten, nämlich den Selbstzweck, sich zu behaupten. Dies jedoch ist lediglich eine Notwendigkeit zur Aufrechterhaltung der staatlichen Existenz, deren eigentlicher Zweck damit nicht geklärt werden kann.

---

[174] Zur Mitberücksichtigung des Individualwohls durch das Gemeinwohl vgl unten 160 f.

[175] *Jellinek,* Allgemeine Staatslehre³ (1929) 235.

Die verschiedenen Theorien, die das Wesen dieses obersten Zwecks zu ergründen suchten, differenziert *Jellinek* in die Lehren von den **absoluten** bzw **relativen Staatszwecken**. Die absoluten Staatszweckelehren orientieren sich an einem dem Wandel der Zeit nicht unterworfenen Idealzweck, während die relativen Staatszweckelehren von der historischen Wandelbarkeit der staatlichen Verhältnisse und damit der Staatszwecke ausgehen. Innerhalb der absoluten Staatszweckelehren unterscheidet *Jellinek* weiters zwischen *expansiven* und *limitierenden Staatszweckelehren* und innerhalb der expansiven zwischen den *eudämonistisch-utilitaristischen* und den *ethischen* Theorien.

Diese Kategorien finden sich auch im heutigen Schrifttum immer wieder, wobei verschiedene Mischvarianten mit teilweise neuartigen Bezeichnungen dafür entwickelt wurden. Zutreffend ist sicherlich, zwischen einem einheitlichen grundlegenden Staatszweck und verschiedenen konkreten Staatszwecken (Staatsaufgaben) zu unterscheiden. Gerade die eudämonistisch-utilitaristische Vorstellung vom auf das Wohl und den Nutzen der Bürger ausgerichteten Staatszweck bedingt geradezu, dass die konkrete Verwirklichung dieser Ziele immer wieder unterschiedliche Formen annimmt, weil das Wohl der Bürger eben nur in vielfältiger, zeitlich und örtlich angepasster Weise verwirklicht werden kann.

Nicht immer klar auseinanderzuhalten sind die **eudämonistisch-utilitaristischen** von den **ethischen** Theorien, da wohl die überwiegende Zahl der erstgenannten Theorien ihre Legitimation gerade aus ethischen Werten zu gewinnen sucht, denen durch das Streben nach dem Wohl der Bürger entsprochen werden soll. Die Unterscheidung zwischen **expansiven** und **limitierenden** Staatszwecken ist prinzipiell insofern sinnvoll, als im expansiven System der Staat unbeschränkt ist, einen bestimmten Staatszweck (zB das Gemeinwohl) mit allen ihm zur Verfügung stehenden Mitteln zu erfüllen, während im limitierenden System der Staatszweck eben in der Beschränkung des Staats, etwa durch die Gewährleistung von Grundrechten und -freiheiten, bestehen soll.

Doch bedeutet etwa die Annahme, Zweck des Staats sei die Erfüllung des Gemeinwohls, nicht, dass der Staat dabei keinen Beschränkungen unterliegen dürfe. Gerade dem Gemeinwohl liegt letztlich ein Gedanke der Beschränkung, nämlich des Ausgleichs zwischen privaten und öffentlichen Interessen, zugrunde.

Die theoretische Annahme des Gemeinwohls als oberster Staatszweck gestattet auch nicht, diese ohne weiteres einer absoluten oder relativen Staatszweckelehre zuzuordnen: Zwar wird das Gemeinwohl als abstrakter und insofern einheitlicher Staatszweck des westlichen Verfassungsstaats verstanden; doch kann die Gemeinwohlverwirklichung in einem konkreten Staat ganz unterschiedliche Formen entfalten.

2. Die Begründung des Gemeinwohls als oberster Staatszweck

a. Allgemeines

Seit der Antike geht die überwiegende Zahl der Staatszwecklehren davon aus, dass der Zweck des Staats – der zugleich eine staatslegitimierende Funktion entfaltet – nicht Selbstzweck sein dürfe, sondern darin bestehen müsse, das Wohl des Volkes – und nicht nur eines Einzelnen oder einer kleinen Gruppe von Personen – zu verwirklichen; darin wird auch die Verknüpfung zwischen Gemeinwohl und demokratischer Regierungsform offensichtlich, da eine Monokratie oder Oligarchie nicht gemeinwohlorientiert ist.

Die unterschiedlichen Bezeichnungen für das Gemeinwohl reichen von der aristotelischen „*eudaimonia*" (Glück, Wohl), der ciceronianischen „*salus publica*" und dem „*bonum commune*" (beides: öffentliches Wohl) über die „*greatest happiness of the greatest number* [of people]" (*Jeremy Bentham*) bis hin zum heute vornehmlich vertretenen Begriff des „Gemeinwohls". An der Wiege des westlichen Verfassungsstaats wird das „Streben nach Glück" durch die amerikanische Unabhängigkeitserklärung 1776 artikuliert: „*We hold these truths to be self-evident, that all men are created equal, that they are endowed by their Creator with certain unalienable Rights, that among these are Life, Liberty and the **pursuit of Happiness**"*; das „Streben nach Glück" findet sich wörtlich auch in einigen asiatischen, afrikanischen und lateinamerikanischen Verfassungen, während die Präambel der US-amerikanischen Verfassung von 1787 als Staatsziel die Förderung der „*general welfare*" postuliert. Das „Wohl aller" fordert die Präambel der französischen Erklärung der Menschen- und Bürgerrechte von 1789: „*afin que les réclamations des citoyens, fondées désormais sur des principes simples et incontestables, tournent toujours au maintien de la Constitution et au **bonheur de tous**."* Von „glücklichen Menschen" spricht die erst 2005 eingefügte Staatszielbestimmung des Art 14 Abs 5a des österreichischen Bundes-Verfassungsgesetzes, die zwar im systematischen Kontext des Schul- und Erziehungswesens angesiedelt ist, in ihrem umfassenden Wertebezug für das österreichische Bundesverfassungsrecht aber ungewöhnlich weitgehend ist.

Wesentlich für das Gemeinwohl ist die **Verknüpfung des Glücks mit der Gerechtigkeit**: Nicht das hedonistische Glück und Wohlergehen des *Einzelnen*, dessen Verwirklichung ungerecht ist, sofern es auf Kosten anderer geschieht, sondern ein angemessener und billiger Ausgleich der Interessen *aller* an einem glücklichen Leben ist für das Gemeinwohl maßgeblich. Die meisten verfassungsrechtlichen Glücksbestimmungen verankern dieses nicht als subjektives Recht, sondern lediglich als Staatsziel dahingehend, Bedingungen menschlichen Lebens zu schaffen, die ein „Streben nach Glück" zumindest ermöglichen.

b. Der Zusammenhang zwischen Gemeinwohl und westlichem Verfassungsstaat

Demokratie ist diejenige Regierungsform, durch die Herrschaft „für das Volk und durch das Volk" verwirklicht werden soll.[176] In den verschiedenen Institutionen und Verfahren der **Demokratie**[177] verwirklicht sich geradezu das Gemeinwohl: In der Bildung des **Gemeinwillens** (*volonté générale*) aus dem **Gesamtwillen** (*volonté de tous*), sodass prinzipiell jeder die gleiche Beteiligungsmöglichkeit an der politischen Willensbildung hat und diese nicht einzelnen Individuen vorbehalten ist; in einer prinzipiellen Orientierung an der Mehrheit, aber mit ausgleichenden Rechten für die Minderheit; in der Offenheit und Durchlässigkeit der Demokratie, die den Wechsel zwischen Mehrheit und Minderheit und dadurch schon Interessenausgleich ermöglicht; im Zusammenspiel von direkter und repräsentativer Demokratie, die Unterschiede in der Gemeinwohlvorstellung von Repräsentanten und Repräsentierten austariert; in der Abhängigkeit der Repräsentanten vom repräsentierten Volk.

Auch die **Rechtsstaatlichkeit**[178] dient dem Gemeinwohl insofern, als die Bindung der Vollziehung an das Gesetz und das Vorhandensein eines wirksamen Rechtsschutzes dem Einzelnen die Einforderung der Gemeinwohlerfüllung ermöglichen, sodass die Verankerung des Gemeinwohls in einer Rechtsordnung auch von einem aus vielen einzelnen konkreten Rechten zusammengesetzten subjektiven Anspruch auf Durchsetzung begleitet wird.

Der **Gewaltenteilung**[179] – sowohl im horizontalen als auch im vertikalen Sinn – ist der Gedanke balancierter und kontrollierter Ausübung der Staatsgewalt immanent; die horizontale Ausgleichsfunktion fördert die politische Bildung eines möglichst „objektiven" und demokratisch austarierten Gemeinwillens, während die vertikale Ausgleichsfunktion im Bundesstaat eine stärker differenzierte Berücksichtigung des Gemeinwohls auf verschiedenen Ebenen gewährleistet.

In den **Grundrechten**[180] schließlich manifestiert sich die für die Konkretisierung des Gemeinwohls – und gleichzeitig auch dessen Beschränkung – erforderliche **Abwägung** am deutlichsten: Einerseits können Grundrechte zueinander im Spannungsverhältnis gegenläufiger individueller Interessen stehen. Andererseits stehen sie auch in einem Spannungsverhältnis zum öffentlichen Interesse, das möglicherweise durch die Ausübung des individuellen Grundrechts berührt wird oder das umgekehrt dessen Ausübung beschränkt. Durch die Abwägung verschiedener individueller, grundrechtlich geschützter Interessen untereinander oder durch die Abwägung zwischen grundrechtlich geschütztem Individualinteresse und öffentlichem Interesse soll ein **Ausgleich** gefunden werden, der *möglichst vielen zum Vorteil* und *möglichst wenigen*, und auch dies nur in möglichst gelinder Weise, *zum Nachteil* gereicht; dabei kann die Balance zwischen den verschiedenen Interessen

---

[176] Vgl dazu oben 151.
[177] Vgl dazu unten 198 ff.
[178] Vgl dazu unten 236 ff.
[179] Vgl dazu unten 165 ff.
[180] Vgl dazu unten 243 ff.

je nach Grundrecht variieren, indem ein individuelles Grundrechtsgut stärker als ein anderes wiegt oder indem überhaupt individuelle Grundrechtsgüter als „unveräußerlich" angesehen werden, sodass Eingriffe selbst unter Zugrundelegung eines öffentlichen Interesses unzulässig sind.

Zum Zwecke der Verwirklichung des Gemeinwohls kann daher mitunter der Nachteil eines Einzelnen in Kauf genommen werden, wenn dies das Wohl der Allgemeinheit verlangt. Das „größtmögliche Glück der größtmöglichen Zahl" ist daher jedenfalls ein Zielaspekt des Gemeinwohls. Es darf aber nicht als Legitimation dafür missbraucht werden, Einzelne oder Minderheiten zu verfolgen oder ihnen *unverhältnismäßige* Nachteile zuzufügen, um den Vorteil der Mehrheit durchzusetzen. Vielmehr bedeutet Gemeinwohl auch Rücksichtnahme auf die Rechte von Einzelnen und Minderheiten, was sich in demokratischen Minderheitenrechten, absolut gewährleisteten Grundrechten oder einer Verhältnismäßigkeitsprüfung äußert, die Eingriffe in Grundrechte nicht nur bei Vorliegen eines öffentlichen Interesses, sondern weiterer Abwägungskriterien, wie Eignung, Erforderlichkeit und Angemessenheit, erlaubt. *Kant* drückte dies folgendermaßen aus: *„Niemand kann mich zwingen, auf seine Art (wie er sich das Wohlsein anderer Menschen denkt) glücklich zu sein, sondern ein jeder darf seine Glückseligkeit auf dem Wege suchen, welcher ihm selbst gut dünkt, wenn er nur der Freiheit anderer, einem ähnlichen Zwecke nachzustreben, die mit der Freiheit von jedermann nach einem möglichen allgemeinen Gesetze zusammen bestehen kann, [...] nicht Abbruch tut."*[181]

In besonderer Weise tritt der legitimationsstiftende Charakter des Gemeinwohls als Staatszweck in der Theorie vom **Gesellschaftsvertrag** zutage: die Überwindung der gespaltenen, konfligierenden Individualinteressen durch Übertragung von Einzelgewalt auf eine neue, umfassende Herrschaftsform, der der Name Staat gegeben wird und die einen Raum der Freiheit, Sicherheit und Gerechtigkeit schaffen soll. So beschreibt *Hobbes* den Staat als eine Rechtsperson, welche die ihr von den Menschen übertragene Macht zum Zwecke des Friedens nach innen und der gemeinschaftlichen Verteidigung nach außen anwendet. *Locke* sieht den wichtigsten Zweck darin, dass Menschen sich zu einem Staatswesen vereinigen, in der Erhaltung von „*property*" (worunter *Locke* Leben, Freiheit und Eigentum im engeren Sinn versteht). Mit ihrem Eintritt in den Staat verzichteten die Menschen auf die Gleichheit, Freiheit und exekutive Gewalt, die sie im Naturzustand gehabt hätten, zu Gunsten des Staats, der durch seine Gesetzgebung insoweit darüber zu verfügen habe, als das Wohl der Gesellschaft es erfordere. Dies geschehe von jedem mit der Absicht, sich selbst, seine Freiheit und sein Eigentum umso besser zu erhalten, sodass nie angenommen werden dürfe, dass die Gewalt des Staats sich weiter erstrecke als auf das gemeinsame Wohl. *Rousseau* weist nach, dass das Gemeinwohl mit dem Einzelwohl nicht identisch sein muss, sondern es vielmehr der Zweck des Staats sei, das Wohl der verschiedenen Individuen bestmöglich miteinander zu vereinbaren.

---

[181] Vgl *Kant*, Berlinische Monatsschrift 1793, 201 ff.

Geht man also vom Gesellschaftsvertrag als theoretischer Prämisse der Entstehung des Verfassungsstaats aus, so erscheint die Annahme, dass die Übertragung der Herrschaftsgewalt vom Einzelnen auf den Staat deshalb erfolge, weil sich die Menschen dadurch *insgesamt* einen Vorteil erhofften, unter Zugrundelegung eines vernunftbetonten Menschenbildes zwingend.

3. Relativierung der staatlichen Gemeinwohlkompetenz?

Entgegen dieser Annahme des Gemeinwohls als oberstem Staatszweck zeigen sich gerade heute Entwicklungen, die zur These Anlass geben, dass der Staat nicht mehr ohne weiteres als Garant des Gemeinwohls und der Erfüllung öffentlicher Interessen („Gewährleistungsstaat", „Erfüllungsstaat") angesehen werden kann:

Eine derartige Entwicklung besteht etwa in der **Ausgliederung** (speziell **Privatisierung**) **staatlicher Aufgaben.** Der liberalistische Gedanke, staatliche Aktivitäten möglichst zu minimieren, wirft naturgemäß die Frage auf, ob es einen Kernbestand staatlicher Aufgaben gibt, die nur durch den Staat erfüllt werden können oder dürfen. Fraglich ist, ob das Gemeinwohl durch nicht-staatliche Einrichtungen in gleicher Weise gewährleistet werden kann oder darf wie durch den Staat. So wurden aus Verfassungen Schranken abzuleiten gesucht, die einerseits gewisse Aufgaben dem Staat vorbehalten, andererseits seine Einflussnahme auf jene nicht-staatlichen Einrichtungen garantieren sollen, denen die ausgliederungsfähigen Aufgaben übertragen wurden.

Eine andere Entwicklung, die die Rolle des Staats bei der Gemeinwohlerfüllung relativiert, ist die Mediatisierung des Staats in **Mehrebenensystemen.**[182] Während der neuzeitliche Staat und gerade der Nationalstaat des 19. und 20. Jahrhunderts eine nach innen und außen souveräne Größe darstellten, die in mancher Hinsicht geradezu als vollendete Figur jahrtausendelangen staatstheoretischen Denkens erschien, relativiert sich diese Größe heute als bloß eine von mehreren „Ebenen". Bereits die Bezeichnung „Mehrebenensystem" – und nicht etwa „Mehrstaatensystem" – zeigt den Versuch auf, von der Originalität und Unverwechselbarkeit der Bezeichnung „Staat" abzugehen und diesen in ein abstraktes Format zu pressen, das genauso gut für andere „Ebenen" – lokale und regionale Gebietskörperschaften bis hin zu supranationalen Gebilden und internationalen Organisationen – geeignet ist. Ein Staat, der aber nur noch eine von mehreren, sämtlich mit Kompetenzen ausgestatteten Ebenen darstellt, die im Mehrebenensystem teils höher, teils niedriger angesiedelt sind als er, kann daher auch kein Monopol der Gemeinwohlerfüllung mehr für sich in Anspruch nehmen. Stattdessen bedarf es in vielen Fällen entweder einer differenzierten Gemeinwohlverwirklichung oder gerade eines koordinierten Vorgehens mehrerer Ebenen, spezifischen Sachverstandes und dadurch erhöhter Effizienz – Anforderungen, die die staatliche Ebene nicht immer oder nicht bestmöglich zu erfüllen vermag, sodass eine andere Ebene oder spezifische Einrichtung gegebenenfalls leistungsfähiger erscheint.

---

[182] Vgl dazu oben 84 f.

Ursache und Wirkung scheinen sich dabei mitunter zu bedingen. So führen gerade Mehrebenensysteme zu besonderer Komplexität der Aufgabenerfüllung: Beanspruchen zB in Europa Regionen den Status eines (Glied-)Staats und entwickelt sich gleichzeitig die EU immer mehr zu einem bundesstaatsähnlichen Gebilde, so verharren diese Entwicklungen nicht auf einer organisatorischen Ebene, sondern legitimieren sich eben über den Anspruch einer eigenen Funktionalität, die die (national-)staatliche teils ersetzen, teils ergänzen will. Dieser Anspruch nach **differenzierter Ebenenfunktionalität** wirkt sich auch auf die Gemeinwohlverwirklichung aus, welche die Leistungsfähigkeit des einzelnen Staats sprengt. Zusätzlich entfaltet das Mehrebenensystem die Dynamik der „Kompetenzabsaugung" nach oben (europäischer Zentralismus) und, in vergleichsweise weit schwächerem Ausmaß, nach unten (europäischer Regionalismus),[183] sodass immer mehr Aufgaben auf diese Weise „entstaatlicht" und einer Art von Erfüllung zugeführt werden, zu der der (National-)Staat allein nicht fähig wäre. Umgekehrt zeigen sich allerdings in jüngster Zeit Entwicklungen, in denen Nationalstaaten wieder eine wichtigere politische Rolle (auch) in der Gemeinwohlverwirklichung übernehmen, weil inter- oder supranationale Organisationen mit ihren nur beschränkten Kompetenzen und internen Abstimmungsmodi dazu weniger in der Lage zu sein scheinen.

Eine wichtige Rolle in diesem Zusammenhang käme dem **Subsidiaritätsprinzip**[184] zu, das die Leistungsfähigkeit einer Einheit zum Kriterium der Kompetenzverteilung macht. Demnach soll die kleinere Einheit dafür zuständig sein, was sie mit eigenen Kräften bewältigen kann und in ihrem eigenen Interesse liegt. Nur für jene Angelegenheiten, die darüber hinausgehen, soll die größere Einheit zuständig sein. Diese Rücksichtnahme auf die Leistungsfähigkeit einer Einheit, gekoppelt mit dem Interesse an der eigenen Aufgabenerfüllung, sucht die kleineren Einheiten vor unnotwendiger Kompetenzabsaugung nach oben zu bewahren, zugleich aber Zuständigkeiten in sachorientierter Weise so zu verteilen, dass die Frage der Eignung einer Einheit zur Erfüllung einer Aufgabe entscheidend für die kompetenzrechtliche Zuordnung wird. Das Subsidiaritätsprinzip verknüpft also objektive und subjektive Kompetenz miteinander und überlässt dem (National-)Staat (Bund) daher nur soweit die Zuständigkeit zur Gemeinwohlverwirklichung, als diese nicht im Interesse der subnationalen Ebene gelegen ist bzw deren Leistungsfähigkeit dafür nicht ausreicht. Im Verhältnis zwischen EU und Mitgliedstaat gilt das Subsidiaritätsprinzip kraft Art 5 Abs 3 EUV. In bundesstaatlichen Kompetenzverteilungen findet sich das Subsidiaritätsprinzip jedoch nur teilweise verwirklicht. Ein weiteres Problem stellt die Tatsache dar, dass Kompetenzverteilungssysteme häufig rein *zuständigkeits*bezogen sind, ohne Kompetenztatbestände mit einem *finalen Aufgabencharakter* zu versehen (vgl jedoch die moderne Kompetenzverteilung der Schweizerischen Bundesverfassung von 1999); eine (wenn auch üblicherweise nicht unmittelbar justiziable) Verpflichtung zur Aufgabenerfüllung kann allerdings durch **Staatszielbestimmungen** auferlegt werden.

---

[183] Vgl dazu oben 110 ff.
[184] Vgl dazu oben 95.

Ihre Fähigkeit, sich auf mehrere Ebenen zu beziehen, dürfte aber in Wahrheit gerade kein Indiz dafür sein, dass die Gemeinwohlverwirklichung „unstaatlicher" Natur wäre. Vielmehr scheint das Gegenteil der Fall zu sein: Die Verwirklichung von Gemeinwohlaufgaben, wie sie etwa Regionen oder die EU für sich in Anspruch nehmen, trägt dazu bei, ihnen eine quasi-staatliche Legitimation zu verleihen. Freilich entsteht nicht bloß durch Erfüllung einer öffentlichen Aufgabe ein Staat. Wenn der Nationalstaat heute zwischen anderen Ebenen mediatisiert erscheint, dann bedeutet dies weniger die Erosion der *Staatlichkeit* oder der Bedeutung des Gemeinwohls für den Staat als eine – zuletzt wieder abnehmende – Relativierung der *Nationalstaatlichkeit* (in gewisser Weise ähnelt dem die Entwicklung eines über das nationale Verfassungsrecht hinausgehenden *cosmopolitan constitutionalism*, der nicht die Aufgabe einer Verfassung, sondern bloß ihre Beschränkung auf die nationale Ebene in Frage stellt). Es scheinen eher neue *nascituri* der Staatlichkeit zu entstehen, die den Nationalstaat ergänzen – gerade mit dem Anspruch, dass diese ergänzenden Ebenen im Sinne des Gemeinwohls erforderlich seien, da so – je mit unterschiedlicher Begründung – die politische Willensbildung und Rechtsetzung näher am Bürger seien und differenzierter gestaltet werden könnten oder aber im Gegenteil einer europäischen Koordination und Harmonisierung bedürften. Das Gemeinwohl erweist sich auch darin als flexibles Prinzip, denn was konkret Gemeinwohl bedeutet, mithin die „Gemeinwohlkonkretisierung", unterliegt einem Wandel und kann nicht als „allgemeingültiger Grundsatz für Gesetze" (*Immanuel Kant*) formuliert werden.

„Toute Société dans laquelle la garantie des Droits n'est pas assurée, ni la séparation des Pouvoirs déterminée, n'a point de Constitution."

(Art 16 der französischen Erklärung der Menschen- und Bürgerrechte, 1789)

8. Kapitel: Die Gewaltenteilung

I. Ideengeschichtlicher Hintergrund

Lit: *Carolan*, Balance of powers, in: Lang/Wiener (Hg), Handbook on Global Constitutionalism (2017) 212; *Doehring*, Allgemeine Staatslehre[3] (2004); *Dreier*, Die drei Staatsgewalten in Zeiten von Europäisierung und Privatisierung, DÖV 2002, 537; *Ermacora*, Allgemeine Staatslehre, Bd II (1970); *Fleiner/Basta Fleiner*, Allgemeine Staatslehre[3] (2004); *Herzog*, Allgemeine Staatslehre (1971); *Horn*, Gewaltenteilige Demokratie, demokratische Gewaltenteilung, AöR 2002, 427; *Jellinek*, Allgemeine Staatslehre[3] (1929); *Kägi*, Von der klassischen Dreiteilung zur umfassenden Gewaltenteilung, FS Huber (1961) 151; *Kelsen*, Allgemeine Staatslehre (1925); *Kipp*, Staatslehre[2] (1949); *Koja*, Allgemeine Staatslehre (1993); *Lange*, Teilung und Trennung der Gewalten bei Montesquieu, Der Staat 1980, 213; *Merten* (Hg), Gewaltentrennung im Rechtsstaat[2] (1997); *Nawiasky*, Allgemeine Staatslehre, Zweiter Teil, Bd II (1955); *ders*, Allgemeine Staatslehre, Vierter Teil (1958); *Schambeck*, Zur Idee und den heutigen Formen der Gewaltenteilung im Staat, ZSR 1996, 423; *Voigt*, Den Staat denken[3] (2014); *Weber*, Die Teilung der Gewalten als Gegenwartsproblem, FS Schmitt (1959) 253; *Zippelius*, Geschichte der Staatsideen[10] (2003); *ders*, Allgemeine Staatslehre[17] (2017).

1. Antike Wurzeln der Gewaltenteilungslehre

Die **Lehre von der Gewaltenteilung** wurzelt in der antiken Staatsphilosophie und deren Auseinandersetzung mit den verschiedenen Staats- und Regierungsformen. Bereits die Darstellung der verschiedenen Idealtypen der griechischen Staatenwelt bei *Aristoteles* ging – soweit es sich nicht um Monokratien handelte – mit der Vorstellung und Konzeption mehrerer, voneinander getrennter staatlicher Institutionen (Gewalten), aber auch Verbindungen und Zusammenhängen zwischen ihnen einher. Daraus ergaben sich zwangsläufig Schemata der gegenseitigen Beschränkung und Verbindung dieser Gewalten, die mit unterschiedlichen Funktionen ausgestattet waren. Gerade die Lehre von der **„gemischten Verfassung"**,[185] die besonders von *Polybios* und *Cicero* entwickelt wurde, geht außerdem von einer Durchmischung und gegenseitigen Balancierung der Gewalten aus.

---

[185] Vgl dazu oben 137 f und 141.

2. Die Gewaltenteilungslehre in der Neuzeit

a. Die Gewaltenteilungslehre von Locke

Lit: *Locke*, Two Treatises of Government (1690).

In der Neuzeit wurde die Idee der Gewaltenteilung wieder aufgegriffen: *John Locke* etwa betitelt das 12. Kapitel seiner 2. Abhandlung mit „*Of the Legislative, Executive, and Federative Power of the Commonwealth*". Er hält eine Trennung zwischen **gesetzgebender** und **vollziehender Gewalt** für geboten, da die Versuchung für die Personen, die die gesetzgebende Gewalt ausüben, auch die Vollziehungsgewalt zu erlangen, zu groß sei. Die **föderative Gewalt** hingegen umfasse die Entscheidung über Krieg und Frieden, über Bündnisse und alle Vereinbarungen mit Personen und Gemeinschaften außerhalb eines Staats und sei, obzwar etwas anderes als die exekutive Gewalt, kaum von dieser zu trennen oder durch verschiedene Personen auszuüben.

b. Die Gewaltenteilungslehre von Montesquieu

Lit: *Montesquieu*, De l'Esprit des Lois (1748).

Montesquieu, der die wohl grundlegendste neuzeitliche Gewaltenteilungslehre konzipierte, unterscheidet in ähnlicher Weise zwischen der **gesetzgebenden Gewalt**, der **vollziehenden Gewalt**, der er die Angelegenheiten des Völkerrechts zuweist, und der **vollziehenden richterlichen Gewalt**, die die Zivil- und Strafgerichtsbarkeit ausübt.

Innerhalb der gesetzgebenden Gewalt schlägt *Montesquieu* ein Zweikammernsystem, bestehend aus einer volksgewählten Repräsentantenkammer sowie einer Adelskammer, vor, während die vollziehende Gewalt dem Monarchen anvertraut sein solle. Damit konzipiert *Montesquieu* ein anspruchsvolles System einer **Mischverfassung mit einer äußeren und inneren Gewaltenteilung**, die eine Differenzierung *zwischen* den drei Gewalten, aber auch *innerhalb* der Gewalten vorsieht. Die Aufteilung der Gewalten auf unterschiedliche, wenn auch nicht in allen Fällen demokratisch legitimierte Organe solle Despotismus durch eine gegenseitige Hemmung und Kontrolle verhindern; bedeutsam ist *Montesquieu*s Einsicht, dass, obgleich die Vollziehung nicht an die Weisungen der Gesetzgebung gebunden sei, letzterer doch die Kontrolle darüber zukommen müsse, nachzuprüfen, wie die von ihr beschlossenen Gesetze vollzogen würden. *Montesquieu*s System einer neuzeitlichen Gewaltenteilungslehre enthält auch Elemente einer **Gewaltenverbindung**, die eben diese gegenseitige Kontrolle garantieren sollen.

c. Die Gewaltenteilungslehre von Rousseau

Lit: *Rousseau*, Du contract social ou principes du droit politique (1762).

Rousseau unterscheidet zwischen der **gesetzgebenden Gewalt**, die beim Volk liegen solle, und der **Vollzugsgewalt**, die der Regierung anvertraut sei. Mit der

Konstruktion der dienenden Rolle der Regierung, die dem souveränen Volk unterworfen sei, versucht *Rousseau*, die Gefahr des Machtmissbrauchs durch die Regierung möglichst gering zu halten. Was wiederum die Ausübung der gesetzgebenden Gewalt anbelangt, so kommt *Rousseau* selbst zum Schluss, dass das von ihm bevorzugte Modell einer **direkten Demokratie** nur in kleineren Gemeinwesen praktikabel sei. Aber auch gerade die Mischung aus direkter und repräsentativer Demokratie hat eine gewaltenteilende Funktion.

d. Rezeption und Weiterentwicklung

Die Gewaltenteilungstheorien, insbes nach *Montesquieu*, wirkten sich nachhaltig auf die Entwicklung des modernen Gewaltenteilungssystems aus, wobei zwischen verschiedenen Richtungen unterschieden werden kann; dies hängt auch damit zusammen, dass die Theorien *Locke*s und *Montesquieu*s va Großbritannien und die USA, diejenige *Rousseau*s eher die Schweiz und Frankreich beeinflussten. In jedem westlichen Verfassungsstaat hat sich aber die **klassische Trias** der drei Gewalten **Gesetzgebung – Verwaltung – Gerichtsbarkeit** durchgesetzt, die mehr oder weniger stark voneinander getrennt sind, sich aber auch in der einen oder anderen Form (*checks and balances*) gegenseitig beschränken und kontrollieren.

Diese klassische Trias gilt heute noch, wenngleich immer wieder Versuche ihrer Ergänzung und Verfeinerung gemacht wurden: Gelegentlich wurde etwa die **Regierungsgewalt als eigene Gewalt** konstruiert, die von der Verwaltung im engen Sinn zu unterscheiden sei. Darunter werden leitende politische Gestaltungen des Regierens verstanden, die von welchem Organ immer (insbes Regierung, aber unter Umständen auch Staatsoberhaupt oder Parlament) stammen können und nicht der sonstigen Kontrolle der Verwaltung unterworfen sind. Diesem Bereich einzelner konkreter Akte des Regierens sollen etwa diejenigen im Rahmen der Außenpolitik (zB Beschluss über Krieg und Frieden) zugehören, die allerdings teilweise auch als eigene „**auswärtige Gewalt**" im Sinne der *Locke*schen Begriffsbildung der *federative power* aufgefasst wurden. Von *Benjamin Constant* stammt der Begriff des *pouvoir neutre*, der die besondere „neutrale" Gewalt eines Staatsoberhaupts kennzeichnen soll, die als vierte neben die drei klassischen Staatsgewalten hinzutrete. Als „vierte Gewalt" werden immer wieder auch die **Medien** bezeichnet, die jedoch besser als „intermediäre Gewalt"[186] klassifiziert werden.

Umgekehrt wurde die Trias der drei Gewalten mitunter auf einen **Dualismus von Gesetzgebung und Vollziehung** (Vollziehung = Verwaltung und Gerichtsbarkeit) reduziert. *Karl Loewenstein* etwa konzipierte den Idealtypus eines symmetrischen Dualismus einer parlamentarischen Versammlung mit der Befugnis zur politischen Grundentscheidung und der Regierung mit der Befugnis zu deren Ausführung.

Als Beispiel einer strukturellen Reduktion der Gewaltentrias ist auch *Kelsen*s **Differenzierung zwischen Rechtsschöpfung und Rechtsanwendung** zu erwähnen, die in ihrer Reinform nur an zwei Polen – der Verfassung (= reinen

---

[186] Vgl dazu oben 128 ff.

Rechtsschöpfung) einerseits und der Vollstreckung (= reinen Rechtsanwendung) andererseits – anzutreffen seien, während alle dazwischenliegenden Akte eine rechtsschöpfende-rechtsanwendende Zwitterstellung hätten. Dies leuchtet etwa am Beispiel des einfachen Gesetzes ein, das einerseits selbst Recht schöpft, indem es einen bestimmten gestalterischen Norminhalt vorgibt, andererseits Recht anwendet, indem es in Anwendung der in der Verfassung vorgesehenen Erzeugungsregeln von Gesetzen geschaffen wird.

Es erscheint jedoch nicht zweckmäßig, die qualitativen Unterschiede gerade zwischen einem parlamentarisch erzeugten Gesetz und irgendeinem Vollzugsakt mittels der Vorstellung von einer bloß „quantitativ" differenzierenden Skala der Rechtsetzung zu vernachlässigen, weil es für das sinnvolle Verstehen der Gewaltenteilung eben einer qualitativen Sichtweise bedarf, die zwischen generellen und individuellen, internen und externen Rechtsakten sowie organisatorisch zwischen Organen mit höherer und niedrigerer demokratischer Legitimation maßgeblich unterscheidet.

Als „Gewalten" wurden außerdem die verschiedenen **Dezentralisationsformen** konstruiert (vgl etwa den *pouvoir municipal* bei *Benjamin Constant*); so hat es sich mittlerweile eingebürgert, von einer **„vertikalen" Gewaltenteilung** zu sprechen, die in dezentral organisierten Staaten zur „horizontalen" hinzutritt. Mit der **„horizontalen" Gewaltenteilung** ist die klassische Gewaltenteilung, dh die **Trias der Funktionen Gesetzgebung – Verwaltung – Gerichtsbarkeit**, die verschiedenen Organen zugewiesen sind, gemeint. Als „vertikale" Gewaltenteilung wird hingegen ein System der Dezentralisation bezeichnet, in dem die Gewaltenteilung durch Ansiedelung dieser Funktionen auf **verschiedenen territorialen Ebenen** verwirklicht wird. Dabei kann dahingestellt bleiben, ob es sich um einen „echten" Bundesstaat oder einen „bloß" dezentralisierten Staat handelt, auch wenn die „vertikale" Gewaltenteilung in Bundesstaaten deutlich stärker verwirklicht wird.[187] Eine Verteilung aller drei Funktionen auf verschiedene Ebenen ist dementsprechend nur im Bundesstaat oder hochentwickelten Regionalstaat möglich, wo die Regionen über Gesetzgebung, Verwaltung und allenfalls sogar Gerichtsbarkeit verfügen, während allfällige andere territoriale Ebenen (Gemeinden, Bezirke, Distrikte, Kreise etc) regelmäßig nur an der Verwaltung Anteil haben.

Während die „horizontale" Gewaltenteilung gegen funktionale Machtakkumulation *beim selben Organ* gerichtet ist, Gesetzgebung, Verwaltung und Gerichtsbarkeit also nicht ein und demselben Funktionsträger zugewiesen sind, richtet sich die „vertikale" Gewaltenteilung gegen Machtakkumulation *auf einer einzigen territorialen Ebene*. Insgesamt wird also die Gewaltenteilung komplettiert, wenn zur „horizontalen" noch eine „vertikale" hinzutritt. Im Folgenden soll die „horizontale" Gewaltenteilung näher dargestellt werden, während die „vertikale" Gewaltenteilung bereits oben[188] behandelt wurde.

---

[187] Vgl dazu oben 110 ff.
[188] Vgl dazu oben 38 f und 93.

II. Kriterien der Gewaltenteilung

Lit: *Di Fabio*, Gewaltenteilung, in: Isensee/Kirchhof (Hg), Handbuch des Staatsrechts der Bundesrepublik Deutschland, Bd II: Verfassungsstaat³ (2004) 613; *Gamper*, Verfassungsgerichtsbarkeit und Gewaltenverbindung (2016); *Haller/Kölz/Gächter*, Allgemeines Staatsrecht⁵ (2013); *Kägi*, Von der klassischen Dreiteilung zur umfassenden Gewaltenteilung, FS Huber (1961) 151; *Merten* (Hg), Gewaltentrennung im Rechtsstaat² (1997); *Möllers*, Gewaltengliederung (2005); *ders*, Die drei Gewalten (2008); *Schambeck*, Zur Idee und den heutigen Formen der Gewaltenteilung im Staat, ZSR 1996, 423; *Zippelius*, Allgemeine Staatslehre¹⁷ (2017).

1. Die Gewaltenteilung im funktionalen und organisatorischen Sinn

Zu unterscheiden ist grundsätzlich zwischen Gewaltenteilung im **funktionalen** und Gewaltenteilung im **organisatorischen** Sinn.

Unter Gewaltenteilung im funktionalen Sinn ist eine Einteilung nach der **abstrakten Funktion** selbst – dh Gesetzgebung, Verwaltung, Gerichtsbarkeit – zu verstehen, wogegen sich die Gewaltenteilung im organisatorischen Sinn auf die **unterschiedlichen Organe** bezieht, die diese Funktionen ausüben. Doch ist es schwierig, eine Tautologie zu vermeiden, wenn etwa ein „Organ der Gesetzgebung" die „Funktion der Gesetzgebung" ausüben soll und umgekehrt die „Funktion der Gesetzgebung" diejenige sein soll, die durch ein „Organ der Gesetzgebung" ausgeübt wird; beide Begriffsbildungen setzen ein Vorverständnis von „Gesetzgebung" voraus, das es aber gerade zu klären gilt.

Bei beiden Begriffen der Gewaltenteilung können überdies eine **positive** und eine **negative** Variante insofern unterschieden werden, als nach einer positiven Begriffsbildung die Funktion oder das Organ nach dem *Inhalt der Tätigkeit* definiert wird (zB „Gesetzgebung als Funktion der Erlassung genereller Rechtsakte unter maßgeblicher Beteiligung der Parlamente"), während im Fall der negativen Begriffsbildung Funktion bzw Organ lediglich von denjenigen Funktionen oder Organen abgegrenzt werden, die *nicht die eigenen* sind (zB „Gesetzgebung ist jene Funktion, die nicht Verwaltung oder Gerichtsbarkeit ist").

Eine ausschließlich negative Begriffsbildung aller drei Gewalten führt klarerweise ins Leere. Bei der positiven stellt sich allerdings das Problem, über welche Inhalte und mit welcher Vollständigkeit die Definition vorgenommen werden kann. Es ist auch besonders schwierig, eine solche „materielle" Begriffsbildung für die Allgemeine Staatslehre und Verfassungslehre brauchbar zu machen, da ein abstraktes inhaltliches Begriffsbild nur in sehr unscharfen Konturen aus dem Rechtsvergleich gewonnen werden kann. Bezeichnend ist etwa, wie sehr die Vorstellungen von Verfassungen dahingehend divergieren, was unter einem „Gesetz" (Funktion Gesetzgebung) und was unter einer „Verordnung" (Funktion Verwaltung) zu verstehen ist: Beispielsweise ist zweifelhaft, ob die in vielen Staaten begrifflich geläufige *secondary legislation* funktional der Gesetzgebung oder eher organisatorisch der Verwaltung zuzuordnen ist.

2. Gewaltentrennung und Gewaltenverbindung

Ein weiteres Problem besteht darin, dass die Gewaltenteilung im organisatorischen Sinn üblicherweise nur im Grundsatz eine **Gewaltentrennung** darstellt, aber auch – mehr oder weniger ausgeprägt – **gewaltenverbindende** Elemente zulässt. Dies bedeutet, dass Organe, für die Funktionen innerhalb einer bestimmten Gewalt typisch sind, immer wieder auch (in untergeordnetem Maße) Funktionen ausüben, die ihrem Grundsatz nach einer anderen Gewalt zugeordnet werden können. Wenn etwa eine Regierung im Rahmen der organisatorischen Gewaltenteilung der Verwaltung zuzuordnen ist, schließt dies nicht aus, dass diese Regierung etwa über die Gesetzesinitiative auch im legislativen Prozess, dem hauptsächlich das Organ Parlament zugeordnet ist, eine Rolle spielt. Darüber hinaus können Verwaltungsorgane, wie erwähnt, in manchen Staaten für *secondary legislation* zuständig sein; geradezu beabsichtigt ist weiters die Aufhebung der Gewaltenteilung nach jenen Verfassungen, die für bestimmte Fälle des Staatsnotstands[189] Legislativkompetenzen an Exekutivorgane übertragen. Zu denken ist beispielsweise aber auch an diverse Verwaltungsbefugnisse, die durch Spitzenorgane im Bereich der Gesetzgebung und Gerichtsbarkeit (zB Präsident eines Parlaments oder Gerichts) in Bezug auf administrative Angelegenheiten ihrer Institution wahrgenommen werden. Ein Problem der Gewaltenverbindung stellt schließlich auch die – in gewaltenteilenden Systemen an sich gerade nicht zulässige – Funktion von Verfassungsgerichten als „positive Gesetzgeber"[190] dar.

Neben diesen *direkten* Partizipationsmöglichkeiten an für ein Organ grundsätzlich untypischen Gewalten können im weiteren Sinn auch jene Tätigkeiten als gewaltenverbindend angesehen werden, die nur *indirekt* an die organfremde Gewalt anknüpfen: Dazu zählen etwa Kontrollfunktionen, die Organe der Gesetzgebung oder Gerichtsbarkeit unmittelbar gegenüber der Regierung bzw Verwaltung ausüben, aber auch Wahl-, Vorschlags-, Ernennungs- und Abberufungsrechte, die dem einen Organ gegenüber dem anderen Organ zustehen. Nicht nur durch die Trennung der Gewalten an sich, sondern auch durch diese verschiedenen Formen der Gewaltenverbindung können also *checks and balances* verwirklicht werden. Als allgemeine verfassungsstaatliche Schranken dieser Gewaltenverbindung müssen dabei jedenfalls beachtet werden: besonders hohe demokratische Legitimation des Gesetzgebers, insbes durch Wahl der Parlamente durch das Volk; demokratische Kontrolle der Verwaltung (Regierung); unabhängige Gerichtsbarkeit.

3. Andere Formen der Gewaltenteilung

Innerhalb der traditionellen Einteilung, die die Gewalten in ihrem Außenverhältnis *zueinander* abgrenzt (**äußere Gewaltenteilung**), können noch **innere** Formen der Gewaltenteilung unterschieden werden.

---

[189] Vgl dazu oben 66 ff.
[190] Vgl dazu unten 175.

Ein Beispiel dafür ist jene Form der Gewaltenteilung, die an der Person eines Organwalters anknüpft und die Ausübung seiner organmäßigen Tätigkeit als mit anderen organmäßigen Tätigkeiten **unvereinbar** erklärt (zB Inkompatibilität zwischen parlamentarischem Mandat und der Funktion des Regierungschefs, wie es für präsidiale Regierungssysteme typisch ist).

Andere innere Formen der Gewaltenteilung zeigen sich insofern, als **innerhalb derselben Gewalt verschiedene Organe** tätig werden:

Im Rahmen der **Gesetzgebung** kann etwa eine Differenzierung danach erfolgen, ob das *Volk* (direkt) und/oder das *Parlament* im Gesetzgebungsverfahren mitwirkt oder überhaupt je nach Art des Gesetzes unterschiedliche Gesetzgebungsverfahren mit je nachdem unterschiedlichen Beteiligten durchzuführen sind oder ob das Parlament in *zwei Kammern* geteilt ist.

Im Rahmen der **Verwaltung** kann häufig, sofern man die Regierung nicht ohnehin als eigenständige Gewalt ansieht, zwischen *weisungsfreier Regierung* und *weisungsgebundener Verwaltung* unterschieden werden; weiters zwischen Identität oder Trennung der Ämter des Regierungschefs und des Staatsoberhaupts.

In der **Verwaltung wie in der Gerichtsbarkeit** bestehen darüber hinaus üblicherweise „innere" Differenzierungen in Form von *Instanzenzügen* sowie in der Zuständigkeitsteilung zwischen *monokratischen* und *kollegialen Organen*.

Auch die **Zeit** kann ein Element der Gewaltenteilung darstellen, so zB die in manchen Verfassungen vorgesehenen Sperrfristen bei Verfassungsänderungen oder die begrenzte Amtsdauer mancher Organe (typisch etwa des republikanischen Staatsoberhaupts, damit es zu keiner „schleichenden" Monarchisierung in Form lebenslanger Amtsdauer auf Grund permanenter [Wieder-]Bestellung kommt), was langfristigen, unkontrollierten Machtmissbrauch verhindern soll.

Eine strukturell wiederum andersartige Form der Gewaltenteilung ist das Prinzip des **Pluralismus**, wie es sich etwa in der rechtlichen Verankerung eines **Mehrparteiensystems** manifestiert. Damit werden an sich nicht die drei klassischen Gewalten in ihrem Verhältnis zueinander berührt, doch werden dadurch prinzipiell die politische Verteilung von Macht, die Zulässigkeit und Kontrollfunktion einer Opposition ermöglicht.

Zuletzt soll die Relativierung des staatlichen „Gewaltmonopols" schlechthin erwähnt werden: Während nach der traditionellen Auffassung – unbeschadet der Dreiteilung in einzelne Gewalten – die Staatsgewalt als solche als drittes Element des Staats (*Georg Jellinek*) angesehen wurde,[191] somit einzig der Staat Träger dieser Gewalt war, zeigt sich in der heute beobachtbaren Entwicklung einer „Entstaatlichung"[192] gleichzeitig die Tendenz der **Entmonopolisierung der Staatsgewalt**. Zum einen ist dafür die Entstehung von Mehrebenensystemen verantwortlich, die eine vertikale Gewaltenteilung bewirkt und Staatsgewalt von der nationalen Ebene auf die regionale, inter- oder supranationale Ebene verlagert. Zum anderen bewirkt auch die Übertragung staatlicher Funktionen auf ausgegliederte Rechtsträger eine gewisse Plu-

---

[191] Vgl dazu oben 49 ff.
[192] Vgl dazu oben 85 und 162 ff.

ralisierung und damit Teilung staatlicher Gewalt, wenngleich die Ausgliederung typischerweise durch Aufrechterhaltung staatlicher Einflussrechte teilkompensiert wird.

III. Die drei Gewalten

1. Die Gesetzgebung

Lit: *Ermacora*, Allgemeine Staatslehre, Bd II (1970); *Harel/Shinar*, Between judicial and legislative supremacy: A cautious defense of constrained judicial review, ICON 2012, 950; *Herdegen*, Informalisierung und Entparlamentarisierung politischer Entscheidungen als Gefährdungen der Verfassung?, VVDStRL 62 (2003), 7; *Hill* (Hg), Zustand und Perspektiven der Gesetzgebung (1989); *Karpen*, Gesetzgebungslehre – neu evaluiert/Legistics – freshly evaluated[2] (2008); *Kelsen*, Allgemeine Staatslehre (1925); *Kipp*, Staatslehre[2] (1949); *Klein*, Gesetzgebung ohne Parlament? (2004); *Koja*, Allgemeine Staatslehre (1993); *Leisner*, Krise des Gesetzes (2001); *Marcic*, Vom Gesetzesstaat zum Richterstaat (1957); *Mengel*, Gesetzgebung und Verfahren (1997); *Nawiasky*, Allgemeine Staatslehre, Zweiter Teil, Bd II (1955); *Schäffer* (Hg), Evaluierung der Gesetze/Gesetzesfolgenabschätzung (2005); *ders* (Hg), Evaluierung der Gesetze/Gesetzesfolgenabschätzung (II) (2007).

a. Gesetzgebungsorgan

Hauptträger der gesetzgebenden Gewalt in westlichen Verfassungsstaaten ist das volksgewählte **Parlament**, das uni- oder bikameral organisiert und nicht nur auf nationaler, sondern auch auf regionaler Ebene angesiedelt sein kann.[193] Zur gesetzgebenden Gewalt gehören aber über das Parlament hinaus all jene Organe, die im Gesetzgebungsprozess eine Rolle spielen – dabei kann es sich um **andere staatliche Organe**, wie etwa Regierung oder Staatsoberhaupt, oder (direkt) um das Volk handeln, das in Form von Plebisziten an der Gesetzgebung beteiligt ist. Außerdem können (auf formelle oder informelle Weise) **intermediäre Gewalten**[194] beteiligt sein, die einen oft beträchtlichen Einfluss auf die Gesetzgebung ausüben („Entmachtung der Parlamente"). Dies führt wiederum zu einer selektiven Interessenvertretung, welche die demokratische Repräsentation und damit verbundene Möglichkeit politischer Partizipation der Bürger einschränkt.

b. Gesetzgebungsverfahren

Als „Gesetz" werden typischerweise all jene generellen Rechtsakte angesehen, die in einem **Verfahren** zustande kommen, das regelmäßig in folgenden Abschnitten verläuft:
- Erstellung eines Gesetzesentwurfs (durch Fachministerien, parlamentarische Abgeordnete, Bürger; Anregungen durch intermediäre Gewalten)

---

[193] Vgl dazu unten 205 ff.
[194] Vgl dazu oben 128 ff.

- Begutachtungsverfahren (formell oder informell; eine besondere Rolle kommt mittlerweile Gesetzesfolgenabschätzungsverfahren zu)
- Gesetzesinitiative im Parlament (ausgelöst durch einzelne parlamentarische Abgeordnete, parlamentarische Kammer, parlamentarischen Ausschuss, parlamentarische Fraktion, Regierung oder einzelne Regierungsmitglieder, Staatsoberhaupt, Plebiszit, Gliedeinheiten etc)
- Gesetzesbeschlussverfahren (in der Regel: verschiedene Lesungen > Befassung einzelner Ausschüsse > Plenarbeschlussfassung mit üblicherweise je nach Art des zu erzeugenden [zB einfachen, organischen, verfassungsrangigen] Gesetzes unterschiedlichem Präsenz- und Konsensquorum)
- Mögliche Besonderheiten:
  - Bikamerale Parlamente: Befassung beider Kammern in symmetrischer oder asymmetrischer Weise[195]
  - Allfälliges präventives Normenkontrollverfahren (insbes vor Verfassungsgericht) mit obligatorischen oder fakultativen Folgen für den Fortgang des Gesetzgebungsverfahrens
  - Allfällige Einspruchsrechte (zB seitens der Gliedeinheiten im Bundesgesetzgebungsverfahren und *vice versa*)
  - Obligatorische oder fakultative Mediationsmöglichkeiten (zB durch gemeinsamen parlamentarischen Ausschuss)
  - Bei bestimmten qualifizierten Verfahren: Erhöhung des Präsenz- und Konsensquorums, Verdoppelung der Beschlussfassung, Volksabstimmung, Sperrfristen, Parlamentsauflösung nach Gesetzesbeschluss mit nachfolgender Neuwahl und Wiederholung des Gesetzesbeschlusses
- Unterzeichnung durch Staatsoberhaupt
- Allenfalls: Promulgation (Verkündung der verfassungsmäßigen Entstehung des Gesetzes, zB durch das Staatsoberhaupt)
- Kundmachung (Publikation)
- Inkrafttreten

c. Die Gesetzgebung als „erste" Gewalt im Staat

aa. Das Gesetz im Kanon der Rechtssatzformen

Die **Abgrenzung der Gesetze zu exekutiven Rechtsakten** verläuft teilweise *inhaltlich* (Konkretisierungsgrad des Rechtsaktes, Determinierung durch höherrangigen Rechtsakt), va aber *formal*, da Gesetzgebungsorgan und -verfahren sich von jenem exekutiver Rechtsakte typischerweise unterscheiden.

Im Stufenbau nationaler Rechtsordnungen nehmen (Verfassungs-)Gesetze üblicherweise den höchsten Rang ein, was auch die Bezeichnung der Gesetzgebung als „erste Gewalt im Staate" nahelegt und in der besonderen demokratischen Legitimation des Parlaments als zentralem Gesetzgebungsorgan begründet ist. Nur

---

[195] Vgl dazu unten 207 ff.

in wenigen Fällen kann diese Normenhierarchie durchbrochen werden – so va im Falle eines konstitutionellen Staatsnotstands.[196]

Eine grundlegende Unterscheidung, die es in allen Staaten mit „geschriebener"[197] Verfassung gibt, ist diejenige zwischen **Verfassungsgesetzen** und einfachen Gesetzen, wobei diese formelle Unterscheidung, die sich in der Art des jeweiligen Erzeugungsverfahrens und der Bezeichnung manifestiert, zwar überwiegend, jedoch nicht zwangsläufig auch materiell, dh also in einer Unterscheidung zwischen verfassungsrechtlichen und anderen Gesetzesinhalten, deutlich wird.

Va in den Staaten des romanischen Rechtskreises verbreitet ist die Unterscheidung zwischen „**organischen**" und einfachen Gesetzen: Die „organischen" Gesetze nehmen auf Grund eines qualifizierten Erzeugungsverfahrens eine Sonderstellung zwischen Verfassungsgesetzen und einfachen Gesetzen ein und regeln, als Teil des so genannten „Verfassungsblocks", besonders wichtige, „verfassungsnahe" Materien.

Eine andere bisweilen anzutreffende Differenzierung ist die zwischen staatlichen (einfachen) Gesetzen, die Prinzipien bzw rechtliche Rahmenvorschriften regeln, und jenen, die diese Inhalte umsetzen und ausführen. Diese Differenzierung ist nur in Bundes- und höher entwickelten Regionalstaaten anzutreffen, da sie lediglich dann sinnvoll ist, wenn unterschiedliche Parlamente für die beiden Arten von Gesetzen zuständig sind.

Wiederum eine andere Konstellation ist die von manchen Verfassungen vorgesehene „**delegierte**" Gesetzgebung (*secondary legislation*), worunter zu verstehen ist, dass der Gesetzgeber auf eine eigene detaillierte Regelung verzichtet und die Befugnis zu ihrer Erlassung stattdessen an bestimmte Exekutivorgane (va Regierung oder einzelne Minister) überträgt. Üblicherweise ist dies nur innerhalb bestimmter, vom Gesetz selbst exakt definierter Grenzen möglich, sodass diese „Quasi-Gesetze", die im Kleid eines exekutiven Rechtsakts erlassen werden (bezeichnend etwa der von der italienischen Verfassung gewählte Begriff der *decreti legislativi* oder *leggi delegate*), eine besondere gesetzliche Prädeterminierung erfahren; weitere Beschränkungen sind etwa durch eine von vornherein beschränkte Geltungsdauer oder durch Genehmigungsvorbehalte des Parlaments (vgl etwa bei *statutory instruments* im Vereinigten Königreich) möglich.

Locke zufolge hat ein Parlament theoretisch gar nicht die Kompetenz-Kompetenz, die Gesetzgebung an die Regierung zu delegieren: „*The legislative cannot transfer the power of making laws to any other hands; for it being but a delegated power from the people, they who have it cannot pass it over to others.*"[198] In Staaten mit einem strengen Verständnis vom **Legalitätsprinzip**[199] folgen die Verfassungen dieser theoretischen Ansicht. Aber auch nach einer in anderen Staaten vorherrschenden gemäßigten Vorstellung lässt sich mit dem Prinzip der Gewaltenteilung und des Rechtsstaats kein System vereinen, in dem die Spitzenexekutive nicht we-

---

[196] Vgl dazu oben 66 ff.
[197] Vgl dazu oben 33 f.
[198] *Locke*, Two Treatises of Government, 2. Buch, 11. Kapitel, § 141.
[199] Vgl dazu unten 239 ff.

nigstens prinzipiell an die parlamentarisch erzeugten Gesetze und an eine Einzelermächtigung des einfachen Gesetzgebers zur Vornahme „delegierter" Gesetzgebung gebunden ist.

Immer wieder sind daher die Verfassungsgerichte auch mit Fragen beschäftigt, inwiefern entweder Gesetze verfassungswidrig sind, die die Exekutive zu wenig determinieren, oder umgekehrt die Exekutive Regelungsbefugnisse geradezu usurpiert, die ihr nach den gesetzlichen Vorgaben nicht zustehen. Eine besondere Problematik stellt der „**untätige Gesetzgeber**" dar, nämlich die Frage, ob den Gesetzgeber überhaupt eine Pflicht zur Gesetzgebung trifft und ob Lücken in der Gesetzgebung sanktionierbar bzw durch ein anderes staatliches Organ als den Gesetzgeber im Wege der Ersatzvornahme ausfüllbar sind. Diese Frage wird von den Staaten verschieden gelöst (vgl etwa die unterschiedlichen Zugänge der Verfassungsgerichte zur mangelnden Umsetzung sozialer Grundrechte, die häufig keine unmittelbar justiziablen Rechte darstellen, solange der einfache Gesetzgeber nicht ausgestaltend tätig wurde). Sonderfälle stellen Bundesstaaten mit untätigen Gliedparlamenten etwa bei Umsetzung völkerrechtlicher oder unionsrechtlicher Verpflichtungen dar. Verfassungsgerichte, welche die Säumnis des Gesetzgebers dadurch sanktionieren, dass sie selbst gesetzgeberische Ersatzmaßnahmen setzen, werden – entgegen der Konzeption klassischer Gewaltenteilung – als „positiver Gesetzgeber" tätig. Ein Extrembeispiel stellte etwa die ersatzweise Erlassung eines – durch den Gesetzgeber trotz verfassungsrechtlicher Verpflichtung gerade nicht erlassenen – Gesetzes durch den indischen *Supreme Court*[200] dar.

Eine allgemeine Vorstellung von dem, was **Inhalt eines Gesetzes** sein soll, existiert nicht. Prinzipiell darf durch Gesetz alles geregelt werden, was den verfassungsrechtlichen Vorgaben entspricht. Typischerweise entsprechen dem Gesetz als generellem Rechtsakt ein **höherer Abstraktionsgrad** und ein **allgemeiner Adressatenkreis**, doch hängt der zulässige Konkretisierungsgrad von den jeweiligen verfassungsrechtlichen Standards eines Staats ab. So kann beispielsweise ein strenges Legalitätsprinzip die präzise Bestimmtheit des Gesetzes erfordern oder der Gleichheitssatz „Anlassgesetzgebung", die zu einer sachlich ungerechtfertigten Einzelbehandlung führt, in die Schranken weisen.

bb. Gesetzgeber und Verfassungsgerichtsbarkeit

In einem besonderen **Spannungsverhältnis** steht die Funktion der Gesetzgebung zu jener der **Verfassungsgerichtsbarkeit**. Aufgabe der Verwaltung sowie der Gerichtsbarkeit ist es ja, die Gesetze zu vollziehen, was der Gesetzgebung an sich klar den Vorrang unter den Gewalten zuweist. Die Verfassungsgerichtsbarkeit jedoch ist jene in vielen Staaten verankerte Sonderform der Gerichtsbarkeit, die ua dazu berufen ist, Gesetze auf ihre Verfassungskonformität zu überprüfen und gegebenenfalls aufzuheben bzw für nichtig zu erklären.[201]

---

[200]   *Vishaka and others v State of Rajasthan and others*, AIR 1997 Supreme Court 3011.
[201]   Vgl dazu unten 185 ff.

Da die Verfassungsrichter im Hinblick auf ihre Bestellung zumeist auf keine direkte demokratische Legitimation verweisen können (vgl jedoch die Volkswahl der bolivischen Verfassungsrichter oder die etwa in Kalifornien anlässlich von allgemeinen Wahlen zusätzlich ermöglichte Abgabe einer *retention vote* hinsichtlich bereits bestellter regionaler Höchstrichter) und ihre Tätigkeit auch keiner parlamentarischen Kontrolle unterliegt, steht ihre Funktion naturgemäß in Spannung zur demokratischen Erzeugung von Gesetzen (*counter-majoritarian difficulty*). Ihre Legitimation bezieht die Verfassungsgerichtsbarkeit aber nach *Kelsen* aus der Funktion, „Hüter der Verfassung" und in dieser Funktion durch die Verfassung selbst eingesetzt zu sein: aus jener Gewalt also, die beim Verfassungsgesetzgeber liegt und ursprünglich auf die verfassunggebende Gewalt des Volkes zurückzuführen ist. *Alexander Hamilton* beschrieb dies bereits im *Federalist* No 78 folgendermaßen: „*If it be said that the legislative body are themselves the constitutional judges of their own powers, and that the construction they put upon them is conclusive upon the other departments, it may be answered, that this cannot be the natural presumption* […] *It only supposes that the power of the people is superior to both; and that where the will of the legislature, declared in its statutes, stands in opposition to that of the people, declared in the Constitution, the judges ought to be governed by the latter rather than the former. They ought to regulate their decisions by the fundamental laws, rather than by those which are not fundamental.*"

Änderungen der Verfassung, die durch den Verfassungsgesetzgeber herbeigeführt werden, können die Position der Verfassungsgerichtsbarkeit, aber auch den vom Verfassungsgericht angewendeten Prüfmaßstab der Gesetzeskontrolle verändern. Dadurch werden auch die „Hüter der Verfassung" letztlich an den demokratischen (Verfassungs-)Gesetzgeber rückgekoppelt. Schranken können aber auch dem Verfassungsgesetzgeber gesetzt werden, indem gewisse Verfassungsänderungen überhaupt unzulässig sind oder an zusätzliche Hürden des Erzeugungsverfahrens gebunden werden;[202] die Einhaltung dieser Schranken kann wiederum verfassungsgerichtlich überprüft werden.

Im Gegensatz zu dieser Konzeption der verfassungsgerichtlichen Kontrolle der Gesetze steht das britische Prinzip der Parlamentssouveränität, das als so genanntes *Westminster*-Modell insbes in vielen *Commonwealth*-Staaten Verbreitung gefunden hat.[203] Nach der in der Lehre des 19. Jahrhunderts (*Albert V. Dicey*) etablierten Vorstellung gestattet die Parlamentssouveränität dem Parlament erstens, jedwedes Gesetz, sei es auch fundamentalen Inhalts, beliebig zu erlassen und zu ändern. Zweitens impliziert dies den Mangel einer formalen Unterscheidung zwischen einfachem Gesetzesrecht und Verfassungsrecht. Drittens verwehrt das Prinzip den Gerichten, ein parlamentarisch erzeugtes Gesetz aufzuheben oder für nichtig zu erklären. Dieses System ist im Vereinigten Königreich nach wie vor gegenwärtig. Selbst das Inkrafttreten des *Human Rights Act 1998* änderte daran nichts Grundsätzliches, da Gesetze, die von einem Richter in einem Verfahren als mögliche EMRK-Verletzung

---

[202] Vgl dazu oben 60 ff.
[203] Vgl dazu oben 51.

qualifiziert werden, weder aufgehoben noch für nichtig erklärt werden, ja nicht einmal nicht angewendet werden dürfen; sofern das Gesetz nicht EMRK-konform ausgelegt werden kann, steht dem Richter bloß eine *declaration of incompatibility* (Sec 4 leg cit) zu. Dagegen gibt es mit *Dr. Bonham's Case* (1610)[204] ein Präjudiz, in dem sich ein Richter über ein parlamentarisches Gesetz hinwegsetzte, weil es gegen das *common law of the land* verstieß, wenngleich dieses Judikat bisher ohne ähnlich radikale Nachfolger geblieben ist. Auch der neue *Supreme Court*, der 2009 seine Tätigkeit aufnahm, erhielt, von seiner Entscheidungsbefugnis in die Regionen Schottland, Wales und Nordirland betreffenden Kompetenzkonflikten (*devolution issues*) abgesehen, keine verfassungsgerichtliche Gesetzesprüfungskompetenz.

Die Gesetzgebung als „erste Gewalt im Staat" zu bezeichnen, trifft jedenfalls noch viel stärker in jenen Staaten zu, in denen das Prinzip der Parlamentssouveränität verwirklicht ist. Eine weitere Konsequenz dieses Prinzips ist die rechtliche Unverbindlichkeit von Plebisziten[205], die gleichwohl als politisch verbindlich angesehen werden können (vgl zB das „Brexit"-Referendum). Typisch ist schließlich auch die umfangreiche „innere" Parlamentsautonomie, die Konflikte über die Geschäftsordnung, Abstimmungsverfahren, Rechtsstellung der Abgeordneten etc der Entscheidung des Parlaments überlässt, während derartige Streitfälle in anderen Staaten zunehmend der Kompetenz der Verfassungsgerichte überantwortet wurden.

2. Die Verwaltung

Lit: *Blanke*, Government und Governance im 21. Jahrhundert, FS Siedentopf (2008) 721; *Ermacora*, Allgemeine Staatslehre, Bd II (1970); *Haller/Kölz/Gächter*, Allgemeines Staatsrecht[5] (2013); *Kelsen*, Allgemeine Staatslehre (1925); *Kipp*, Staatslehre[2] (1949); *Koja*, Allgemeine Staatslehre (1993); *Leisner*, Die undefinierbare Verwaltung (2002); *Nawiasky*, Die Stellung der Regierung im modernen Staat (1925); *ders*, Allgemeine Staatslehre, Zweiter Teil, Bd II (1955); *Partsch*, Parlament und Regierung im modernen Staat, VVDStRL 16 (1958), 16; *Pernthaler*, Das Staatsoberhaupt in der parlamentarischen Demokratie, VVDStRL 25 (1967), 95; *ders*, Allgemeine Staatslehre und Verfassungslehre[2] (1996); *Scheuner*, Der Bereich der Regierung, FS Smend (1952) 253; *Smend*, Die politische Gewalt im Verfassungsstaat, in: ders, Staatsrechtliche Abhandlungen und andere Aufsätze[3] (1994) 68; *Vogel*, Gesetzgeber und Verwaltung, VVDStRL 24 (1966), 125; *Wiegand*, Zum Begriff des Staatsoberhaupts, AöR 2008, 475; *Zippelius*, Allgemeine Staatslehre[17] (2017).

a. Regierung und Staatsoberhaupt

Wie bereits erwähnt, wird immer wieder zwischen der **Verwaltung im engen Sinn** und der **Regierung** unterschieden. Unter Regierung ist dabei nicht nur das staatliche Organ „Regierung" im Sinne eines Kollegiums von Ministern mit einem Regierungschef (je nach Art des Regierungssystems als [Minister-]Präsident, Premierminister, Kanzler etc bezeichnet) an der Spitze, sondern die Gesamtheit exeku-

---

[204] Vgl dazu unten 238.
[205] Vgl dazu unten 229 ff.

tiver Spitzenorgane – auf regionaler und/oder nationaler Ebene – zu verstehen, zu denen etwa auch das **Staatsoberhaupt** gehört.

Gerade die Funktion des Staatsoberhaupts macht die Notwendigkeit einer Differenzierung deutlich: Üblicherweise nehmen Staatsoberhäupter (ob Monarchen oder Präsidenten) nämlich eine Fülle an Aufgaben wahr, die verschiedenen Gewalten, nicht nur der Verwaltung, zugewiesen werden können. Zu nennen ist etwa die verbreitet anzutreffende Befugnis des Staatsoberhaupts zur Unterzeichnung von Gesetzen und Staatsverträgen oder die Vornahme von Einzelakten im Bereich der Gerichtsbarkeit (Gnadenrecht etc). Diese Vorrechte des Staatsoberhaupts, die historisch aus der früheren Prärogative der Monarchen und damit aus einer Zeit vor dem heutigen gewaltenteilenden Verständnis stammen, zeigen die gewaltenüberschneidende Funktion des Staatsoberhaupts besonders gut auf. Das Staatsoberhaupt der Verwaltung bzw Regierung zuzuordnen, ist daher wohl teils eine Verlegenheitslösung, da keine andere Gewalt dafür, jedenfalls nicht ausschließlich, in Betracht kommt; teils liegt es an dem doch typischerweise vorwiegend exekutiven Charakter seiner Befugnisse.

Auch die **Regierung** im engen Sinn ist in ihren Funktionen vorwiegend „exekutiv"; deshalb jedoch sie ohne weiteres der Verwaltung zuordnen zu wollen, verkennt den „politischen" Zug, die *policy-making power* der Regierung. Der Unterschied wird besonders augenfällig, wenn man ihre Tätigkeit als oberste Vollzugsbehörde, wie sie ihr in vielen Staaten zukommt, mit ihrer Funktion als Gesetzesinitiator vergleicht: Einerseits vollzieht die Regierung also Gesetze, andererseits bereitet sie Gesetze häufig politisch vor (Regierungsgesetzgebung); diese haben im weiteren parlamentarischen Verfahren vor dem Hintergrund einer parlamentarischen Regierungsmehrheit sowie parteipolitischer Fraktionsdisziplin gute Chancen auf Verwirklichung. Aus diesem Grund wird in vielen Staaten eine „Entmachtung der Parlamente" konstatiert, die formal zwar das zentrale Gesetzgebungsorgan bleiben, faktisch aber durch den politischen Willen der Regierung gesteuert werden, sofern diese über eine parlamentarische Mehrheit verfügt.

Der englische Begriff des *government* bezieht sich in einem weitergehenden Verständnis hingegen mehr auf die Funktion des „Regierens" als bloß auf das staatliche Organ „Regierung" und schließt dadurch mitunter auch den Gesetzgeber ein; dadurch kommt eine institutionelle Gesamtheit zum Ausdruck, die für ein effektvolles „Regieren", einschließlich dessen gesetzlicher Umsetzung, verantwortlich ist.

In ihrer Funktion als **oberste Vollzugsbehörde** wird die Regierung zutreffend der Verwaltung zugeordnet, wobei sie sich strukturell insofern von gewöhnlichen Verwaltungsbehörden unterscheidet, als sie keiner Weisungsgewalt anderer Organe und keinen Instanzenzügen unterworfen ist, sondern vielmehr an der Spitze der exekutiven Hierarchie steht.

b. Verwaltung und Gesetzgebung

Die **Verwaltung** ist der **Gesetzgebung** insofern nachgeordnet, als ihr gemeinsam mit der Gerichtsbarkeit die Vollziehung der Gesetze obliegt; nur in Ausnahmefällen, wie Not- bzw Krisensituationen, oder innerhalb eng begrenzter Schranken eines Ermächtigungsgesetzes ist die Durchbrechung oder Ergänzung von Gesetzen durch Verwaltungsakte zulässig. Diese Nachordnung gegenüber der Gesetzgebung ist darin begründet, dass es der Verwaltung regelmäßig an direkter demokratischer Legitimation – wie sie etwa Parlamenten zukommt – ermangelt, auch wenn eine „**Demokratisierung der Verwaltung**" immer wieder gefordert wird und teilweise auch verwirklicht worden ist (zB Direktwahl exekutiver Spitzenorgane, Direktwahl von Verwaltungsorganen auf lokaler Ebene).

Eine umfassende *direkte* Einflussnahme des Parlaments auf die Verwaltung in Form von Bestellungs-, Abberufungs- und Weisungsrechten ist in gewaltenteilenden Systemen unüblich. Eine *indirekte* demokratische Rückkoppelung kann allerdings über den **Bestellungs- und Abberufungsvorgang** der exekutiven Spitzenorgane, die **Weisungsbindung** untergeordneter Verwaltungsbehörden an die exekutiven Spitzenorgane sowie **parlamentarische Kontrollrechte** über die exekutiven Spitzenorgane bzw die Verwaltung als Gesamtheit gewährleistet werden. Es wäre daher eine verkürzte Sichtweise, die demokratische Legitimation staatlicher Organe auf bloß diejenigen zu beschränken, die auf eine *direkte* demokratische Legitimation verweisen können.

Im **Rechtsstaat**[206] ist die **Verwaltung an die Gesetze gebunden**, wobei der erforderliche Determinierungsgrad der Gesetze Schwankungen unterworfen ist, die durch die Natur der jeweiligen Regelungsmaterie bedingt sind. Verwaltungshandeln soll auf Grund der gesetzlichen Determinierung für den Bürger vorausschaubar und berechenbar, Willkür dadurch ausgeschlossen werden.

Ebenfalls im Rechtsstaat wurzelt das für die Verwaltung typische Vorhandensein von Instanzenzügen, was dem Bürger **Möglichkeiten des administrativen Rechtsschutzes** einräumt. Aus welchen und wie vielen Ebenen diese administrativen Instanzenzüge bestehen, wird vom staatlichen Recht ganz unterschiedlich geregelt. In Bundesstaaten etwa ist die Komplexität der Instanzenzüge tendenziell höher als in Einheitsstaaten, weil zumindest teilweise doppelte Behördenstrukturen vorhanden sind. Ganz unterschiedlich sind auch die Arten der Verwaltungsbehörden, die monokratisch oder kollegial organisiert, echte weisungsgebundene Behörden oder unabhängige Tribunale im Sinne des Art 6 Abs 1 EMRK und Art 47 GRC sein können. Ein in vielen Staaten verbreitetes Phänomen stellt weiters die Ausgliederung hoheitlicher Verwaltungsfunktionen auf Rechtsträger des öffentlichen oder privaten Rechts dar, die damit funktional als Verwaltungsbehörden tätig werden.

c. Verwaltung und Gerichtsbarkeit

Die **Abgrenzung der Verwaltung von der Gerichtsbarkeit** verläuft an keiner trennscharfen theoretischen Linie. Es ist grundsätzlich jeder nationalen Verfassung überlassen zu bestimmen, welche Rechtsmaterien von der Gerichtsbarkeit und welche von der Verwaltung zu vollziehen sind. Gerade jedoch

---

[206] Vgl dazu unten 236 ff.

an Art 6 Abs 1 EMRK wird deutlich, dass eine in der Wurzel wohl auf eine **gemeinsame Verfassungsüberlieferung** gestützte Verpflichtung der europäischen Staaten besteht, die Kernbereiche des Zivil- und Strafrechts Gerichten und gerichtsähnlichen Tribunalen zuzuweisen. Die Grenze ist jedoch fließend, da die Vorstellungen von Zivil- und Strafrecht höchstens im Kern einen gemeinsamen Nenner finden; auch das Verwaltungsrecht kann zivilrechtliche Aspekte berühren, und keine klare inhaltliche Unterscheidung existiert zwischen dem, was gerichtliches Strafrecht, und dem, was Verwaltungsstrafrecht sein soll. Im Übrigen zeichnet sich in vielen Staaten Europas – auch unter dem Einfluss von Art 47 GRC – eine „Justizialisierung der Verwaltung" insofern ab, als vom klassischen Muster weisungsgebundener Verwaltungsbehörden abgegangen wird und stattdessen, zumindest als Rechtsschutzinstanz, unabhängige (dh weisungsfreie bzw sogar justizförmige) Einrichtungen geschaffen werden. Damit wird die Verwaltung stärker „entpolitisiert", zugleich aber in ihrer demokratischen Rückkoppppelung reduziert.

Große Divergenzen, was die Abgrenzung von Verwaltung und Gerichtsbarkeit betrifft, finden sich insbes zwischen angelsächsischem und kontinentaleuropäischem Rechtsdenken. Es geht dabei auch um die Fragen der Zulässigkeit sukzessiver Instanzenzüge, der Entscheidungskriterien der Normenkontrolle (zB [Grob- oder Fein-]Prüfung behördlichen Ermessens oder bloße Kontrolle der Rechtskonformität) und gegenseitiger Bindungswirkung behördlicher bzw gerichtlicher Entscheidungen, die von den verschiedenen Rechtsordnungen sehr unterschiedlich gelöst werden. Im angelsächsischen Recht ist überdies die Vorstellung von Verwaltung bzw Verwaltungsrecht als eigener Rechtsdisziplin erst später und in weniger weitgehendem Ausmaß entstanden als in Kontinentaleuropa. Durch die von Art 6 Abs 1 EMRK und Art 47 GRC nahegelegte „Justizialisierung der Verwaltung" verblasst die in Kontinentaleuropa ab dem 19. Jahrhundert deutlich gewordene Differenzierung zwischen Verwaltung und Gerichtsbarkeit in nicht unbeträchtlichem Ausmaß.

In den Rechtsordnungen der kontinentaleuropäischen Staaten hat sich eine eigene **Gerichtsbarkeit des öffentlichen Rechts**[207] herausgebildet, der auch Entscheidungen der Verwaltungsbehörden jedenfalls unterworfen sind. Dem liegt die Trennung von Gerichtsbarkeit und Verwaltung, aber auch innerhalb der Gerichtsbarkeit die Trennung zwischen ordentlichen Gerichten (zuständig für Zivil- und Strafrecht samt Sondermaterien) und Gerichten des öffentlichen Rechts, die selbst auch auf mehreren Instanzebenen angesiedelt sein können, zugrunde. Verbreitet ist mittlerweile aber auch die Trennung in verschiedene Arten von Höchstgerichten, die die Funktionen der **ordentlichen Gerichtsbarkeit**, **Verwaltungsgerichtsbarkeit** und **Verfassungsgerichtsbarkeit** separat wahrnehmen. Mögen die Funktionen im Einzelnen auch weiter oder enger gefasst sein, so ist diese prinzipielle Dreiteilung in Obersten Gerichtshof (Kassationsgerichtshof), Verwaltungsgerichtshof (Staatsrat) und Verfassungsgerichtshof doch in vielen europäischen Staaten und teilweise auch außerhalb Europas anzutreffen. Damit werden aber Rechtsakte der Verwaltung ei-

---

[207] Vgl dazu unten 185 ff.

ner echten und eigenständigen Gerichtsbarkeit unterworfen, die einen möglichst unabhängigen Rechtsschutz des Bürgers verwirklichen soll.

Das „Recht auf eine gute Verwaltung", wie es in Art 41 GRC verankert ist, umfasst trotz seiner unbestimmt weiten Formulierung keineswegs alle Aspekte, die im Rahmen einer „guten Verwaltung" erwartet werden könnten. Berücksichtigt man die durch das Legalitätsprinzip hergestellten Zusammenhänge zwischen Gesetzgebung und Verwaltung, erhellt zudem, dass eine „gute Verwaltung" ohne eine entsprechend „gute Gesetzgebung" nicht möglich ist. Vor dem Hintergrund der „Justizialisierung der Verwaltung" wird eine „gute Verwaltung" im funktionalen Sinn außerdem zunehmend auch eine Aufgabe der (Verwaltungs-)Gerichtsbarkeit.

3. Die Gerichtsbarkeit

Lit: *Barak*, The Role of a Judge in a Democracy, FS Wildhaber (2007) 939; *Biaggini*, Verfassung und Richterrecht (1991); *Chen/Poiares Maduro*, The judiciary and constitutional review, in: Tushnet/Fleiner/Saunders (Hg), Routledge Handbook of Constitutional Law (2013) 97; *Craig*, Judicial review of questions of law: a comparative perspective, in: Rose-Ackerman/ Lindseth (Hg), Comparative Administrative Law (2010) 449; *Gibson*, Judicial Institutions, in: Rhodes/Binder/Rockman (Hg), The Oxford Handbook of Political Institutions (2006) 514; *Haller/Kölz/Gächter*, Allgemeines Staatsrecht⁵ (2013); *Ipsen*, Richterrecht und Verfassung (1975); *Kelsen*, Justiz und Verwaltung (1929); *Marcic*, Vom Gesetzesstaat zum Richterstaat (1957); *Pernthaler*, Allgemeine Staatslehre und Verfassungslehre² (1996); *Poiares Maduro*, Courts and Pluralism: Essay on a Theory of Judicial Adjudication in the Context of Legal and Constitutional Pluralism, in: Dunoff/Trachtman (Hg), Ruling the World? (2009) 356; *Resnik*, Judicial Independence, in: Amar/Tushnet (Hg), Global perspectives on constitutional law (2009) 15; *Smilov*, The Judiciary: The Least Dangerous Branch?, in: Rosenfeld/Sajó (Hg), The Oxford Handbook of Comparative Constitutional Law (2012) 859.

a. Der Gerichtsbegriff

Die **Gerichtsbarkeit** ist jene Gewalt, die **Rechtsprechung** als mit ganz besonderen Garantien der Unabhängigkeit und Unparteilichkeit ausgestattete, konkrete Einzelfallentscheidung ausübt. Das grundsätzliche Merkmal, keine generellen, sondern individuelle Rechtsakte zu erlassen, unterscheidet sie insbes von der Gesetzgebung, teils auch von der Verwaltung. Die richterliche Unabhängigkeit stellt einen maßgeblichen Unterschied zur weisungsgebundenen Verwaltung dar.

Unterschiedlich umgesetzt wurde der Gerichtsbegriff des Art 6 Abs 1 EMRK, da in den beiden authentischen Sprachen (Englisch und Französisch) der Ausdruck „*tribunal*" (und nicht etwa „*court*" oder „*cour*") verwendet wird (ähnlich Art 47 GRC), während in der deutschen Fassung von „Gericht" die Rede ist. Mit dem Abstellen auf die Tribunalqualität wird lediglich der funktionale Mindeststandard eines „Gerichts" festgelegt, das einerseits eine gesetzlich festgelegte Einrichtung, andererseits unabhängig und unparteiisch sein muss. Dass der nationale Gerichtsbegriff eines Staats möglicherweise darüber hinausgeht – indem zB nicht nur die auf eine bestimmte Zeit beschränkte Unabhängigkeit, Unabsetzbarkeit und Unversetzbarkeit der Richter, sondern deren lebenslange Tätigkeit ohne Abberufungsrecht normiert werden –, wird dadurch freilich nicht verhindert. Auch viele andere organisatorische Strukturfragen werden durch keinen allgemeinen Gerichtsbegriff präjudiziert, sondern können von Verfassung zu Verfassung unterschiedlich geregelt werden: Dies betrifft beispielsweise die Frage, ob Gerichte monokratisch oder kollegial entscheiden (wobei Kollegialentscheidungen im Plenum, in Senaten oder Kammern üblicher sind, je höher das Gericht ist), wie Instanzenzüge ausgestaltet sind oder ob es eine Trennung zwischen ordentlicher und öffentlich-rechtlicher Gerichtsbarkeit gibt.

b. Organisatorische Garantien der Unabhängigkeit und Unparteilichkeit

Die **Unabhängigkeit** und **Unparteilichkeit** der Gerichte beruhen auf einer Verknüpfung verschiedener Faktoren: Zum einen betrifft dies den Modus der **Bestellung der Richter** und die **Dauer ihrer Amtstätigkeit**, zum anderen va ihre interne und externe **Weisungsfreiheit, fehlende parlamentarische Verantwortlichkeit und finanzielle Unabhängigkeit**. Viele Verfassungen beziehen außerdem die Unparteilichkeit im Sinne unbefangener Entscheidungsfindung in den Begriff der Unabhängigkeit mit ein.

Durchaus voneinander abweichend regeln die Staaten die **Bestellung** der Richter, die üblicherweise entweder durch unabhängige Einrichtungen (Justizräte, Gerichte), politische Staatsorgane oder nach einem Mischmodell vorgenommen wird: Die Venedig-Kommission des Europarats hielt fest, dass eine politische Bestellung der Richter, etwa durch ein Parlament, eine Regierung oder das Staatsoberhaupt, va in jüngeren Demokratien problematisch sei und stattdessen die Richterbestellung einem unabhängigen, großteils aus Richtern zusammengesetzten Justizrat obliegen solle (vgl dagegen die umstrittene Justizreform in Polen im Jahr 2017).[208] Die eher seltene Volkswahl der Richter, wie sie teils in der Schweiz und den USA vorgesehen ist, wird mitunter als „Politisierung" des Richteramts kritisiert, die freilich genauso der Fall sein kann, wenn ein staatliches Organ die Ernennung vornimmt. Eine wichtige Rolle für die unabhängige Richterbestellung stellen Qualifikationsvoraussetzungen der Richter (zB akademische Ausbildung, Berufspraxis, Berufsdauer, fachliche Reputation) dar, die bei Höchstgerichten üblicherweise noch einmal erhöht sind.

Was die **Dauer** der richterlichen Amtstätigkeit anbelangt, so kann Unabhängigkeit dadurch am besten gewährleistet werden, dass die Richter auf Lebenszeit und nicht nur für eine befristete Amtsperiode ernannt werden; dies deshalb, weil ein Richter, der nach dieser befristeten Amtsperiode womöglich in eine Position zurückkehrt, die mit einer Weisungsunterwerfung unter Organe, über deren Entscheidungen er als Richter zu erkennen hatte, versehen oder die sonst einem Einfluss

---

[208] *Report on the Independence of the Judicial System, Part I: The Independence of Judges*, CDL-AD(2010)004.

ausgesetzt ist, der seine Schatten auch auf die richterliche Tätigkeit wirft, Gefahr läuft, weniger unabhängig und unparteiisch zu urteilen, als dies von einem Richter gefordert wäre. In vielen Staaten sind Richter daher auf Lebenszeit ernannte Beamte und in ihrer Funktion unabsetzbar und unversetzbar. In anderen Staaten erstreckt sich die Amtsdauer bis zum Regelpensionsalter oder umfasst zumindest einen längeren Zeitraum, nach dem allenfalls eine Wiederbestellung möglich ist. In manchen *Commonwealth*-Staaten können Richter durch einen parlamentarischen Beschluss abgesetzt werden, wie es bereits im Art III des *Act of Settlement* (1701) vorgesehen war, der die Unabsetzbarkeit der Richter mit ihrem „guten Verhalten" verknüpfte und darüber hinaus ihre finanzielle Unabhängigkeit stipulierte: „*Judges commissions* [shall] *be made quamdiu se bene gesserint, and their salaries ascertained and established; but upon the address of both Houses of Parliament it may be lawful to remove them.*" Eine Amtsenthebung der Richter des *Supreme Court* ist auch in den USA nur nach einem *Impeachment*-Verfahren wegen bestimmter strafrechtlicher Delikte zulässig (vgl auch Art III Sec 1 der US-amerikanischen Verfassung). Üblicherweise ist die Ab- oder Versetzbarkeit von Richtern überhaupt nur im Ausnahmefall zulässig und muss gerichtlicher Beschlussfassung unterliegen, darf also keinem anderen Staatsorgan übertragen sein. Allerdings verhindert eine unbefristete oder sehr lange Amtsperiode eine Gewaltenteilung im zeitlichen Sinn, sodass ein Austausch des richterlichen Organwalters also womöglich einige Jahrzehnte nicht möglich ist; gerade bei „politischen" Richterbestellungen kann dies sehr problematisch sein. Wesentlich erscheint daher, dass die Bestellung zum Richter jedenfalls von hohen Qualifikations- und Unvereinbarkeitsvoraussetzungen abhängig gemacht wird, die nach manchen Rechtsordnungen noch durch weitere Voraussetzungen (zB hohes Ansehen) ergänzt werden.

Außerdem werden Unabhängigkeit und Unparteilichkeit der Gerichte dadurch gewährleistet, dass Richter **keiner parlamentarischen Verantwortlichkeit** und **keinen Weisungen anderer staatlicher Organe** unterliegen (externe Weisungsfreiheit), wenngleich sie an generell-abstrakte Normen wie insbes Verfassung und Gesetze gebunden sind. Ihre innere Weisungsfreiheit soll garantieren, dass sie in der Ausübung von Rechtsprechung keinen Weisungen von höheren Gerichten, Gerichtspräsidenten oder der Justizverwaltung[209] unterliegen. Damit wird freilich nicht ausgeschlossen, dass in Richterkollegien Richter überstimmt werden (wobei in manchen Systemen die Veröffentlichung eines *votum separatum*, also einer richterlichen Mindermeinung, die insgesamt [*dissenting opinion*] oder nur in Bezug auf die Begründung [*concurring opinion*] vom gefällten Urteil abweicht, zulässig ist), dass ihre Entscheidungen im Instanzenzug durch ein höherrangiges Gericht geändert oder aufgehoben werden oder Vorabentscheidungen anderer Gerichte zu Vorfragen einzuholen sind. Die – mehr oder weniger verbindliche – Berücksichtigung „ständiger Rechtsprechung", speziell von Höchstgerichten, beschränkt richterliche Entscheidungsspielräume, dient aber der Rechtssicherheit und Rechtseinheitlichkeit. Unabhängigkeit und Unparteilichkeit werden außerdem durch ein System **fe-**

---

[209] Vgl dazu unten 184.

ster Geschäftsverteilung gewährleistet, nach der die Zuständigkeiten der Richter im Vorhinein festgelegt werden, sodass Fälle nicht willkürlich an Richter zu jenem Zeitpunkt zugewiesen werden, da sie bereits angefallen sind und wo daher die Gefahr besteht, dass durch die konkrete Auswahl des Richters das Verfahren und möglicherweise auch die Entscheidung von außen zu beeinflussen versucht wird. Diese förmlichen Organisations- und Verfahrensgarantien können jedoch weder die wünschenswerte „innere Unabhängigkeit" der Richter in allen Fällen sicherstellen noch die Möglichkeit versteckter faktischer Einflussnahme auf Verfahren und Entscheidungen (durch die Prozessparteien, staatliche Organe, intermediäre Gewalten) völlig verhindern. Weitere Elemente der Unabhängigkeit und Unparteilichkeit sind die **finanzielle Unabhängigkeit** der Richter, das nur durch Gerichte ausübbare **Richterdisziplinarrecht** sowie **Unvereinbarkeitsregeln** hinsichtlich politischer Ämter.

Richter können nicht nur nach Art ihrer Bestellung oder Qualifikation (va: Jurist – Nichtjurist), sondern auch dahingehend unterschieden werden, ob es sich um **Berufs-** oder **Laienrichter** handelt. Auch wenn sich in den abendländischen Verfassungsstaaten überwiegend das Berufsrichtertum durchgesetzt hat, sind Laienrichter va im Bereich der Strafgerichtsbarkeit (Schöffen und Geschworene), der Arbeits- und Sozialgerichtsbarkeit (fachkundige Laienrichter) sowie teilweise im Zivilrecht („Friedensgerichtsbarkeit", Schiedsgerichtsbarkeit) anzutreffen. Ein neuartiges *soft law*-Instrument stellt die **Mediation** dar, die sich für die außergerichtliche Lösung von Konflikten in verschiedenen Rechtsbereichen anbietet. Die Bedeutung der Laiengerichtsbarkeit variiert zwischen den einzelnen Staaten; insbes die angloamerikanischen Staaten, aber auch die kontinentaleuropäischen Staaten untereinander weisen hier Unterschiede auf. Die von *Montesquieu* in Anlehnung an die Volkswahl der Richter in den antiken griechischen Demokratien geforderte, zu bestimmten Zeiten des Jahres aus der Mitte des Volkes stattfindende Wahl der Richter, die als zeitlich befristetes *adhoc*-Gremium zusammentreten sollten, steht jedenfalls nicht im Einklang mit den heutigen Anforderungen an ein überwiegend professionelles Berufsrichtertum.

c. Funktionen der Gerichte

aa. Allgemeines

Obwohl die überwiegende Funktion der Gerichtsbarkeit in der **Rechtsprechung** besteht, können ihr doch auch andere Aufgaben, wie die so genannte **Justizverwaltung** (die Verwaltung der inneren Angelegenheiten der Gerichte, wie Personal, Sachmittel etc), zukommen; nur vereinzelt haben Gerichte auch Befugnisse zur Erlassung generell-abstrakter Normen (zB Verfahrensordnungen).

Differenziert man die Gerichte anhand ihrer Funktionen, so lassen sich mehrere Typen erkennen: Dabei handelt es sich einerseits um die **ordentliche Gerichtsbarkeit** (Justiz), die im Wesentlichen für Angelegenheiten des Zivil- und Strafrechts sowie deren Sondergebiete zuständig ist. Andererseits geht es um die **Verfassungs-** und **Verwaltungsgerichtsbarkeit**, die sich in den kontinentaleuropäischen Staaten sowie davon beeinflussten Rechtssystemen neben der ordentlichen Gerichtsbarkeit als eigenständige Zweige der Gerichtsbarkeit entwickelt haben und im Folgenden näher dargestellt werden sollen.

bb. Die Verfassungsgerichtsbarkeit

Lit: *Arnold*, Strukturen der Verfassungsgerichtsbarkeit in den neuen Demokratien Mittel- und Osteuropas, ZÖR 61 (2006), 1; *von Bogdandy/Grabenwarter* (Hg), Handbuch Ius Publicum Europaeum, Bd VI (2016); *Brewer-Carías* (Hg), Constitutional Courts as Positive Legislators (2011); *Dorf*, Abstract and Concrete Review, in: Amar/Tushnet (Hg), Global perspectives on constitutional law (2009) 3; *Ferreres Comella*, The rise of specialized constitutional courts, in: Ginsburg/Dixon (Hg), Comparative Constitutional Law (2011) 265; *Gamper*, Verfassungsgerichtsbarkeit und Gewaltenverbindung (2016); *dies*, Constitutional Courts and Judicial Law-Making: Why Democratic Legitimacy Matters, Cambridge Journal of International and Comparative Law 4/2 (2015), 423; *Häberle*, Die Verfassungsgerichtsbarkeit auf der heutigen Entwicklungsstufe des Verfassungsstaates, EuGRZ 2004, 117; *ders*, Funktion und Bedeutung der Verfassungsgerichte in vergleichender Perspektive, EuGRZ 2005, 685; *Haller/Kölz/Gächter*, Allgemeines Staatsrecht⁵ (2013); *Karpen* (Hg), Der Richter als Ersatzgesetzgeber (2002); *Kelsen*, Wesen und Entwicklung der Staatsgerichtsbarkeit, VVDStRL 5 (1929), 30; *Koja*, Allgemeine Staatslehre (1993); *Korinek*, Die Verfassungsgerichtsbarkeit im Gefüge der Staatsfunktionen, VVDStRL 39 (1981), 7; *Luchterhandt/Starck/Weber* (Hg), Verfassungsgerichtsbarkeit in Mittel- und Osteuropa, 2 Bde (2007); *Marcic*, Verfassung und Verfassungsgericht (1963); *Michelman*, The interplay of constitutional and ordinary jurisdiction, in: Ginsburg/Dixon (Hg), Comparative Constitutional Law (2011) 278; *Öhlinger*, Die Entstehung und Entfaltung des österreichischen Modells der Verfassungsgerichtsbarkeit, FS Adamovich (2002) 581; *ders*, The Genesis of the Austrian Model of Constitutional Review of Legislation, Ratio Iuris 16 (2003), 206; *Popelier/Mazmanyan/Vandenbruwaene* (Hg), The Role of Constitutional Courts in Multilevel Governance (2013); *Starck* (Hg), Fortschritte der Verfassungsgerichtsbarkeit in der Welt – Teil I (2004)/Teil II (2006); *ders/Weber* (Hg), Verfassungsgerichtsbarkeit in Westeuropa, 2 Bde² (2007); *Stone Sweet*, Constitutional Courts, in: Rosenfeld/Sajó (Hg), The Oxford Handbook of Comparative Constitutional Law (2012) 816; *Tushnet*, Weak Courts, Strong Rights (2009).

α. Organisatorische und funktionale Abgrenzung

Separate, von der ordentlichen Gerichtsbarkeit und auch der Verwaltungsgerichtsbarkeit **funktional** und **organisatorisch** verselbständigte Verfassungsgerichte gibt es mittlerweile in sehr vielen Staaten der Welt. Darüber hinaus kann aber auch in Fällen, in denen keine spezielle Institution die Funktion der Verfassungsgerichtsbarkeit ausübt (vgl zB die Gerichte in den USA oder das schweizerische Bundesgericht), die Verfassungsgerichtsbarkeit **funktional abgegrenzt** werden: Aufgabe der Verfassungsgerichtsbarkeit ist die **Überprüfung staatlicher Rechtsakte auf ihre Vereinbarkeit mit der Verfassung (Normenkontrolle), die grundsätzlich auch durch nicht spezialisierte Gerichte ausgeübt werden kann.** Diese grundlegende Funktion kann in verschiedene einzelne Aspekte aufgegliedert werden; zusätzlich können Verfassungsgerichten noch andere Funktionen übertragen sein, die in einem engen Bezug zur Verfassung stehen.

β. Das „amerikanische" und „österreichische" Modell der Verfassungsgerichtsbarkeit

Die Ursprünge der Funktion der Normenkontrolle am Prüfmaßstab des Verfassungsrechts liegen in den USA, während die „Erfindung" des Verfassungsgerichts als einer selbständigen, für diese Funktion speziell verantwortlichen Institution eine Errungenschaft ist, die im Reichsgericht der österreichisch-ungarischen Monarchie wurzelte, dann im österreichischen Verfassungsgerichtshof voll entfaltet wurde und später als Vorbild der in den meisten kontinentaleuropäischen ebenso wie vielen außereuropäischen Staaten errichteten Verfassungsgerichte diente.

Dieses österreichische (auch als „kelsenianisch" bezeichnete) Modell der **zentralisierten, konzentrierten bzw spezialisierten Verfassungsgerichtsbarkeit** wird dem US-amerikanischen Modell der **dezentrierten, diffusen bzw integrierten Verfassungsgerichtsbarkeit** gegenübergestellt, das durch den *Supreme Court* erstmals 1803 in der Entscheidung *Marbury v Madison* entfaltet wurde; schon zuvor finden sich grundsätzliche Überlegungen zu diesem Modell in dem *Alexander Hamilton* zugeschriebenen *Federalist* No 78.

In *Marbury v Madison* und der Folgejudikatur bejahte der US-amerikanische *Supreme Court* die Funktion der Verfassung als Prüfmaßstab niederrangigen Rechts und erklärte ein der Verfassung entgegenstehendes Gesetz als verfassungswidrig. Die Rechtsfolge einer solchen Erklärung ist aber nicht die generelle Aufhebung eines Gesetzes *erga omnes* (mit Wirkung für alle), sondern nur seine **Nichtanwendung** wegen Verfassungswidrigkeit im Rahmen des konkreten Normenkontrollverfahrens. Während die **Aufhebung** als „negative Gesetzgebung" bezeichnet wird, wird die bloße Nichtanwendung im konkreten Verfahren als vergleichsweise mildere Form der Normenkontrolle (*judicial review*) angesehen, die das Gesetz nicht formell beseitigt; es bleibt vielmehr „*on the statute book*". Aus der in den USA üblichen Präjudizwirkung des Fallrechts (*stare decisis*), in deren Rahmen sich andere Gerichte an die tragenden Rechtsgründe (*ratio decidendi*) ihrer eigenen oder der Entscheidungen höherer Gerichte wie insbes des *Supreme Court* gebunden fühlen, kann im Ergebnis jedoch eine fortgesetzte Nichtanwendung eines Gesetzes wegen Verfassungswidrigkeit resultieren, die quasi einer Aufhebung gleichkommt. Allerdings könnte ein förmlich nie (auch nicht durch den Gesetzgeber) aufgehobenes, jedoch nicht angewendetes Gesetz (*dead letter law*) wieder anwendbar werden, sollte der *Supreme Court* – im Ausnahmefall – seine verfassungsrechtliche Beurteilung ändern.

Der Unterschied zum österreichischen Modell der Verfassungsgerichtsbarkeit liegt aber nicht nur in der typischen Rechtsfolge der erkannten Verfassungswidrigkeit – konkrete Nichtanwendung, die erst durch die Präjudizwirkung generalisiert wird, nach dem US-amerikanischen Modell, Aufhebung nach dem österreichischen Modell –, sondern auch in der Zuständigkeit der zur Überprüfung der Verfassungskonformität berufenen Gerichte. Während nach dem US-amerikanischen Modell

alle Gerichte – die keiner Einteilung im Hinblick auf „ordentliche" oder „öffent-lich-rechtliche" Gerichtsbarkeit unterliegen – ein Normenkontrollverfahren durch-führen können, liegt die Zuständigkeit dafür nach dem österreichischen Modell bei einem speziellen, so bezeichneten Verfassungsgericht, das als Sondergericht Ange-legenheiten der Verfassungsgerichtsbarkeit wahrnimmt (allenfalls mit einer dezen-tralen Organisation, wie etwa in manchen Bundesstaaten, wo auch die Gliedeinhei-ten über eigene Verfassungsgerichte verfügen).

Ein drittes grundlegendes Unterscheidungsmerkmal ist die Art der Normen-kontrolle: In den USA verläuft diese lediglich **konkret und inzident**, sodass die Gerichte also niemals losgelöst von einem konkreten Anlassverfahren über ein ver-fassungswidriges Gesetz zu entscheiden haben, sondern immer nur, weil ein solches Gesetz in einem Verfahren anzuwenden ist. Nach dem österreichischen Modell ist allerdings zusätzlich *auch* die Möglichkeit der **abstrakten Normenkontrolle** vor-gesehen, was eine von einem konkreten Anlassfall unabhängige Gesetzesprüfung auf Antrag staatlicher Institutionen (zB von Parlamenten [insbes auch parlamentari-schen Minderheiten], Regierungen, Ombudseinrichtungen etc) gestattet.

γ. *Strong-form review* und *weak-form review*

Eine auf *Mark Tushnet* zurückgehende Einteilung der Verfassungsgerichte bzw der mit Aufgaben der Verfassungsgerichtsbarkeit betrauten Gerichte richtet sich nach dem Vorhandensein von *strong-form* bzw *weak-form review*. Unter *strong-form review* wird verstanden, dass gerichtliche Entscheidungen und die ihnen zu-grunde liegende Interpretation einer Verfassung endgültig sind, dh vom einfachen Gesetzgeber nicht mehr aufgehoben werden können. Ausnahmen gebe es lediglich dahingehend, dass der Verfassungsgesetzgeber selbst gegen die Entscheidung ein-schreite bzw dass Gerichte von sich aus ihren Judikaturstil änderten. Wenn es sich um eine „bewegliche" Verfassung handelt, könnte der Verfassungsgesetzgeber al-lerdings nicht nur ausnahmehaft einschreiten; auch hindert eine derart endgültig verbindliche Entscheidung den einfachen Gesetzgeber nicht unbedingt, eine neu-erlich verfassungswidrige Norm zu erlassen, wenn er damit auch das große Ri-siko auf sich lädt, dass die Norm wiederum aufgehoben oder nicht angewendet wird. Zweckmäßiger erschiene es daher, unter *strong-form review* allgemein eine möglichst effektive Kompetenz der Gerichte, Verfassungswidrigkeiten aufzugrei-fen und zu beseitigen, zu verstehen. Darunter könnten alle möglichen Instrumente verstanden werden, die von der Zulässigkeit der *erga-omnes*-Aufhebung bis hin zur Möglichkeit der Erteilung positiver Aufträge zur Durchsetzung von Grundrechts-ansprüchen oder Ersatzvornahmen reichen könnten.

Unter *weak-form review* wird verstanden, dass Gerichte in Verfassungsfragen zwar nicht das „letzte Wort" hätten, jedoch in einen durchaus konstruktiven Dialog zur Politik treten könnten, der letztlich auch zur Beseitigung von Verfassungswid-rigkeiten führen könne. Ein Beispiel dafür ist die bereits erwähnte *declaration of incompatibility*,[210] die britische Gerichte an das Parlament richten, wenn ein von

---

[210] Vgl dazu oben 177.

ihnen anzuwendendes Gesetz der EMRK zu widersprechen scheint, ohne dass sie selbst zur Aufhebung oder Nichtanwendung dieses Gesetzes befugt wären. Ein anderes Beispiel stellt die in der Praxis allerdings wenig ausgeübte *notwithstanding clause* in Sec 33 der *Canadian Charter of Rights and Freedoms* dar, wonach die Parlamente des Bundes und der kanadischen Gliedstaaten über einen (verlängerbaren) Zeitraum von fünf Jahren grundrechtswidrige Gesetze erlassen dürfen, wovon nur wenige Grundrechte ausgenommen sind.

δ. Arten der Normenkontrolle

Auch das Modell der konzentrierten Verfassungsgerichtsbarkeit kennt ganz verschiedene Ausformungen. In manchen Fällen handelt es sich um etablierte Verfassungsgerichte mit umfassenden Kontrollzuständigkeiten, die weit über die Kompetenz zur Normenkontrolle hinausgehen. In anderen Fällen nehmen Verfassungsgerichte nur einen Ausschnitt aus diesen umfangreichen Zuständigkeiten der Verfassungskontrolle wahr (indem sie zB lediglich für die Entscheidung über bundesstaatliche Kompetenzkonflikte oder für Grundrechtsschutz zuständig sind). In wieder anderen Fällen handelt es sich schon dem Namen nach (zB beim französischen *Conseil Constitutionnel*, der seit 2010 allerdings auch über eine repressive Normenkontrollbefugnis verfügt) um ursprüngliche Beratungsorgane (ähnlich auch die Staatsräte, die es heute noch in manchen Staaten gibt), die später mit Entscheidungskompetenzen eines Verfassungsgerichts belehnt wurden: Diese Entwicklung zeigt sich in der Zuständigkeit zur **präventiven, dh noch im laufenden Gesetzgebungsverfahren vorgenommenen** Normenkontrolle, die wiederum eine rein konsultative oder das weitere Gesetzgebungsverfahren endgültig blockierende sein kann. In vielen Staaten obliegt die Befugnis zur präventiven Normenkontrolle anderen staatlichen Organen, wie zB Staatsräten, Zweiten Kammern, Staatsoberhäuptern oder speziellen Gremien, die sich etwa aus Mitgliedern der Höchstgerichte (Schweden) oder islamischen Rechtsgelehrten (Iran) zusammensetzen.

Die meisten Verfassungsgerichte haben jedoch nur eine sich auf bereits in Kraft getretene Normen beziehende **repressive** Kontrollbefugnis, andere sowohl eine präventive als auch eine repressive. Die repressive Normenkontrolle geht in manchen Fällen mit der verfassungsrechtlichen Möglichkeit zur Erteilung vorläufigen Rechtsschutzes einher, was zur Suspendierung der angefochtenen Rechtsakte bis zur endgültigen Entscheidung führen kann.

Normenkontrolle erschöpft sich nicht nur in der Überprüfung von Gesetzen, sondern kann die Prüfung anderer staatlicher Akte, zB von – wie auch immer in den einzelnen Rechtsordnungen bezeichneten – Verordnungen, Bescheiden, Wiederverlautbarungen, Weisungen, Urteilen (niederrangiger Verfassungs- und Verwaltungsgerichte oder auch ordentlicher Gerichte), sowie von Staatsverträgen am Maßstab der Verfassung umfassen. Auslöser dafür kann entweder ein **abstrakter** Normprüfungsantrag oder eine **konkrete** Normanwendung sein, die beim anwendenden Organ oder beim Normadressaten verfassungsrechtliche Bedenken auslöst.

Die konkrete verfassungsrechtliche Betroffenheit des Individuums manifestiert sich regelmäßig als Grundrechtsverletzung, die sodann zu einem konkreten

Normprüfungsverfahren Anlass gibt. Gerade der **individuelle Grundrechtsschutz** ist eine Hauptdomäne der Verfassungsgerichte weltweit. Dies kann zu mehrstufigen Verfahren führen, da möglicherweise Anlassfall ein die Grundrechtssphäre verletzender Individualrechtsakt ist, der seinerseits auf einem grundrechtswidrigen Gesetz beruht, sodass das Verfassungsgericht sowohl den Individualrechtsakt als auch das Gesetz am Maßstab der Verfassung prüft und gegebenenfalls aufhebt. Eine unübliche Möglichkeit des einfachen Gesetzgebers, potentielle Entscheidungen, welche die Grundrechtswidrigkeit eines einfachen Gesetzes aussprechen, hintanzuhalten, stellt die bereits erwähnte *notwithstanding clause* in Sec 33 der *Canadian Charter of Rights and Freedoms* dar; in manchen Verfassungen (zB Irland, Indien) erwähnte sozialstaatliche Bestimmungen sind nur dann justiziabel, wenn die darin verankerten Ansprüche in Verbindung mit anderen, justiziablen Grundrechten oder einfachgesetzlichen Umsetzungsnormen eingeklagt werden.

ε. Verfassungsrecht am Prüfstand der Verfassungsgerichte

Eine spezielle Form der Normenkontrolle ist die **Prüfung von Verfassungsrecht am Maßstab des Verfassungsrechts**. Eine solche entfaltet gewöhnlich nur in jenen Verfassungen Sinn, die von einem zwischen Verfassungsprinzipien und gewöhnlichem Verfassungsrecht formal differenzierenden Verständnis – was wiederum eine Unterscheidung zwischen einfachem Gesetzesrecht und Verfassungsrecht voraussetzt – getragen sind, sodass alle die historisch erste Verfassung ändernden Verfassungsnovellen an diesem Maßstab gemessen werden können. Sollte die überprüfte Verfassungsnorm in einem fehlerhaften Verfahren erzeugt worden sein – weil entweder die allgemeinen für die Verfassungsgesetzgebung vorgesehenen Erzeugungsregeln oder spezielle Erzeugungsregeln für die Abänderung fundamentaler Verfassungsinhalte nicht eingehalten wurden oder weil bestimmte Verfassungsänderungen überhaupt unzulässig sind –[211], könnte sie für verfassungswidrig erklärt werden.

Diese zentrale Zuständigkeit der Verfassungsgerichte, Gesetze und allenfalls selbst Verfassungsgesetze überprüfen zu können, setzt sie, wie bereits erwähnt, in ein besonderes **Spannungsverhältnis zum (Verfassungs-)Gesetzgeber**. Sofern es sich bei einem überprüften und aufgehobenen Rechtsakt um ein einfaches Gesetz handelt, das der geltenden Verfassung widerspricht, die ihrerseits das Verfassungsgericht als mit einer entsprechenden Prüfungs- und Aufhebungsbefugnis ausgestatteten „Hüter der Verfassung" einsetzt, erscheint dieses Problem verfassungsrechtlich gelöst. Anders verhält es sich im Falle „verfassungswidriger Verfassungsgesetzgebung", deren rechtliche Konsequenzen in vielen Verfassungen nicht oder nur unbestimmt geregelt werden. Soll letztlich der Verfassungsgesetzgeber einen bestimmten Norminhalt erlassen dürfen, oder soll das Verfassungsgericht als „Hüter der Verfassung", als den *Hans Kelsen* (in Antithese zu *Carl Schmitt*) es angesehen hat, dies verhindern können? Trägt der Verfassungsgesetzgeber „dynamische" Verantwortung für die Verfassung, in deren Rahmen diese eben auch geändert

---

[211] Vgl dazu oben 60 ff.

werden kann, oder wiegt die „statische" Verantwortung des Verfassungsgerichts höher, das eben den Schutz der geltenden Verfassung zu bezwecken hat? Die demokratische Legitimation des Verfassungsgesetzgebers ist im Falle volksgewählter Parlamente und direktdemokratischer Beteiligung im Verfassungsänderungsverfahr enregelmäßig deutlich höher als die der Verfassungsgerichte, doch verfügen letztere insofern über eine demokratische Legitimation im funktionalen Sinn, als sie in einem qualifizierten, dh unter stärkerer demokratischer Beteiligung (zB Volksabstimmung, höhere Quoren bei der parlamentarischen Beschlussfassung) stehenden Verfahren erzeugtes, höherrangiges (Verfassungs-)Recht vor diesem widersprechenden (Verfassungs-)Recht niedrigeren Ranges schützen sollen. Tendenziell wird sich im Spannungsverhältnis zwischen Verfassungsgericht und Verfassungsgesetzgeber eine „starre" Verfassung eher zu Gunsten des Verfassungsgerichts, eine „bewegliche" Verfassung hingegen zu Gunsten des Verfassungsgesetzgebers erweisen.[212]

Möglichkeiten des Verfassungsgesetzgebers, verfassungsgerichtliche Entscheidungen zu unterlaufen bzw deren *overruling* durch Verfassungsänderung zu erleichtern, bestünden etwa in einer die verfassungsgerichtliche Interpretation desavouierenden „authentischen" Interpretation durch den Verfassungsgesetzgeber, aber auch in der Änderung der Verfassungsrevisionsbestimmungen oder überhaupt der Beseitigung des Verfassungsgerichts. Höchst bedenklich wäre aber auch etwa eine entgegen den Verfassungsänderungsbestimmungen durchgeführte Reform, die das Verfassungsgericht beseitigte, sodass es zu deren Aufhebung gar nicht mehr in der Lage wäre, sofern es nicht die absolute Nichtigkeit des beseitigenden Rechtsakts annimmt. Sosehr diese Extremszenarien in westlichen Verfassungsstaaten auch unwahrscheinlich sind, so sind Konfliktfälle zwischen Verfassungsgesetzgeber und Verfassungsgerichten doch prinzipiell auch dort nichts Seltenes.

Gerade dieses Spannungsverhältnis zeigt aber auf, wie wichtig die **Unabhängigkeit der Verfassungsrichter** ist. Je mehr Einfluss die Politik – vertreten durch Parlament, Regierung, Staatsoberhaupt – auf die Bestellung der Verfassungsrichter hat, desto gefährdeter erscheint deren Funktion als objektive und neutrale „Hüter der Verfassung". Lebenslange oder zumindest längere Amtsdauer, Unabsetzbarkeit (jedenfalls durch politische Organe), besondere Fachqualifikationen, Aufteilung der Vorschlags- und Ernennungsfunktionen auf verschiedene Organe, zu denen etwa auch das Verfassungsgericht selbst, andere Gerichte oder juristische Fachvereinigungen zählen könnten, bzw variierende und gemischte Bestellungsverfahren können sicherlich ein Mindestmaß der Unabhängigkeit und Ausgewogenheit der Zusammensetzung garantieren. Umgekehrt kann die mit Unabsetzbarkeit verbundene lebenslange Amtsdauer manchmal zu Bestrebungen führen, Richterposten mit Personen zu besetzen, von denen man annimmt, auf Dauer eine bestimmte politische Richtung zu repräsentieren, selbst wenn ein politischer Wechsel im Bestellungsorgan (zB Parlament, Regierung) stattfinden wird. Daher ist die lebenslange Amtszeit der Verfassungsrichter in den meisten Verfassungen gerade nicht vorgesehen, um eine solche „Versteinerung" zu vermeiden; im europäischen Vergleich üblich ist

---

[212] Vgl dazu oben 35 und 60.

eine Amtsdauer zwischen zehn und 15 Jahren, wobei Wiederbestellungen derselben Personen nicht überall zulässig sind.

ζ. Andere Funktionen der Verfassungsgerichte

Neben der Normenkontrolle und der – häufig in konkrete Normenkontrollverfahren mündenden – Behandlung individueller Verfassungsbeschwerden wegen Verletzungen verfassungsgesetzlich gewährleisteter Rechte (insbes von Grundrechten, zuweilen aber auch anderen Rechten, wie etwa dem einer Gemeinde auf Selbstverwaltung) können Verfassungsgerichte auch noch andere Zuständigkeiten wahrnehmen:

In Bundesstaaten ist etwa die **Schlichtung von Streitigkeiten zwischen Bund und Gliedeinheiten** (zB bundesstaatliche Kompetenzkonflikte, Finanzfragen) ein wichtiges verfassungsgerichtliches Anliegen. Eine weitere, aus Sicht der Gewaltenteilung besonders bedeutsame Zuständigkeit ist die Entscheidung über **Anklagen**, die typischerweise von Parlamenten **gegen oberste staatliche Exekutivorgane** auf Grund einer rechtlich vorwerfbaren Handlung erhoben werden können. Weitere Zuständigkeiten liegen etwa in der Entscheidung über **Kompetenzkonflikte** zwischen Verwaltungsbehörden und Gerichten, die entweder eine Zuständigkeit gleichermaßen zu Unrecht beanspruchen oder aber verneinen, in der Entscheidung über **Anfechtungen von Wahlen und Plebisziten**, in der Entscheidung über **finanzielle Ansprüche** gegenüber Gebietskörperschaften sowie in **Beratungs- und Gutachtenstätigkeiten**. In selteneren Fällen üben Verfassungsgerichte Kontrollen über **politische Parteien** oder parlamentarische **Untersuchungsausschüsse** aus oder sind zur amtlichen Verkündung des Todes eines Staatsoberhaupts verpflichtet. Sehr selten sind Befugnisse von Verfassungsgerichten zur Gesetzesinitiative hinsichtlich das Verfassungsgericht selbst betreffender Gesetze oder Verfassungsänderungen, was eine Nähe zur „**positiven Gesetzgebung**" und damit auch ein Spannungsfeld zu Demokratie und Gewaltenteilung erzeugt. In eine ähnliche Richtung geht die in vereinzelten Verfassungen verankerte Kompetenz von Verfassungsgerichten, im Fall der Säumnis eines an sich zuständigen Organs per **Ersatzvornahme** positive Maßnahmen anzuordnen, die auch die Erlassung von quasi-gesetzgeberischen Akten einschließen können.

Eine partiell neue Funktionalität kommt nationalen Verfassungsgerichten in inter- oder supranationalen Organisationen, die selbst mit einer eigenen Gerichtsbarkeit ausgestattet sind, zu: Ohne dass es dadurch zu einer formalen Hierarchie zwischen diesen Gerichten kommt, sind Verfassungsgerichte damit konfrontiert, mit dem inter- oder supranationalen Gericht zusammenzuarbeiten (zB im Wege von Vorabentscheidungsersuchen an den EuGH, vgl außerdem das geplante 16. ZPEMRK hinsichtlich des EGMR) und die Judikatur dieser Gerichte entsprechend zu berücksichtigen. Der europäische Vergleich zeigt, dass die Kooperation zwischen den Gerichten zunimmt, nationale Verfassungsgerichte aber darauf bedacht sind, ihre Rolle als „Hüter" der Verfassung bei gleichzeitiger hierarchischer Relativierung der Verfassungen in inter- oder supranationalen Organisationen zu wahren. Die Einbettung der nationalen Verfassungsgerichte in derartige Gerichtsverbünde, die gerade in Grundrechtsfragen auch äußerst komplexe Interpretationsverbünde darstellen, hat nicht nur einen vertikalen, sondern zunehmend auch horizontalen „Dialog" zwischen den Verfassungsgerichten zur Folge, der zahlreiche Herausforderungen in Bezug auf die Anwendung und Auslegung speziell von Grundrechten enthält.

cc. Die Verwaltungsgerichtsbarkeit

Lit: *Cane*, Judicial review and merits review: comparing administrative adjudication by courts and tribunals, in: Rose-Ackerman/Lindseth (Hg), Comparative Administrative Law (2010) 426; *Fleiner/Basta Fleiner*, Allgemeine Staatslehre[3] (2004); *Haller/Kölz/Gächter*, Allgemeines Staatsrecht[5] (2013); *Koja*, Allgemeine Staatslehre (1993); *Olechowski*, Europäische Modelle der Verwaltungsgerichtsbarkeit im 19. Jahrhundert, in: Polaschek/Ziegerhofer (Hg), Recht ohne Grenzen – Grenzen des Rechts (1998) 137; *Pernthaler*, Allgemeine Staatslehre und Verfassungslehre[2] (1996).

Auch die **Verwaltungsgerichtsbarkeit** nimmt eine Sonderstellung in vielen Staaten – typischerweise kontinentaleuropäischen, da dem angelsächsischen Rechtsdenken eine Differenzierung zwischen ordentlicher und öffentlich-rechtlicher Gerichtsbarkeit fremd ist – ein, die sie einerseits von den ordentlichen Gerichten, andererseits aber auch von der Verfassungsgerichtsbarkeit (soweit vorhanden) abgrenzt. Dessen ungeachtet weisen Verfassungs- und Verwaltungsgerichtsbarkeit – als Gerichtsbarkeit des öffentlichen Rechts – Schnittstellen auf, sodass man etwa von einer „Sonderverwaltungsgerichtsbarkeit" eines Verfassungsgerichts spricht, wenn dieses verfassungswidrige Verwaltungsakte bzw Entscheidungen von Verwaltungsgerichten aufheben kann.

Den Verwaltungsgerichten obliegt es typischerweise, die **Vereinbarkeit von Verwaltungsakten mit dem einfachen Gesetzesrecht** zu überprüfen und diese gegebenenfalls als gesetzwidrig aufzuheben. Im Rahmen dieser Kontrolle können wiederum eine *kassatorische* Form – der gesetzwidrige Verwaltungsakt wird vom Verwaltungsgericht lediglich aufgehoben, die Sache zur neuerlichen Entscheidung an die Instanz, die den aufgehobenen Akt erließ, zurückverwiesen – und eine *reformatorische* Form – der gesetzwidrige Verwaltungsakt wird vom Verwaltungsgericht selbst inhaltlich abgeändert – unterschieden werden. Üblicherweise wird die Verwaltung wenigstens in erster Instanz von Verwaltungsbehörden vollzogen, die keine richterlichen Garantien aufweisen. In einer höheren oder letzten Instanz entscheiden hingegen in vielen Staaten Verwaltungsgerichte oder wenigstens Tribunale, die den Anforderungen des Art 6 Abs 1 EMRK bzw Art 47 GRC entsprechen. Über die einfachen Verwaltungsgerichte hinaus gibt es in vielen kontinentaleuropäischen und davon beeinflussten Rechtsordnungen ein **Verwaltungshöchstgericht**. Die Verwaltungsgerichtsbarkeit selbst kann, wie etwa in Bundesstaaten, dezentralisiert sein, indem verschiedene Instanzen der Verwaltungsgerichtsbarkeit, auf Ebene der Gliedeinheiten und auf Ebene des Bundes, eingerichtet sind.

Unter die Normenkontrollbefugnis der Verwaltungsgerichtsbarkeit fällt typischerweise die **Prüfung gesetzwidriger individueller Verwaltungsakte**, während die Prüfung gesetzwidriger genereller Verwaltungsakte eine typische Zuständigkeit der Verfassungsgerichte im Rahmen ihrer Normenkontrolle darstellt.

Die Institution des **Staatsrates** – ein Begriff, der in manchen Staaten allerdings auch für andere Institutionen wie zB Regierungskabinette oder reine Verwaltungshöchstgerichte verwendet wird –, die es nach dem Vorbild des französischen *Conseil d'État* nicht nur in anderen Staaten des „romanischen" Rechtskreises, sondern etwa auch in Belgien oder den Niederlanden gibt, hat eine eigentümliche Zwitterstellung als höchstes Verwaltungsgericht einerseits, aber auch als **Beratungsorgan** der Regierung im Vorfeld geplanter Normsetzung andererseits. Eine unabhängige Verwaltungsrechtsprechung ist hier nur bei klarer interner Gliederung des Staatsrats in eine beratende und rechtsprechende Abteilung möglich; in manchen Staaten hat dieses rechtsstaatliche Erfordernis in jüngerer Zeit überhaupt zur Abtrennung der rechtsprechenden Funktion und Errichtung eines eigenen Verwaltungshöchstgerichts geführt.

Weiters können für besondere Zweige des Verwaltungsrechts eigene **Sonderverwaltungsgerichte** eingesetzt sein, etwa im Bereich der Finanzverwaltung, des Militärs, von Disziplinarangelegenheiten oder im Falle sozialrechtlicher Streitigkeiten. Unterschiede bestehen schließlich, was die Anfechtungsbefugnis anbelangt: Während in manchen Staaten eine Anfechtung nur bestimmten staatlichen Organen und/oder betroffenen Individuen zusteht, sind in anderen Staaten **Popularklagen** durch kollektive Vertretungskörper zulässig.

IV. Die Gewaltenteilung im parlamentarischen und präsidialen Regierungssystem

Lit: *Albert*, Presidential values in parliamentary democracies, ICON 2010, 207; *Esterbauer*, Für eine neue Typologie demokratischer Regierungssysteme: „parlamentarische" als monistische und „präsidentielle" als dualistische Regierungssysteme, FS von Arnim (2004) 555; *Haller/Kölz/Gächter*, Allgemeines Staatsrecht⁵ (2013); *Hartmann*, Westliche Regierungssysteme³ (2011); *Lijphart* (Hg), Parliamentary versus Presidential Government (1992); *Loewenstein*, Verfassungslehre³ (1975); *Zippelius*, Allgemeine Staatslehre¹⁷ (2017).

1. Allgemeines

Die beiden großen Gegenmodelle des Verhältnisses von gesetzgebender und regierender Gewalt – nämlich das **parlamentarische Regierungssystem** einerseits, das **präsidiale Regierungssystem** andererseits – sollen im Folgenden nach den idealtypischen Merkmalen ihrer Reinformen dargestellt werden. Zugleich ist zu betonen, dass in den meisten Staaten der Welt **Mischformen zwischen beiden Modellen** verwirklicht wurden, die entweder den parlamentarischen oder präsidialen Zug stärker betonen.

2. Das parlamentarische Regierungssystem

Lit: *von Beyme*, Repräsentatives und parlamentarisches Regierungssystem, PVS 6 (1965), 145; *ders*, Die parlamentarischen Regierungssysteme in Europa (1970); *ders*, Die parlamentarische Demokratie³ (1999); *Haller/Kölz/Gächter*, Allgemeines Staatsrecht⁵ (2013); *Loewenstein*, Staatsrecht und Staatspraxis von Großbritannien, 2 Bde (1967); *ders*, Verfassungslehre³ (1975); *Schambeck*, Grundprobleme des parlamentarischen Regierungssystems, FS Leisner (1999) 450; *Zippelius*, Allgemeine Staatslehre¹⁷ (2017).

Der historische Ursprung des **parlamentarischen Regierungssystems** liegt in **Großbritannien**, wo sich ab dem 17. Jahrhundert sowohl **ein im Wesentlichen dualistisches Parteiensystem** als auch die **Abhängigkeit der Regierung von der Parlamentsmehrheit** herausbildeten. Dieses System wurde ua Leitmodell der meisten europäischen und *Commonwealth*-Staaten. Typisch dafür sind folgende **Charakteristika**:

- Unterstützung der Regierung durch die parlamentarische Mehrheit
- der Vorsitzende der stärksten Partei im Parlament ist Regierungschef (auf Grund von Wahl oder Ernennung)
- keine Unvereinbarkeit zwischen parlamentarischem Mandat und Regierungsamt
- bei Parteizersplitterung Notwendigkeit von Koalitionsregierungen oder Gefahr instabiler Minderheitsregierungen; daher tendenzielle Erschwerung des Einzugs von Kleinparteien ins Parlament (zB Mindeststimmenerfordernis) sowie dualistisches Parteiensystem mit zwei starken Parteien als Mehrheit oder Opposition, keinen oder nur schwach vertretenen anderen Parteien
- das Spannungsverhältnis zwischen Parlamentsmehrheit und Parlamentsopposition ist stärker als das zwischen Regierung und Parlament (dessen Mehrheit derselben Partei [oder denselben Koalitionsparteien] angehört wie die Regierung)
- in bikameralen Systemen bezieht sich die parteipolitische Harmonie zwischen Regierung und Parlamentsmehrheit zumindest auf die Erste Kammer; die Zweite Kammer *kann* jedoch auch einer anderen Mehrheit folgen und damit ähnlich wie die Opposition in der Ersten Kammer Kontrollfunktionen gegenüber der Regierung ausüben
- der Antagonismus zwischen Parlamentsmehrheit und Parlamentsopposition verstärkt die Fraktionsdisziplin
- das Parlament verfügt über die Möglichkeit des Misstrauensvotums gegenüber der Regierung, wodurch die Regierung ihres Amtes enthoben werden kann
- die Regierung verfügt über die Möglichkeit der Vertrauensfrage an das Parlament, je nach deren Ausgang sie politisch gestärkt ist oder ihren Rücktritt anbieten muss bzw Neuwahlen des Parlaments ausgerufen werden müssen
- Trennung des Amtes von Regierungschef und Staatsoberhaupt, das va repräsentative Aufgaben wahrnimmt
- das Parlament kann durch die Regierung, den Regierungschef und/oder das Staatsoberhaupt aufgelöst werden

Nicht alle diese Charakteristika müssen vorhanden sein, um von einem parlamentarischen Regierungssystem sprechen zu können. Wesentlich ist aber jedenfalls die **Abhängigkeit der Regierung von der Parlamentsmehrheit,** was Parlamentswahlen geradezu als Regierungswahlen erscheinen lässt; weiters der scharfe **Gegensatz zwischen Parlamentsmehrheit** und Regierung auf der einen Seite **und parlamentarischer Opposition** auf der anderen Seite; besonders wichtig sind in parlamentarischen Regierungssystemen daher **starke parlamentarische Minderheitenrechte,** da die Parlamentsmehrheit der von ihr unterstützten Regierung naturgemäß weniger als kontrollierende Instanz gegenübersteht; ebenso ist eine Auflösung des Parlaments durch den Regierungschef in diesen Fällen unwahrscheinlich.

3. Das präsidiale Regierungssystem

Lit: *Filzmaier/Plasser,* Die amerikanische Demokratie (1999); *Fix-Fierro/Salazar-Ugarte,* Presidentialism, in: Rosenfeld/Sajó (Hg), The Oxford Handbook of Comparative Constitutional Law (2012) 628; *Haller/Kölz/Gächter,* Allgemeines Staatsrecht[5] (2013); *Howell,* Executives – The American Presidency, in: Rhodes/Binder/Rockman (Hg), The Oxford Handbook of Political Institutions (2006) 303; *Loewenstein,* Verfassungsrecht und Verfassungspraxis der Vereinigten Staaten (1959); *ders,* Verfassungslehre[3] (1975); *Tomuschat,* Präsidialsystem und Demokratie, FS Carstens (1984) 911; *Zippelius,* Allgemeine Staatslehre[17] (2017).

Den klassischen Fall eines **präsidialen Regierungssystems** stellen die **Vereinigten Staaten** dar. Nach der Leitidee dieses Modells handelte es sich um ein **strenges System der Gewaltentrennung** sowie der **gegenseitigen Beschränkung der Gewalten** (*checks and balances*). Die Vereinbarkeit dieser beiden Prinzipien, die vordergründig entgegengesetzte Richtungen zu verfolgen scheinen, wird schon im *James Madison* zugeschriebenen *Federalist* No 48, *„These Departments Should Not Be So Far Separated as to Have No Constitutional Control Over Each Other",* sowie in *Federalist* No 51, *„The Structure of the Government Must Furnish the Proper Checks and Balances Between the Different Departments",* diskutiert.

Die Gewaltentrennung nach dem System der US-amerikanischen Verfassung zeigt sich daher va in den **voneinander unabhängigen Bestellungsvorgängen** (Wahlen) der parlamentarischen Kammern und des Präsidenten sowie in Regelungen über eine **strikte Unvereinbarkeit** der Organe, sieht aber durchaus bestimmte Verflechtungen der gegenseitigen Machthemmung und Kontrolle vor, wobei dem Präsidenten, der zugleich Regierungschef ist, eine weit stärkere Rolle zukommt als dem Regierungschef bzw Staatsoberhaupt im parlamentarischen Regierungssystem. Das präsidiale System der US-amerikanischen Verfassung wurde damit auch Vorbild der Verfassungen vieler lateinamerikanischer, aber auch vom US-amerikanischen Rechtssystem beeinflusster asiatischer und afrikanischer Staaten, nur vereinzelt findet es sich hingegen in Europa.

Typisch dafür sind folgende **Charakteristika:**
• keine Trennung des Amtes von Regierungschef und Staatsoberhaupt

- erhöhte demokratische Legitimation (mittelbare oder unmittelbare Volkswahl) des Präsidenten
- Prädominanz des Präsidenten innerhalb der Regierung
- Unvereinbarkeit zwischen parlamentarischem Mandat und Regierungsamt
- das Parlament kann den Präsidenten nicht durch ein Misstrauensvotum zum Rücktritt zwingen, der Präsident kann dem Parlament nicht die Vertrauensfrage stellen
- möglicher Antagonismus zwischen Parlament (parlamentarischen Kammern) und Regierung/Präsident
- der Präsident kann das Parlament nicht auflösen

Auch diese Charakteristika müssen nicht unbedingt alle in ihrer Reinform vorliegen bzw können allenfalls noch durch andere Elemente ergänzt werden. Art II Sec 4 der US-amerikanischen Verfassung sieht etwa das *Impeachment* des Präsidenten vor, in dem sowohl das Repräsentantenhaus als auch va der Senat, damit also beide Kammern des Kongresses, eine wichtige Rolle spielen. Die Unabhängigkeit des Präsidenten dahingehend, einerseits nicht vom Parlament gewählt zu werden, andererseits keinem parlamentarischen Misstrauensvotum als politischem Kontrollinstrument zu unterliegen, schließt also nicht aus, dass ein rechtliches Anklageverfahren gegen ihn vom Parlament initiiert oder entschieden werden könnte.

4. Mischformen des parlamentarischen und präsidialen Regierungssystems

In Mischformen des parlamentarischen und präsidialen Regierungssystems, die manchmal, wie in Frankreich, als Semipräsidentialismus bezeichnet werden, können etwa folgende Merkmale miteinander kombiniert werden:
- Volkswahl des Präsidenten
- nicht bloß unerhebliche Kompetenzen des Präsidenten
- Trennung des Amts von Präsident und Regierungschef
- Ernennung des Regierungschefs durch den Präsidenten
- Möglichkeit des Misstrauensvotums einerseits, der Vertrauensfrage andererseits
- Möglichkeit der Parlamentsauflösung durch den Präsidenten

Ein parlamentarisch-präsidiales Mischsystem verwirklicht das Prinzip der Gewaltenteilung in besonderer Weise, weil parlamentarische und präsidiale Elemente selbst für gegenseitige *checks and balances* sorgen. Interessant ist dabei insbes die Frage der demokratischen Legitimation: Ein nicht volksgewähltes/r Staatsoberhaupt/Regierungschef muss in einer Demokratie starker parlamentarischer Kontrolle unterliegen, weil diesfalls nur das Parlament auf eine direkte demokratische Legitimation durch Wahl verweisen kann. Hingegen kann die Position des Präsidenten in der Demokratie dann parlamentsunabhängiger sein, wenn er selbst sich auf eine direkte demokratische Legitimation (sei es auch in Form einer mittelbaren Wahl durch ein Wahlkollegium) zu stützen vermag. Damit stehen sich dann aber zwei direkt demokratisch legitimierte Organe in Form des volksgewählten Parlaments und des volksgewählten Präsidenten gegenüber. Der Logik dieser „doppelten" demokratischen Legitimation entsprechen wechselseitige Eingriffsrechte, sodass etwa der Präsident das Parlament auflösen, dieses ihn hingegen vor dem Verfassungsgericht anklagen oder überhaupt seine Absetzung beschließen kann, wie es viele Verfassungen mit parlamentarisch-präsidialem Mischsystem unter verschiedenen Voraussetzungen vorsehen.

„Wenn es ein Volk von Göttern gäbe, wäre seine Regierung demokratisch.“

(*Jean-Jacques Rousseau*, Du contract social ou Principes du droit politique [1762], 3. Buch, 4. Kapitel [Übersetzung])

„It has been said that democracy is the worst form of government except all those other forms that have been tried from time to time.“

(*Winston Churchill*, Rede vor dem *House of Commons* am 11.11.1947)

9. Kapitel: Die Demokratie

Lit (vgl auch oben 150 ff): *Adamovich*, Volk und Verfassung, FS Schäffer (2006) 1; *von Arnim* (Hg), Demokratie vor neuen Herausforderungen (1999); *Bauer/Huber/Sommermann* (Hg), Demokratie in Europa (2005); *Böckenförde*, Staat, Verfassung, Demokratie[2] (1992); *ders*, Demokratie als Verfassungsprinzip, in: Isensee/Kirchhof (Hg), Handbuch des Staatsrechts der Bundesrepublik Deutschland, Bd II: Verfassungsstaat[3] (2004) 429; *D'Atena*, Das demokratische Prinzip im System der Verfassungsprinzipien, JÖR 47 (1999), 1; *Di Fabio*, Das Recht offener Staaten (1998); *Ermacora*, Allgemeine Staatslehre, Bd I (1970); *Frankenberg*, Democracy, in: Rosenfeld/Sajó (Hg), The Oxford Handbook of Comparative Constitutional Law (2012) 250; *Gamper*, Demokratie und Repräsentation im Verfassungsstaat, in: Poier (Hg), Demokratie im Umbruch: Perspektiven einer Wahlrechtsreform (2009) 19; *Haller/Kölz/Gächter*, Allgemeines Staatsrecht[5] (2013); *Hillgruber*, Die Herrschaft der Mehrheit, AöR 2002, 460; *Isensee*, Salus publica – suprema lex? (2006); *Jellinek*, Allgemeine Staatslehre[3] (1929); *Kelsen*, Allgemeine Staatslehre (1925); *ders*, Vom Wesen und Wert der Demokratie[2] (1929); *Kipp*, Staatslehre[2] (1949); *Kirchhof*, Die Zukunft der Demokratie im Verfassungsstaat, JZ 2004, 981; *Koja*, Allgemeine Staatslehre (1993); *Leisner*, Demokratie (1998); *ders*, Das Volk (2005); *Loewenstein*, Verfassungslehre[3] (1975); *Mantl*, Repräsentation und Identität (1975); *Mastronardi*, Verfassungslehre (2007); *Nawiasky*, Allgemeine Staatslehre, Vierter Teil (1958); *Pernthaler*, Allgemeine Staatslehre und Verfassungslehre[2] (1996); *Sartori*, Democratic Theory (1965); *Schmidt*, Demokratietheorien[5] (2010); *Schmitt*, Verfassungslehre (1928); *Zippelius*, Demokratie als Ideal und Wirklichkeit, FS Marcic (1974) 921; *ders*, Allgemeine Staatslehre[17] (2017).

I. Die Volkssouveränität

1. Das souveräne Volk und die verfassunggebende Gewalt

Wie bereits dargestellt wurde,[213] ist die **Demokratie** jene **Regierungsform**, die den westlichen Verfassungsstaat auszeichnet und die eng mit den übrigen verfassungsstaatlichen Errungenschaften – Gewaltenteilung, Rechtsstaatlichkeit und Grundrechten – verknüpft ist. Sie transformiert das präkonstitutionelle Prinzip der **Volkssouveränität**, das ähnlich wie die Lehre vom Gesellschaftsvertrag und die Gewaltenteilung in der Umbruchszeit der Amerikanischen und Französischen Re-

---

[213] Vgl dazu oben 150 ff.

volution entwickelt wurde, zu einer Konstituante des westlichen Verfassungsstaats, die sich im Rahmen der verfassten Gewalt[214] des Volks manifestiert.

Das wesentlich Neue am Gedanken der Volkssouveränität ist, dass das Volk und nicht, wie im Absolutismus, der Herrscher als souverän angesehen wird; diese heute selbst in Monarchien übliche Vorstellung drückt sich besonders markant in Art 1 der japanischen Verfassung aus, wonach der Kaiser seine Stellung durch den Willen des souveränen Volkes erlange, wogegen die Verankerung der Staatsgewalt „im Fürsten und im Volk" gem Art 2 der liechtensteinischen Verfassung nach heutigem Verständnis Bedenken aufwirft.

Rousseau zufolge beinhaltet der **Gesellschaftsvertrag** eine wechselseitige Verpflichtung zwischen dem Staat und dem Einzelnen. Jedes Individuum werde darin in doppelter Weise, nämlich als Mitglied des souveränen Volkes gegenüber den Einzelindividuen und als Mitglied des Staats gegenüber dem souveränen Volk als einem einheitlichen Körper, verpflichtet. Das Volk als Träger des Staats sei also souverän, weil sich in ihm die individuell übertragene Herrschaftsgewalt jedes Einzelnen zu einer gesamten Herrschaftsgewalt verkörpere, die auf keinen staatlichen Übertragungsakt, keine Verleihung durch einen Herrscher, keine *konstitutionelle* Legitimation zurückzuführen sei, sondern die ihre *präkonstitutionelle* Legitimation aus dem Gesellschaftsvertrag beziehe.

Die allfällige Berufung auf eine legitimierende transzendente Autorität steht dabei außerhalb des Gesellschaftsvertrags als Grundlage eines irdischen Staats, der die Existenz eines göttlichen Staats weder voraussetzt noch ausschließt. Die verfassungsrechtliche Vereinbarkeit von weltlicher Staatlichkeit und Transzendenzbezügen wird etwa in der Präambel der französischen Erklärung der Menschen- und Bürgerrechte ersichtlich, wo es heißt: „*En conséquence, l'Assemblée Nationale reconnaît et déclare, en présence et sous les auspices de l'Etre Suprême, les droits suivants de l'Homme et du Citoyen.*" Wenn die Präambel der Schweizerischen Bundesverfassung mit den Worten „*Im Namen Gottes des Allmächtigen!*" (ähnliche Transzendenzbezüge in Präambeln finden sich beispielsweise auch in der irischen, griechischen, polnischen, indonesischen und einigen islamischen Verfassungen) eingeleitet wird, steht dies nicht im Widerspruch zur nachfolgenden Bestimmung, wonach sich „Schweizervolk und Kantone" eine Verfassung geben.

Dem Volk kommt auf dieser Prämisse konsequenterweise die **verfassunggebende Gewalt** (*pouvoir constituant*) zu,[215] weil es noch vor der Erlassung einer staatlichen Verfassung souverän ist und diese überhaupt erst durch seinen Willensakt ermöglicht. Ebenso verfügt das Volk über eine **verfasste Gewalt** (*pouvoir constitué*), die ihm die Verfassung zuweist.

2. Verfassungsrechtliche Verankerung der Volkssouveränität

Das Prinzip der Volkssouveränität wird in vielen Verfassungen – besonders häufig in Präambeln oder einleitenden Artikeln – ausdrücklich verankert. Als Prototyp

---

[214] Vgl dazu oben 43.
[215] Vgl dazu oben 42 ff.

kann nach wie vor die Präambel der US-amerikanischen Verfassung zitiert werden: *„We the People of the United States, in Order to form a more perfect Union, establish Justice, insure domestic Tranquility, provide for the common defence, promote the general Welfare, and secure the Blessings of Liberty to ourselves and our Posterity, do ordain and establish this Constitution for the United States of America."* Ähnlich die Präambel der französischen Verfassung: *„Le peuple français proclame solennellement son attachement aux Droits de l'homme et aux principes de la souveraineté nationale [...]"*

Häufig wird in Verfassungen auch ein „Wir-Bezug" ausgedrückt, der die **Integration** (*Rudolf Smend*) der Einzelnen in ein Staatsvolk symbolisieren soll. Selbst das nüchterne, präambellose österreichische Bundes-Verfassungsgesetz spricht in Art 1 davon, dass (wie es der Vorstellung der Reinen Rechtslehre entspricht) das „Recht" (und nicht die „Staatsgewalt", wie es in vielen anderen Verfassungen heißt) der demokratischen Republik Österreich „vom Volk ausgeht". Die Präambel der Schweizerischen Bundesverfassung spricht in „föderalistischer Verdoppelung" vom „Schweizervolk und den Kantonen", das deutsche Grundgesetz von der „verfassunggebenden Gewalt" des „Deutschen Volkes". Art 1 Abs 2 der italienischen Verfassung bezieht sich sogar explizit auf die Souveränität, die das Volk innehabe, das sie in den Formen und Schranken der Verfassung ausübe.

Das souveräne Volk wird in diesen Verfassungen also ganz bewusst als Quelle der verfassunggebenden wie auch als Träger der verfassten Gewalt bezeichnet; dies zeigt aber auch, dass das Prinzip nicht bloß eine theoretische Annahme ist, sondern sogar positivrechtlich explizit verankert wird.

3. Volkssouveränität und Individuum

Die Volkssouveränität beruht auf der Vorstellung der **Gleichheit** der Angehörigen des Volkes: Nicht ein einzelner Herrscher oder eine kleine Gruppe von Oligarchen ist souverän, sondern jene Einheit, die aus der Integration aller Volksangehörigen gewonnen wird. Jede Ungleichheit in der Demokratie muss sich daher *Montesquieu* zufolge aus der Natur der Demokratie und dem Gleichheitsgrundsatz[216] selbst ergeben. Damit die Volkssouveränität nicht – wie dies in autoritären oder totalitären „Volksrepubliken" geschehen ist – als abstrakte Loslösung der Souveränität vom einzelnen Menschen zu dessen Nachteil missbraucht wird, sodass der Wille der Gesamtheit den Willen des Einzelnen, die Mehrheit die Minderheit nach der Maxime „Der Mensch ist nichts. Das Volk ist alles." absolut zu beherrschen vermag, braucht es eine Reihe verfassungsrechtlicher Sicherungen: Zu diesen zählen einerseits individuell gewährleistete Grundrechte, andererseits demokratische Teilhabe- und Kontrollrechte in einem gewaltenteilenden System (Möglichkeit des Wechsels von Mehrheit und Minderheit, von Regierung und Opposition; Kontrollrechte der Opposition; erschwerte Erzeugungsbedingungen bei gravierenden Rechtsänderungen; Verbindung direkter und repräsentativer Demokratie).

---

[216] Vgl dazu unten 262 ff.

II. Arten der Teilhabe des Volkes in der Demokratie

Lit: *von Arnim* (Hg), Direkte Demokratie (2000); *Böckenförde*, Demokratie und Repräsentation, in: ders, Staat, Verfassung, Demokratie[2] (1992) 379; *Doehring*, Allgemeine Staatslehre[3] (2004); *Jellinek*, Allgemeine Staatslehre[3] (1929); *Leibholz*, Das Wesen der Repräsentation[3] (1966); *Müller*, „Responsive Government": Verantwortung als Kommunikationsproblem, ZSR 1995, 3; *Olechowski*, Von der „Ideologie" zur „Realität" der Demokratie, in: Ehs (Hg), Hans Kelsen. Eine politikwissenschaftliche Einführung (2009) 113; *Pállinger* et al (Hg), Direct Democracy in Europe (2007); *Pernthaler*, Allgemeine Staatslehre und Verfassungslehre[2] (1996); *Röhrich*, Im Umgang mit der Macht: Das Prinzip der Repräsentation, FS von Arnim (2004) 639; *Scheuner*, Das repräsentative Prinzip in der modernen Demokratie, in: Listl/Rüfner (Hg), Ulrich Scheuner – Staatstheorie und Staatsrecht (1978) 245; *Zippelius*, Allgemeine Staatslehre[17] (2017).

Die Demokratie kann grundsätzlich in die drei Kategorien der **direkten** (unmittelbaren), **semi-direkten** (halbdirekten) und **indirekten** (repräsentativen) Demokratie unterschieden werden. Diese Unterscheidung bezieht sich auf die Art der Teilhabe des Volkes, die im ersten Fall *ausschließlich durch das Volk*, im zweiten Fall *gemeinsam* mit seinen Repräsentanten, im dritten Fall *ausschließlich* durch seine Repräsentanten erfolgt.

Der Regelfall weltweit ist derjenige der **repräsentativen Demokratie**, die auch als **parlamentarische Demokratie** bezeichnet wird. Seltener anzutreffen sind Fälle semi-direkter und noch weniger rein direkter Demokratie, die nur in Ausnahmefällen (zB Schweiz, Liechtenstein) größere Bedeutung hat. Das maßgebliche Charakteristikum für die repräsentative Demokratie liegt darin, einer kleineren Anzahl von gewählten, professionellen Repräsentanten die politische Beschlussfassung anzuvertrauen – dies freilich, ohne eine eigentliche Oligarchie[217] einzuführen, weil die Repräsentanten keine „Herrscher", sondern dem durch sie repräsentierten Volk verantwortlich sind (*responsive government*). Insbes ist die repräsentative Demokratie ursprünglich – unbeschadet mancher Realaufnahme – nicht als souveräne „Demagogie" konzipiert, deren Führung ein Volk bedürfen soll, um den Gemeinwillen „sachgerecht" zu bilden. Denn es gibt keine originäre Souveränität der Repräsentanten, solange die Repräsentanten dem Volk verantwortlich, von ihm durch Wahl eingesetzt und auch bei wiederkehrenden Wahlen abhängig sind.

Von den **Repräsentanten** wird idealtypisch ein besonderer politischer Sachverstand erwartet, der sie Entscheidungen rationaler, professioneller und effizienter treffen lassen soll, als wenn diese dem Volk direkt überantwortet wären. In der Praxis zeigen allerdings auch parlamentarische Verfahren Mängel, die zumindest teilweise Zweifel an dieser These zulassen. Die mittlerweile in vielen Staaten üblichen Konsultations- und Gesetzesfolgenabschätzungsverfahren, die in der Vorphase oder begleitend zum eigentlichen Gesetzgebungsverfahren hinzutreten, die Einbeziehung der „Zivilgesellschaft", aber auch formlose Wege der Einflussnahme intermediärer Gewalten[218] durch Maßnahmen des *Lobbying* werden einerseits als zusätz-

---

[217] Vgl dazu oben 148 ff.
[218] Vgl dazu oben 128 ff.

liche Möglichkeiten der Bürgernähe und komplexen Problembewältigung begrüßt, andererseits aber auch als Gefahr für die repräsentative Demokratie angesehen, die dadurch relativiert und durch einseitige Berücksichtigung spezifischer Interessen verzerrt zu werden droht.

Zum einen werden durch die repräsentative Demokratie also die Vorteile einer Demokratie – als souveräner Volksherrschaft – gewahrt; zum anderen soll jene Lähmung vermieden werden, die eine semi-direkte oder direkte Form der Demokratie, als reguläres System, mit sich brächte. Schon *Rousseau*, der ein radikales Konzept der direkten Demokratie entwarf, erkannte, dass sich diese nur in kleinen Gemeinwesen als tauglich erwiese, während sie in größeren praktisch zum Scheitern verurteilt sei. Die urwüchsigste Variante der **direkten Demokratie** in Form des Zusammentretens der Bürgerschaft zur Abstimmung, wie sie sich historisch in den griechischen Stadtstaaten entwickelte und heute noch in den schweizerischen Landsgemeinden gepflegt wird, ist in modernen und komplexen Staatsgebilden nicht praktikabel und daher äußerst selten anzutreffen. Auch wenn die Methode des physischen Abstimmens durch Handaufheben oder Beschreiben von Tonscherben heute nicht mehr die einzige Technik darstellt, mit der sich direkte Demokratie verwirklichen lässt (der Einsatz elektronischer Medien bei Plebisziten birgt allerdings ähnliche Risiken wie im Falle des *e-voting*[219]), so ist doch an sich die Vorstellung, über alle politischen Entscheidungen ein **Plebiszit**[220] durchzuführen, unrealistisch. Abgesehen von der Schwerfälligkeit, dem Zeitaufwand und den Kosten eines solchen Verfahrens, fehlt dort jener Ausgleich, der die parlamentarisch-repräsentative Demokratie auszeichnet: ein Gegengewicht zwischen Parlamentsmehrheit und -opposition, Kontrollbefugnisse (auch) der parlamentarischen Minderheit, Einbindung in ein komplexes Rechtsetzungsverfahren, das nicht nur aus einer „Ja/Nein"-Beschlussfassung besteht, sondern dem Beratungen, Stellungnahme- und Ausschussverfahren vorangehen. Gerade die überwiegend positiven Erfahrungen mit direkter Demokratie in der Schweiz und Liechtenstein zeigen auf, dass diese neben der Kleinstaatlichkeit zusätzlicher Voraussetzungen, wie etwa einer möglichst einfachen Rechtssprache und transparent-objektiven Information der Bürger im Vorfeld von Plebisziten sowie generell einer politischen Kultur mit hohem Demokratiebewusstsein der Bürger bedarf, um effizient zu sein; freilich kann die Verwirklichung direkter Demokratie unter Umständen in Spannung zu anderen Grundwerten der Verfassung, wie etwa Grundrechten, treten (vgl das Minarettverbot in Art 72 Abs 3 der Schweizerischen Bundesverfassung, dessen Einführung eine Volksabstimmung voranging).

Umgekehrt wird durch die repräsentative Demokratie zwar keine echte Oligarchie[221] eingeführt, doch ist selbst in modernen Demokratien die Rückkoppelung der Repräsentanten an die Repräsentierten – vornehmlich durch das Instrument der Wahl und Wiederwahl – nicht immer so gegeben, dass das politische Stimmverhalten im Parlament als „Volksherrschaft" verstanden werden könnte. Sinnvoll erscheinen daher Elemente, die die Mängel der repräsentativen Demokratie zu er-

---

[219] Vgl dazu unten 216.
[220] Vgl dazu unten 229 ff.
[221] Vgl dazu oben 148 ff.

gänzen oder auszubalancieren vermögen: Zum einen kann es sich dabei um direkt-demokratische Instrumente handeln, die im Ausnahmefall *statt* der repräsentativen Demokratie zum Einsatz kommen. Zum anderen – und dies ist weitaus häufiger der Fall – handelt es sich um **direktdemokratische** Instrumente, die *ergänzend* zur repräsentativen Demokratie hinzutreten und sich mit dieser zu einer semi-direkten (man könnte auch sagen: semi-repräsentativen) Demokratie verbinden. Kommt es in der semi-direkten Demokratie zu einem gemeinsamen Wirken von Parlament und Volk, erhöht dies zwar die prozedurale Schwerfälligkeit. Die Verlangsamung des Gesetzgebungsprozesses kann jedoch bisweilen sinnvoll sein – etwa bei gravierenden Verfassungsänderungen, die einer besonders intensiven Reflexionsphase und umfassenden Beteiligung der Bürger bedürfen. Es handelt sich aber nach den meisten Verfassungen um kein erwünschtes Regelmodell, weil dies den Sinn eines eigenständig arbeitenden Parlaments (Effizienz und Professionalität) in Frage stellen würde.

Über die verschiedenen Plebiszite hinaus finden sich (semi-)direktdemokratische Elemente aber auch in Form von Bürgerbeteiligungsrechten in administrativen Verfahren, in Anhörungs-, Beschwerde-, Begutachtungs- und Petitionsrechten sowie in der Laienbeteiligung an der Gerichtsbarkeit. (Semi-)Direkte Demokratie kann auf allen territorialen Ebenen verwirklicht werden und erfährt va auf lokaler Ebene eine besonders vielfältige Ausgestaltung (lokale Plebiszite, Gemeindeversammlungen, formlose Partizipationsverfahren etc).

III. Der Zusammenhang zwischen Demokratie und anderen Elementen des westlichen Verfassungsstaats

Lit: *D'Atena*, Das demokratische Prinzip im System der Verfassungsprinzipien, JÖR 47 (1999), 1; *Pernthaler*, Sind Demokratie und Rechtsstaat wirklich „an der Wurzel eins"?, FS Adamovich (2002) 631; *ders*, Wesensmerkmale des Verfassungsstaates („Konstitutionalismus"), FS Ebert (2003) 221; *ders*, Österreichisches Bundesstaatsrecht (2004); *Volkmann*, Setzt Demokratie den Staat voraus?, AöR 2002, 575.

Die demokratische Regierungsform ist ein essentielles Element aller westlichen Verfassungsstaaten, das in enger Verbindung zu den anderen Elementen des westlichen Verfassungsstaats steht.

Zur **Gewaltenteilung** ergibt sich dieser Zusammenhang deshalb, weil das Volk in den verschiedenen Staatsfunktionen beteiligt wird: In der *Gesetzgebung*, die vornehmlich durch die Parlamente ausgeübt wird, welche wiederum durch das jeweilige Volk gewählt werden, in deren Verfahren aber auch Plebiszite eingebaut sein können. In der *Verwaltung* etwa durch die Direktwahl oberster Spitzenorgane, wie Regierungschefs oder Staatspräsidenten; alternativ durch die indirekte demokratische Legitimation in parlamentarischen Regierungssystemen, wo die exekutiven Spitzenorgane vom volksgewählten Parlament gewählt werden und ihm verantwortlich sind, umgekehrt aber eine Weisungsbefugnis gegenüber der Verwaltung innehaben. In der *Gerichtsbarkeit* organisatorisch durch die Möglichkeit der Be-

teiligung von Laienrichtern und funktional durch die verschiedenen Rechtsschutz-
möglichkeiten, die dem einzelnen Bürger eröffnet sind, um höherrangigem Recht,
gegen das zu seinem Nachteil verstoßen wurde, zum Durchbruch zu verhelfen.

Auch das Prinzip der **Rechtsstaatlichkeit** hängt mit der Demokratie einerseits
insofern zusammen, als dadurch eine Bindung der Vollziehung an die Gesetzgebung
– die ihrerseits auf eine im Vergleich zu den anderen Staatsgewalten stärkere demokratische Legitimation verweisen kann – festgelegt wird. Andererseits gewährleistet die Rechtsstaatlichkeit auch Rechtsschutz für den einzelnen Bürger, selbst gegenüber dem Gesetzgeber, was den Repräsentierten neben dem Instrument der Wahl
und Wiederwahl eine zusätzliche Form der Kontrolle über ihre Repräsentanten einräumt. Diese Verknüpfung wird insbes durch die Grundrechte hergestellt, die eine
Überprüfung rechtswidriger Gesetze und Vollzugsakte im Falle einer Verletzung
des Grundrechtsträgers erlauben; damit verbunden ist aber auch die Einrichtung
einer besonderen Rechtsschutzinstanz, die diesen Grundrechtsschutz wahrnimmt
(insbes Verfassungsgerichte).[222]

Das Prinzip der **Dezentralisation**[223] wirkt insofern demokratieverstärkend, als
die Ausübung demokratischer Instrumente und die demokratische Willensbildung
nicht auf eine einzige Ebene beschränkt bleiben, sondern auch auf anderen Ebenen
möglich sind. Dieser Gliederung der Demokratie liegt eine Gliederung des Staatsvolkes als *Demos* verschiedener Einheiten zugrunde: Demokratie verwirklicht sich
gerade dadurch in einer vielfältigeren Weise, dass dem einzelnen Bürger mehr Möglichkeiten zur Verfügung stehen, seinen Einfluss auf die politische Willensbildung
geltend zu machen. Dies ist insbes in Bundesstaaten der Fall, wo die überwiegende Ansicht vom Vorhandensein eigener „Gliedvölker" ausgeht, die mit demokratischen Rechten ausgestattet sind.[224] Institutionell verfügen diese Gliedeinheiten über
eigene Parlamente mit Gesetzgebungshoheit, die von den Gliedvölkern gewählt
werden; je nach Ausgestaltung der Demokratie können auch (semi-)direktdemo-
kratische Befugnisse vorgesehen werden. Je nach Ausprägung des bundesstaatlichen Homogenitätsprinzips, können die Gliedeinheiten auf diese Weise auch zu
innovativen „Laboratorien" neuer Demokratieformen werden, die noch zu den auf
Bundesebene gewährleisteten Formen hinzutreten. In ähnlicher Weise vervielfältigt
erscheint Demokratie aber auch in Regionalstaaten, deren Regionen über demokratische Institutionen verfügen, sowie auf lokaler Ebene (Gemeinden, allenfalls auch
Kreise, Bezirke, Distrikte).[225] Unbeschadet dieser territorialen Gliederung kann Demokratie aber auch in nach dem Personalitätsprinzip[226] aufgebauten Autonomien
(Selbstverwaltungskörpern) verwirklicht werden.

---

[222] Vgl dazu unten 241 f.
[223] Vgl dazu oben 84 ff.
[224] Vgl dazu oben 87 ff.
[225] Vgl dazu oben 110 ff.
[226] Vgl dazu oben 82.

IV. Die repräsentative Demokratie

1. Der Parlamentarismus

Lit: *von Beyme*, Die parlamentarische Demokratie[4] (2014); *von Bogdandy*, Parlamentarismus in Europa: eine Verfalls- oder Erfolgsgeschichte?, AöR 2005, 445; *Bradley/Pinelli*, Parliamentarism, in: Rosenfeld/Sajó (Hg), The Oxford Handbook of Comparative Constitutional Law (2012) 650; *Dann*, Parlamente im Exekutivföderalismus (2004); *Ermacora*, Allgemeine Staatslehre, Bd II (1970); *Fleiner/Basta Fleiner*, Allgemeine Staatslehre[3] (2004); *Grimm*, Krisensymptome parlamentarischer Repräsentation, FS Badura (1995) 3; *Gusy*, Das Mehrheitsprinzip im demokratischen Staat, AöR 1981, 329; *ders*, Demokratische Repräsentation, ZfP 1989, 264; *Haller/Kölz/Gächter*, Allgemeines Staatsrecht[5] (2013); *Hofmann*, Repräsentation[4] (2003); *Kelsen*, Allgemeine Staatslehre (1925); *ders*, Das Problem des Parlamentarismus (1925); *Kipp*, Staatslehre[2] (1949); *Klein*, Das Parlament im Verfassungsstaat (2006); *Kluxen* (Hg), Parlamentarismus[5] (1980); *Koja*, Allgemeine Staatslehre (1993); *Loewenstein*, Volk und Parlament (1922); *ders*, Verfassungslehre[3] (1975); *Marschall*, „Niedergang" und „Aufstieg" des Parlamentarismus im Zeitalter der Denationalisierung, ZParl 2002, 377; *Nawiasky*, Allgemeine Staatslehre, Vierter Teil (1958); *Pernthaler*, Allgemeine Staatslehre und Verfassungslehre[2] (1996); *ders*, Österreichisches Bundesstaatsrecht (2004); *Zippelius*, Allgemeine Staatslehre[17] (2017).

a. Allgemeines

Weltweit heute vorherrschend ist der Typus der **repräsentativen Demokratie**, der zentral mit der im Mittelalter herausgebildeten Institution des **Parlaments** verknüpft ist, das keine Volksversammlung darstellt, sondern aus gewählten Vertretern des Volks besteht. Im westlichen Verfassungsstaat stellen Parlamente jene Einrichtungen dar, deren zentrale Rolle in der Gesetzgebung gelegen ist, die aber zumeist auch an der Ausübung anderer Gewalten, wenngleich in geringerem Ausmaß, beteiligt sind. Dabei kann es sich um Verwaltungstätigkeiten (zB die innere Verwaltung des Parlamentsdienstes), um Mitwirkung an Regierungstätigkeiten (zB Zustimmungsrechte zu Regierungsakten), um Kontrollfunktionen gegenüber der Regierung und Verwaltung, um die Erstellung des Budgets, um Mitwirkung an auswärtigen Angelegenheiten (Genehmigung von Staatsverträgen), um Beteiligung an Rechtsetzungsverfahren anderer territorialer Ebenen (zB Beteiligung nationaler Parlamente im EU-Gesetzgebungsverfahren) oder sogar um Gerichtsbarkeit bzw darauf bezogene Befugnisse (zB Anfechtung von Gesetzen vor Verfassungsgerichten, Vorschlag oder Wahl von Verfassungsrichtern, Amnestien) handeln, wobei jedoch nicht für alle diese Funktionen das Parlament in seiner Gesamtheit zuständig sein muss.

b. Entstehungsgeschichtlicher und begrifflicher Hintergrund

Besondere historische Bedeutung für die Entwicklung des modernen Parlamentarismus kommt dem **mittelalterlichen englischen Parlament** zu, das später als *Westminster*-Modell große Verbreitung in der Welt finden sollte. Älter noch als dieses sind der seit über einem Jahrtausend ohne Unterbrechung bestehende, so genannte *Tynwald* der Insel Man (einer *crown dependency* der britischen Krone) sowie das isländische *Althing*, das seit seiner Entstehung jedoch nicht ununterbrochen Bestand hatte. Aber auch viele kontinentaleuropäische Parlamente stützen sich auf jahrhundertealte Vorläufer, die sich, beginnend mit den ständischen Vertretungen im Mittelalter, insbes über die Zäsur der Französischen Revolution allmählich demokratisierten. Eine wesentliche Rolle im Laufe dieser Demokratisierung spielte die **Aufklärung** mit ihrer Vorstellung von der Gleichheit aller Menschen und der Konzeption des Prinzips der **Volkssouveränität**.

Während die frühen Parlamente keineswegs als demokratische Einrichtung im heutigen Sinn bezeichnet werden können, da sie keine allgemeine Volksvertretung darstellten, sondern lediglich privilegierte Minderheiten, wie Adel, Klerus oder das reiche Bürgertum, repräsentierten, ist es va im 20. Jahrhundert gelungen, die Parlamente und den Gedanken der Repräsentation mit dem Gedanken der Volkssouveränität zu verknüpfen.

Die **Verknüpfung mit der Gesetzgebungsfunktion** ist ein wesentliches Merkmal des Parlamentarismus; wenn etwa ein Gemeinderat oder die gewählte Versammlung einer lediglich über Verwaltungsautonomie verfügenden Region salopp als „Lokal-/Regionalparlament" bezeichnet werden, trifft dies daher formalbegrifflich nicht zu, weil die Hauptzuständigkeit eines Parlaments in der Gesetzgebung liegen muss.[227] Allerdings sind Parlamente regelmäßig nicht die einzigen – wenn auch nach ihrer Konzeption wichtigsten – Organe, die am Gesetzgebungsverfahren teilhaben, da daran (in unterschiedlichen Phasen des Gesetzgebungsverfahrens) immer wieder auch Regierungen, Staatsoberhäupter, Organe von Gliedeinheiten oder auch das Volk direkt im Wege von Plebisziten mitwirken.

Entgegen diesem theoretischen Qualifikationsmerkmal zeigt sich aber selbst in westlichen Verfassungsstaaten immer wieder eine Tendenz der **Entmachtung der Parlamente** – sei es durch die Abgabe von Gesetzgebungskompetenzen an inter- oder supranationale Organisationen, sei es durch das Vordringen der Exekutive, die zum Hauptmotor der Gesetzgebung wird („Regierungsgesetzgebung"), sei es durch die Einflussnahme intermediärer Gewalten,[228] als deren Erfüllungsgehilfen Parlamentarier in ihrem Stimmverhalten oftmals erscheinen. Beschränkungen des Parlaments ergeben sich außerdem aus der Gewaltenteilung, insbes nämlich aus seinem Verhältnis zur Gerichtsbarkeit: Dem traditionellen britischen Modell der „Parlamentssouveränität", wonach ein *Act of Parliament* üblicherweise[229] weder

---

[227] Sehr zentralistisch ist daher die Rechtsprechung der italienischen *Corte Costituzionale*, in der den mit Gesetzgebungshoheit ausgestatteten Regionalparlamenten die Bezeichnung „Parlament" (*parlamento*) versagt und die Bezeichnung als „Rat" (*consiglio*) für angemessen erachtet wurde (vgl sent 106/2002; 306/2002); qualitativen Unterschieden trägt die terminologische Differenzierung zwischen *Parliament of Westminster, Scottish Parliament, National Assembly for Wales* und *Northern Ireland Assembly* nur teilweise Rechnung.

[228] Vgl dazu oben 128 ff.

[229] Vgl allerdings unten 238.

gerichtlich aufgehoben noch nicht angewendet werden darf, steht dabei das kontinentaleuropäische Modell der zur Kontrolle der Gesetzgebung berufenen Verfassungsgerichtsbarkeit (mit der Möglichkeit der Aufhebung oder Nichtigerklärung von Gesetzen), aber auch das US-amerikanische Modell der Inzidentkontrolle von Gesetzen durch die Gerichte (mit der Möglichkeit der Nichtanwendung der Gesetze) gegenüber.[230]

c. Unikameralismus und Bikameralismus

Lit: *Gamper*, Demokratische Legitimation und gewaltenteilende Funktion Zweiter Kammern in der „gemischten Verfassung", in: Eberhard/Lachmayer/Thallinger (Hg), Reflexionen zum Internationalen Verfassungsrecht (2005) 63; *Haller/Kölz/Gächter*, Allgemeines Staatsrecht[5] (2013); *Karpen* (Hg), Role and Function of the Second Chamber (1999); *Luther/Passaglia/Tarchi* (Hg), A World of Second Chambers (2006); *Riescher/Ruß/ Haas* (Hg), Zweite Kammern[2] (2010); *Schambeck*, Zur Bedeutung des parlamentarischen Zweikammernsystems – eine rechtsvergleichende Analyse des „Bikameralismus", JRP 2003, 87; *van der Schyff/Leenknegt*, The Case for a European Senate, ZÖR 62 (2007), 237; *Uhr*, Bicameralism, in: Rhodes/Binder/Rockman (Hg), The Oxford Handbook of Political Institutions (2006) 474.

aa. Allgemeines

Parlamente können einheitliche (**unikamerale**) Körper darstellen oder in Form von Zweikammernsystemen, dh als **bikamerale** Parlamente, organisiert sein. Eine Dreiteilung der Parlamente ist hingegen heute unüblich, auch wenn ihre Entwicklung gerade auf Ansätzen einer Dreiteilung – aus der Vertretung der mittelalterlichen Stände – beruht.

Knapp über die Hälfte der Staaten verfügt heute über ein unikamerales, zwischen 80 und 90 Staaten über ein bikamerales Parlament; weit seltener sind bikamerale Parlamente auf regionaler Ebene (zumindest teilweise etwa in den USA, Australien und Indien). Unikamerale Parlamente bestehen aus einer einzigen gewählten Versammlung, die als Plenum oder in Form von Ausschüssen zusammentreten kann und von einem oder mehreren Vorsitzenden geleitet wird. Dagegen bestehen bikamerale Parlamente aus zwei Kammern, die grundsätzlich **organisatorisch selbständig** sind, dh unabhängig voneinander gebildet werden,[231] jeweils als eigenständiges Plenum zusammentreten sowie eigene Ausschüsse und Vorsitzende haben. **Funktional** wird der **Zusammenhang** zwischen beiden Kammern eher deutlich, da für die Entstehung vieler parlamentarischer Rechtsakte ein Zusammenwirken erforderlich ist.

Häufig bilden beide Kammern ein **Gesamtparlament**, das alle Mitglieder beider Kammern umfasst und über besondere, von den Kammerzuständigkeiten unabhängige Zuständigkeiten verfügt: Dieses Parlament „*in seduta comune*", wie es die

---

[230] Vgl dazu oben 51 und 185 ff.

[231] In seltenen Fällen werden die Mitglieder der Zweiten Kammer oder ein Teil davon jedoch von den Mitgliedern der Ersten Kammer bestellt.

italienische Verfassung etwa anschaulich bezeichnet, tritt zumeist zu besonderen politischen Beschlussfassungen, wie Angelobungen, Kriegs- und Friedenserklärungen, Wahl oder Abwahl von Organen der Spitzenexekutive etc, zusammen; zumeist stehen Gesamtparlamente funktional im Schatten der einzelnen Kammern.

Zu unterscheiden ist auch zwischen echten bikameralen Parlamenten und zu einem an sich unikameralen Parlament hinzutretenden Institutionen, die im Gesetzgebungsverfahren keine politische Beschlussfassung vornehmen, sondern bloß konsultativ eingebunden sind (Beiräte) oder eine präventive Normenkontrolle vornehmen (zB der französische *Conseil Constitutionnel*). Sehr formalistisch erscheint die Entscheidung des deutschen Bundesverfassungsgerichts,[232] wonach der deutsche Bundesrat keine Zweite Kammer eines einheitlichen Bundesgesetzgebungsorgans sein soll, da er bloß an der Gesetzgebung des Bundestages „mitwirke". Sowohl unikamerale Parlamente als auch Kammern bikameraler Parlamente können je nach Bestellmodus der Abgeordneten heterogen zusammengesetzt sein (unterschiedliche Wahlkörper, „Ehrenmandate" etc).

bb. Vollkommener und unvollkommener Bikameralismus

Bei den bikameralen Parlamenten kann zwischen **vollkommenem** und **unvollkommenem Bikameralismus** unterschieden werden.

Im Fall des **vollkommenen Bikameralismus** handelt es sich um ein System, in dem beiden Kammern **identische Befugnisse** zukommen; dies kann zusätzlich durch eine Identität im Bestellmodus verstärkt werden, indem etwa die Abgeordneten beider Häuser direkt durch das Volk gewählt werden.

Im Fall des **unvollkommenen Bikameralismus** hingegen **unterscheiden** sich die beiden Kammern funktional und zumeist auch in organisatorischer Hinsicht. Dabei tritt das Phänomen der „schwachen" Zweiten Kammer auf, der typische Fall nämlich, dass die Zweite Kammer die mit weit weniger Befugnissen ausgestattete Kammer ist. Entspricht also ein Parlament dem unvollkommen bikameralen Modell, ist die Zweite Kammer regelmäßig funktional der Ersten Kammer unterlegen. Dieses Phänomen rührt daher, dass die Erste Kammer gewöhnlich (anders in den Niederlanden) die direkt volksgewählte ist; die Zweite Kammer beruht in den meisten Fällen auf einer anderen, verdünnten oder gar keiner demokratischen Legitimation. In manchen Fällen (zB Japan, Rumänien) wird die Zweite Kammer allerdings nach dem gleichen oder ähnlichen Wahlsystem gewählt wie die Erste Kammer.

Maßgeblich für die Einschätzung eines Parlaments als vollkommen oder unvollkommen bikameral ist der Vergleich zwischen den Funktionen der beiden Kammern. Wie bereits erwähnt wurde, liegt die primäre Aufgabe des Parlaments in der Ausübung der legislativen Gewalt; doch sind daneben weitere, auf andere Gewalten bezogene Befugnisse durchaus typisch.[233] Ein Vergleich der Funktionen beider Kammern muss daher gegebenenfalls auf alle, dh nicht nur die legislativen Befugnisse gerichtet sein. In vollkommen bikameralen Systemen zeigt sich eine weitge-

---

[232] Vgl BVerfGE 37, 363 (380).
[233] Vgl dazu oben 170.

hende Gleichschaltung beider Kammern hinsichtlich aller, nicht nur der legislativen Funktionen. In unvollkommen bikameralen Systemen hat die Zweite Kammer jedenfalls – wenn auch in untergeordneter Weise – Anteil an der legislativen Gewalt, während sie an anderen Befugnissen der Ersten Kammer oft gar nicht beteiligt ist; selten sind jene außerlegislativen Befugnisse, die umgekehrt ausschließlich der Zweiten Kammer zustehen, wie zB im Hinblick auf *Impeachment*-Verfahren, Ehrenrechte, autoritative Verfassungsinterpretation etc.

Im Rahmen der legislativen Gewalt äußert sich der **vollkommene Bikameralismus** etwa in folgenden typischen Elementen:

- Beide Kammern haben dieselben Gesetzesvorschlagsrechte.
- Der parlamentarische Gesetzgebungsprozess kann in jeder der beiden Kammern beginnen.
- Jede der beiden Kammern hat eine Beschlussfassung durchzuführen.
- Jede Kammer kann die Gesetzwerdung eines Beschlusses der anderen Kammer mit einem absoluten Veto verhindern; allenfalls sind Abänderungen des Gesetzesvorschlags während des laufenden Gesetzgebungsverfahrens durch beide Kammern möglich.
- Im Falle der Ausübung eines Vetos kann möglicherweise durch Verhandlungen in einem paritätisch besetzten gemeinsamen Ausschuss weiter vorgegangen werden.

Im **unvollkommenen Bikameralismus** zeigen sich im Vergleich dazu wesentliche Unterschiede:

- Nur die Erste Kammer hat ein Gesetzesvorschlagsrecht.
- Der parlamentarische Gesetzgebungsprozess beginnt ausschließlich in der Ersten Kammer.
- In manchen Fällen kommt der Zweiten Kammer gar kein Beschlussfassungsrecht zu.
- Das Vetorecht der Zweiten Kammer ist geteilt in suspensives und absolutes Veto oder beschränkt sich überhaupt nur auf das suspensive Veto.
- Das suspensive Veto der Zweiten Kammer kann von der Ersten Kammer überwunden werden, eine Verhandlungslösung ist nicht erforderlich.

Nicht alle diese Elemente müssen für unvollkommen bikamerale Systeme zutreffen. Auffälligstes Kennzeichen ist aber jedenfalls, dass der unvollkommene Bikameralismus regelmäßig zu Lasten der Zweiten und nicht der Ersten Kammer geht und dass sich die besondere Schwäche der Zweiten Kammer typischerweise durch ein eingeschränktes bzw überwiegend suspensives Vetorecht äußert.

Im demokratischen Verfassungsstaat muss das Schwergewicht der parlamentarischen Befugnisse jedenfalls bei jener Kammer angesiedelt sein, die sich auf die unmittelbarste oder weitestgehende demokratische Legitimation stützt. Es ist umgekehrt sogar ein demokratietheoretisches Problem, ob und inwiefern eine Zweite Kammer, die sich auf keine (unmittelbare) demokratische Legitimation berufen kann, überhaupt den demokratischen Willensbildungsprozess der Ersten Kammer beeinflussen oder gar verhindern darf.

Nicht zuletzt führt auch der unvollkommene Bikameralismus zu einer Legitimationskrise der Zweiten Kammern: Verfügen sie nur über geringe Befugnisse, sind sie naturgemäß weniger in der Lage, im Gesetzgebungsprozess Profil zu zeigen. Immer wieder mündet die verfassungsrechtlich vorgegebene Schwäche in ein frustrierend ineffizientes politisches Verhalten, das die Erforderlichkeit der Existenz einer Zweiten Kammer gerade angesichts budgetpolitischer Zwänge in Frage stellt. Bemerkenswerterweise zeigt sich aber auch das umgekehrte Phänomen: Ist die Zweite Kammer „stark" und macht von ihren Vetorechten häufig Gebrauch, setzt sie sich dem Vorwurf aus, den Gesetzgebungsprozess zu blockieren und Reformvorhaben dadurch zu verhindern. Sei es aus dem einen oder dem anderen Grund, wurden in der jüngeren Vergangenheit verschiedene bikamerale Parlamente (zB in manchen skandinavischen Staaten, in Mauretanien) in unikamerale Parlamente umgeformt. Die im Zuge des 2014 durchgeführten Militärputsches erlassene thailändische Verfassung von 2017 sieht eine neue Zweite Kammer vor, die jedenfalls zu Beginn aus von der Militärjunta vorgeschlagenen Mitgliedern bestehen soll. Dagegen wurden Zweite Kammern im Wege von Referenden manchmal auch in ihrer Existenz (vgl zB 2013 in Irland) oder in ihrer bisherigen Form (vgl zB 2016 in Italien) bestätigt. Prozesse der Erneuerung der Zweiten Kammer finden gegenwärtig etwa im Vereinigten Königreich mit der allerdings nur ansatzweise erfolgten Abschaffung der Erbadeligensitze im *House of Lords* statt. In Deutschland wurde mit der Föderalismusreform des Jahres 2006 eine Entflechtung in Form von erweiterten Länderkompetenzen und reduzierten Zustimmungsrechten des Bundesrats vorgenommen, während die Reform des Grundgesetzes 2017 in eine gegenläufige Richtung (Reduktion von Länderkompetenzen, Stärkung des Bundesrats) ging.

Ungeachtet ihrer heutigen Legitimationsprobleme handelt es sich bei den Zweiten Kammern um eine sehr traditionelle verfassungsrechtliche Institution, die auf zwei Entwicklungslinien beruht, welche im Folgenden dargestellt werden.

cc. Die Modelle Zweiter Kammern

α. Die Zweite Kammer als Oberhaus

Die ältere Tradition der Zweiten Kammer als einer Versammlung der „Elite" (der Weisen, Alten, Adeligen, nicht aber des Volkes allgemein) hat antike Wurzeln: Den jüdischen *Sanhedrin*, die griechische *Boule* und va den römischen *Senatus*, dem bis heute viele Zweite Kammern ihre Bezeichnung als „Senat" verdanken.

Diesem Typus ist eher das Selbstverständnis als **Oberhaus** denn als „bloße" Zweite Kammer eigen, weil die Abgeordneten Angehörige einer gesellschaftlichen Elite (zB Adel), einer bestimmten Altersgruppe und/oder Honoratioren (zB *elder statesmen*, Angehörige eines Königshauses, verdiente Wissenschafter oder Künstler) sind. Das Kriterium einer bestimmten beruflichen Qualifikation oder – was einen gerontokratischen Aspekt in sich trägt – eines bestimmten Mindestalters der Abgeordneten soll die Qualität der Zweiten Kammer als so genannte „Reflexionskammer" garantieren – als jener Kammer also, die auf Grund der besonderen

Professionalität, Besonnenheit und Erfahrung ihrer Mitglieder moderierend auf die Beschlüsse der Ersten Kammer, deren Abgeordnete lediglich die allgemeinen Voraussetzungen gewählter Volksvertreter erfüllen müssen, wirken soll. Nach dem damit verbundenen Ideal soll die Zweite Kammer problematische Beschlüsse der Ersten Kammer gegebenenfalls entweder überhaupt verhindern oder ihr Inkrafttreten als Gesetz zumindest verzögern und dabei die legistische Qualität der Gesetzgebung zu verbessern sowie ihre Verfassungskonformität zu wahren suchen.

Damit soll eine **Gewaltenteilung innerhalb der legislativen Gewalt**[234] vorgenommen werden, die den parlamentarischen Gesetzgebungsprozess nicht gänzlich den volksgewählten Repräsentanten anvertraut, sondern der Kontrolle durch Kräfte überantwortet, die zwar nur ein Segment der Gesellschaft widerspiegeln, dafür aber besondere Qualifikationen aufweisen. Dies ist allerdings eine Idealvorstellung, der die meisten Zweiten Kammern nicht gerecht werden. Die Gründe dafür sind zumeist schon verfassungsrechtlich vorgegeben, da sich die Abgeordneten der meisten Zweiten Kammern nach einem anderen Modell rekrutieren, wo es weniger darauf ankommt, die Elite bestmöglicher Legisten zu versammeln (wofür im Übrigen Alter oder Honoratiorenstellung auch gar keine Garantie sein müssen): So repräsentieren die meisten Zweiten Kammern subnationale territoriale Ebenen, einschließlich der Gemeinden (vgl etwa den französischen Senat), während in seltenen Fällen Zweite Kammern „ständische" Vertretungen der Sozialpartner oder bestimmter Berufsgruppen darstellen; auf Sonderfälle wie das *House of Lords* oder die der Wahl der Ersten Kammer gleichende allgemeine Volkswahl der Zweiten Kammer wurde bereits hingewiesen.

β. Die Zweite Kammer als Gliederrepräsentanz im Bundesstaat

Zur mittlerweile üblichsten Form der Zweiten Kammer führt die jüngere Entwicklungslinie, die im Bundesstaatsmodell[235] der USA wurzelt und bereits nachdrücklich in den *Federalist Papers*[236] diskutiert wird.

In der Entwurfsphase der US-amerikanischen Verfassung waren Vor- und Nachteile der Einrichtung einer Zweiten Kammer erwogen worden. Für die Notwendigkeit einer Zweiten Kammer führte *James Madison* in dem ihm zugeschriebenen *Federalist* No 51 von 1788 ins Treffen: „*In republican government, the legislative authority necessarily predominates. The remedy for this inconveniency is to divide the legislature into different branches; and to render them, by different modes of election and different principles of action, as little connected with each other as the nature of their common functions and their common dependence on the society will admit.*"

Zu dieser allgemein **gewaltenteilenden Funktion** innerhalb der legislativen Gewalt tritt nach dem Modell der US-amerikanischen Verfassung aber eine neue Funktion hinzu, welche die Zweite Kammer des US-amerikanischen Kongresses

---

[234] Vgl dazu oben 171.
[235] Vgl dazu oben 87 ff.
[236] Vgl dazu oben 88 f.

zum Prototypen der heute weltweit vorherrschenden Gattung Zweiter Kammern gemacht hat. Der US-amerikanische Senat wurde nämlich – unbeschadet seines an das antike Vorbild angelehnten Namens – nicht als Kammer einer bestimmten sozialen oder beruflichen Elite, sondern als **Vertretungsorgan der (Glied-)Staaten** konzipiert. Die neuartige Konstruktion bestand darin, dass der Senat ein **Bundesorgan** und keinen selbständigen Konföderationsrat darstellt und seine Funktionen bundesbezogen wahrnimmt.[237]

Ob und wem die Abgeordneten einer Zweiten Kammer rechtlich verpflichtet sind, lässt sich freilich aus dem Bestellungsmodus allein nicht ableiten. Ein **imperatives Mandat**, dh eine Bindung der Abgeordneten an Weisungen von Gliedstaatsorganen, würde die Abgeordneten nicht dem Bundesvolk, sondern den Gliedeinheiten bzw deren Völkern verpflichten, mögen sie ihre Funktion auch im Rahmen der Bundesgesetzgebung ausüben und als Bundesorgan versammelt sein. Die Frage, ob eine Zweite Kammer eine Gliedstaatsvertretung darstellt, kann daher nicht bloß deshalb verneint werden, weil die Kammer organisatorisch dem Bundesparlament zugeordnet ist; ansonsten wäre überhaupt keine Zweite Kammer eine Gliedstaatsvertretung, da jede Zweite Kammer eines Bundesparlaments zwangsläufig immer ein Bundesorgan darstellt. Vielmehr ergibt sich die Qualifikation als Gliedstaatsvertretung aus der Art der Bestellung ihrer Abgeordneten sowie ihrer Abhängigkeit von der Gliedeinheit (Weisungs-, Kontroll-, Anhörungs-, Abberufungsrechte); diese Einschätzung kann noch durch den Blick auf spezifische föderalistische Funktionen der Zweiten Kammer verstärkt werden, falls diese einen besonderen Bezug zu den Gliedstaaten indizieren.

Mit dem US-amerikanischen Senat wurde das Modell für die in der Bundesstaatstheorie als unerlässliches Kriterium jedes Bundesstaats angesehene Repräsentanz der Gliedeinheiten auf Ebene der Bundesgesetzgebung geschaffen. Dabei handelt es sich um eine indirekte Beteiligungsmöglichkeit der Gliedeinheiten, die viel häufiger anzutreffen ist als die direkte; die direkte Beteiligung der Gliedeinheiten an der Bundesgesetzgebung, die eine einzelne Einbindung ihrer Spitzenorgane in die jeweilige Beschlussfassung erfordert, bringt solche Schwerfälligkeiten mit sich, dass sie, wenn überhaupt, praktisch nur in Ergänzung zur vorherrschenden Form der indirekten Beteiligung auftritt.[238]

Auch hier wieder zeigen sich Unterschiede zwischen vollkommen und unvollkommen bikameralen Systemen: Naturgemäß sind die Gliedstaaten in jenen Bundesstaaten stärker vertreten, wo die Zweite Kammer mit gleich starken Befugnissen ausgestattet ist wie die Erste; dies ist etwa der Fall beim US-amerikanischen Senat oder beim Schweizer Ständerat. Paradoxerweise gibt es aber – jüngst etwa in Itali-

---

[237] Vgl auch die Entscheidung des *Supreme Court U.S. Term Limits, Inc. v Thornton*, 514 U. S. 779 (1995), S 821: „*The Congress of the United States, therefore, is not a confederation of nations in which separate sovereigns are represented by appointed delegates, but is instead a body composed of representatives of the people.*" S 827 f: „*Members of Congress are chosen by separate constituencies, but [...] they become, when elected, servants of the people of the United States.*"

[238] Vgl dazu oben 102.

en – Überlegungen, vollkommen bikamerale Systeme zu unvollkommenen umzugestalten, damit die Zweite Kammer sich stärker von der Ersten abhebt und eben dadurch an eigenständigem Profil einer spezifischen Vertretung der Gliedeinheiten gewinnt. Sofern sich etwa Zustimmungsrechte der Zweiten Kammer nicht auf alle Gesetzesbeschlüsse der Ersten Kammer beziehen, sondern nur auf diejenigen, die von besonderer Bedeutung für das bundesstaatliche System sind, profiliert dies die Zweite Kammer funktional stärker als gliedstaatliche Repräsentanz. Doch darf nicht darauf vergessen werden, dass sich das Kriterium der Vertretung der Gliedeinheiten auf Ebene der Bundesgesetzgebung nicht nur darauf, die Gliedeinheiten vor allfälligen Verschlechterungen ihrer Position im bundesstaatlichen System zu bewahren, sondern auch auf eine allgemeine Teilhabe am Prozess der Bundesgesetzgebung bezieht. Insofern kann eine möglichst starke Zweite Kammer tendenziell nur im Interesse der durch sie vertretenen Gliedeinheiten sein, und bedeutet jede Reduktion ihrer Funktionen insgesamt deren Schwächung.

d. Die Wahl

Lit: *Badura*, Über Wahlen, AöR 1972, 1; *Bowler*, Electoral Systems, in: Rhodes/Binder/Rockman (Hg), The Oxford Handbook of Political Institutions (2006) 577; *D'Hondt*, Système pratique et raisonné de représentation proportionnelle (1882); *Doehring*, Allgemeine Staatslehre[3] (2004); *Ermacora*, Allgemeine Staatslehre, Bd I (1970); *Farrell/Shugart* (Hg), Electoral Systems (2012); *Gamper* (Hg), Entwicklungen des Wahlrechts am europäischen Fallbeispiel (2010); *Hagenbach-Bischoff*, Die Frage der Einführung einer Proportionalvertretung statt des absoluten Mehres (1888); *Haller/Kölz/Gächter*, Allgemeines Staatsrecht[5] (2013); *Hare*, The Machinery of Representation (1857); *ders*, The Election of Representatives, Parliamentary and Municipal[4] (1873); *Hartmann*, Eigeninteresse und Gemeinwohl bei Wahlen und Abstimmungen, AöR 2009, 1; *Kelsen*, Allgemeine Staatslehre (1925); *Kipp*, Staatslehre[2] (1949); *Koja*, Allgemeine Staatslehre (1993); *Lijphart*, Electoral Systems and Party Systems (1994); *Loewenstein*, Verfassungslehre[3] (1975); *Merten*, Wahlrecht und Wahlpflicht, FS Broermann (1982) 301; *Nawiasky*, Allgemeine Staatslehre, Zweiter Teil, Bd I (1952); *Nohlen*, Wahlrecht und Parteiensystem[7] (2014); *Pernthaler*, Allgemeine Staatslehre und Verfassungslehre[2] (1996); *Pildes*, Elections, in: Rosenfeld/Sajó (Hg), The Oxford Handbook of Comparative Constitutional Law (2012) 529; *Singh*, Elections and electoral systems in constitutional regimes, in: Tushnet/Fleiner/Saunders (Hg), Routledge Handbook of Constitutional Law (2013) 131; *Zippelius*, Allgemeine Staatslehre[17] (2017).

aa. Allgemeines

Die durch das Volk ausgeübte **Wahl** ist jenes zentrale Instrument, das den Repräsentationsgedanken untrennbar mit der Demokratie verknüpft. Durch sie bestimmt das Volk seine Repräsentanten, die daraus ihre Legitimation schöpfen. Wahl und Wiederwahl, die gem Art 3 1. ZPEMRK in „angemessenen Zeitabständen" erfolgen müssen, vermitteln daher die notwendige **Rückkoppelung** des parlamentarischen Handelns der Abgeordneten oder anderer direkt gewählter Organe an den Willen der von ihnen Repräsentierten.

Im Falle bikameraler Parlamente kann der Entsendungsmodus der Abgeordneten der Zweiten Kammer freilich auch andersartig sein, wobei selbst hier in den meisten Fällen zumindest eine indirekte demokratische Legitimation gegeben ist (etwa im Fall der Vertretung von Gliedeinheiten beim Bund).

Der Begriff der **Volkswahl** knüpft bereits an eine klassische Voraussetzung des staatlichen Wahlrechts an: Nicht jeder Bewohner eines Staats, nicht jeder, der sich – sei es legal oder illegal – auf staatlichem Territorium befindet, nicht die „Bevölkerung" eines Staats, sondern das **Staatsvolk** im Sinne der „Summe aller Staatsbürger"[239] ist in den meisten Staaten Träger des Wahlrechts zu den staatlichen Institutionen; allerdings sind typischerweise auch bei Staatsbürgern gewisse Ausnahmen vom Wahlrecht vorgesehen bzw können in manchen Staaten auf Grund bestimmter Voraussetzungen auch Nicht-Staatsbürger, etwa auf lokaler Ebene, wählen.[240]

Auf Grund der völkerrechtlichen Verankerung der allgemeinen Wahlrechtsgrundsätze (vgl zB Art 21 der Allgemeinen Erklärung der Menschenrechte, Art 25 des Internationalen Pakts über bürgerliche und politische Rechte, Art 3 1. ZPEMRK) finden sich diese – zumindest was die groben Konturen des Wahlrechts anbelangt – in vielen Staaten wieder. Für die 47 Mitgliedstaaten des Europarats relevant ist außerdem der *Code of Good Practice in Electoral Matters*[241] der Venedig-Kommission des Europarats, bei dem es sich zwar um *soft law* handelt, der aber dessen ungeachtet detaillierte Empfehlungen enthält, wie das nationale Wahlrecht ausgestaltet sein sollte.

bb. Wahlrecht und Wahlpflicht

Unterschiede in den Verfassungsstaaten bestehen hinsichtlich Wahlrecht und Wahlpflicht: Das **Wahlrecht**, das in ein **aktives**, dh das Recht zu wählen, und ein **passives**, dh das Recht, gewählt zu werden, unterschieden werden kann, ist in einer Demokratie ein essentielles Erfordernis.

Die **Wahlpflicht** hingegen wurde in jüngerer Zeit in vielen Staaten abgeschafft. Ihr Sinn besteht darin, die Wahlberechtigten zu zwingen, ihr Wahlrecht auszuüben, und diese Pflicht allenfalls auch durch Sanktionierung exekutierbar zu machen. Nach einem moderneren Demokratieverständnis sollen die demokratischen Rechte dem „mündigen Bürger" jedoch gerade nicht als Pflichten oder gar unter Androhung von Strafe auferlegt werden. Es könnte vielmehr gerade darin ein demokratisches Recht gesehen werden, *nicht* vom Wahlrecht Gebrauch machen zu müssen. Mit dem Entfall der Wahlpflicht wird allerdings ein mögliches Sinken der Wahlbeteiligung in Kauf genommen. Sinkt die Wahlbeteiligung und ist nicht gleichzeitig ein bestimmter Mindestprozentsatz an abgegebenen Stimmen für die Gültigkeit der Wahl vorgesehen, kann dies unter Umständen sogar dazu führen, dass die Minderheit über die sich verschweigende Mehrheit bestimmt.

---

[239] Vgl dazu oben 47 ff.
[240] Vgl dazu oben 48.
[241] *Code of Good Practice in Electoral Matters*, CDL-AD (2002) 23 rev.

Die sinkende Wahlbeteiligung in vielen Staaten beruht freilich auch auf anderen Faktoren als lediglich dem Entfall der Wahlpflicht. Politikverdrossenheit und Frustration darüber, dass der Gebrauch der demokratischen Rechte keinen „wirklichen" Einfluss auf die Politik gewähre, sind dafür ebenso kausal wie die Bequemlichkeit im Umgang mit dem Wahlrecht, das in etablierten westlichen Verfassungsstaaten bisweilen nur mehr als eine in ihrer Bedeutung stark reduzierte Begleiterscheinung des täglichen Lebens wahrgenommen wird. Damit ein demokratischer Verfassungsstaat Wirkung zeitigen kann, bedarf es jedoch der aktiven demokratischen Teilhabe, ohne welche Demokratie „lebloses Verfassungsrecht" bleibt.

cc. Wahlrechtsgrundsätze

α. Allgemeines Wahlrecht

Das Wahlrecht ist dann **allgemein**, wenn es nicht nur einer bestimmten Personengruppe (zB lediglich einer bestimmten Gesellschaftsschicht oder einem einzigen Geschlecht) vorbehalten ist, sondern den Menschen im Allgemeinen gewährt wird. Allerdings ist selbst in westlichen Verfassungsstaaten das Wahlrecht regelmäßig nur „beschränkt allgemein" gewährleistet; so sind etwa Minderjährige, wegen bestimmter Verbrechen Verurteilte oder psychisch Kranke vom Wahlrecht häufig ausgeschlossen. Die Beschränkung des Wahlrechts auf Staatsbürger ist zwar nach wie vor in den meisten Staaten vorgesehen und noch nicht als universelles Menschenrecht ausgestaltet, doch finden sich insbes hinsichtlich Wahlen auf lokaler Ebene zunehmend Ausnahmen von diesem Grundsatz.[242]

Jede Relativierung des Wahlrechts nimmt ihm naturgemäß seine Allgemeinheit, in deren Wesen es ja gerade läge, unumschränkt gewährleistet zu sein. Die Beschränkung des allgemeinen Wahlrechts unterliegt daher einerseits einer quantitativen Schranke – die überwiegende Mehrheit des Staatsvolks sollte jedenfalls über das Wahlrecht verfügen –, andererseits einer qualitativen Schranke, indem der Ausschluss an bestimmte Merkmale geknüpft wird, die strengen Sachlichkeitskriterien genügen müssen und keinen willkürlichen Ausschluss einzelner Personen gestatten. Demnach wäre es zB mit einem allgemeinen Wahlrecht nicht vereinbar, das Wahlrecht zur Gänze einem Geschlecht oder einer gesellschaftlichen Klasse vorzubehalten. Umstritten ist, ob Minderjährigen oder geistig Kranken ihr Wahlrecht vorenthalten werden darf, da das Wahlrecht eben prinzipiell nicht an die individuellen intellektuellen Fähigkeiten einer Person, ihre Reife, Verdienste etc geknüpft ist, sondern an den Bürgerstatus und das damit verbundene Recht, die demokratische Willensbildung so zu beeinflussen, wie es aus dem subjektiven Blickwinkel einer Person günstig erscheint. Da von Kleinkindern und geistig schwerkranken Personen faktisch nicht erwartet werden kann, ein Stimmrecht auszuüben, wurde mitunter ein Wahlrecht „durch Stellvertreter" überlegt, wie es etwa Eltern für ihre minderjährigen Kinder ausüben könnten. Letztlich geriete ein Wahlrecht durch

---

[242] Vgl dazu oben 48.

Stellvertreter aber in Konflikt mit anderen Wahlrechtsgrundsätzen, wie insbes dem gleichen Wahlrecht (zB Bevorzugung von mit Mehrfachstimmrecht ausgestatteten Eltern gegenüber kinderlosen Wahlberechtigten) und dem persönlichen Wahlrecht (keine Wiedergabe des – in den genannten Fällen möglicherweise nicht einmal eruierbaren – „wahren Wählerwillens" bei Ausübung des fremden Stimmrechts). Hinsichtlich der Möglichkeit des Ausschlusses strafrechtlich verurteilter Personen vom Wahlrecht verlangt der EGMR, dass dieser, wenn er überhaupt vorgesehen ist, nicht pauschal und automatisch, sondern nach Verhältnismäßigkeitsgesichtspunkten vorgenommen wird, die eine individuelle Beurteilung gestatten.[243]

β. Gleiches Wahlrecht

Gleiches Wahlrecht bedeutet, dass diejenigen, denen das Wahlrecht gewährleistet ist, dieses in gleicher Weise ausüben können. Abgegebene Stimmen dürfen daher nicht unterschiedlich gezählt werden, wie dies etwa bei der unterschiedlichen Stimmgewichtung des Zensuswahlrechts (Stimmgewichtung abhängig vom Besitz des Wahlberechtigten) der Fall war.

Während also der **Zählwert** der Stimmen nach dem Prinzip der gleichen Wahl absolut gleich sein muss, werden Ungleichheiten im Falle des **Erfolgswerts** der Stimmen mitunter in Kauf genommen: Diese werden etwa dadurch herbeigeführt, dass Mandate auf Wahlkreise nach dem Prinzip der Bürgerzahl (nicht: nach Zahl der Wahlberechtigten) aufgeteilt werden, sodass kinderreiche Wahlkreise gegenüber kinderarmen mandatsmäßig bevorzugt werden, selbst wenn die Zahl der Wahlberechtigten in beiden Wahlkreisen die gleiche ist; nicht die Zahl der Wahlberechtigten, sondern die Zahl der Staatsbürger – auch der nicht wahlberechtigten – ist in diesem Fall daher maßgeblich für die Zahl der zu verteilenden Mandate. Auch die verschiedenen etablierten Wahlmathematiken[244] können zu Ungleichheiten führen. Faktische Ungleichheiten hinsichtlich des passiven Wahlrechts können durch die Abhängigkeit der Wahlparteien von Finanzierungsquellen und medialer Berücksichtigung verursacht werden; dem kann durch ein verfassungsrechtliches Gebot eines unabhängigen Rundfunks oder eine Basisfinanzierung aller Wahlparteien durch die öffentliche Hand nur teilweise gegengesteuert werden. Die in einigen europäischen Staaten eingeführten wahlrechtlichen Frauenquoten, wonach ein bestimmter Prozentsatz der Kandidaten auf der Liste einer Wahlpartei weiblichen Geschlechts sein muss, stehen in Spannung zum Gleichheitssatz, wenn dadurch männliche Kandidaten ab einer gewissen Anzahl von der Aufnahme in die Liste automatisch ausgeschlossen werden. Umstritten ist auch, ob Frauenquoten zwangsläufig der Vertretung von Interessen der weiblichen Wählerschaft dienen, wenn Abgeordneten ein freies Mandat zukommt, das sie berechtigt, alle möglichen Interessen zu vertreten,

---

[243] Vgl zur Judikaturlinie EGMR, 6.10.2005, *Hirst v the United Kingdom (No. 2)*; EGMR, 8.4.2010, *Frodl v Austria*; EGMR, 23.11.2010, *Greens and MT v UK*; EGMR, 22.5.2012, *Scoppola v Italy (No. 3)*.

[244] Vgl dazu unten 220 f.

zumal auch die Wählerschaft regelmäßig eine vielfältige, nicht bloß auf das Geschlecht bezogene Interessenlage aufweist.

γ. Persönliches Wahlrecht

Mit dem **persönlichen** Wahlrecht unvereinbar ist es, das Wahlrecht durch einen **Stellvertreter** ausüben zu lassen. Die Wahl durch Stellvertreter stellt sich etwa im Zusammenhang mit der Frage, ob das Wahlrecht auch Minderjährigen zukommen soll, die allerdings davon nicht selbst Gebrauch machen dürfen, sondern darin von einem Elternteil vertreten werden, der in diesem Fall über ein doppeltes Stimmrecht verfügt. Ähnliches kann auch im Falle von Personen überlegt werden, die aus physischen oder psychischen Gründen selbst nicht an der Wahl teilnehmen können.

Die Problematik der Wahl durch Stellvertreter liegt naturgemäß darin, dass nicht garantiert ist, ob der Stellvertreter vom Wahlrecht im Sinne der vertretenen Person Gebrauch macht. Das demokratietheoretische Anliegen des Wahlrechts, jeden Wahlberechtigten seine Stimme so abgeben zu lassen, wie es für ihn selbst am günstigsten erscheint, wird dann aber möglicherweise gerade konterkariert. Keine förmliche Abwendung vom, aber doch *de facto*-Relativierung des Grundsatzes des persönlichen Wahlrechts ist die **Briefwahl**. Auch hier sollte die Ausfüllung des Stimmzettels zwar persönlich erfolgen, doch wird der Stimmzettel nicht (notwendigerweise) in einem Wahllokal, sondern in privater Umgebung ausgefüllt, und nicht in eine Wahlurne eingeworfen, sondern per Post verschickt. Eine solche Briefwahl kann, je nach verfassungsrechtlicher Normierung, nur unter bestimmten Voraussetzungen (zB Auslandsaufenthalt am Wahltag) oder auch uneingeschränkt im Inland zulässig sein. Um die persönliche, freie und geheime Ausübung des Wahlrechts zu gewährleisten, wird die Briefwahl zumeist an besondere Legitimitätserfordernisse, wie eidesstattliche Erklärungen des Wahlberechtigten oder Zeugen dafür, dass die Stimmabgabe persönlich erfolgte, gebunden. Eine Garantie, dass die Briefwahl *in concreto* tatsächlich diesem Grundsatz entspricht, ist damit freilich nicht verbunden.

Keine Beeinträchtigung des persönlichen Wahlrechts besteht im Falle mobiler Wahlkommissionen, die eben die persönliche Ausübung des Wahlrechts durch den Wahlberechtigten selbst ermöglichen, falls dieser auf Grund von Krankheiten oder Gebrechen selbst nicht in das Wahllokal kommen kann. Das umstrittene System des *e-voting*, bei dem die Stimme auf elektronischem Weg abgegeben wird, ist in manchen Staaten zulässig, steht grundsätzlich aber in keinem Widerspruch zum Prinzip der persönlichen und freien Wahl, sofern die Person zur elektronischen Stimmabgabe selbst vor der Wahlbehörde erscheinen muss, wogegen die Stimmabgabe von einem privaten Internetstandort aus in Spannung zu diesen beiden Grundsätzen steht; problematisch ist das *e-voting* in beiden Fällen unter dem Blickwinkel des geheimen Wahlrechts sowie der Gefahr der Manipulation der abgegebenen Stimme.

δ. Geheimes und freies Wahlrecht

Geheimes und **freies** Wahlrecht sind unverzichtbar, da nur dadurch ein **freier Wettbewerb der Wahlparteien** sowie eine **von außen unbeeinflusste Stimmabgabe** gewährleistet werden können. Der Wahlberechtigte muss seine Stimme also geheim und frei von Furcht vor möglichen Sanktionen seines Wahlverhaltens abgeben können. Der Sicherung des geheimen Wahlrechts dienen typischerweise Vorkehrungen wie geschlossene Wahlkabinen, undurchsichtige Wahlkuverts, Wahlurnen, Verbote der Anbringung bestimmter Markierungen auf Wahlzettel oder -kuvert oder die Kontrolle der Wahlhandlung durch aus Vertretern verschiedener Parteien zusammengesetzte Wahlbehörden bzw eine unabhängige Kommission als Beobachtungs- oder Überprüfungsinstanz. Im Spannungsfeld zum geheimen Wahlrecht stehen Methoden wie die Briefwahl oder das *e-voting*, aber auch die Unterstützung körperlich behinderter Personen durch Vertrauenspersonen in der Wahlkabine.

ε. Mittelbares oder unmittelbares Wahlrecht

Im Gegensatz zu den vorerwähnten Grundsätzen, die sich alle als für demokratische Wahlen unabdingbar erweisen, lässt sich im westlichen Verfassungsstaat nicht von vornherein bestimmen, ob der mittelbaren oder unmittelbaren Wahl der Vorzug zu geben ist, da prinzipiell beide Methoden mit der Demokratie vereinbar sein können.

Unmittelbares Wahlrecht heißt, dass die Wahlberechtigten direkt ihre Repräsentanten wählen, die dann für die politische Willensbildung verantwortlich sind. Nicht zu verwechseln ist dieses direkte Wahlrecht mit der direkten Demokratie – es handelt sich ja bei der direkten Wahl von Repräsentanten immer noch um einen Fall der repräsentativen Demokratie.

Mittelbares Wahlrecht hingegen bedeutet, dass die Wahlberechtigten ein Wahlkollegium wählen, das seinerseits diejenigen Personen wählt, die die politische Willensbildung vornehmen sollen (vgl etwa die mittelbare Wahl des US-amerikanischen Präsidenten). Es handelt sich daher um eine **Verdoppelung des Repräsentationsgedankens**, da das dazwischentretende Wahlkollegium die Interessen seiner Wähler bei der Auswahl der politischen Repräsentanten vertritt, daher insofern auch eine Repräsentantenrolle gegenüber den zunächst Wahlberechtigten übernimmt. Dadurch tritt automatisch eine Verdünnung des Wählerwillens ein, da die Wahlberechtigten rechtlich nicht erzwingen können, dass das Wahlkollegium bei der Wahl der politischen Repräsentanten ihre Interessen vertreten wird; dennoch stellt die mittelbare Wahl keine dem persönlichen Wahlrecht widersprechende Wahl durch Stellvertreter dar, da ja die Repräsentierten selbst das Wahlkollegium wählen. Ein *ausschließlich* mittelbares Wahlrecht – in Bezug auf alle zu wählenden staatlichen Organe – dürfte in einer Demokratie bedenklich sein; sehr wohl üblich sind aber **gemischte Systeme**, in denen die verschiedenen wählbaren Staatsorgane im einen Fall mittelbar, im anderen Fall unmittelbar gewählt werden, wobei sich durch Kontrollfunktionen des unmittelbar gewählten Organs gegenüber dem mittelbar gewählten Organ ein zusätzlicher demokratischer Ausgleich vornehmen lässt.

Für ein ausschließlich unmittelbares Wahlrecht spricht die Möglichkeit einer unverdünnten Bildung des Wählerwillens, die eine allfällige Verfälschung durch ein Wahlkollegium ausschließt. Die Vorteile eines Wahlkollegiums (zB höhere Professionalität, Überwindung der Distanz zwischen Bürger und mittelbar gewähltem Organ durch „regional" zwischengeschaltete und dem Bürger eher vertraute Wahlkollegiumsmitglieder) waren in der Vergangenheit deutlicher als heute. In der modernen Informationsgesellschaft mit ihrer Vorstellung vom „mündigen Bürger" ist dieser historische Gedanke der kanalisierten Doppelrepräsentanz allerdings nicht mehr systemkonform. Sonderformen der mittelbaren Wahl finden sich dort, wo das Wahlkollegium ein gewähltes staatliches Organ darstellt, dem nicht bloß die Wahl eines anderen staatlichen Organs anvertraut ist (zB Wahl eines Staatsoberhaupts durch ein Parlament, Wahl der Abgeordneten einer Zweiten Kammer durch ein regionales Parlament). In diesen Fällen handelt es sich beim wählenden Organ also nicht nur um ein reines Wahlkollegium, sondern um ein Organ, dem – neben anderen Funktionen – möglicherweise auch die Abberufung oder sonstige Kontrolle über das von ihm zu wählende Organ obliegt.

ζ. Verhältnis- oder Mehrheitswahlrecht

Besonders umstritten ist auch, ob die Entscheidung für ein Mehrheitswahlrecht oder ein Verhältniswahlrecht demokratisch „richtiger" ist. Wenn auch in den europäischen Staaten mehrheitlich das Verhältniswahlrecht anzutreffen ist, lässt selbst der sonst so detaillierte *Code of Good Practice in Electoral Matters* diese Frage offen.

Nach dem **Mehrheitswahlrecht** (Majorzwahlrecht) gilt derjenige Kandidat als gewählt, der am meisten Stimmen auf sich vereinen kann. Dafür ist nach einer Form des Mehrheitswahlrechts die **absolute Mehrheit** der Stimmen erforderlich, sodass also ein Kandidat mehr als die Hälfte der abgegebenen Stimmen erhalten muss; nach der anderen Form genügt die **relative Mehrheit**, sodass derjenige Kandidat als gewählt gilt, der die relativ meisten Stimmen auf sich vereinen kann, mag es sich dabei auch um weniger als die Hälfte aller abgegebenen Stimmen insgesamt handeln. Das relative Mehrheitswahlrecht ist dabei *a priori* das einfachere Modell als das absolute, weil im letzteren Fall möglicherweise kein Kandidat mehr als die Hälfte der Stimmen auf sich vereinen kann, sodass gerade in jenen Fällen, in denen das absolute Mehrheitswahlrecht zu keinem Ergebnis führt, ein zweites Wahlverfahren, nämlich ein **Stichwahlverfahren** nach dem Prinzip des relativen Mehrheitswahlrechts, durchzuführen ist, sofern mehr als zwei Kandidaten antreten; im Falle der Stichwahl zwischen zwei Kandidaten ist hingegen naturgemäß eine absolute Mehrheit erforderlich.

Das Mehrheitswahlrecht nimmt in Kauf, dass etwa der in einem Wahlkreis mehrheitlich gewählte Kandidat der parlamentarische Abgeordnete dieses Wahlkreises wird, während andere Kandidaten, mögen sie ihm an Stimmen auch nur knapp unterlegen sein, aus dem Rennen scheiden. Es werden im Mehrheitswahlrecht also nur jene Wahlberechtigten mandatsmäßig repräsentiert, die für den mehrheitlich gewählten Kandidaten stimmten, während andere Stimmen keine Berücksichtigung finden. Besonders problematisch ist dies im Falle der relativen Mehrheitswahl, wo unter Umständen ein Kandidat das Mandat erringt, auf den bloß eine Minderheit der abgegebenen Stimmen insgesamt entfallen ist, nur weil es sich dabei um die relative Mehrheit unter allen Stimmenanteilen handelt.

Das Mehrheitswahlrecht benachteiligt daher Parteien mit niedrigeren Stimmergebnissen und fördert tendenziell ein parlamentarisches Ein- oder Zweiparteiensystem. Dies ist insofern von Vorteil, als es für stabile und klare Mehrheitsverhältnisse sorgt, aber gleichzeitig bedenklich, als breite Wählerschichten dadurch politisch nicht vertreten werden, selbst wenn manche Verfassungen förmlich normieren, dass ein Mandat „für das ganze Volk" oder einen ganzen Wahlkreis auszuüben ist, was vor dem Hintergrund des zumeist gleichzeitig eingeräumten System des freien Mandats[245] keine wirkliche Bindung bedeutet. Die Möglichkeit, dass sich diese Mehrheitsverhältnisse bei der nächsten Wahl zu Gunsten der bisherigen Oppositionspartei ändern, ist freilich nicht ausgeschlossen, schafft aber keine Abhilfe für die laufende Periode, für die gewählt wurde. Hinzu tritt das Problem der Einerwahlkreise, wo pro Wahlkreis ein einziger Abgeordneter gewählt wird (so zB im Vereinigten Königreich, Frankreich): Zumal dann, wenn diese Wahlkreise unterschiedliche Zahlen von Wahlberechtigten umfassen, kann dies, wenn lediglich ein einziges Mandat pro Wahlkreis zu vergeben ist, zu schwerwiegenden Stimmverzerrungen führen. Anders als für die Wahl von Kollegialorganen bietet sich das Mehrheitswahlrecht jedoch für die Wahl monokratischer Organe an.

Das **Verhältniswahlrecht** (Proporzwahlrecht) vermeidet diese Unausgewogenheiten, indem alle Stimmen proportional, dh spiegelbildlich, gewertet und daher auch Minderheiten unter den Wahlberechtigten repräsentiert werden, weil kleinere politische Parteien in ihrem Verhältnis zu den stimmenstärkeren größeren Parteien parlamentarisch vertreten sind. Diese Vertretung ist insgesamt **demokratischer**, da nicht nur einzelne Wählerschichten politisch repräsentiert werden, führt aber tendenziell zur Parteienzersplitterung, unklaren Mehrheitsverhältnissen und dadurch allenfalls zur Labilität des politischen Systems.

Anders als im Mehrheitswahlrecht, gerade mit den Einerwahlkreisen, steht außerdem weniger die Person des einzelnen Abgeordneten im Vordergrund, auch wenn das Verhältniswahlrecht mit Vorzugsstimmensystemen vereinbar ist. Die zu vergebenden parlamentarischen Mandate werden nach der prinzipiellen Idee des Verhältniswahlrechts proportional zu den von den Parteien erreichten Stimmen aufgeteilt. Dabei tritt freilich das wahlmathematische Problem von **Reststimmen** bzw **Restmandaten** auf. Zahlreiche Theoretiker entwarfen daher Modelle, die dieses Problem in unterschiedlicher Weise (zB durch die Erstellung von Ranglisten bei der Abgabe von Wahlpräferenzen wie nach *Condorcet* oder *Borda*) zu lösen versuchen, ohne jedoch bestimmte mathematische Paradoxa oder andere Schwächen vermeiden zu können. Die drei besonders verbreiteten Systeme, die von *Thomas*

---

[245] Vgl dazu unten 222 f.

Hare, *Victor D'Hondt* und *Eduard Hagenbach-Bischoff* stammen, sollen hier näher dargestellt werden.

Nach dem *Hare*schen Verfahren (in Deutschland: *Hare-Niemeyer*-Verfahren) wird die Zahl der abgegebenen Stimmen durch die Zahl der zu verteilenden Mandate geteilt. Sooft diese Teilungszahl in der Zahl der für eine Partei abgegebenen Stimmen enthalten ist, so viele Mandate erhält diese Partei. Dieses Verfahren ist zwar relativ einfach, führt jedoch zu dem erwähnten Problem von Reststimmen und Restmandaten, da sich eine ganzzahlige Verteilung im Regelfall nicht ausgeht.

Nach dem *D'Hondt*schen Verfahren (strukturell ähnlich dem Verfahren nach *Sainte-Laguë*) werden die Stimmen, welche die Parteien erhalten haben, ihrer Höhe nach in Zahlen nebeneinander geschrieben. Die Zahlen, die sich aus der Teilung dieser Zahlen durch zwei, drei, vier etc ergeben, werden untereinander geschrieben. Werden zB 100 Mandate vergeben, ist die hunderthöchste dieser neben- bzw untereinander geschriebenen Zahlen die Teilungszahl. Jede Partei erhält so viele Mandate, wie die Teilungszahl in ihrer Stimmenanzahl enthalten ist. Damit lassen sich – allenfalls bis auf das letzte Mandat – alle Mandate verteilen, sodass keine Restmandate übrig bleiben.

Auch nach dem *Hagenbach-Bischoff*schen Verfahren werden eher die größeren Parteien bevorzugt: Danach wird die Zahl der abgegebenen Stimmen durch die um eins vermehrte Zahl der zu vergebenden Mandate geteilt. Sooft diese Teilungszahl in der Zahl der für eine Partei abgegebenen Stimmen enthalten ist, so viele Mandate erhält diese Partei. Der Vorteil dieses Verfahrens liegt in der Verkleinerung der Teilungszahl, was das Problem der Restmandate weitgehend entschärfen soll.

Zwischen den Reinformen des Verhältnis- und Mehrheitswahlrechts gibt es zahlreiche Zwischenformen: Das Verhältniswahlrecht kann etwa durch das Erfordernis eines Mindeststimmenanteils einer Wahlpartei oder das „Bürgerzahlprinzip" abgeschwächt werden. Manche Verfassungen sehen die Zuweisung einer „Mehrheitsprämie", dh die zusätzliche Zuweisung einer bestimmten Zahl von Mandaten bei Erreichung eines Mindestmandatsanteils, an die stärkste Wahlpartei vor, ohne deshalb vom grundsätzlichen System des Verhältniswahlrechts abzugehen. Denkbar sind überdies auch „minderheitenfreundliche" Formen des Mehrheitswahlrechts oder eine – an sich außerhalb des Wahlrechts stehende – verfassungsrechtliche Kompensation in Form verstärkter Kontrollrechte der parlamentarischen Opposition.

dd. Wahlverfahren

Die Wahlverfahren werden je nach Größe des Wahlkörpers (Zahl der Wahlberechtigten) und innerem Dezentralisierungsgrad eines Staats in mehreren Ermittlungsverfahren durchgeführt. Der Grund dafür liegt einerseits im Ausgleich von Restmandaten bzw Reststimmen, wenn für die einzelnen Ermittlungsverfahren unterschiedliche wahlmathematische Grundsätze angewendet werden. Andererseits können in den Ermittlungsverfahren bestimmte Hürden eingezogen werden, welche die Teilnahme einer Wahlpartei an einem der höheren Ermittlungsverfahren dann verhindern, wenn sie im niedrigeren keinen bestimmten Prozentsatz der Stimmen erreichen konnte; so kann etwa erst das Erreichen eines bestimmten Prozentanteils der Stimmen in einem niedrigeren Ermittlungsverfahren Voraussetzung für die Teilnahme an einem höheren Ermittlungsverfahren sein.

In westlichen Verfassungsstaaten kommt jenen Bestimmungen eine besondere Bedeutung zu, die eine Durchführung der Wahlverfahren nach den allgemeinen Wahlgrundsätzen und deren objektive Kontrolle garantieren. Dementsprechend finden sich zumindest die grundlegenden Wahlrechtsvorschriften, oftmals auch das Erfordernis unabhängiger bzw ausgewogen zusammengesetzter Wahlkommissionen oder die Funktion von Verfassungsgerichten als Entscheidungsinstanzen über Wahlanfechtungen, in den Verfassungen selbst.

e. Freies oder imperatives Mandat

Lit: *Burke*, Speech to the Electors of Bristol (1774); *Ermacora*, Allgemeine Staatslehre, Bd I (1970); *Haller/Kölz/Gächter*, Allgemeines Staatsrecht[5] (2013); *Kevenhörster*, Das imperative Mandat (1975); *Koja*, Das freie Mandat des Abgeordneten (1971); *ders*, Allgemeine Staatslehre (1993); *Pernthaler*, Allgemeine Staatslehre und Verfassungslehre[2] (1996); *Zippelius*, Allgemeine Staatslehre[17] (2017).

Mit der klassischen Vorstellung von repräsentativer Demokratie, welche die parlamentarischen Abgeordneten als Vertreter des gesamten Staatsvolkes versteht, hängt auch der Grundsatz des **freien Mandats (auftragsfreie Repräsentation)** zusammen, wie es besonders früh von *Edmund Burke* gefordert wurde. Der Repräsentant soll also nicht an Weisungen individueller Wähler, etwa der Wahlberechtigten jenes Wahlkreises, für den er bei der Wahl angetreten ist, gebunden sein, sondern sein Mandat nach seinem eigenen Gutdünken ausüben können.

Die Konzeption der repräsentativen Demokratie beruht ja eben auch auf dem (idealtypischen) Gedanken, dass professionelle Repräsentanten besser zur politischen Willensbildung geeignet seien. Das Parlament wird danach also nicht nur als verlängerter Arm der Wähler, gleichsam als deren Erfüllungsgehilfe, sondern als **kreatives Willensbildungsorgan** verstanden, das im Rahmen der durch die Rechtsordnung auferlegten Schranken und der Beschränkung auf eine zeitlich limitierte Funktionsperiode selbständig Entscheidungen treffen kann.

Die Kontrolle, welche die Wähler gegenüber ihren Repräsentanten ausüben können, beschränkt sich im System des freien Mandats, das sich in der neuzeitlichen Staatslehre und Staatenpraxis durchsetzen konnte, auf die Möglichkeit der Abwahl bei der nächsten periodisch wiederkehrenden Wahl. Möglichkeiten des vorzeitigen Mandatsverlustes ergeben sich etwa wegen Parlamentsauflösung, Rechtsverletzung, Tod oder freiwilligem Verzicht, nicht aber bloß aus politischer Unbeliebtheit.

Das Gegenstück zum freien Mandat ist das **imperative Mandat (auftragsgebunde Repräsentation)**, wonach die parlamentarischen Abgeordneten an Aufträge ihrer Wähler bzw der sie entsendenden Organe (zB Rätedemokratie) gebunden sind, was eine unmittelbare Repräsentation der Wählerinteressen gewährleisten soll. Das imperative Mandat ist heute nur noch vereinzelt in westlichen Verfassungsstaaten vertreten. Anklänge an das imperative Mandat ergeben sich jedoch etwa bei verschiedenen Zweiten Kammern: So stimmen die Abgeordneten jedes im deutschen Bundesrat vertretenen Landes nach einheitlichen politischen Vorgaben, die im Kabinett der jeweiligen Landesregierung ausgearbeitet werden. Die südafrikanische Verfassung sieht vor, dass die jeweils zehn Vertreter umfassenden Delegationen der Provinzen im *National Council of Provinces* über eine einheitliche Stimme, die durch den Delegationsvorsitzenden abgegeben wird, verfügen.

Freilich muss berücksichtigt werden, dass es sich beim Modell des freien Mandats um einen Idealtypus handelt, der in der praktischen Wirklichkeit vieler Staaten durch **Fraktionsdisziplin** (Klubzwang) relativiert wird. Zwar können dem einzelnen parlamentarischen Abgeordneten in diesen Fällen keine rechtlich verbindlichen Aufträge erteilt werden, doch steht er unter dem politischen Druck seiner Partei, was ihn zu einem parteikonformen Abstimmungsverhalten zwingt.

Besonders stark ist der Klubzwang in **parlamentarischen Regierungssystemen** ausgeprägt, da in diesen Fällen die Regierung von der Parlamentsmehrheit und insofern entscheidend von einem parteikonformen Stimmverhalten abhängt. Ein so genanntes *cross-voting*, wo Abgeordnete einer politischen Partei entgegen den Vorgaben ihres parlamentarischen Klubs stimmen, ist dagegen in präsidialen Regierungssystemen leichter möglich.[246]

Zusätzlicher Druck auf die parlamentarischen Abgeordneten wird heute auch durch andere **intermediäre Gewalten**, wie Verbände und Massenmedien, ausgeübt (*Lobbying*).[247] Demokratiepolitisch bedenklich wird dies dann, wenn der Abgeordnete diesem Druck um seiner eigenen politischen Existenz willen nachgibt, selbst wenn er damit nicht im Interesse des Gemeinwohls handelt, und dabei womöglich auch strafrechtliche Grenzen (Korruptionsverbot) überschreitet.

f. Funktionen der Parlamente

Lit: *Dann*, Parlamente im Exekutivföderalismus (2004); *Gerlich*, Parlamentarische Kontrolle im politischen System (1973); *Grabenwarter*, Die Rolle der nationalen Parlamente in den Mitgliedstaaten (nationale und regionale Ebene), in: Schäffer/Iliopoulos-Strangas (Hg), Staatsmodernisierung in Europa (2007) 85; *Haller/Kölz/Gächter*, Allgemeines Staatsrecht⁵ (2013); *Klein*, Das Parlament im Verfassungsstaat (2006); *Patzelt*, Parlamente und ihre Funktionen (2003); *Pernthaler*, Allgemeine Staatslehre und Verfassungslehre² (1996).

aa. Allgemeines

Die Parlamente als wichtigste Drehscheibe der repräsentativen Demokratie stellen primär ein Organ der **Gesetzgebung, einschließlich der Verfassungsgesetzgebung,** dar. Es wäre allerdings unzutreffend, die legislative Gewalt ausschließlich den Parlamenten zuzuordnen. Immer wieder nimmt nämlich auch das **Volk** direkt oder semi-direkt Anteil daran. Üblicherweise involvieren legislative Prozesse außerdem **Organe der Spitzenexekutive**, gerade wenn man an Beginn (Gesetzesini-

---

[246] Vgl dazu oben 195 f.
[247] Vgl dazu oben 128 ff.

tiative) und Ende (Unterzeichnung, Publikation) eines Gesetzgebungsverfahrens denkt. In dezentral organisierten Staaten kann auch den **Gliedeinheiten** eine Rolle in diesem Prozess zukommen, und dies nicht nur über eine Vertretung in der Zweiten Kammer, sondern auch in direkter Form (Gesetzesinitiativ-, Informations-, Konsultations- oder Vetorechte).

Darüber hinaus nehmen Parlamente aber typischerweise **auch andere Aufgaben als die Gesetzgebung** wahr, wiewohl es sich bei letzterer um die primäre parlamentarische Aufgabe handelt. Zu diesen anderen Aufgaben können insbes gehören:

- die Kontrolle über die Exekutive (Regierung und Verwaltung)
- die Mitwirkung an exekutiven Akten (Regierungsakten)
- die Mitwirkung an inter- und supranationalen Angelegenheiten
- das Budgetrecht
- die Bestellung anderer staatlicher Organe
- judikative Befugnisse

bb. Gesetzgebung[248]

cc. Kontrolle über die Exekutive

Die üblicherweise wichtigste Aufgabe eines Parlaments neben der Gesetzgebung ist die **Kontrolle über die Exekutive**, worunter in diesem Zusammenhang die Spitzenorgane der Verwaltung bzw Regierung (Regierung, einzelne Regierungsmitglieder, Staatsoberhaupt)[249] sowie die ihnen untergeordnete Verwaltungshierarchie zu verstehen sind. Die parlamentarische Kontrolle über die Verwaltungsspitze ist deshalb so wichtig, weil eine **demokratische Rückkoppelung** gerade in jenen Fällen erforderlich ist, wo diese Organe über keine direkte demokratische Legitimation auf Grund von Wahl verfügen. Je stärker freilich die Verwaltung „justizialisiert" wird,[250] desto schwächer wird die parlamentarische Kontrolle über die Verwaltung, da sie sich nicht auf die unabhängige Verwaltungsgerichtsbarkeit erstreckt.

Auch eine nicht volksgewählte Spitzenexekutive muss dem Volk bzw seinen Repräsentanten verantwortlich sein. Dies ist einerseits möglich, indem ihre Bestellung und Wiederbestellung dem Parlament obliegt, andererseits, indem ihr Handeln laufender Kontrolle während ihrer Amtsperiode unterworfen wird. **Spannungsverhältnisse** können entstehen, wenn die Spitzenexekutive direkt vom Volk gewählt wird, in ihrem Handeln hingegen dem Parlament verantwortlich ist. Solche Konstellationen können zB im Verhältnis eines direkt gewählten Staatsoberhaupts und/ oder Regierungschefs gegenüber dem ebenfalls direkt gewählten Parlament, aber auch auf niedrigerer Ebene etwa im Verhältnis zwischen einem direkt gewählten Bürgermeister und einem direkt gewählten Gemeinderat auftreten. Denn gerade wenn die beiden Organe unterschiedliche politische Richtungen vertreten, kann es zu einer problematischen Blockadewirkung kommen, wo möglicherweise beiden,

---

[248] Vgl dazu oben 172 ff.
[249] Vgl dazu oben 177 f.
[250] Vgl dazu oben 180.

gestützt auf die jeweilige demokratische Legitimation, gegenseitige Abberufungsrechte (typisch: Misstrauensvotum durch das Parlament – Auflösung des Parlaments) zukommen.

Die parlamentarische Kontrolle über die Exekutive kann üblicherweise in die Formen der **politischen**, **rechtlichen** und **finanziellen** Kontrolle eingeteilt werden.

Im Rahmen der **politischen** Kontrolle wird dem exekutiven Spitzenorgan nicht notwendigerweise ein *rechtliches* Fehlverhalten vorgeworfen. Vielmehr wird das Handeln dieses Organs am Maßstab eines *politischen* Kalküls geprüft und möglicherweise sanktioniert. Während es sich bei der Überprüfung klassisch um Instrumente der **Interpellation** (Fragerechte, Enqueterechte [Untersuchungsausschüsse]) handelt, hat ein parlamentarisches **Misstrauensvotum** die Abberufung des Spitzenexekutivorgans zur Folge (umgekehrt kann eine negative Antwort auf die Vertrauensfrage der Regierung die Neuwahl des Parlaments zur Folge haben). Die Ausübung der Interpellationsinstrumente kann allerdings in ein Misstrauensvotum münden, wenn die Parlamentarier auf Grund der Untersuchungsergebnisse der Ansicht sind, dass die Abberufung des Spitzenexekutivorgans erforderlich ist. Zur politischen Kontrolle zählen außerdem Aufträge („Resolutionen") an die Exekutive hinsichtlich eines vom Parlament erwünschten politischen Handelns, die zwar rechtlich unverbindlich sind, aber politisch dennoch Wirkung zeitigen können.

Die **rechtliche** Kontrolle bezieht sich dagegen auf den rechtlichen Vorwurf, dass das exekutive Spitzenorgan durch sein Handeln die Rechtsordnung, allenfalls sogar die Verfassung, verletzt habe. Rechtliche Kontrollverfahren führen zu einer **Anklage** (*Impeachment*), die das Parlament oder eine parlamentarische Kammer erhebt und über die entweder ein unabhängiges Gericht (Verfassungsgericht) oder allenfalls das Parlament selbst (etwa die Zweite Kammer) entscheidet. Im Ergebnis kann ein solches Anklageverfahren einem erfolgreichen Misstrauensvotum darin ähneln, dass das angeklagte Organ seines Amtes enthoben wird; der Unterschied besteht freilich darin, dass im Fall der Anklage eine Rechtsverletzung vorliegen muss, die in einem objektiven Verfahren geprüft wird, während das parlamentarische Misstrauensvotum an keine speziellen inhaltlichen Voraussetzungen gebunden ist. Eine Sonderform stellt die in westlichen Verfassungsstaaten mittlerweile regelmäßig anzutreffende Institution des parlamentarischen Ombudsmans dar, der als Hilfsorgan des Parlaments formlosen Beschwerden von Personen nachgeht, die sich durch die Verwaltung rechtswidrig oder auf sonstige Weise schlecht behandelt fühlen, und auf Grund seiner Untersuchung Empfehlungen aussprechen sowie dem Parlament darüber berichten kann. Zunehmend üben ombudsförmige Einrichtungen auch Befugnisse im Bereich des allgemeinen Menschenrechtsschutzes aus.

Als **finanzielle** Kontrolle schließlich wird die Überprüfung der Gebarung des staatlichen Haushalts bezeichnet, die auf Grund der besonderen Komplexität der Materie zumeist nicht durch das Parlament selbst, sondern durch ein spezifisch dafür vorgesehenes Hilfsorgan (Rechnungshof) vorgenommen wird. Überprüfungsmaßstab der finanziellen Kontrolle sind in erster Linie ökonomische Kriterien, wie beispielsweise numerische Richtigkeit, Effizienz und Sparsamkeit, doch kann dabei auch die Übereinstimmung der Gebarung mit den Rechtsvorschriften überprüft werden. Die Sanktionsmittel der finanziellen Kontrolle (zB Berichterstattung im Parlament, Empfehlungen) sind insgesamt schwächer ausgebildet als im Fall der politischen und rechtlichen Kontrolle, doch kann das Ergebnis der finanziellen Kontrolle direkt zum Einsatz der politischen und rechtlichen Kontrollinstrumente führen.

dd. Mitwirkung an exekutiven Akten

Mitunter bedürfen **Akte der Exekutive**, namentlich der Regierung oder des Staatsoberhaupts, der **Zustimmung** des Parlaments (einer parlamentarischen Kammer) oder eines parlamentarischen Ausschusses. Es handelt sich dabei zumeist um Rechtsakte, die von besonderer rechtlich-politischer Bedeutung sind und daher einer qualifizierten Erzeugung und demokratischen Legitimation bedürfen (zB Notstandsbefugnisse, Kriegs- und Friedenserklärungen, Budgetüberschreitungen etc).

ee. Mitwirkung an auswärtigen Angelegenheiten

Üblicherweise nehmen die Parlamente nicht nur an staatsinternen, sondern auch an **auswärtigen (inter- oder supranationalen) Angelegenheiten** teil. Sinn einer solchen Mitwirkung ist es, dem Parlament Genehmigungsvorbehalte hinsichtlich jener auswärtigen Akte des Staats einzuräumen, für die innerstaatlich ein Gesetzesakt notwendig wäre. Daher braucht es im Regelfall eine parlamentarische Genehmigung *vor* der Ratifikation jener völkerrechtlichen Verträge, welche die innerstaatliche Gesetzeslage ändern oder ergänzen. Seit dem Vertrag von Lissabon (vgl auch das Protokoll über die Rolle der nationalen Parlamente in der Europäischen Union, Protokoll über die Anwendung der Grundsätze der Subsidiarität und der Verhältnismäßigkeit) werden die nationalen Parlamente verstärkt in das Gesetzgebungsverfahren der EU eingebunden; dem nationalen Recht ist es überlassen, nähere Details, etwa zur Konsultation regionaler durch nationale Parlamente im Rahmen einer Subsidiaritätsprüfung, vorzusehen.

ff. Budgetrecht

Ein klassisches Parlamentsrecht ist das **Budgetrecht**, das nach seiner historischen Entstehung dem Parlament zunächst eine Kontrolle über die Ausgaben des Monarchen, heute über den Haushaltsplan der Regierung verschaffen sollte. Typischerweise können zwei Phasen der parlamentarischen Budgetmitwirkung unterschieden werden: Zum einen *ex ante* die parlamentarische Beschlussfassung über ein Budgetgesetz bzw die Zustimmung zum Budget, sofern dieses kein Gesetz, sondern einen Regierungsakt *sui generis* darstellt. Zum anderen aber *ex post* die Kontrolle über die Einhaltung der Gebarung, sodass Überschreitungen des Haushaltsplans – mit Hilfe von Hilfsorganen wie Rechnungshöfen – überprüft und gegebenenfalls sanktioniert werden können.

gg. Bestellung anderer staatlicher Organe

In vielen Fällen kommen dem Parlament **Bestellungsbefugnisse** im Hinblick auf andere staatliche Organe zu. Dazu zählt im parlamentarischen Regierungssystem insbes die Wahl des Regierungschefs oder Staatsoberhaupts, aber auch anderer Organe (zB Beschickung bestimmter Kommissionen, Rechtsschutzeinrichtungen etc). Üblicherweise haben Parlamente auch **Vorschlagsrechte** hinsichtlich bestimmter Organe, deren Ernennung einem anderen Organ (zB Staatsoberhaupt) zusteht.

hh. Judikative Befugnisse

In einigen Staaten nimmt das Parlament oder eine parlamentarische Kammer auch **judikative Befugnisse** wahr. Der bekannteste Beispielfall waren die *Law Lords* des britischen *House of Lords*, die neben ihrer parlamentarischen Tätigkeit bis 2009 auch als Höchstrichter fungierten; seitdem übt der gerade mit dem Ziel einer verbesserten Gewaltenteilung eingerichtete *Supreme Court* die Funktion des Höchstgerichts aus.

Abgesehen von der Ausübung der richterlichen Tätigkeit im engen Sinn, können auch die Beschlussfassung von Amnestiegesetzen, die Anklage gewisser Organe bzw Anfechtung von Gesetzen vor einem Gericht, die Erstellung von Gutachten im Falle von Interessenkonflikten (vgl zB durch den belgischen Senat) oder die Konfliktschlichtung (vgl zB durch die äthiopische Zweite Kammer) zu den judikativen Befugnissen eines Parlaments bzw parlamentarischer Kammern gezählt werden. Die authentische Interpretation der Verfassung, die von Verfassungen häufig ausdrücklich dem Parlament eingeräumt wird, ist hingegen weniger judikativer als legislativer Natur, da es sich letztlich um eine legaldefinitorische Anordnung handelt, wie ein bestimmtes Gesetz verstanden werden soll.

2. Andere Formen der repräsentativen Demokratie

Der Parlamentarismus ist zwar die wichtigste, aber nicht die einzige Manifestation des Prinzips der repräsentativen Demokratie. Der Repräsentationsgedanke drückt sich vielmehr in allen Formen von **Wahlen** aus, die ein Organ als Stellvertreter des Volkes in einer bestimmten Funktion legitimieren. So ist etwa auch die Wahl des Staatsoberhaupts oder Regierungschefs durch das Volk eine mögliche Form repräsentativer Demokratie, selbst wenn es sich dabei nicht (primär) um ein Organ der Gesetzgebung und damit der allgemeinen Rechtsetzung handelt. Die „Direktwahl" solcher Organe ist also kein Instrument der direkten, sondern wiederum der repräsentativen Demokratie, weil auch diese Organe das Volk repräsentieren. Mittelbarer wird die Wahl dieser Organe jedoch dann, wenn sie selbst durch das Parlament gewählt werden.

Nicht mehr als repräsentative Demokratie im engen Sinn stellen sich jene Systeme dar, wo nicht das Staatsvolk (im Bundesstaat auch das Gliedvolk) seine Repräsentanten wählt, sondern lediglich ein Segment des Volkes, das sich nach irgendwelchen (zB wirtschaftlichen, beruflichen oder sozialen) Merkmalen differenzieren lässt und dessen gewählte Repräsentanten ihre Funktionen auch nur innerhalb der eigenen Organisationsstruktur ausüben: Beispielsweise können im öffentlichrechtlichen Bereich die Wahlen im Bereich von Selbstverwaltungseinrichtungen, politischen Parteien, Verbänden oder Universitäten erwähnt werden. Es hat sich allerdings eingebürgert, den Begriff der repräsentativen Demokratie hier in einem weitergehenden, funktionalen Sinn zu verstehen, selbst wenn die Vertretenen kein „Staatsvolk" darstellen.

V. Die (semi-)direkte Demokratie

Lit: *von Arnim* (Hg), Direkte Demokratie (2000); *ders*, Vom schönen Schein der Demokratie (2000); *Budge*, Direct Democracy, in: Rhodes/Binder/Rockman (Hg), The Oxford Handbook of Political Institutions (2006) 595; *Fleiner/Basta Fleiner*, Allgemeine Staatslehre³ (2004); *Fraenkel-Haeberle* et al (Hg), Citizen Participation in Multi-Level Democracies (2015); *Haller/Kölz/Gächter*, Allgemeines Staatsrecht⁵ (2013); *Kelsen*, Allgemeine Staatslehre (1925); *Kirchgässner/Feld/Savioz*, Die direkte Demokratie (1999); *Koja*, Allgemeine Staatslehre (1993); *Loewenstein*, Volk und Parlament (1922); *Morel*, Referendum, in: Rosenfeld/Sajó (Hg), The Oxford Handbook of Comparative Constitutional Law (2012) 501; *Pállinger* et al (Hg), Direct Democracy in Europe (2007); *Pernthaler*, Allgemeine Staatslehre und Verfassungslehre² (1996); *Qvortrup* (Hg), Referendums Around the World (2014); *Schiller*, Direkte Demokratie im Prozess der Verfassungsgebung, FS von Arnim (2004) 795; *Suntrup*, Zur Verfassung der deliberativen Demokratie, Der Staat 2010, 605; *Tierney*, Constitutional Referendums (2012); *Zippelius*, Allgemeine Staatslehre¹⁷ (2017).

1. Ausgangslage: Direkte oder semi-direkte Demokratie?

Wie bereits erwähnt,[251] ist die **direkte Demokratie** in den meisten Staaten deutlich schwächer ausgebildet als das vorherrschende Modell der repräsentativen Demokratie. Für die direkte Demokratie spricht zwar in erster Linie das ursprüngliche Verständnis von „Volksherrschaft" als einer durch das Volk für das Volk selbst[252] ausgeübten Herrschaft, dessen Befugnis zur Willensbildung nicht an ein Parlament übertragen und dadurch möglicherweise verzerrt wird, was ja auch durch die Kontrolle, die das Volk über die Repräsentanten mit dem Instrument der Wahl ausübt, nicht ausgeschlossen werden kann. Unmittelbarkeit und Bürgernähe erscheinen dagegen *prima facie* als „echtere" Demokratie als die repräsentative. Die Gründe jedoch, die zumindest gegen die direkte Demokratie in ihrer radikalen Reinform sprechen, wurden schon erwähnt: Praktische Undurchführbarkeit, Schwerfälligkeit und Kosten der Abstimmungsverfahren, Unprofessionalität bzw Unkenntnis der Abstimmenden in Sachfragen, größere Unberechenbarkeit und mögliche Ver-

---

[251] Vgl dazu oben 201 ff.
[252] Vgl dazu oben 151.

fassungswidrigkeit der politischen Willensbildung (die es allerdings auch in der repräsentativen Demokratie geben kann). Die Volksversammlung, also das persönliche Zusammentreten des Volkes zur Entscheidungsfindung, funktionierte, wie die Geschichte (zB in der griechischen *Ekklesia*, im germanischen *Thing*) zeigt, entweder nur in kleinräumigen Strukturen oder in einer – nach heutigem Verständnis undemokratischen – Beschränkung auf einzelne Bürger (Männer, Freie, Besitzende, Sippenangehörige etc). Erhalten hat sich dieses System in Europa nur in einigen ostschweizerischen Landsgemeinden; eine gewisse Ähnlichkeit zeigen die Gemeindeversammlungen in anderen Staaten insofern, als das „Gemeindevolk" einmal im Jahr oder öfter zu wichtigen Angelegenheiten, die die Gemeinde betreffen, zusammentritt. Im Unterschied zur Beschlussfassung der (zumeist kantonalen) Landsgemeinde handelt es sich in diesen Fällen aber nicht um eine oberste politische Instanz, die für die Willensbildung verantwortlich ist, sondern um ein Konsultationsgremium, dessen Stellungnahmen nicht verbindlich für die durch die repräsentativen Gemeindeorgane zu treffenden Entscheidungen sind.

Direktdemokratische Instrumente treten daher zumeist nur als **Ergänzung zur repräsentativen Demokratie** auf. Sie sind nicht auf die legislative Gewalt beschränkt, sondern können prinzipiell im Rahmen aller Gewalten eine Rolle spielen. Zumeist wirken Instrumente der direkten Demokratie insofern ergänzend, als sie in den **parlamentarischen Prozess eingebunden** werden, was im Ergebnis zu einer Verschmelzung von repräsentativer und direkter Demokratie (vgl dazu auch das Modell der „*liquid democracy*") führt und als **semi-direkte Demokratie** bezeichnet wird. Über den Begriff der direkten Demokratie hinausgehend werden die Begriffe deliberative oder partizipative Demokratie verwendet. Beide Begriffe stehen für eine optimaler Entscheidungsfindung dienende Teilhabe der Bürger an Staat und Gesellschaft, ohne dass diese in rechtlich geregelte oder gar rechtsverbindliche Formen gekleidet sein müsste; im Vordergrund stehen dabei Dialog und Kommunikation, die eine demokratische „Legitimation durch Verfahren" sicherstellen sollen.[253] Der Begriff der direkten Demokratie schließt aber derartige Bürgerbeteiligungen – sofern diese wiederum nicht nur durch „repräsentativ" ausgewählte Bürger wahrgenommen werden – keineswegs aus und ist auch nicht auf Plebiszite beschränkt. Es können deliberative und partizipative Demokratieformen aber an die repräsentative Demokratie anknüpfen und sich mit dieser zu einer semi-direkten Demokratie verbinden.

2. Die (semi-)direkte Demokratie im Rahmen der legislativen Gewalt

a. Allgemeines

Die drei klassischen Instrumente der unmittelbaren Volksbeteiligung an der Gesetzgebung, die auch als **Plebiszite** bezeichnet werden, können in **Volksabstimmung** (Volksentscheid, Referendum), **Volksbegehren** (Volksinitiative) sowie **Volksbefragung** unterteilt werden. Diese Begriffe drücken den unterschiedlich ho-

---

[253] Vgl dazu oben 135.

hen Beteiligungsgrad aus, der dem Volk an der (nationalen oder regionalen) Gesetzgebung zukommt. Neben den klassischen Plebisziten kann das Volk auch in Form von **Petitions-, Konsultations-** und **Gesetzesfolgenabschätzungsverfahren** in den Gesetzgebungsprozess eingebunden sein, mag dies auch formlos und ohne rechtliche Bindung erfolgen. In jüngster Zeit wurden selbst Verfassungsreformvorhaben unter formloser Beteiligung des Volks (*constitutional crowdsourcing*)[254] umzusetzen versucht; diese rechtlich nicht näher geregelten und im Ergebnis unverbindlichen Prozesse entbehren, unbeschadet der Grundrechte auf Kommunikations- und Versammlungsfreiheit, freilich einer speziellen verfassungsrechtlichen Grundlage.

Während im Falle der **Volksabstimmung** dem Volk ein bestimmtes gesetzgeberisches Anliegen zur Entscheidung vorgelegt wird, steht das **Volksbegehren** am Beginn eines Gesetzgebungsprozesses, da es das Parlament lediglich dahingehend bindet, ein bestimmtes gesetzgeberisches Anliegen dem Gesetzgebungsprozess zu unterziehen, ohne dadurch bereits die Entscheidung (Gesetzesbeschluss) darüber zu antizipieren.

Beide Instrumente können auch miteinander kombiniert werden, indem eine Volksabstimmung über eine bestimmte Frage durch ein Volksbegehren erzwungen wird („Volksgesetzgebung"). Mit der repräsentativen Demokratie verknüpfen sich beide Instrumente (semi-direkte Demokratie), indem ein Volksbegehren einen parlamentarischen Gesetzgebungsprozess auslöst oder indem eine Volksabstimmung eine Entscheidung über ein gesetzgeberisches Anliegen trifft, das zuvor Gegenstand eines parlamentarischen Verfahrens war.

Die **Volksbefragung** hingegen steht in keinem unmittelbaren Zusammenhang zum Gesetzgebungsverfahren, auch wenn ihre Ergebnisse allenfalls politisch zu einem solchen führen können, und ist daher das schwächste dieser drei Volksbeteiligungsinstrumente. In der international gebräuchlichen Terminologie wird die Volksbefragung gelegentlich als **Referendum** bezeichnet, doch ist dieser Ausdruck insofern unscharf, als darunter auch die Volksabstimmung verstanden wird. In manchen Rechtssprachen ist es daher üblich, dem Referendum ein Adjektiv voranzustellen, das jeweils den Charakter als verbindliche Volksabstimmung (zB *binding referendum, referendum confermativo*) oder unverbindliche Volksbefragung (zB *advisory referendum, referendum consultivo*) betont.

Die meisten europäischen Verfassungen sehen die Möglichkeit eines Plebiszits, insbes der Volksabstimmung, vor (möglicherweise jedoch beschränkt auf einzelne territoriale Ebenen), doch gebührt der repräsentativen Demokratie dabei klar der Vorrang. Vielfach sind Plebiszite auf bestimmte Themen eingeschränkt (um zB Widersprüche zu Grundrechten zu vermeiden), oder es hängt ihre Abhaltung von der Beschlussfassung repräsentativer Organe ab. Einen Katalog wichtiger Empfehlungen für die Abhaltung von Referenden enthält der allerdings nur im Range von *soft law* stehende *Code of Good Practice on Referendums*[255] der Venedig-Kommission des Europarats.

---

[254] Vgl dazu oben 42 und 136.
[255] *Code of Good Practice on Referendums*, CDL-AD (2007) 008.

b. Die Volksabstimmung

Volksabstimmungen können insbes danach unterschieden werden, ob sie in Reinform (**direktdemokratisch**) oder in Verknüpfung mit der repräsentativen Demokratie (**semi-direktdemokratisch**) auftreten. Weitere Unterscheidungen können danach getroffen werden, ob sie zwingend stattzufinden haben (**obligatorische Volksabstimmung**) oder vom Beschluss eines repräsentativen Organs abhängen (**fakultative Volksabstimmung**), und danach, in welcher **Phase des Gesetzgebungsverfahrens** die Volksabstimmung stattfindet.

Der Grundgedanke einer **mit der repräsentativen Demokratie verknüpften** Volksabstimmung liegt zweifellos darin, das Volk bei jenen parlamentarischen Gesetzesbeschlüssen unmittelbar zu beteiligen, wo diese zusätzliche und direkte Involvierung der Repräsentierten auf Grund der **besonderen Tragweite einer Entscheidung** geboten erscheint. So finden sich derartige Referenda häufig im Kontext von verfassungsrechtlichen Grundsatzentscheidungen oder überhaupt Verfassungsänderungsverfahren, Fragen der territorialen Integrität oder dem Abschluss völkerrechtlicher Verträge. Dadurch wird einer parlamentarischen Entscheidung besondere Legitimität verliehen, da sie eben auf einer doppelten Willensbildung – der Repräsentanten und der Repräsentierten – beruht. Auch an das Prinzip der Volkssouveränität[256] und die verfassunggebende Gewalt des Volkes[257] wird durch die Volksabstimmung in Grundsatzfragen angeknüpft, da die ursprüngliche Legitimationsquelle allen staatlichen Handelns im westlichen Verfassungsstaat eben das Volk ist. Volksabstimmungen werden auch häufig im Zusammenhang mit der Erlassung neuer Verfassungen, die von verfassunggebenden Versammlungen ausgearbeitet wurden, abgehalten.

Eine rein **direktdemokratische Volksabstimmung**, bei der das Volk unmittelbar *statt* des Parlaments die Entscheidung trifft, kann ua einen ähnlichen Beweggrund haben, nämlich Entscheidungen von besonderer Tragweite ausschließlich dem souveränen Volk, nicht aber seinen Repräsentanten, anzuvertrauen. Tendenziell aber verspricht das semi-direktdemokratische Verfahren einen größeren Änderungsschutz, da es eben einer doppelten Willensbildung bedarf, was einer starren Verfassung[258] eher Rechnung trägt als eine einfache – sei sie auch direktdemokratische – Willensbildung.

Von ihrer Wirkung her können Volksabstimmungen als so genanntes **Vetoreferendum** gestaltet sein, das einen bereits vorliegenden parlamentarischen Gesetzesbeschluss an seinem Inkrafttreten hindert, während mit dem **abrogativen Referendum** bereits erlassene Gesetze nachträglich aufgehoben werden können. Eine seltenere Art von Volksabstimmung ist jene, die den parlamentarischen Gesetzgeber verpflichtet, ein bestimmtes gesetzgeberisches Anliegen des Volkes umzusetzen; dieser Typus unterscheidet sich vom Volksbegehren dahingehend, dass das Parlament nicht nur gehalten ist, dieses Anliegen zu behandeln, sondern dass es

---

[256] Vgl dazu oben 198 ff.
[257] Vgl dazu oben 42 ff.
[258] Vgl dazu oben 60 ff.

nach einer positiven Volksabstimmung zu dessen legistischer Umsetzung gezwungen ist. Zwar handelt es sich dabei, streng genommen, auch um eine Verknüpfung in Form der semi-direkten Demokratie, weil zumindest formell eine parlamentarische Mitwirkung vorgesehen ist. Da diese Mitwirkung und die inhaltliche Richtung, der sie zu folgen hat, durch die Volksabstimmung erzwungen werden können, wird das Parlament in seiner Rolle jedoch auf die eines Erfüllungsgehilfen reduziert; ein solches Modell, das als „**Volksgesetzgebung**" bezeichnet wird, ist mit dem klassischen Parlamentarismus daher nur im Einzelfall vereinbar und kann auch zum Grundsatz des freien Mandats in Widerspruch stehen. Noch radikaler sind jene Fälle, wo die das Volksbegehren bestätigende Volksabstimmung die parlamentarische Beschlussfassung überhaupt ersetzt, was einer Reinform der direkten Demokratie entspricht. Modelle der Volksgesetzgebung finden sich etwa in der Schweiz, Liechtenstein sowie – auf regionaler Ebene – in Deutschland und Italien.

c. Das Volksbegehren

Das **Volksbegehren** ist ein vergleichsweise weniger vielfältiges und va weniger wirkmächtiges Instrument als die Volksabstimmung. Das Anliegen, das von einem Volksbegehren gefordert wird, ist parlamentarisch zu behandeln, ohne dass jedoch eine entsprechende parlamentarische Beschlussfassung erzwungen werden könnte. In jedem Fall geht es hier nur um die **Gesetzesinitiative**, eine Entscheidungskompetenz über einen Gesetzesbeschluss steht dem Volk nicht zu.

Es handelt sich dann (und üblicherweise) um ein mit repräsentativer Demokratie verknüpftes Volksbegehren, wenn dessen Anliegen in einen parlamentarischen Gesetzesbeschluss münden soll; allerdings kann, wie erwähnt, ein Volksbegehren auch darauf gerichtet sein, dass über ein bestimmtes Anliegen mittels Volksabstimmung entschieden werden soll, die dann möglicherweise einen entsprechenden parlamentarischen Gesetzesbeschluss ersetzt oder diesen erzwingt („Volksgesetzgebung").

Wie offen eine Verfassung für direktdemokratische Instrumente ist, lässt sich auch daraus ablesen, ob unter den möglichen Formen der Gesetzesinitiative das Volksbegehren angeführt ist. In vielen Systemen der repräsentativen Demokratie ist das Recht der Gesetzesinitiative nämlich auf die Regierung, parlamentarische Abgeordnete oder parlamentarische Kammern beschränkt. Weiters zeigt sich der Grad dieser Offenheit auch in den Regelungen darüber, von welcher Unterstützung ein Volksbegehren getragen sein muss, um den Gesetzgebungsprozess zu initiieren – je weniger Unterstützungserklärungen gefordert sind, desto stärker ist diese Partizipationsmöglichkeit des Volkes ausgebildet.

d. Die Volksbefragung

Während es Volksbegehren immanent ist, nicht obligatorisch vorgesehen werden zu können – das Begehren geht hier eben originär vom Volk aus –, können **Volksbefragungen** obligatorisch für bestimmte Angelegenheiten oder nur fakultativ angeordnet sein. Wiederum im Gegensatz zu Volksbegehren, deren Wirkung zumindest teilweise obligatorisch ist – insofern, als das Parlament einen Gesetzesvorschlag zumindest behandeln, wenn auch nicht ihm entsprechen muss –, hat eine Volksbefragung jedoch keine rechtlich verbindliche Wirkung, wenngleich ihr Ergebnis politisch bedeutsam sein und aus diesem Grund möglicherweise einen Gesetzgebungsprozess auslösen kann.

e. Das Petitionsrecht

Neben diesen drei klassischen Plebisziten kann noch das historisch ältere **Petitionsrecht** erwähnt werden, das in vielen Verfassungen zusätzlich zum Volksbegehren eine Möglichkeit der Gesetzesinitiative darstellt. Der Unterschied zwischen Petitionsrecht und Volksbegehren liegt va darin, dass eine Petition zwar einem parlamentarischen Abgeordneten überreicht werden kann, anders als im Fall des Volksbegehrens aber keine zwingende parlamentarische Behandlung auslöst. Daher sind die Anforderungen an die Petition zumeist wesentlich geringer als die eines Volksbegehrens, was ihre Einbringung durch formlose Bürgerinitiativen fördert. Eine moderne Variante des Petitionsrechts stellen elektronisch unterstützte *Online-Petitionen* dar, die weltweit unterstützt werden können, ohne dass dies freilich unmittelbare Rechtsfolgen nach sich zöge.

3. Die (semi-)direkte Demokratie im Rahmen der exekutiven Gewalt

Instrumente der direkten Demokratie finden aber nicht nur im Rahmen der gesetzgebenden Gewalt Anwendung. Auch im Rahmen der **exekutiven Gewalt** – dh Verwaltung und Gerichtsbarkeit – bestehen regelmäßig unmittelbare Partizipationsmöglichkeiten des Volkes. Diese Partizipationsmöglichkeiten zählen durchaus zur direkten Demokratie, auch wenn die „Volksherrschaft" hier nicht im Rahmen einer allgemeinen Rechtsetzung gewährleistet, sondern auf konkrete Einzelfälle beschränkt ist.

Insgesamt lässt sich aber auch hier feststellen, dass diese direkte Beteiligung **ergänzend** zum Grundsatzmodell einer professionellen – und damit arbeitsteiligen – Exekutive tritt; im Regelfall werden Verwaltung und Gerichtsbarkeit also durch bestellte Organe ausgeübt, deren Tätigkeit eher nur im Ausnahmefall an unmittelbare Partizipationsbefugnisse des Volkes geknüpft wird. Anders als die Parlamente stützen sich Organe der Verwaltung und Gerichtsbarkeit nicht oder nur teilweise auf eine direkte demokratische Legitimation, weil sie nicht oder nur teilweise unmittelbar gewählt werden und daher über gar keine oder allenfalls nur mittelbare demokratische Legitimation (zB Wahl durch Parlament, Ernennung durch direkt gewähltes Staatsoberhaupt) verfügen.

Die bereits erwähnten **Plebiszite** können **auch für die Verwaltung** Anwendung finden: zum einen dahingehend, dass bestimmte gesetzgeberische Anliegen die Verwaltung betreffen und plebiszitär konsultiert, angeregt oder entschieden werden können; zum anderen können Plebiszite direkt auf die Setzung einer Verwaltungsmaßnahme gerichtet sein. Auch Bürgerinitiativen können in der Verwaltung zumindest informell eine Rolle spielen. Darüber hinaus ist mitunter auch rechtsförmlich eine direkte Beteiligung der Bürger in Verwaltungsverfahren vorgesehen (Bürgerbeteiligungsverfahren), die sich auf bloße Anhörungs- und Beratungsrechte beschränken oder aber volle Parteirechte vorsehen kann. Gerade die lokale Ebene bietet sich an, Bürgerversammlungen abzuhalten, in denen prinzipiell zu allen möglichen Angelegenheiten der Verwaltung diskutiert wird und die Bürger Stellungnahmen abgeben können. Zu diesen Versammlungen können auch noch weitergehende partizipatorische Befugnisse der Bürger oder einzelner Bürgergruppen hinzutreten, wie zB bei bestimmten Beschlussfassungen deren spezielle Konsultation durch den Gemeinderat. In den letzten Jahren haben sich überdies sowohl auf lokaler als auch regionaler und nationaler Ebene informelle Instrumente der Bürgerbeteiligung an der Verwaltung entwickelt, die rechtlich keine spezielle Verankerung aufweisen (zB Bürgerräte, Formen elektronischer Beteiligung im Rahmen von *open government* etc). Gerade die durch Digitalisierung[259] erleichterte Möglichkeit der Bürger, ihre Anliegen gegenüber der Politik zu formulieren, führt jedoch zunehmend zu einem Wildwuchs an Initiativen, die politische Konfrontationen auch der Bürger untereinander verstärken und letztlich in rechtsstaatlichen Verfahren durch repräsentativ-demokratische Organe kanalisiert werden müssen.

Im Rahmen der **Gerichtsbarkeit** ist die Ausübung demokratischer Rechte naturgemäß am stärksten limitiert: Das Richteramt soll unabhängig sein, und die Urteile sollen nicht vom Willen der Mehrheit abhängen.[260] Plebiszite spielen im Rahmen der Gerichtsbarkeit daher keine Rolle. Dennoch sind auch hier direkte Partizipationsmöglichkeiten des Volkes eröffnet, indem in verschiedenen gerichtlichen Verfahren Laienrichter zugelassen sind. In den meisten Verfassungsstaaten handelt es sich dabei va um die Beteiligung von Laienrichtern (Schöffen und Geschworenen) in Strafverfahren; aber auch in anderen Verfahren (zB im Arbeits- und Sozialrecht) können Laienrichter zugelassen sein. Wie umfangreich diese Beteiligung ist, insbes ob und in welchem Umfang den Laienbeteiligten auch eine Entscheidungsbefugnis zukommt, ist freilich nach Staat und Rechtstradition unterschiedlich.

VI. Der erweiterte Demokratiebegriff

Lit: *Fleiner/Basta Fleiner*, Allgemeine Staatslehre³ (2004); *Puntscher Riekmann*, Demokratie im supranationalen Raum, in: Antalovsky/Melchior/Puntscher Riekmann (Hg), Integration durch Demokratie (1997) 69; *Rossen-Stadtfeld*, Demokratische Staatlichkeit in Europa: ein verblassendes Bild, JÖR 53 (2005), 45; *Scharpf*, Die Handlungsfähigkeit des Staates am Ende des Zwanzigsten Jahrhunderts, PVS 32 (1991), 621; *Schmidt*, Die Zukunft der Demokratie, ZParl 2006, 812.

Demokratie erweist sich in westlichen Verfassungsstaaten heute als Prinzip, das mehr als nur eine Regierungsform darstellt. Sowohl der repräsentativen als auch der

---

[259] Vgl dazu oben 136.
[260] Vgl dazu oben 182 ff.

(semi-)direkten Demokratie ist gemeinsam, sich nicht auf die legislative Gewalt, ja nicht einmal nur auf staatliches Handeln zu beschränken.

Moderne Demokratie beschränkt sich nicht nur auf die rechtlich formalisierte Steuerung der staatlichen Willensbildung durch das Volk, sondern drückt sich im Sinne deliberativer Demokratie auch in „weichen" Instrumenten wie offenen Informations- und Kommunikationsprozessen zwischen Staat und Bürgern sowie Transparenzverpflichtungen des Staats aus. Diese vermögen das Anliegen einer „Volksherrschaft" zwar nicht zu ersetzen, wohl aber sinnvoll zu ergänzen.

Demokratie ist daher mittlerweile ein vom Prinzip der Volkssouveränität und seiner ursprünglichen Bedeutung als „Volksherrschaft" insoweit losgelöster Begriff, als er sich auch auf alle möglichen Strukturen und Institutionen beziehen kann, die sich im Mehrebenensystem ober- oder unterhalb der staatlichen Ebene befinden (zB europäische und lokale Ebene) oder nicht-staatliche Assoziationen oder Korporationen gesellschaftlicher Kräfte (zB Selbstverwaltungskörper) darstellen. In gewisser Weise gerät der Begriff der Demokratie dadurch in Gefahr, in seiner ursprünglichen staatsbezogenen Bedeutung verwässert zu werden. Bedenklicher sind aber inhaltliche Tendenzen der Aushöhlung der Demokratie, wie die Einflussnahme intermediärer Gewalten auf die parlamentarische Willensbildung, die Bildung quasistaatlicher Strukturen ohne hinreichende demokratische Legitimation, die Entstaatlichung von Politik durch parastaatliche „Selbstregulierung" der Bürger oder die Flucht aus der staatlichen Verantwortung und der damit verbundenen demokratischen Kontrolle durch Ausgliederung und Privatisierung.

„Nullus liber homo capiatur, vel imprisonetur, aut disseisiatur, aut utlagetur, aut exuletur, aut aliquo modo destruatur, nec super eum ibimus, nec super eum mittemus, nisi per legale judicium parium suorum vel per legem terre (No free man shall be seized or imprisoned, or stripped of his rights or possessions, or outlawed or exiled, or deprived of his standing in any other way, nor will we proceed with force against him, or send others to do so, except by the lawful judgement of his equals or by the law of the land). Nulli vendemus, nulli negabimus, aut differemus rectum aut justiciam (To no one will we sell, to no one deny or delay right or justice)."

(*Magna Carta Libertatum*, 1215)

„Unlimited power is apt to corrupt the minds of those who possess it; and this I know, my lords, that where laws end, tyranny begins."

(*William Pitt*, Rede vor dem *House of Lords* am 2.3.1770)

10. Kapitel: Der Rechtsstaat

I. Begriffliches

Lit: *Adamovich*, Demokratie und Rechtsstaat, FS Rosenzweig (1988) 27; *Benda*, Der Rechtsstaat in der Krise (1972); *ders*, Rechtsstaat im sozialen Wandel, AöR 1976, 49; *Bleckmann*, Vom subjektivem zum objektiven Rechtsstaatsprinzip, JÖR 36 (1987), 1; *Böckenförde*, Entstehung und Wandel des Rechtsstaatsbegriffs, FS Arndt (1969) 53; *Diederichsen*, Innere Grenzen des Rechtsstaats, Der Staat 1995, 33; *Di Fabio*, Das Recht offener Staaten (1998); *Doehring*, Allgemeine Staatslehre³ (2004); *Fleiner/Basta Fleiner*, Allgemeine Staatslehre³ (2004); *Forsthoff*, Rechtsstaat im Wandel (1964); *Haller/Kölz/Gächter*, Allgemeines Staatsrecht⁵ (2013); *Hofmann*, Geschichtlichkeit und Universalitätsanspruch des Rechtsstaatsbegriffs, Der Staat 1995, 1; *Kägi*, Rechtsstaat und Demokratie, FS Giacometti (1953) 107; *Karpen*, Die geschichtliche Entwicklung des liberalen Rechtsstaates (1985); *Kipp*, Staatslehre² (1949); *Klecatsky*, Der Rechtsstaat zwischen heute und morgen (1967); *Koja*, Allgemeine Staatslehre (1993); *Krawietz/Pattaro/Erh-Soon Tay* (Hg), Rule of Law, Rechtstheorie 1997, Beiheft 17; *Krüger*, Allgemeine Staatslehre² (1966); *Kumm*, Global constitutionalism and the rule of law, in: Lang/Wiener (Hg), Handbook on Global Constitutionalism (2017) 197; *Marcic*, Die Sache und der Name des Rechtsstaates, in: Imboden (Hg), Gedanke und Gestalt des demokratischen Rechtsstaates (1965) 54; *Merkl*, Idee und Gestalt des Rechtsstaates, FS Kelsen (1971) 126; *Merten*, Rechtsstaat und Gewaltmonopol (1975); *ders* (Hg), Gewaltentrennung im Rechtsstaat² (1997); *ders*, Rule of Law am Scheideweg von der nationalen zur internationalen Ebene, ZÖR 58 (2003), 1; *Nawiasky*, Allgemeine Staatslehre, Dritter Teil (1956); *Pernthaler*, Die Herrschaft der Richter im Recht ohne Staat, JBl 2000, 691; *ders*, Sind Demokratie und Rechtsstaat wirklich „an der Wurzel eins"?, FS Adamovich (2002) 631; *Šarčević*, Der Rechtsstaat (1996); *Schachtschneider*, Prinzipien des Rechtsstaates (2006); *Schambeck*, Vom Sinnwandel des Rechtsstaates (1970); *Schmidt-Aßmann*, Der Rechtsstaat, in: Isensee/Kirchhof (Hg), Handbuch des Staatsrechts der Bundesrepublik Deutschland, Bd II: Verfassungsstaat³ (2004) 541; *Sordi*, Révolution, Rechtsstaat and the Rule of Law: historical reflections on the emergence of administrative law in Europe, in: Rose-Ackerman/Lindseth (Hg), Comparative Administrative Law (2010)

23; *Weber*, Rechtsstaatsprinzip als gemeineuropäisches Verfassungsprinzip, ZÖR 63 (2008), 267; *Zippelius*, Die Entstehung des demokratischen Rechtsstaates aus dem Geiste der Aufklärung, JZ 1999, 1125; *ders*, Allgemeine Staatslehre[17] (2017).

Rechtsstaat ist ein der deutschsprachigen Fachterminologie seit den liberalen Bestrebungen des 19. Jahrhunderts geläufiger Begriff. In einer Abhandlung beschrieb *Robert von Mohl* den Zweck des Rechtsstaats folgendermaßen: Das *„Zusammenleben des Volkes so zu ordnen, dass jedes Mitglied desselben in der möglichst freien und allseitigen Übung und Benützung seiner sämmtlichen Kräfte unterstützt und gefördert werde […] Die Freiheit des Bürgers ist bei dieser Lebensansicht der oberste Grundsatz. Er selbst soll handeln und sich bewegen innerhalb der Gränzen der Vernunft und des Rechtes*".[261]

Diese Begriffsbildung entspricht noch nicht gänzlich dem heutigen Rechtsstaatsbegriff, wenngleich sie bereits ein wichtiges Element, nämlich den Schutz der bürgerlichen Freiheit, hervorhebt, gleichzeitig aber von Grenzen des Rechts spricht, die dieser Freiheit gesetzt sind.

Rechtsstaatlichkeit kann heute als unverzichtbares Prinzip westlicher Verfassungsstaaten bezeichnet werden. In vielen Verfassungen ist der Bezug auf die Rechtsstaatlichkeit sogar ausdrücklich in der Präambel oder einleitenden Artikeln verankert. Die Präambel der EMRK, die Präambel der GRC und des EUV ebenso wie Art 2 und 21 EUV nehmen ausdrücklich darauf (englische Fassung: *rule of law*, französische Fassung: *l'État de droit* [EUV, GRC], *prééminence du droit* [EMRK]) als gemeinsames Verfassungsgut aller EU-Mitgliedstaaten Bezug.

Die verschiedenen (wortgetreuen oder übertragenen) Übersetzungsmöglichkeiten wie „Vorherrschaft des Gesetzes" oder eben „Rechtsstaatlichkeit" zeigen nur beispielhaft die unterschiedliche Begriffsweite auf, welche die Rechtsstaatlichkeit entfalten kann. Mitunter werden unter Rechtsstaatlichkeit nämlich auch das Prinzip der Gewaltenteilung sowie die Grundrechte verstanden, in anderen Fällen daraus jedoch eigenständige Prinzipien konstruiert. Weiters wird zwischen einem formellen und einem materiellen Rechtsstaatsbegriff unterschieden.

Zum *formellen* Rechtsstaat sollen nach überwiegendem Dafürhalten die **Vorherrschaft des Gesetzes (Legalitätsprinzip)** sowie organisatorische und institutionelle Garantien wie die **Gewaltenteilung** und bestimmte **Rechtsschutzeinrichtungen** zählen, während der *materielle* Rechtsstaat insbes **Grundrechte** umfasst.

II. Das Konzept der *rule of law*

Lit: *Fleiner/Basta Fleiner*, Allgemeine Staatslehre[3] (2004); *Grote*, Rule of Law, Rechtsstaat and Etat de droit, in: Starck (Hg), Constitutionalism, Universalism and Democracy – a comparative analysis (1999) 269; *Haller/Kölz/Gächter*, Allgemeines Staatsrecht[5] (2013); *Krygier*, Rule of Law, in: Rosenfeld/Sajó (Hg), The Oxford Handbook of Comparative Constitutional Law (2012) 233; *Pernthaler*, Die Herrschaft der Richter

---

[261] Vgl *von Mohl*, Die Polizei-Wissenschaft nach den Grundsätzen des Rechtsstaates, Bd 12 (1844) 8.

im Recht ohne Staat, JBl 2000, 691; *ders*, Die englischen Wurzeln des europäischen und globalen Konstitutionalismus, JRP 2003, 219; *Schroeder* (Hg), Strengthening the Rule of Law in Europe (2016); *Sordi*, Révolution, Rechtsstaat and the Rule of Law: historical reflections on the emergence of administrative law in Europe, in: Rose-Ackerman/Lindseth (Hg), Comparative Administrative Law (2010) 23; *Tamanaha*, On the Rule of Law (2004).

Auch wenn die Vorstellung von einer alles staatliche Handeln bindenden Herrschaft des Gesetzes bereits in die Antike (va *Platon*) und das Mittelalter (*Marsilius von Padua*) zurückreicht, so ist die *rule of law* doch vornehmlich eine Entwicklung des **englischen Staatsrechts**. Bereits die *Magna Carta Libertatum* von 1215 enthält gewisse Verbürgungen des *law of the land*, das im Prozessfall einzuhalten sei; außerdem den ersten Ansatz eines Rechts auf persönliche Freiheit sowie anderer Grundrechte, die allerdings überwiegend nur dem männlichen Adel unter gewissen Voraussetzungen eingeräumt wurden. Die Einhaltung der *Magna Carta*, des *law of the land* sowie bestimmter Grundrechte forderte die *Petition of Right* von 1628, die das englische Parlament an den König richtete: Von besonderer Bedeutung ist die für das heutige Rechtsstaatsdenken so wichtige Forderung nach einem *due process of law*, einem ordnungsgemäßen Verfahren, das im Falle von Eingriffen in das Recht auf Eigentum, Leben und persönliche Freiheit verlangt wurde. Weiters wird die generelle Beachtung des *law of the land* sowie der *laws and statutes of the realm* durch den König und seine Administration gefordert.

Dabei ist zu beachten, dass nach der englischen Tradition der Begriff „*law*" eben nicht nur das gesatzte Gesetzesrecht, sondern auch das etablierte Richterrecht mit Präjudizwirkung umfasst. Zwar ist der Richter an das vom souveränen Parlament erlassene, gesatzte Recht gebunden, doch stellt *Dr. Bonham's Case* (1610) jenes vielzitierte Judikat dar, in dem der Höchstrichter *Edward Coke* Gesetze, die gegen „*common right and reason*" verstießen, als nichtig bezeichnete. Auch wenn sich die englische Gerichtspraxis seitdem mit solchen Nichtigerklärungen zurückhielt, ist selbst die theoretische Annahme einer an vernunft- und billigkeitsrechtlichen Vorstellungen orientierten Vorherrschaft des Richterrechts mit den positivistischen kontinentaleuropäischen Vorstellungen von der absoluten Herrschaft des Gesetzes sowie letztlich der Verfassung nicht vereinbar.

Der *Petition of Right* folgten der *Habeas Corpus Act* 1679, der bedeutende Verbürgungen betreffend die persönliche Freiheit und den Rechtsschutz bei Verhaftung enthielt, sowie 1689 die *Bill of Rights*, in der nicht nur verschiedene Grundrechte und Rechte des Parlaments gegenüber dem König verankert wurden, sondern die auch explizit die Unzulässigkeit einer Nichtbefolgung der Gesetze normierte. Der *Act of Settlement* (1701) enthält im Sinne der Gewaltenteilung Unvereinbarkeitsbestimmungen sowie Bestimmungen über die Unabhängigkeit der Richter, aber auch über die Bindung des Monarchen an das Gesetz.

Diese frühen Fundamente der *rule of law* berühren somit mehrere Aspekte: Grundrechte, Bindung an das Gesetz, Durchführung eines *due process of law*. Insgesamt wurde der *rule of law* ein im Vergleich zur kontinentaleuropäischen Rechtsstaatlichkeit eher prozessorientiertes als systembildendes Wesen attestiert. Diese Einschätzung dürfte wohl auf die grundsätzliche Unterscheidung zwischen legalistischem (nomothetischem) Recht, das alle wesentlichen Züge einer Entscheidung des rechtsanwendenden Organs – die auf keine andere Grundlage gestellt werden darf – bereits in generell-abstrakter Weise vorgibt, und Richterrecht zurückzuführen sein; letzterem ist kreative Rechtserzeugung durch das rechtsanwendende Organ auch in Ergänzung, unter extremen Voraussetzungen sogar im Widerspruch zu den Gesetzen immanent, sofern diese Rechtserzeugung in einem ordnungsgemäßen Verfahren zustande gekommen ist. Ein weiterer Unterschied berührt die für den kontinentaleuropäischen Rechtsstaat typische Herausbildung einer eigenständigen Verwaltungsbürokratie bzw Verwaltungsgerichtsbarkeit va ab dem 19. Jahrhundert, die im Vereinigten Königreich in vergleichbarem Ausmaß nie entstanden ist.

III. Der formelle Rechtsstaat

1. Die Vorherrschaft des Gesetzes (Legalitätsprinzip)

Lit: *Fleiner/Basta Fleiner*, Allgemeine Staatslehre³ (2004); *Haller/Kölz/Gächter*, Allgemeines Staatsrecht⁵ (2013); *Hofmann*, Legitimität gegen Legalität⁵ (2010); *Jesch*, Gesetz und Verwaltung² (1968); *Koja*, Allgemeine Staatslehre (1993); *Schmitt*, Verfassungslehre (1928); *ders*, Legalität und Legitimität (1932); *Schroeder* (Hg), Strengthening the Rule of Law in Europe (2016).

Kern der formellen Rechtsstaatlichkeit ist die **Vorherrschaft des Gesetzes**, die auch als **Legalitätsprinzip** bezeichnet wird. Die Gesetzgebung wird demnach als „erste Gewalt im Staat"[262] angesehen, die alles exekutive Staatshandeln bindet, um Willkür zu verhindern.

John Locke formulierte dies bereits sehr deutlich: *„And so whoever has the legislative or supreme power of any commonwealth, is bound to govern by established standing laws, promulgated and known to the people, and not by extemporary decrees".*[263] Ein Bezug lässt sich auch zu *Jean-Jacques Rousseaus* Lehre von der *volonté générale*[264] herstellen, die in Art 6 der französischen Erklärung der Menschen- und Bürgerrechte 1789 wörtlich aufgegriffen wird: *„La Loi est l'expression de la volonté générale."* Gerade weil das Gesetz also den Gemeinwillen am besten ausdrückt, soll ihm diese Allgemeinverbindlichkeit zukommen.

Das Legalitätsprinzip geht von einem **Stufenbau der Rechtsordnung** aus, in dem das Gesetz über exekutiven Akten – der Gerichtsbarkeit, der Verwaltung – angesiedelt ist. Letztlich müssen sämtliche exekutive Akte daher auf das Gesetz zurückzuführen sein. „Gesetz" ist dabei im weiten Sinn zu verstehen und umfasst auch die Verfassung (eben als Verfassungs*gesetz*), die – außer in Staaten mit ungeschriebener Verfassung –[265] wiederum den einfachen Gesetzen übergeordnet ist. Die Vorherrschaft des Gesetzes ist im westlichen Verfassungsstaat deshalb legitim, weil

---

[262] Vgl dazu oben 173.
[263] Vgl *Locke*, Treatises, 2. Buch, 9. Kapitel.
[264] Vgl dazu oben 52, 123, 154 und 160.
[265] Vgl dazu oben 33 f.

es **im den Volkswillen am stärksten widerspiegelnden Erzeugungsverfahren** aller Rechtsakte geschaffen wird und weil hinter der Verfassung die **verfassunggebende Gewalt** eines souveränen Volkes auf Grundlage des Gesellschaftsvertrags steht. Nach dieser Vorstellung kann das Gesetzesrecht durch keinerlei Art von Vollzugsrecht aufgehoben oder modifiziert werden, wenngleich dem Richter selbst in legalistischen Rechtsordnungen mitunter weite Auslegungsspielräume zugestanden sein können; die einzige Ausnahme besteht im Falle eines Widerspruchs zwischen nieder- und höherrangigem Gesetzesrecht, wenn also einfache Gesetze die Verfassung verletzen, was (Verfassungs-)Gerichte zur Aufhebung oder Nichtanwendung des einfachen Gesetzes berechtigt, um das Verfassungsrecht als höherrangiges Gesetzesrecht zu schützen. Die auch in Kontinentaleuropa heute zunehmende dynamische Interpretation von Recht durch Höchstgerichte, einschließlich des EGMR und EuGH, die sich teilweise als offene Rechtsfortentwicklung erweist, steht zu dieser Vorstellung von der Vorherrschaft des Gesetzes in Spannung. Dahinter steht die Frage, ob der Richter im Sinne *Montesquieus* nur die *„bouche de la loi"*, der „Mund des Gesetzes", sein oder Gesetze im Rahmen der Auslegung[266] auch ergänzen oder sogar ihren Wortlaut durchbrechen darf. Umstritten ist dies va deshalb, weil Gerichte in organisatorischer Hinsicht über weit weniger demokratische Legitimation verfügen als der Gesetzgeber.

Zum einen verlangt das Legalitätsprinzip daher, dass Akte der Verwaltung ebenso wie Akte der Gerichtsbarkeit nur auf einer gesetzlichen Grundlage ergehen dürfen und im Falle ihres Widerspruchs ungültig sind bzw für nichtig erklärt oder aufgehoben werden können. Ausnahmen davon sind nur unter eng begrenzten Voraussetzungen zulässig. Unterschieden wird dabei zwischen **gesetzesändernden, gesetzesvertretenden** und **gesetzesergänzenden** exekutiven Maßnahmen: Während gesetzesändernde, teils auch gesetzesvertretende Akte, als massiverer Eingriff in die Vorherrschaft des Gesetzes, nur in ausnahmehaften Notsituationen zulässig sein können, sind gesetzesergänzende, teils auch gesetzesvertretende Akte mitunter auch ohne ein solches Krisenszenario zulässig, wobei allerdings auch hier verfassungsrechtliche Schranken gesetzt werden müssen (zB explizite gesetzliche Ermächtigung, Befristung).

Zum anderen wird aus dem Legalitätsprinzip auch ein **Determinierungsgebot** abgeleitet, das sich an den Gesetzgeber selbst richtet. Gerade das Erfordernis, das Verhalten der Exekutive zu steuern und Willkürakte auszuschließen, geht Hand in Hand mit dem Erfordernis, dieses Handeln hinreichend genau zu bestimmen und vorhersehbar zu machen. Ist ein Gesetz zu unbestimmt, räumt es der Exekutive unzulässig weites Ermessen ein, was willkürliche Entscheidungen möglich macht.

Welcher exakte Grad der Determiniertheit allerdings verlangt wird, lässt sich nicht theoretisch festlegen, sondern obliegt der jeweiligen staatlichen Verfassung. Einerseits hängt es von der Art der Regelungsmaterie ab, wie determiniert ein Gesetz sein kann, weil manchen Materien ein höheres Präzisierungsniveau immanent ist als anderen (zB Notwendigkeit präziserer gesetzlicher Vorgaben im Strafrecht

---

[266] Vgl dazu oben 62 ff.

als im Raumplanungsrecht), unbeschadet der Tatsache, dass Gesetze an sich typischerweise einen generell-abstrakten Charakter haben. Andererseits variieren Verfassungen stark dahingehend, ob sie gesetzesergänzende oder -vertretende Akte der Exekutive in gewissen Schranken erlauben oder nicht, woraus sich zwangsläufig ergibt, dass das Legalitätsprinzip für diese Akte nicht oder nur insoweit gilt, als eben die Ermächtigung für solche Akte präzise gesetzlich vorgesehen sein muss. Unterschiedlich sind auch die Rechtstraditionen, was die Breite des zulässigen Ermessens- und Interpretationsspielraums exekutiver Organe anbelangt, sodass im einen Fall unbestimmtere Gesetze zulässig, im anderen Fall bestimmtere Gesetze erforderlich sind.

In engem Zusammenhang zum Legalitätsprinzip stehen auch Rechtsklarheit und Rechtssicherheit. Rechtsklarheit verlangt nicht nur die Bestimmtheit von Gesetzen, sondern auch transparente Verfahren und Publizität. Rechtssicherheit soll gerade dadurch erreicht werden, dass das Handeln der Vollziehung durch Gesetze vorherbestimmt wird. Willkürliche gesetzliche Regelungen stehen diesem Ziel ebenso entgegen wie gesetzliche Eingriffe in den Vertrauensschutz, aber auch die widersprüchliche Auslegung von Gesetzen durch Gerichte und Behörden.

2. Die Gewaltenteilung[267]

3. Formen und Einrichtungen des Rechtsschutzes

Zum formellen Rechtsstaat gehören schließlich auch **Formen und Einrichtungen des Rechtsschutzes**. Rechtsschutz bedeutet, dass dem Einzelnen die Möglichkeit zusteht, die Einhaltung der Rechtsordnung wahren zu lassen, sohin auch, einen rechtswidrigen staatlichen Akt mit der Aussicht zu bekämpfen, eine rechtskonforme Entscheidung zu erlangen. Ebenso soll Rechtsschutz gegenüber rechtswidrigen Akten privater Personen gewährleistet werden, um die Einhaltung der Rechtsordnung durch diese sicherzustellen.

Zu den Einrichtungen und Formen des Rechtsschutzes zählen Rechtsmittel, Instanzenzüge sowie mit besonderen Garantien der Unabhängigkeit und Unparteilichkeit ausgestattete übergeordnete Einrichtungen. Bei diesen besonderen Rechtsschutzeinrichtungen kann es sich um **ordentliche Gerichte, Verfassungs-** oder **Verwaltungsgerichte** oder **Tribunale** im Sinne des Art 6 Abs 1 EMRK oder Art 47 GRC handeln.[268] Rechtsschutzeinrichtungen im weiteren Sinn sind aber auch **ombudsförmige Einrichtungen**, die auf form- und kostenlose Weise durch den sich beschwert fühlenden Einzelnen angerufen werden und zumindest darauf hinwirken können, Rechtswidrigkeiten zu beseitigen, wenngleich ihnen selbst zumeist keine unmittelbare Entscheidungsbefugnis zukommt. Den Parlamenten zugeordnete Ombudsman-Einrichtungen gehören mittlerweile zum verfassungsrechtlichen

---

[267] Vgl dazu oben 165 ff.
[268] Vgl dazu oben 181 ff.

Standard der europäischen Staaten, wobei sich ihre Funktionen zunehmend auch auf den Schutz der Menschenrechte beziehen – ein Anliegen, dem allerdings andere staatliche Organe, wie insbes die Verfassungsgerichte, jeweils mit unterschiedlichen Zuständigkeiten auch verpflichtet sind. Über die parlamentarischen Ombudsman-Einrichtungen hinaus sind in vielen Staaten auch andere Ombudsstellen eingerichtet worden, die in staatlichen Verfahren bestimmte öffentliche Interessen oder die Interessen bestimmter Personengruppen vertreten sollen.

IV. Der materielle Rechtsstaat

1. Allgemeines

Die materielle Rechtsstaatlichkeit ergänzt die formalorganisatorischen Garantien des Legalitätsprinzips, der Gewaltenteilung und der verschiedenen Formen und Einrichtungen des Rechtsschutzes um eine inhaltliche Komponente. Während die Elemente des formellen Rechtsstaats das institutionelle Gleichgewicht zwischen den Gewalten, deren demokratische Legitimation und Kontrolle sowie die institutionellen Grundlagen, Rechtsschutz zu erlangen, verankern, stattet der materielle Rechtsstaat die einzelnen Individuen mit bestimmten **subjektiven Rechten** aus, die in diesem institutionellen Rahmen durchgesetzt werden können. Formelle und materielle Seite des Rechtsstaats hängen also untrennbar miteinander zusammen und bedingen sich gegenseitig.

Damit Rechtsschutz wirksam werden kann, braucht es zum einen institutionelle Voraussetzungen seiner effizienten und effektiven Durchsetzung, zum anderen aber auch inhaltliche Ansprüche, die dem Einzelnen in Form subjektiver Rechte eingeräumt sind. Diese subjektiven Rechte können prinzipiell auf verschiedenen Stufen einer hierarchisch gegliederten Rechtsordnung gewährleistet werden.

Sind diese subjektiven Rechte in Verfassungsrang gewährleistet, handelt es sich um **verfassungsrechtlich gewährleistete Rechte**, deren Bezeichnung als „**Grundrechte**" geläufig ist. Allerdings sind die beiden Begriffe nicht immer deckungsgleich: Das in einer Verfassung verankerte Recht einer Gemeinde auf kommunale Selbstverwaltung ist zB ein verfassungsrechtlich gewährleistetes Recht, aber kein Grundrecht im klassischen Sinn. Umgekehrt können Grundrechte auch anders als durch Verfassungsrang gewährleistet sein – etwa in völkerrechtlichen Rechtsquellen oder auf einfachgesetzlicher Basis; die EMRK zB ist in fast allen ihrer Mitgliedsstaaten *nicht* in Verfassungsrang transformiert worden. Die GRC wiederum hat gem Art 6 Abs 1 EUV den gleichen Rang wie die Verträge der EU, ohne aber förmlich Teil der nationalen Verfassungen zu sein. Die Fundamentalität der „Grundrechte" bezieht sich daher weniger auf ihre formale Stellung (Verfassungsrang) als auf die Tragweite und Bedeutung ihres Inhalts.

2. Die Grundrechte

Lit: *Alexy*, Theorie der Grundrechte[3] (1996); *ders*, Rights and Liberties as Concepts, in: Rosenfeld/Sajó (Hg), The Oxford Handbook of Comparative Constitutional Law (2012) 283; *ders*, Grundrechte, Demokratie und Repräsentation, Der Staat 54 (2015), 201; *Badura*, Grundrechte als Ordnung für Staat und Gesellschaft, in: Merten/Papier (Hg), Handbuch der Grundrechte in Deutschland und Europa, Bd I: Entwicklung und Grundlagen (2004) 783; *Berka*, Die Grundrechte (1999); *Bleckmann*, Allgemeine Grundrechtslehren (1979); *Böckenförde*, Grundrechtstheorie und Grundrechtsinterpretation, NJW 1974, 1529; *Brugger*, Menschenrechte im modernen Staat, AöR 1989, 537; *Di Fabio*, Das Recht offener Staaten (1998); *Doehring*, Allgemeine Staatslehre[3] (2004); *Dreier*, Dimensionen der Grundrechte (1993); *Ermacora*, Menschenrechte in der sich wandelnden Welt, 3 Bde (1974–1994); *Gardbaum*, Human Rights and International Constitutionalism, in: Dunoff/Trachtman (Hg), Ruling the World? (2009) 233; *Haller/Kölz/Gächter*, Allgemeines Staatsrecht[5] (2013); *Jarass*, Bausteine einer umfassenden Grundrechtsdogmatik, AöR 1995, 345; *Jellinek*, Allgemeine Staatslehre[3] (1929); *Jestaedt*, Grundrechtsentfaltung im Gesetz (1999); *Kirste*, Das Fundament der Menschenrechte, Der Staat 52 (2013), 119; *Klein* (Hg), Gewaltenteilung und Menschenrechte[2] (2010); *Ladeur*, Die Beobachtung der kollektiven Dimension der Grundrechte durch eine liberale Grundrechtstheorie, Der Staat 2011, 493; *Loewenstein*, Verfassungslehre[3] (1975); *Merten*, Begriff und Abgrenzung der Grundrechte, in: ders/Papier (Hg), Handbuch der Grundrechte in Deutschland und Europa, Bd II: Grundrechte in Deutschland: Allgemeine Lehren I (2006) 475; *Nawiasky*, Allgemeine Staatslehre, Vierter Teil (1958); *Pernthaler*, Allgemeine Staatslehre und Verfassungslehre[2] (1996); *Peters*, Grundrechte als Regeln und Prinzipien, ZÖR 51 (1996), 159; *Reimer*, „… und machet zu Jüngern alle Völker"? Von „universellen Verfassungsprinzipien" und der Weltmission der Prinzipientheorie der Grundrechte, Der Staat 2013, 27; *Ridola*, Der Schutz der Grundrechte in der neuen Union und die gemeineuropäischen Verfassungsüberlieferungen, in: Iliopoulos-Strangas/Bauer (Hg), Die Neue Europäische Union (2006) 15; *Sommermann*, Funktionen und Methoden der Grundrechtsvergleichung, in: Merten/Papier (Hg), Handbuch der Grundrechte in Deutschland und Europa, Bd I: Entwicklung und Grundlagen (2004) 631; *Stern*, Die Idee der Menschen- und Grundrechte, in: Merten/Papier (Hg), Handbuch der Grundrechte in Deutschland und Europa, Bd I: Entwicklung und Grundlagen (2004) 3; *Wihl*, Der Idealstatus der Menschenrechte, Der Staat 2009, 193; *Zippelius*, Allgemeine Staatslehre[17] (2017).

a. Begriff

Die EMRK spricht in ihrem Titel von „Menschenrechten und Grundfreiheiten" („*human rights and fundamental freedoms*" – „*droits de l'homme et des libertés fondamentales*"); ebenso „Korb" I, Art VII der Schlussakte von Helsinki (1975), mit der die KSZE (seit 1994: OSZE) eingerichtet wurde. Im EUV, AEUV und der GRC finden sich an mehreren Stellen Hinweise auf „Grundrechte", „Grundfreiheiten" und „Menschenrechte". Auch die UNO verabschiedete schon 1948 eine „Allgemeine Erklärung der Menschenrechte". Historisch entwickelten sich die Grundrechte als **Menschenrechte** (allenfalls mit der Einschränkung auf Staatsbürger), weil sie natürlichen Personen Schutz gegenüber dem Staat gewähren sollten. Mittlerweile freilich sind juristische Personen in Bezug auf viele Menschenrechte natürlichen

Personen gleichgestellt, sodass die Bezeichnung als „Grundrechte" neutraler erscheint.

b. Historische Entwicklung

Lit: *Berka*, Die Grundrechte (1999); *Besson*, Human rights as transnational constitutional law, in: Lang/Wiener (Hg), Handbook on Global Constitutionalism (2017) 234; *Doehring*, Allgemeine Staatslehre[3] (2004); *Ermacora*, Menschenrechte in der sich wandelnden Welt, Bd I (1974); *Fleiner/Basta Fleiner*, Allgemeine Staatslehre[3] (2004); *Hornung*, Grundrechtsinnovationen (2015); *Isensee*, Positivität und Überpositivität der Grundrechte, in: Merten/Papier (Hg), Handbuch der Grundrechte in Deutschland und Europa, Bd II: Grundrechte in Deutschland: Allgemeine Lehren I (2006) 41; *Kriele*, Zur Geschichte der Grund- und Menschenrechte, FS Scupin (1973) 187; *ders*, Habeas Corpus als Urgrundrecht, in: ders, Recht, Vernunft, Wirklichkeit (1990) 71; *Maier*, Überlegungen zu einer Geschichte der Menschenrechte, FS Lerche (1993) 43; *Merten*, Begriff und Abgrenzung der Grundrechte, in: ders/Papier (Hg), Handbuch der Grundrechte in Deutschland und Europa, Bd II: Grundrechte in Deutschland: Allgemeine Lehren I (2006) 475; *Merten/Papier* (Hg), Handbuch der Grundrechte in Deutschland und Europa, Bd I: Entwicklung und Grundlagen (2004); *Pernthaler*, Allgemeine Staatslehre und Verfassungslehre[2] (1996); *Rupp*, Vom Wandel der Grundrechte, AöR 1976, 161; *Zippelius*, Allgemeine Staatslehre[17] (2017).

Obgleich Grundrechte in der antiken Staatsphilosophie bereits eine Rolle spielten (zB die „richtige" Form der Gleichheit, die Sklavenfrage), kann von einer allgemeinen Umsetzung in die damalige Staatsrealität noch keine Rede sein. Ansätze gibt es in den griechischen Stadtstaaten und Rom praktisch nur in den politischen Teilhaberechten, die zumindest bestimmten Bürgern gewährleistet waren.

Auch im Mittelalter kann noch nicht von einem modernen Grundrechtsverständnis gesprochen werden, wenngleich Dokumente wie die *Magna Carta Libertatum* (1215) einzelne Rechte verbrieften. Diese Gewährleistungen können jedoch nicht als historisch erste Grundrechtskataloge angesehen werden, da hier va nur gewissen Personengruppen Vorrechte eingeräumt wurden, und auch dies nicht aus der Intention eines allgemeinen Grundrechtsverständnisses heraus, sondern um das Verhältnis zwischen Adel und König politisch zu stabilisieren.

Doch ist es wiederum England, das eine Vorreiterrolle in der neuzeitlichen Entwicklung der Grundrechte einnahm. Dies zeigt sich einerseits in der realen rechtlich-politischen Entwicklung, da ab dem 17. Jahrhundert auch grundrechtlich höchst relevante Gesetze, wie die *Petition of Right*, die *Bill of Rights*, der *Habeas Corpus Act* sowie der *Act of Settlement*, erlassen wurden; die darin geschützten Grundrechte waren nicht bloß auf den Adel beschränkt und betrafen insbes die Freiheiten der Person und eines fairen Verfahrens. Problematisch daran ist allerdings die Vorstellung, dass bloß das Vorhandensein eines Gesetzes bereits Grundrechtseingriffe legitimiere; erst im 20. Jahrhundert setzte sich die von einem materiellen Grundrechtsverständnis getragene Idee durch, dass auch der Gesetzgeber selbst an grundrechtliche Schranken gebunden sei.

Andererseits taucht in der englischen Staatstheorie des 17. und 18. Jahrhunderts erstmals eine klarere Vorstellung von **unveräußerlichen Rechten** auf. Die Verbindung zum natur- und gesellschaftsvertraglichen Denken ist offenkundig: Früh schon ist in *John Locke*s Gesellschaftsvertragslehre[269] der Bezug zu diesen unveräußerlichen Rechten des Menschen zu erkennen. Das achte Kapitel seiner zweiten Abhandlung beginnt mit den Worten: „*Men being, as has been said, by nature, all free, equal, and independent, no one can be put out of this estate, and subjected to the political power of another, without his own consent.*" Der Gesellschaftsvertrag bezwecke daher letztlich den gegenseitigen Schutz des Lebens, der Freiheiten, des Vermögens der Bürger – alles Rechte, die *Locke* unter dem allgemeinen Namen „Eigentum" (*property*) zusammenfasst (was nach der heutigen eingeschränkten Sichtweise des Grundrechts auf Eigentum missverständlich wirkt). Der Staat, der durch den Gesellschaftsvertrag begründet werde, sei daher auch gehalten, seine Gewalt nur zum Schutze des „Eigentums" einzusetzen, um fremdes Unrecht zu verhüten oder zu sühnen und die Gemeinschaft vor Überfällen und Angriffen zu schützen, dürfe daher nur im Rahmen der Gesetze agieren und müsse unparteiische, rechtschaffene Richter dafür einsetzen, Streitigkeiten nach diesen Gesetzen zu schlichten.

Auf eben diese unveräußerlichen Rechte und – indirekt – deren gesellschaftsvertraglichen Zusammenhang berufen sich die ersten Verfassungen im modernen Sinn, die in den USA und in Frankreich erlassen wurden. Bereits in der **amerikanischen Unabhängigkeitserklärung** von 1776 heißt es: „*We hold these truths to be self-evident, that all men are created equal, that they are endowed by their Creator with certain unalienable Rights, that among these are Life, Liberty and the pursuit of Happiness. That to secure these rights, Governments are instituted among Men, deriving their just powers from the consent of the governed.*" Damit werden erstmals allen Menschen Gleichheit und unveräußerliche Rechte garantiert, von denen – beispielhaft – Leben, persönliche Freiheit und das „Streben nach Glück"[270] aufgezählt werden. Ebenso wird aber der Bezug zum Gesellschaftsvertrag ganz im *Locke*schen Sinn dadurch hergestellt, dass die Staatsgewalt einerseits durch Vereinbarung der Menschen eingeräumt sei, andererseits ihren Zweck darin erfülle, diesen eben ihre unveräußerlichen Rechte zu gewährleisten.

Während die Unabhängigkeitserklärung darüber hinaus keine einzelnen Grundrechte verankerte, handelte es sich bei der ebenfalls 1776 erlassenen *Virginia Bill of Rights* um einen ersten geschlossenen Grundrechtskatalog; anders dagegen die **US-amerikanische Verfassung** von 1787, die keinen Grundrechtskatalog enthielt, diesbezüglich aber durch spätere Zusatzartikel (*Amendments*), va die 1789 als *Bill of Rights* hinzugefügten ersten zehn Zusatzartikel, ergänzt wurde.

Für Europa stärker maßgeblich war die ebenfalls 1789 erlassene französische **Erklärung der Menschen- und Bürgerrechte**, in deren Präambel ebenfalls von „*droits naturels, inaliénables et sacrés de l'homme*", die Rede ist und auf die auch in der Präambel der heute geltenden französischen Verfassung nach wie vor als Teil der Verfassungsrechtsordnung verwiesen wird. Dennoch dauerte es in den meisten

---

[269] Vgl dazu oben 120 f.
[270] Vgl dazu oben 159.

europäischen Staaten noch bis weit ins 19. oder sogar ins 20. Jahrhundert, ehe überhaupt Verfassungen mit entsprechenden Grundrechtskatalogen erlassen wurden. Moderne Verfassungen enthalten heute üblicherweise zu Beginn einen geschlossenen Katalog an Grundrechten, der in der internationalen Rechtssprache üblicherweise als *Bill of Rights* bezeichnet wird.

Von besonderer Bedeutung für die europäischen Staaten ist die **Europäische Menschenrechtskonvention**, die 1953 in Kraft trat und bisher von 47 europäischen Staaten ratifiziert wurde. Neben der eigentlichen Konvention zum Schutze der Menschenrechte und Grundfreiheiten stehen derzeit 14 Zusatzprotokolle (ein 15. und 16. Zusatzprotokoll sollen demnächst in Kraft treten) in Kraft. Ein anderes grundrechtlich bedeutsames Abkommen im Rahmen des Europarats ist die **Europäische Sozialcharta** (1961; revidiert 1999), die zahlreiche soziale Grundrechte[271] verankert.

Einen umfassenden Grundrechtskatalog enthält die dem Vertrag von Nizza beigefügte, im Jahr 2000 proklamierte **Charta der Grundrechte der EU**, die allerdings erst seit 1.12.2009 rechtsverbindlich – und zwar im gleichen Rang wie die Verträge (Art 6 Abs 1 EUV) – ist. Die dort erwähnten Grundrechte, die selbst soziale Grundrechte erfassen, weisen allerdings eine sehr heterogene normative Struktur mit variierenden Grundrechtsträgern und -verpflichteten auf und sind auch nur teilweise justiziabel; manche von ihnen stehen etwa unter dem Vorbehalt der Maßgabe nationaler Rechtsvorschriften, während manche Bestimmungen überhaupt nicht als subjektive Rechte, sondern als objektive Unionszielbestimmungen zu verstehen sind.

Grundrechte sind aber auch in zahlreichen anderen völkerrechtlichen Dokumenten, wie der **Allgemeinen Erklärung der Menschenrechte der UNO** (1948) sowie vielen weiteren UN-Abkommen (zB das Internationale Übereinkommen über die Beseitigung aller Formen rassischer Diskriminierung [1965], der Internationale Pakt über bürgerliche und politische Rechte oder der Internationale Pakt über wirtschaftliche, soziale und kulturelle Rechte [beide 1966]) verankert. Deutlich weniger weit gediehen als der europäische Menschenrechtsschutz ist der regionale völkerrechtliche Menschenrechtsschutz im Rahmen internationaler Organisationen Amerikas (OAS), Afrikas (AU), Asiens (ASEAN) und der islamischen Staaten (vgl zB die Kairoer Erklärung der Menschenrechte im Islam von 1990 sowie die 2004 verabschiedete und 2008 in Kraft getretene Arabische Charta der Menschenrechte).

Die Internationalisierung der Grundrechte nach dem Zweiten Weltkrieg führte dazu, dass Grundrechte heute überwiegend als Menschenrechte (unbeschadet ihrer Geltung zumeist auch für juristische Personen) und nicht nur als Staatsbürgerrechte[272] ausgestaltet sind.

---

[271] Vgl dazu unten 265 f.
[272] Vgl dazu unten 248 f.

c. Kategorien

Lit: *Alexy*, Theorie der Grundrechte[3] (1996); *Choudhry*, Group Rights in Comparative Constitutional Law: Culture, Economics, or Political Power?, in: Rosenfeld/Sajó (Hg), The Oxford Handbook of Comparative Constitutional Law (2012) 1099; *Currie*, Positive und negative Grundrechte, AöR 1986, 230; *Fleiner/Basta Fleiner*, Allgemeine Staatslehre[3] (2004); *Haller/Kölz/Gächter*, Allgemeines Staatsrecht[5] (2013); *Jellinek*, System der subjektiven öffentlichen Rechte[2] (1905); *Kipp*, Staatslehre[2] (1949); *Klein*, Über Grundpflichten, Der Staat 1975, 153; *Krüger*, Allgemeine Staatslehre[2] (1966); *Merten/Papier* (Hg), Handbuch der Grundrechte in Deutschland und Europa, Bd II: Grundrechte in Deutschland: Allgemeine Lehren I (2006); *Schmidt*, Grundpflichten (1999); *Vesting/Korioth/Augsberg* (Hg), Grundrechte als Phänomene kollektiver Ordnung (2014); *Zippelius*, Allgemeine Staatslehre[17] (2017).

aa. Die Statuslehre nach *Jellinek*

Die Einteilung der Grundrechte in verschiedene Kategorien folgt ganz unterschiedlichen Systemen. Ausgangspunkt für die meisten Kategorisierungsversuche der heutigen Staatslehre ist die **Statuslehre** *Georg Jellinek*s, der die Grundrechte nach ihren verschiedenen „Zuständen" (*status*) unterschied, die das Verhältnis einer Person zum Staat widerspiegeln.

Demnach umfasst der *status negativus* die – entstehungsgeschichtlich ältesten – **Freiheits-** bzw **Abwehrrechte**, die den Schutz des Einzelnen vor staatlichen Eingriffen bezwecken. Zu den klassischen liberalen Freiheitsrechten zählen etwa der Schutz des Lebens, der persönlichen Freiheit, des Eigentums, der Erwerbstätigkeit, des Hausrechts sowie des Vereins- und Versammlungsrechts.

Dagegen beschreibt der *status positivus* die **Gewährung positiver Staatsleistungen**, *Jellinek* zufolge die staatliche Gegenleistung für die Opfer, welche das Individuum dem Staate zu bringen verpflichtet sei. Daraus hat sich heute der Begriff der Gewährleistungspflichten entwickelt, wonach ein Grundrecht nicht nur passiv Schutz vor staatlichen Eingriffen, sondern auch den Anspruch auf aktive Gewährung, etwa in Form staatlicher Leistungen, umfassen soll.

Als *status activus* werden die **politischen Rechte** bezeichnet, wozu insbes das (aktive und passive) Wahlrecht sowie das Recht, sich an Plebisziten zu beteiligen, zählen.

Der so genannte *status passivus* umfasst hingegen nicht Grundrechte, sondern **Grundpflichten** des Einzelnen.

Die Heterogenität der Grundrechte nach ihrem jeweiligen *status* spiegelt sich auch in der Vielfalt der Grundrechtstheorien wider, die nach der von *Ernst-Wolfgang Böckenförde* erörterten Einteilung entweder eher den Charakter als **liberales Abwehrrecht** gegenüber dem Staat, als **institutionelle Verbürgung**, als **politische Teilhabe**, als **sozialen Anspruch** oder als **Wert** stärker betonen. Bei manchen Grundrechten finden sich mehrere dieser Aspekte, während anderen nur jeweils ein einziger eigen ist. Vielen Grundrechten kommt ein „Doppelstatus" in Form der Kombination von *status negativus* und *status positivus* zu, indem sie einerseits den Einzelnen vor staatlichen Eingriffen schützen, andererseits den Staat zur aktiven Wahrnehmung von Schutzpflichten, zur Gewährleistung eines Grundrechts nicht nur durch bloßes Dulden oder Unterlassen, sondern durch aktives rechtliches Handeln verpflichten. Dogmatisch mitunter umstritten und auch innerhalb der EMRK-Grundrechte (vgl etwa hinsichtlich des Rechts auf Leben oder des Rechts auf Privat- und Familienleben) noch nicht vollends ausjudiziert ist allerdings, welchen Grundrechten in welchem Ausmaß Gewährleistungspflichten immanent sind.

Die Vorstellung, dass Grundrechte auch Werte verankern, lässt sie in eine gewisse Nähe zu **Staatszielbestimmungen** treten, da beide Typen von Normen Ausdruck von Wertorientierung und damit Materialisierung einer bloßen „Spielregelverfassung" sind. Allerdings unterscheiden sich Grundrechte von Staatszielbestimmungen dadurch wesentlich, dass sie subjektive, in einem Verfahren rechtlich durchsetzbare Ansprüche verankern, während Staatszielbestimmungen sich auf die Verankerung objektivrechtlicher, nicht unmittelbar justiziabler Staatszwecke[273] beschränken.

bb. Die „Generationen" der Grundrechte

Mittlerweile ist freilich zu konstatieren, dass manche Grundrechte über diese drei Kategorien von *status* hinausgehen. Von neuen „Generationen" der Grundrechte spricht man etwa im Zusammenhang mit **sozialen Grundrechten**[274] oder **kollektiven Rechten** (zB einer Volksgruppe auf Minderheitenschutz oder eines Volks auf Selbstbestimmung).[275] Die Einteilung nach Grundrechtsgenerationen überlagert daher teilweise die Statuslehre, weil sie in etwa der historischen Entwicklung der Grundrechte, von ihren liberalistischen Anfängen bis hin zu ihren heutigen, weit über klassisch liberales Gedankengut hinausgehenden Ausformungen, folgt; jedoch hat die Statuslehre gerade mit dem *status positivus* bereits ein sehr modernes Grundrechtsverständnis vorgezeichnet. Nach heutiger Auffassung werden soziale Grundrechte vielfach als eigene Grundrechtsgeneration angesehen, und doch handelt es sich letztlich insbes um Grundrechte im Sinne des *status positivus*, nämlich eine spezielle Art von Grundrechten mit Gewährleistungsanspruch. Unklar ist aber zB, welchem *status* der Gleichheitssatz oder die Verfahrensgrundrechte zugeordnet werden sollen.

cc. Grundrechtsträger

Eine weitere Unterscheidung der Grundrechte kann nach dem **Grundrechtsträger** getroffen werden: Werden Grundrechte **allen natürlichen Personen** gewährleistet, können sie als **Menschenrechte** oder **Jedermannsrechte** bezeichnet werden. Werden sie nur **Staatsbürgern** (bzw allenfalls auch **inländischen juristischen Personen**) gewährleistet, spricht man von **Staatsbürgerrechten**. Manche Grundrechte beschränken sich ihrer Natur nach auf natürliche Personen (zB Recht auf Le-

---

[273] Vgl dazu oben 155 ff.
[274] Vgl dazu unten 265 f.
[275] Vgl dazu oben 76 ff.

ben, Folterverbot, Recht auf Privat- und Familienleben), andere umfassen in ihrer Schutzwirkung hingegen gleichermaßen natürliche und juristische Personen.

Traditionell sind Grundrechte **individueller** Natur, stehen also einer einzelnen natürlichen oder juristischen Person zu; umstritten und nur vereinzelt zulässig ist die Anwendung der Grundrechte auf **Kollektive** (zB Bürgerinitiativen, Minderheiten oder Völker). In jüngerer Zeit gab es, etwa in Indien und Neuseeland, Versuche, Flüssen die Rechtspersönlichkeit als juristische Person und damit auch subjektive Rechte – letztlich also ökologische Grundrechte des jeweiligen Flusses – zuzusprechen; teils war dies erfolgreich, teils sind einschlägige Verfahren noch vor Gerichten anhängig.

dd. Grundrechtsquellen

Schließlich können Grundrechte auch danach unterschieden werden, ob sie in einer internationalen, supranationalen oder nationalen Rechtsquelle verankert sind; innerhalb des nationalen Rechts weiters danach, ob sie im Verfassungsrang, einfachgesetzlichen Rang oder im Zwischenrang eines Sondergesetzes gewährleistet werden; in Bundesstaaten können Grundrechte überdies auch auf regionaler Ebene verankert werden. Handelt es sich um eine völkerrechtliche Rechtsquelle, gibt es im Rahmen der innerstaatlichen Transformation außerdem die Möglichkeit der Erklärung von Erfüllungsvorbehalten. Häufig finden sich dieselben Grundrechte in mehreren Rechtsschichten, was im Rahmen ihrer Interpretation zu beachten ist (zB völker- oder unionsrechtskonforme Auslegung verfassungsgesetzlich gewährleisteter Grundrechte).

ee. Grundpflichten

Gewissermaßen das Pendant zu den Grundrechten bilden die von *Jellinek* mit dem Begriff des *status passivus* bezeichneten **Grundpflichten**. Darunter sind verfassungsrechtlich verankerte Pflichten zu verstehen, die dem einzelnen Staatsbürger seitens des Staats auferlegt werden. Hierbei geht es nicht um jene vielfältigen Pflichten, die Staatsbürger ebenso wie Nicht-Staatsbürger oder juristische Personen auf Grund verschiedenster nationaler Rechtsvorschriften treffen. Typisch für die Grundpflichten sind vielmehr der Verfassungsrang sowie im Regelfall die Beschränkung des Kreises der Normadressaten auf Staatsbürger.

Manche Verfassungen deklarieren diese Obliegenheiten ausdrücklich als den Grundrechten kategorisch gegenübergestellte Grundpflichten; andere verankern die Grundpflichten nur an vereinzelten Stellen. Immer wieder finden sich folgende Grundpflichten: Pflicht auf Leistung eines Wehr- oder Wehrersatzdienstes, Wahlpflicht, Steuerpflicht, die „Treue" bestimmter Organe gegenüber dem Staat und der Verfassung, die Pflicht (häufig auch gleichzeitig das Recht) zur Arbeit und die Verpflichtung, die Verfassung und die Gesetze zu befolgen. In einzelnen Fällen können auch andere Grundpflichten hinzutreten, wie zB ökologische Verpflichtungen, die verfassungsrechtliche Pflicht zum Schulbesuch, die Pflicht (und gleichzeitig das Recht) der Eltern, sich um die Erziehung ihrer Kinder zu bemühen, oder die Pflicht

zur Familienplanung in China. Je mehr dieser Pflichten in Verfassungsrang verankert werden, desto stärker schränkt dies naturgemäß die Freiheit der Bürger ein; im
westlichen Verfassungsstaat dürfen die Grundpflichten daher ein gegenüber den
Grundrechten deutlich untergeordnetes Ausmaß nicht überschreiten.

d. Geltung und Geltendmachung

Lit: *Berka*, Die Grundrechte (1999); *Canaris*, Grundrechte und Privatrecht
(1999); *Doehring*, Allgemeine Staatslehre³ (2004); *Kirchhof*, Grundrechtsinhalte und
Grundrechtsvoraussetzungen, in: Merten/Papier (Hg), Handbuch der Grundrechte in
Deutschland und Europa, Bd I: Entwicklung und Grundlagen (2004) 807; *Koja*, Allgemeine
Staatslehre (1993); *Leisner*, Grundrechte und Privatrecht (1960); *Nipperdey*, Grundrechte
und Privatrecht (1961); *Oeter*, „Drittwirkung" der Grundrechte und die Autonomie des
Privatrechts, AöR 1994, 529; *Papier*, Drittwirkung der Grundrechte, in: Merten/Papier (Hg),
Handbuch der Grundrechte in Deutschland und Europa, Bd II: Allgemeine Lehren I (2006)
1331; *Zippelius*, Allgemeine Staatslehre¹⁷ (2017).

Nach ihrer Entstehung und ursprünglichen Konzeption sind Grundrechte klar
darauf gerichtet, den Einzelnen vor staatlichen Übergriffen zu bewahren. Demnach
beziehen sich Grundrechte prinzipiell auf das Verhältnis zwischen **Staat und Ein-
zelnem** – wobei unter Staat alle staatlichen Gewalten (Gesetzgebung, Verwaltung,
Gerichtsbarkeit), auch auf verschiedenen territorialen Ebenen, sowie sonstige mit
Hoheitsgewalt ausgestattete Rechtsträger verstanden werden können –, nicht aber
auf das Verhältnis Einzelner, dh privater Personen, zueinander.

Diese Konzeption ist jedoch zu relativieren: Als so genannte **Drittwirkung** wird
nämlich die Geltung und Anwendung der Grundrechte auch im Verhältnis der Privaten zueinander bezeichnet. Eine Drittwirkung ist allerdings *nicht ohne weiteres*
anzunehmen. Sie wirkt dann **unmittelbar**, wenn die Drittwirkung in der Grund-
rechtsquelle selbst vorgesehen ist, was allerdings eher selten vorkommt. Hingegen
spricht man von **mittelbarer** Drittwirkung, wenn die (verfassungsrangige) Grund-
rechtsquelle selbst zwar keine ausdrückliche Drittwirkung anordnet, hingegen
einfachgesetzliche „Einlasspforten" wenigstens eine punktuelle Anwendung der
Grundrechte in privaten Rechtsverhältnissen vorsehen (zB die Berücksichtigung
des Gleichheitssatzes über einfachgesetzliche Verpflichtungen zum Kontrahie-
rungszwang seitens Unternehmen, die wichtige Funktionen der Daseinsvorsorge
wahrnehmen und eine monopolhafte Stellung haben).

Eine Drittwirkung ergibt sich bei manchen Grundrechten auch daraus, dass ihnen **Gewährleistungspflichten** im Sinne des *status positivus* immanent sind (zB
Schutz des Rechts auf Leben nicht nur durch das Verbot der staatlichen Todesstrafe,
sondern auch durch das strafgesetzliche Verbot des Mordes). Gewährleistung bedeutet, dass sich das Grundrecht nicht nur im Dulden und Unterlassen des Staats
erschöpft, er also lediglich auf einen Eingriff verzichtet, sondern der Staat vielmehr
aktiv dazu beiträgt, das Grundrecht zu gewährleisten, indem er in der Rechtsordnung bestimmte Schutzvorkehrungen trifft und mit dem Grundrecht zusammenhän-
gende Einrichtungen und Verfahren garantiert.

Eine andere Frage ist, ob der Staat dann an die Grundrechte gebunden sein soll, wenn er nicht als Träger von Hoheitsgewalt, sondern als Privatrechtssubjekt auftritt. Von **Fiskalgeltung** der Grundrechte spricht man dann, wenn die Grundrechtsbindung den Staat auch als Träger von Privatrechten trifft. Demnach ist der Staat zB gezwungen, den Gleichheitssatz zu beachten, wenn er einen privatrechtlichen Vertrag mit einer anderen Person abschließt. Anders als bei der Drittwirkung ist es hier wiederum der Staat selbst, der an die Grundrechte gebunden ist, auch wenn er nicht hoheitlich handelt. Ob die Fiskalgeltung von Grundrechten explizit oder implizit, unbeschränkt oder nur unter bestimmten Voraussetzungen (zB Erfüllung einer öffentlichen Aufgabe durch den privatrechtlich handelnden Staat) angeordnet ist, kann von Verfassung zu Verfassung unterschiedlich sein; vom EGMR wurde sie jedenfalls grundsätzlich anerkannt.

Grundrechten ist anders als Staatszielbestimmungen ein **subjektiver** Charakter immanent, was bedeutet, dass der Grundrechtsträger sie in einem Verfahren als Anspruchsberechtigter durchsetzen kann. Verfahren der Grundrechtsdurchsetzung können dabei grundsätzlich zwei Modellen folgen: Nach dem österreichischen Modell der „konzentrierten" Verfassungsgerichtsbarkeit[276] sind Grundrechtsbeschwerden im Verfahren vor einem Verfassungsgericht vorzubringen, das den die Grundrechtsverletzung herbeiführenden staatlichen Rechtsakt aufheben oder für nichtig erklären kann. Nach dem US-amerikanischen Modell der „integrierten Grundrechtskontrolle[277] ist es hingegen in jedem Verfahren vor einem Gericht zulässig, auch Grundrechtsansprüche geltend zu machen und durchzusetzen.

Typisch für die Geltendmachung von Grundrechten ist auch, dass Verletzungen mitunter über die nationalen Verfassungsgerichte hinaus vor inter- oder supranationalen Gerichten (zB EGMR, EuGH) eingeklagt oder zumindest vor internationalen Gremien in Form objektiver Beschwerdeverfahren oder Monitoringberichten vorgebracht werden können.

In bloß formellen Verfassungsstaaten ist es hingegen typisch, dass Grundrechte zwar in den Verfassungen verankert sein können, ihre Durchsetzbarkeit jedoch nicht oder kaum gegeben ist und auch internationale Gremien nicht wirksam angerufen werden können.

e. Grundrechtsschranken

Lit: *Alexy*, Theorie der Grundrechte[3] (1996); *Barak*, Proportionality (2), in: Rosenfeld/Sajó (Hg), The Oxford Handbook of Comparative Constitutional Law (2012) 738; *Cohen-Eliya/Porat*, American balancing and German proportionality: The historical origins, ICON 2010, 263; *Gamper*, Relativer Grundrechtsschutz, FS Berka (2013) 59; *Haller/Kölz/Gächter*, Allgemeines Staatsrecht[5] (2013); *Jestaedt/Lepsius* (Hg), Verhältnismäßigkeit (2015); *Khosla*, Proportionality: An assault on human rights?: A reply, ICON 2010, 298; *Klatt/Meister*, Verhältnismäßigkeit als universelles Verfassungsprinzip, Der Staat 2012, 159; *dies,* Proportionality – a benefit to human rights? Remarks on the ICON controversy, ICON

---

[276] Vgl dazu oben 186 f.
[277] Vgl dazu oben 186 f.

2012, 687; *Koja*, Allgemeine Staatslehre (1993); *Kokott*, Grundrechtliche Schranken und Schrankenschranken, in: Merten/Papier (Hg), Handbuch der Grundrechte in Deutschland und Europa, Bd I: Entwicklung und Grundlagen (2004) 853; *Möller*, Proportionality: Challenging the critics, ICON 2012, 709; *Peters*, Proportionality as a global constitutional principle, in: Lang/Wiener (Hg), Handbook on Global Constitutionalism (2017) 248; *Saurer*, Die Globalisierung des Verhältnismässigkeitsgrundsatzes, Der Staat 2012, 3; *Schlink*, Proportionality (1), in: Rosenfeld/Sajó (Hg), The Oxford Handbook of Comparative Constitutional Law (2012) 718; *Stone Sweet/Palmer*, A Kantian system of constitutional justice: Rights, trusteeship, balancing, Global Constitutionalism 2017, 377; *Tsakyrakis*, Proportionality: An assault on human rights?: A rejoinder to Madhav Khosla, ICON 2010, 307; *Weber-Dürler*, Der Grundrechtseingriff, VVDStRL 57 (1998), 57.

aa. Zweck: Bindung der Gesetzgebung und Vollziehung

Die große Bedeutung der Grundrechte für den heutigen Verfassungsstaat impliziert allerdings nicht, dass sie schrankenlos gewährleistet wären. Vielmehr bestehen bei fast allen Grundrechten – egal, auf welcher Ebene sie gelten – gewisse **Schranken**. Diese Schranken sind notwendig, weil eine unbeschränkte Ausübung der eigenen Rechte und Freiheiten die Rechte und Freiheiten anderer Individuen beeinträchtigen oder dem Gemeinwohl zuwiderlaufen könnte, was Abwägungsverfahren erforderlich macht. Grundrechten ist es daher – mit wenigen vorbehaltlos gewährleisteten Ausnahmen – immanent, unter bestimmten Voraussetzungen beschränkt werden zu können, ja sogar beschränkt werden zu müssen (relativer Grundrechtsschutz). Wo Grundrechte vorbehaltlos gewährleistet werden, kann danach unterschieden werden, ob sie tatsächlich „absolut" gelten oder zumindest immanenten Schranken unterworfen sind, die sich aus den Verfassungen selbst ergeben; für die meisten vorbehaltlos gewährleisteten Grundrechte werden immanente Vorbehalte angenommen.

Alexander Hamilton hatte in dem ihm zugeschriebenen *Federalist* No 84 noch vor der positivrechtlichen Verankerung von Grundrechten gewarnt, welche gerade dazu provozieren könne, Eingriffe in diese vorzunehmen, weil sie, anders als „ungeschriebene" Grundrechte, unter explizitem Gesetzesvorbehalt stünden oder weil es bei jeder textlichen Fassung zu einer restriktiven Auslegung kommen könne. Abzugrenzen ist allerdings die Frage des Schutzbereichs eines Grundrechts – der wiederum ein allgemeiner oder mit Ausnahmen versehener sein kann – von der Frage der grundrechtlichen Eingriffsschranken.

Unter **Grundrechtsschranken** sind jene **Eingriffsvorbehalte** zu verstehen, die abgrenzen, ob und unter welchen Voraussetzungen in den Schutzbereich von Grundrechten eingegriffen werden darf. Insbes in den älteren Grundrechtskatalogen fehlen explizite Hinweise auf diese Schranken überhaupt, oder es sind diese sehr weit gefasst: Typisch dafür sind Vorbehalte, die Eingriffe in Grundrechte bloß an das Vorhandensein eines – inhaltlich wie auch immer ausgestalteten – Gesetzes binden (*formeller Gesetzesvorbehalt*). In der älteren Grundrechtslehre war der Gedanke vorherrschend, dass va ein willkürliches, gesetzloses Vorgehen der Verwaltung unterbunden werden müsse, während sich erst später die Vorstellung durchsetzte, dass auch der Gesetzgeber selbst an die Grundrechte gebunden sei und diese nicht wahllos einschränken dürfe. In den heutigen westlichen Verfassungsstaaten ist es daher üblich, dass sowohl für Gesetze und andere generelle Rechtsakte wie Verordnungen als auch für individuelle Rechtsakte verschiedene materielle Schranken (insbes nach dem Verhältnismäßigkeitsprinzip) gelten, die den Grundrechtsverankerungen entweder explizit oder implizit (interpretiert durch [verfassungs]gerichtliche Rechtsprechung) entnommen werden können (*materieller Gesetzesvorbehalt*).

Bereits Art 4 der französischen Erklärung der Menschen- und Bürgerrechte normierte, dass Eingriffe in die Grundrechte nur auf Grund eines Gesetzes zulässig seien. Auch in der typischen Verankerung der Grundrechte der EMRK zeigt sich, dass exekutive Grundrechtseingriffe (ua) nur dann zulässig sind, wenn sie auf einer hinreichend klaren gesetzlichen Grundlage beruhen. Selbst wenn ein exekutiver Grundrechtseingriff aber auf einer gesetzlichen Grundlage beruht, so kann doch das Gesetz selbst grundrechtswidrig sein, wenn es dem Eingriffsvorbehalt nicht entspricht (zB nicht verhältnismäßig ist), was auch die Verfassungswidrigkeit des auf das Gesetz gestützten exekutiven Akts zur Konsequenz hat.

Sonderfälle stellen so genannte **Ausgestaltungsvorbehalte** dar, worunter man versteht, dass ein in der Verfassung verankertes Grundrecht, um durchsetzbar zu sein, erst gesetzlich ausgestaltet werden muss; insbes soziale Grundrechte[278] stehen häufig unter diesen Vorbehalten. Besondere Schranken bzw eine Durchbrechung der sonst geltenden Schranken stellen weiters konstitutionelle Notstandsregelungen dar, welche die Frage der Weitergeltung, Durchbrechung oder Reduktion der Grundrechte im Fall des Staatsnotstands[279] regeln (vgl auch etwa Art 15 EMRK in Bezug auf „notstandsfeste" Rechte). Im westlichen Verfassungsstaat müssen diese Möglichkeiten jedoch äußerst restriktiv geregelt werden; ungewöhnlich weitgehend ist dagegen die bereits erwähnte[280] *notwithstanding clause* der kanadischen Verfassung.

bb. Das Verhältnismäßigkeitsprinzip

Als Maßstab für Gesetze und andere generelle Rechtsakte gilt nach dem heutigen Grundrechtsverständnis, wie es sich gerade auch in der EMRK widerspiegelt, va das **Verhältnismäßigkeitsprinzip**. Dieses findet sich freilich in verschiedenen Formen und Ausprägungen: Teils handelt es sich um explizite Verankerungen der Verhältnismäßigkeit, wie sie in vielen Verfassungen, aber auch in der EMRK und ihren Zusatzprotokollen sowie auf Ebene der EU (vgl etwa Art 5 EUV sowie das Protokoll über die Anwendung der Grundsätze der Subsidiarität und der Verhältnismäßigkeit) anzutreffen sind; teils handelt es sich um ein durch die Rechtsprechung entwickeltes Abwägungsverfahren, das auf nicht explizit positivierte Gerechtigkeits- und Billigkeitserwägungen zurückzuführen ist. Unterschiede bestehen auch dahingehend, ob die Verhältnismäßigkeitsprüfung in Form einer Pauschalbetrach-

---

[278] Vgl dazu unten 265 f.
[279] Vgl dazu oben 66 ff.
[280] Vgl dazu oben 188.

tung vorgenommen oder ob sie in einzelne Kriterien aufgesplittet wird; typisch für die EMRK ist etwa die Formulierung, dass eine Maßnahme in einer demokratischen Gesellschaft zum Zwecke der Verwirklichung bestimmter, taxativ aufgezählter öffentlicher Interessen (zB nationale Sicherheit, öffentliche Ruhe und Ordnung, wirtschaftliches Wohl des Landes, Gesundheit, Moral) oder des Schutzes der Rechte und Freiheiten anderer notwendig sein muss. Regelmäßig orientiert sich die Verhältnismäßigkeitsprüfung an den Kriterien, ob ein Eingriff in ein Grundrecht ein *öffentliches Interesse* erfüllt, ob er *geeignet* und *erforderlich* ist, und schließlich, in welchem inneren Verhältnis (*Angemessenheit*) er zur berührten Grundrechtsposition steht. Manchmal werden diese Kriterien noch weiter differenziert, manchmal stärker pauschaliert. In den letzten Jahren wurde das Verhältnismäßigkeitsprinzip gerade auf Grund seiner überragenden Bedeutung für die Rechtspraxis immer wieder kritisiert, da es zu unbestimmt sei und den Gerichten allzu großes Ermessen in der Abwägung einräume, was ua internationale Gerichte in Spannung zu den Mitgliedstaaten bringt, die ein Interesse an einem eigenen nationalen Ermessensspielraum (*margin of appreciation*) haben.

cc. Das Sachlichkeitsgebot

Ein weiterer wichtiger Prüfmaßstab für Grundrechtseingriffe, die durch einen generellen Rechtsakt herbeigeführt werden, ist die **Sachlichkeit**, die sich von der Verhältnismäßigkeit allerdings nicht immer klar unterscheiden lässt. Das Sachlichkeitsgebot verbietet Willkür und gebietet eine rationale Rechtsetzung. In Verbindung mit dem **Gleichheitssatz** macht es entweder rechtliche Gleichbehandlung oder sogar gerade Ungleichbehandlung erforderlich und angemessen, je nachdem, welche Art der Regelung, unter Berücksichtigung der tatsächlichen Verhältnisse, sachlich gerechtfertigt erscheint.

dd. Weitere Grundrechtsschranken

Über die Prinzipien der Verhältnismäßigkeit und Sachlichkeit hinaus können dem Gesetzgeber noch andere grundrechtliche Schranken gesetzt sein, die sich entweder aus der expliziten Formulierung eines Grundrechts oder – manchmal in geradezu rechtsfortbildender Weise – aus der Rechtsprechung ergeben. Ein wichtiges Beispiel dafür ist die in Deutschland entwickelte, jedoch auch in anderen Staaten rezeptiv verbreitete Theorie der **Wesensgehalts-(Kerngehalts-)sperre** eines Grundrechts, wonach der Gesetzgeber nur soweit in ein Grundrecht eingreifen darf, als er dessen Wesensgehalt nicht verletzt.

Eine natürliche Schranke ergibt sich aus der **Stellung der Grundrechte zueinander**, wie bereits Art 4 der französischen Erklärung der Menschen- und Bürgerrechte normierte: „*La liberté consiste à pouvoir faire tout ce qui ne nuit pas à autrui: ainsi, l'exercice des droits naturels de chaque homme n'a de bornes que celles qui assurent aux autres Membres de la Société la jouissance de ces mêmes droits.*" Grundrechte sollen möglichst nie zum Schaden eines anderen Individuums oder des Gemeinwohls ausgeübt werden und begrenzen sich gegenseitig. Diese Abwägung zwischen den Interessen Einzelner, aber auch gegenüber dem öffentlichen Interesse tritt klar aus jenen typischen Vorbehalten der EMRK zutage, die Eingriffe in Grundrechte unter bestimmten Voraussetzungen zulassen, sofern dies zum Zwecke der Verwirklichung bestimmter öffentlicher Interessen oder zum Schutz der Rechte und Freiheiten anderer notwendig ist.

Aber auch andere Verfassungsprinzipien können in Spannung zu Grundrechten treten, wie insbes die (ja selbst wieder auf politischen Grundrechten basierende) Demokratie, wenn durch Mehrheitsbeschluss Grundrechte eingeschränkt werden. Ein aktuelles Beispiel stellt das mehrere Grundwerte westlicher Verfassungen (Trennung von Staat und Religion, Gleichbehandlung von Frauen und Männern, Privatleben, Menschenwürde, Religionsfreiheit) berührende, sie teils erfüllende, teils beeinträchtigende Verbot der Gesichts- oder Vollverschleierung von Frauen in der Öffentlichkeit dar.

Weiterführende Überlegungen zu den Grundrechtsschranken berühren einerseits die Frage, inwiefern freiwillig seitens eines Grundrechtsträgers auf ein Grundrecht **verzichtet** werden kann, andererseits die Frage, ob und in welchen Formen ein Grundrechtsträger **Widerstand** leisten darf, wenn in seine Grundrechte eingegriffen wird.

f. Der Grundrechtsverzicht

Lit: Berka, Die Grundrechte (1999); *Malorny*, Der Grundrechtsverzicht, JA 1974, 475; *Pietzcker*, Die Rechtsfigur des Grundrechtsverzichts, Der Staat 1978, 527; *Robbers*, Der Grundrechtsverzicht, JuS 1985, 925.

Grundrechtsverbürgungen tragen zwar häufig explizite Schranken in sich, die sich auf mögliche Eingriffe beziehen; eine im Verfassungsrecht explizit verankerte Möglichkeit der Beschränkung auf Grund freiwilligen Verzichts des Grundrechtsträgers ist jedoch unüblich, wenngleich einfache Gesetze mitunter einen **Grundrechtsverzicht** (zB bei Verfahrensgrundrechten) vorsehen. Vielmehr wird die „**Unveräußerlichkeit**" der Grundrechte bereits in ihren frühesten Verbürgungen (vgl bereits die US-amerikanische Unabhängigkeitserklärung mit ihren „*unalienable rights*", die direkt auf *John Locke*s Theorien aufbaut) angesprochen. Die Figur des freiwilligen Grundrechtsverzichts ist der historischen Idee der Grundrechte deshalb fremd, weil Grundrechte in den Staaten erst erkämpft werden mussten und daher das Streben naturgemäß darauf gerichtet war, den Bürgern möglichst umfassende Grundrechte zu gewährleisten, und nicht auf Überlegungen, wie diese darauf verzichten könnten.

Eine Gefahr, die ein Grundrechtsverzicht jedenfalls in sich birgt, ist die Problematik der Freiwilligkeit: Die Möglichkeit, dass der Staat oder – auf Grund der Drittwirkung eines Grundrechts – ein Privater missbräuchlich Druck auf ein Individuum ausübt, „freiwillig" auf ein Grundrecht zu verzichten, würde den Schutzzweck der Grundrechte geradezu *ad absurdum* führen. Allerdings zeigt die Anerkennung expliziter und impliziter Eingriffsschranken auf, dass Grundrechte in den seltensten Fällen vorbehaltlos gewährleistet werden – auch deshalb, weil sie in gegenseitige

Spannungsverhältnisse treten können, die im Fall der absoluten Gewährleistung jedes einzelnen Grundrechts unauflöslich wären. Insoweit Grundrechte gemäß ihren jeweiligen Eingriffsvorbehalten beschränkt werden können, könnte analog allenfalls auch ein freiwilliger Verzicht auf ein Grundrecht möglich sein. Der Konnex zwischen diesen beiden – freiwilligen und unfreiwilligen – Beschränkungsmöglichkeiten würde daher die Schlussfolgerung erlauben, dass in jenem seltenen Fall, da ein Grundrecht vorbehaltlos gewährleistet und jedweder Eingriff ausgeschlossen ist, auch ein Verzicht unzulässig sein soll; dass hingegen dort, wo Eingriffe unter bestimmten Voraussetzungen zulässig sind, auch der freiwillige Verzicht zulässig sein soll.

Für eine verfeinerte Dogmatik ist dieser Gedanke freilich zu wenig austariert, da völlig unklar wäre, ob die Voraussetzungen eines Eingriffs (zB Sachlichkeit, Verhältnismäßigkeit, gesetzliche Grundlage etc) auch für den Fall des Grundrechtsverzichts anwendbar sein müssten oder ob die bloße Tatsache, dass ein Grundrecht nicht vorbehaltlos gewährleistet ist, bereits die (ansonsten) voraussetzungslose Zulässigkeit eines Verzichts darauf impliziert. Auch die von *Georg Jellinek* insbes nach dem Status eines Grundrechts getroffene Entscheidung über die Zulässigkeit eines Grundrechtsverzichts ist dafür letztlich nicht überzeugend.

Ein modernerer Ansatzpunkt für die Konstruktion des Grundrechtsverzichts könnte die **Menschenwürde** sein, was freilich die Argumentation in zwei gegensätzliche Richtungen eröffnet: Zum einen könnte argumentiert werden, dass gerade die Menschenwürde die Entscheidungsbefugnis eines Menschen über seine eigenen höchstpersönlichen Rechte impliziert; fraglich wäre dann aber jedenfalls, ob auch juristische Personen, die über keine Menschenwürde verfügen, gleichwohl aber Grundrechtsträger sein können, auf ihre Grundrechte verzichten dürften. Zum anderen aber könnte die Menschenwürde gerade für die Beurteilung Maßstab sein, welche Rechte **unverzichtbar** sein sollten – nämlich dann, wenn ein Verzicht die Menschenwürde verletzte. Das heute wohl am meisten diskutierte Verzichtsszenario betrifft die Frage, ob auf das **Recht auf Leben** zu Gunsten aktiver oder passiver Sterbehilfe verzichtet werden darf. Die Menschenwürde könnte einerseits eine Unzulässigkeit des Verzichts und die Notwendigkeit lebenserhaltender Maßnahmen nahelegen, weil die Aufrechterhaltung der Menschenwürde die Aufrechterhaltung menschlichen Lebens voraussetzt. Andererseits könnte ein Verzicht gerade deshalb zulässig sein, weil ein Leben unter menschen*un*würdigen gesundheitlichen Bedingungen eben nicht mit der Würde des Menschen vereinbar ist. Damit entstehen fundamentale Wertekonflikte, die von den wenigsten Verfassungen klar entschieden und somit dem unsicheren Terrain wertender Auslegung durch Gerichte übertragen werden.

Als generelle Leitlinie lässt sich wohl nur festhalten, dass ein Grundrechtsverzicht nie pauschaler Natur sein kann, sondern immer nur punktuell erfolgen darf; dass fremde Rechte dadurch nicht berührt werden dürfen; dass gewisse Grundrechte mit besonderem Bezug zur Menschenwürde möglicherweise überhaupt unverzichtbar sind; dass besonders strenge Anforderungen an die Klarheit und Schlüssigkeit einer Verzichtserklärung zu stellen sind und ihre Freiwilligkeit nachweislich sein muss – insbes darf daher auch nicht die bloße Nichtinanspruchnahme eines Grundrechts als Grundrechtsverzicht gewertet werden.

g. Das Widerstandsrecht

Lit: *Doehring*, Allgemeine Staatslehre[3] (2004); *Donner*, Widerstandsrecht, Tyrannenmord, Kant, in: Fischer (Hg), Der Begriff der Menschenwürde[2] (2005) 111; *Dreier*, Widerstandsrecht im Rechtsstaat?, FS Scupin (1983) 574; *Ermacora*, Allgemeine Staatslehre, Bd I (1970); *Fleiner/Basta Fleiner*, Allgemeine Staatslehre[3] (2004); *Glotz* (Hg), Ziviler Ungehorsam im Rechtsstaat[2] (1989); *Haller/Kölz/Gächter*, Allgemeines Staatsrecht[5] (2013); *Isensee*, Das legalisierte Widerstandsrecht (1969); *ders*, Ziviler Ungehorsam im demokratischen Rechtsstaat?, in: Klein (Hg), Das Parlament im Verfassungsstaat (2006) 37; *Kriele*, Ziviler Ungehorsam als moralisches Problem, in: ders, Recht, Vernunft, Wirklichkeit (1990) 429; *Pernthaler*, Allgemeine Staatslehre und Verfassungslehre[2] (1996); *Rhinow*, Widerstandsrecht im Rechtsstaat? (1984); *Saladin/Sitter* (Hg), Widerstand im Rechtsstaat (1988); *Schneider*, Widerstandsrecht und Rechtsstaat, AöR 1964, 1; *Sommermann*, Widerstandsrecht und demokratische Selbstbestimmung, Der Staat 54 (2015), 575; *Stourzh*, Vom Widerstandsrecht zur Verfassungsgerichtsbarkeit (1974); *Thoreau*, Resistance to Civil Government (1849); *Tsatsos*, Zur Begründung des Widerstandsrechts, Der Staat 1962, 157; *Zippelius*, Allgemeine Staatslehre[17] (2017).

In gewisser Weise das Pendant zum Grundrechtsverzicht stellt das **Widerstandsrecht** bei Grundrechtsverletzungen dar. Unter Widerstandsrecht kann das Recht eines Individuums, allenfalls auch einer Gruppe von Individuen oder sogar eines ganzen Volkes verstanden werden, Widerstand gegen Grundrechtsverletzungen, die durch die Staatsgewalt begangen werden, zu leisten, auch wenn er durch die Rechtsordnung nicht ausdrücklich vorgesehen ist.

Der seltenere Fall ist die Positivierung und damit Legalisierung des Widerstandsrechts in einer Verfassung, wie dies etwa Art 20 Abs 4 GG explizit vorsieht: „*Gegen jeden, der es unternimmt, diese* (scil verfassungsmäßige) *Ordnung zu beseitigen, haben alle Deutschen das Recht zum Widerstand, wenn andere Abhilfe nicht möglich ist.*" Derart allgemein formulierte Positivierungen des Widerstandsrechts lassen allerdings die konkreten Voraussetzungen einer allfälligen Ausübung dieses Rechts sehr unbestimmt, was der Interpretation weiten Spielraum überlässt.

Weit häufiger ist hingegen der Fall, dass Verfassungen zum Widerstandsrecht schweigen oder Widerstand gar verbieten. Widerstand ist dann illegal, wenn ihn die Rechtsordnung ausdrücklich verbietet; möglicherweise auch dann, wenn eine Rechtsordnung darüber keine ausdrücklichen Regelungen enthält. Die Frage ist allerdings, ob Widerstand im Fall der Illegalität trotzdem *legitim* sein kann. Sie knüpft an das alte Spannungsverhältnis von **Legalität** (im Sinne von Übereinstimmung mit dem positiv gesatzten Recht) und **Legitimität** (im Sinne von Übereinstimmung mit einer naturrechtlichen Gerechtigkeitsvorstellung) an.

Die Verfassungen westlicher Verfassungsstaaten sehen sowohl Grundrechte als auch wirksame Möglichkeiten gegen ihre Verletzung vor, was illegalen Widerstand regelmäßig überflüssig erscheinen lässt. Anders in Staaten, die über nur formelle Verfassungen verfügen, wo also entweder keine oder nur dem Namen nach gewährleistete Grundrechte verankert sind, sodass die Frage legitimen Widerstands praktisch virulent werden kann. Einen Sonderfall stellt der Widerstand eines ganzen Volkes dar, wie es etwa typisch für viele kolonialisierte Staaten war, wo das Widerstandsrecht allerdings unter das Selbstbestimmungsrecht[281] fallen kann.

In jedem Fall sind allerdings folgende Voraussetzungen der Ausübung des Widerstandsrechts zu beachten:

• Es muss sich um besonders schwere Grundrechtsverletzungen handeln.

• Es muss sich um eine subsidiäre Maßnahme des Widerstands handeln, dh die Rechtsordnung bietet kein anderes (legales) Instrument, das die Grundrechtsverletzung verhindern oder beseitigen würde.

• Es muss ein angemessenes Verhältnis zwischen Grundrechtsverletzung und Widerstandsmaßnahme gegeben sein.

• Unklar ist, inwiefern Widerstand gewalttätig sein oder sich lediglich auf „zivilen Ungehorsam" beschränken darf. In westlichen Verfassungsstaaten, wo eine legitime Ausübung des Widerstandsrechts mangels Subsidiarität in den meisten Fällen ohnehin auszuschließen sein wird, können jedenfalls nur Maßnahmen „zivilen Ungehorsams" zulässig sein. Bei krassen Menschenrechtsverletzungen etwa in Diktaturen – einschließlich Verletzungen des Rechts auf Leben oder des Verbots unmenschlicher oder erniedrigender Behandlung und Strafe – zeigt sich hingegen das Dilemma, dass „ziviler Ungehorsam" möglicherweise weniger effektiv als gewalttätiger Widerstand ist. Schon in der Antike wurde in diesem Zusammenhang die Legitimität des so genannten „Tyrannenmordes" diskutiert. Dahinter verbirgt sich die Frage, ob die Ermordung eines Diktators bzw überhaupt die gewaltsame Beseitigung eines diktatorischen Systems legitim ist, wenn die Diktatur mit dem Wohl einer Mehrheit von Individuen unvereinbar ist und auf andere Weise Grundrechtsverletzungen nicht verhindert werden können, die das vergleichsweise größere Übel darstellen. Legitimiert man jedoch das Widerstandsrecht mit dem Vorhandensein naturrechtlich begründeter, unveräußerlicher Grundrechte, muss auch anerkannt werden, dass ein Diktator Grundrechtsträger ist und sein Recht auf Leben oder das Leben anderer Machthaber daher auch berücksichtigt werden muss.

• Nach der Theorie des Gesellschaftsvertrages[282] gehen die Menschen den Gesellschaftsvertrag ein, um sich selbst ein friedlicheres und geordneteres Zusammenleben zu ermöglichen, sodass insbes ihre Grundrechte besser geschützt werden, als dies vor Abschluss des Gesellschaftsvertrags der Fall war; gerade Selbstjustiz soll dadurch unnötig werden. Wenn nun allerdings der gesellschaftsvertraglich begründete Staat diesem Auftrag nicht entspricht, dann ist nach *Locke*s Auffassung die höchste Gewalt infolge der Verbrechen derjenigen, die die Autorität besitzen, verwirkt, fällt an die Gesellschaft zurück, und das Volk kann sie handhaben, wie es ihm richtig erscheint. Konkreter zur möglichen Form des Widerstands äußert sich *Kant*, wonach gewalttätiger Widerstand jedenfalls

---

[281] Vgl dazu oben 76 ff.
[282] Vgl dazu oben 116 ff.

ausgeschlossen sein soll, wenngleich das Wissen um staatliches Unrecht publik gemacht werden dürfe. Auf den US-amerikanischen Transzendentalisten *Henry David Thoreau*, dem zufolge die persönliche Gewissensentscheidung höher zu stehen hat als der Gehorsam gegenüber einem ungerecht oder unmoralisch handelnden Staat, geht der Begriff des „zivilen Ungehorsams" zurück, wie er später etwa von *Mahatma Gandhi* und *Martin Luther King* aufgegriffen wurde. Nach der von *Gustav Radbruch* entwickelten *Radbruch*schen Formel sollen „unerträglich ungerechte" oder die Gleichheit der Menschen bewusst leugnende Gesetze nicht angewendet werden, was eine Form passiven Widerstands darstellen würde.

Tendenziell kann man daher sagen, dass in der Wahl der Widerstandsmethoden ziviler Ungehorsam jedenfalls Vorrang vor gewalttätigem Widerstand haben und selbst gewaltfreier Widerstand in westlichen Verfassungsstaaten ein Ausnahmefall bleiben muss, da solche Staaten eben dadurch gekennzeichnet sind, wirksame Rechtsmittel gegen Grundrechtsverletzungen vorzusehen, sodass auf darüber hinausgehende Widerstandsmaßnahmen verzichtet werden kann und muss. Dies gilt auch für so genannte „Staatsverweigerer", die ihren (teils gewalttätigen) Widerstand gegen den Staat einerseits mit ihrem Nichtbeitritt zum Gesellschaftsvertrag[283], andererseits mit dem Widerstandsrecht begründen.

h. Die grundrechtlichen Schutzgüter

Lit: *Alexy*, Theorie der Grundrechte[3] (1996); *Böckenförde*, Recht, Staat, Freiheit[5] (2013); *Gardbaum*, The structure and scope of constitutional rights, in: Ginsburg/Dixon (Hg), Comparative Constitutional Law (2011) 387; *Giegerich/Zimmermann* (Hg), Wirtschaftliche, soziale und kulturelle Rechte im globalen Zeitalter (2008); *Häberle*, Europäische Verfassungslehre[8] (2016); *Koja*, Allgemeine Staatslehre (1993); *Pernthaler*, Allgemeine Staatslehre und Verfassungslehre[2] (1996); *Rupp*, Einteilung und Gewichtung der Grundrechte, in: Merten/Papier (Hg), Handbuch der Grundrechte in Deutschland und Europa, Bd II: Grundrechte in Deutschland: Allgemeine Lehren I (2006) 573; *Zippelius*, Allgemeine Staatslehre[17] (2017).

aa. Überblick

Von ihrem Schutzgut her lassen sich Grundrechte verschiedenen Kategorien – teilweise in Überschneidung – in folgender Weise zuordnen:
- auf die **körperliche Sphäre** bezogene **Freiheitsrechte** (Leben, körperliche Unversehrtheit, Verbot unmenschlicher oder erniedrigender Behandlung und Strafe, persönliche Freiheit, Verbot der Sklaverei und Zwangsarbeit, Verbot der rechtswidrigen Ausweisung, Auslieferung, Abschiebung und Behinderung des freien Aufenthalts in einem Staat)
- auf die **private** und **geistige Sphäre** bezogene **Freiheitsrechte** (Recht auf Ehe und Familiengründung, Privat- und Familienleben, Datenschutz, Religions-,

---

[283] Vgl dazu oben 119.

Glaubens- und Gewissensfreiheit, Informations- und Kommunikationsfreiheit, Kunstfreiheit, Wissenschaftsfreiheit)

- **wirtschaftliche Freiheitsrechte** (Eigentum, Liegenschaftsverkehrsfreiheit, Erwerbsfreiheit, Berufsfreiheit)
- **Gleichheitssatz** (mit verschiedenen Unterformen; in jüngerer Zeit werden besonders stark Gleichheitsfragen im Zusammenhang von Geschlecht, sexueller Ausrichtung, Staatsbürgerschaft oder ethnischer Zugehörigkeit[284] diskutiert)
- **Verfahrensgrundrechte** (Recht auf ein faires Verfahren, Recht auf den gesetzlichen Richter, Unschuldsvermutung, Anklagegrundsatz, Recht auf Zeugnisverweigerung, bestimmte Verteidigungsrechte im Strafverfahren [rasche Inkenntnissetzung von der Anklage, unentgeltlicher Dolmetscher, ausreichende Vorbereitungszeit der Verteidigung, Rechtsbeistand, Zeugeneinvernahme], Verbot der Doppelbestrafung [*ne bis in idem*], Verbot der Strafe ohne Gesetz [*nulla poena sine lege*], Recht auf einen wirksamen Rechtsbehelf, Recht auf Entschädigung bei Fehlurteilen, Recht auf eine gute Verwaltung)
- **politische Grundrechte** (aktives und passives Wahlrecht, Recht auf Beteiligung an Plebisziten, Petitionsrecht, im weiteren Sinn auch Vereins- und Versammlungsfreiheit, Recht auf Aktenauskunft, Recht auf eine gute Verwaltung, Recht auf Asyl, Informations- und Kommunikationsfreiheit, Verbot der rechtswidrigen Ausweisung, Auslieferung und Abschiebung)
- **soziale Grundrechte** (Arbeit, Bildung, Gesundheit, Umweltschutz, Arbeitnehmerschutz [zB Schutz vor ungerechtfertigter Entlassung, angemessene Bedingungen am Arbeitsplatz, Anspruch auf Arbeitsvermittlung], soziale Fürsorge, Konsumentenschutz, im weiteren Sinn auch Eigentum)

Die Normierung der genauen Inhalte und Details der Gewährleistung der einzelnen Grundrechte wird von den Verfassungen bzw der Verfassungsrechtsprechung ganz unterschiedlich vorgenommen und ist durch die Theorie nicht näher festgelegt. Es sollen hier daher abschließend nur einige ausgewählte Fallgruppen, deren Erörterung unter allgemeineren Aspekten von Interesse ist, herausgehoben werden.

bb. Das Prinzip der Menschenwürde

Lit: *Alexy*, Menschenwürde und Verhältnismäßigkeit, AöR 2015, 497; *Becchi*, Das Prinzip der Menschenwürde – eine Einführung (2016); *Cohn/Grimm*, 'Human dignity' as a constitutional doctrine, in: Tushnet/Fleiner/Saunders (Hg), Routledge Handbook of Constitutional Law (2013) 193; *Enders*, Die Menschenwürde in der Verfassungsordnung (1997); *Häberle*, Die Menschenwürde als Grundlage der staatlichen Gemeinschaft, in: Isensee/Kirchhof (Hg), Handbuch des Staatsrechts der Bundesrepublik Deutschland, Bd II: Verfassungsstaat[3] (2004) 317; *Hennette-Vauchez*, A human dignitas? Remnants of the ancient legal concept in contemporary dignity jurisprudence, ICON 2011, 32; *Mahlmann*, Human Dignity and Autonomy in Modern Constitutional Orders, in: Rosenfeld/Sajó (Hg), The Oxford Handbook of Comparative Constitutional Law (2012) 370.

---

[284] Vgl dazu oben 70 ff.

Bei der **Menschenwürde** handelt es sich weniger um ein einzelnes Grundrecht als vielmehr um ein übergeordnetes Prinzip, das diesem Charakter gemäß nicht immer in expliziter Formulierung verankert, sondern vielmehr ein immanenter Grundwert ist, auf den grundsätzlich alle Menschenrechte zurückgeführt werden können. Ausdrückliche Verankerungen der Menschenwürde finden sich häufig im Bereich des UN-Menschenrechtsschutzes, so etwa in der Allgemeinen Erklärung der Menschenrechte, in den beiden Pakten über bürgerliche und politische bzw wirtschaftliche, soziale und kulturelle Rechte, der Konvention zur Beseitigung jeder Form von Diskriminierung der Frau und im Übereinkommen über die Rechte des Kindes; nicht hingegen in der EMRK, wenngleich ihre Präambel auf die Allgemeine Erklärung der Menschenrechte verweist und in der Präambel ihres Zusatzprotokolls Nr 13 zum Schutze der Menschenrechte und Grundfreiheiten, bezüglich der Abschaffung der Todesstrafe unter allen Umständen, die „volle Anerkennung der allen Menschen innewohnenden Würde" verankert ist. Speziell herausgehoben wird die Menschenwürde als „erstes aller Grundrechte" ua in Art 1 GRC. Auf Ebene der nationalen Verfassungen findet sich die Menschenwürde vielfach explizit wieder: Ein prominentes Beispiel dafür ist Art 1 Abs 1 GG, wonach die Würde des Menschen unantastbar und sie zu achten und zu schützen Verpflichtung aller staatlichen Gewalt ist. Eine spezielle Verankerung der Menschenwürde, teils in Präambeln, teils in Staatszielbestimmungen, teils in Grundrechtskatalogen, findet sich mittlerweile in einer Mehrheit westlicher Verfassungen, mitunter aber selbst in Verfassungen von Staaten, in denen Menschenrechtsverletzungen an der Tagesordnung sind (vgl etwa die chinesische, syrische, afghanische, irakische, iranische oder saudi-arabische Verfassung). Diese Verankerungen werfen eine Fülle an Fragen auf, die von der Frage der rechtlichen Stellung der Menschenwürde als subjektives Recht, ihrer Justiziabilität oder Weite ihres Schutzbereichs bis hin zu Grundrechtskonflikten reichen, in denen gewissermaßen „Menschenwürde gegen Menschenwürde" steht.

Umgekehrt bedeutet der Mangel einer expliziten Verankerung der Menschenwürde keineswegs, dass eine Verfassung die Menschenwürde nicht anerkennen würde. Sie ergibt sich in ihrer konkreten Substanz vielmehr aus der Fülle verschiedenster Grundrechte, wobei diejenigen, die *Menschen*rechte sind, naturgemäß am meisten dazu beitragen. Ein besonders wichtiger Interpretationsmaßstab ist die Menschenwürde im Falle rechtsethischer Fragen im Bereich der **Sterbehilfe**, Abtreibung oder Fortpflanzungsmedizin; ebenso aber spielt sie eine große Rolle im Fall von Beeinträchtigungen der körperlichen und privaten Sphäre der Menschen, die etwa durch neue Ermittlungsmethoden in der Verbrechens- und Terrorbekämpfung ausgelöst werden. Dabei erweist sich allerdings der hohe Abstraktionsgrad des Prinzips der Menschenwürde als nachteilig; seine relative Unbestimmtheit lässt es manchmal nicht über die einzelnen, die Menschenwürde verankernden Grundrechte hinausgehen, sodass Abwägungsprozesse letztlich wieder am einzelnen Grundrecht orientiert sind und es der Kasuistik der Gerichte überlassen ist, die Menschenwürde gegebenenfalls als „Zünglein an der Waage" zu bedienen.

Nichtsdestoweniger ist klar, dass eine Verfassung, die nicht – explizit oder implizit – auf dem Prinzip der Menschenwürde aufbaut, von vornherein nicht dem westlichen Verfassungsstaat entsprechen kann. Demokratie und Grundrechte als fundamentale Prinzipien des Verfassungsstaats können nur dann richtig interpretiert werden, wenn sie den Menschen und seine Würde als obersten Wert sehen.

Direkte Eingriffe in die Menschenwürde sind im westlichen Verfassungsstaat daher unzulässig; dies drückt sich etwa im absoluten Verbot der Folter und unmenschlicher oder erniedrigender Behandlung und Strafe aus. Im Falle des Rechts auf Leben etwa schwankt die Meinung, ob das „ungeborene" Leben schon eine Form „menschlichen" Lebens darstellt, das über eine eigene Würde verfügt; in anderen Fällen wird eben mit der Menschenwürde argumentiert, der – so im Falle der Sterbehilfe als „Recht auf einen menschenwürdigen Tod" – gerade durch einen Grundrechtseingriff entsprochen werden soll. Je weniger der Eingriff direkt die körperliche oder private Sphäre des Menschen betrifft, umso weniger scheint auch die Argumentation an der Menschenwürde des Betroffenen selbst ausgerichtet zu sein; je weniger mit der Menschenwürde argumentiert wird, desto eher ist auch eine Argumentation mit dem höheren Nutzen anderer Menschen möglich (vgl aber zB die Erhebung biometrischer Daten, Videoüberwachung oder „Lauschangriffe" im Sinne der „nationalen Sicherheit"). Dass die Argumentation mit der Menschenwürde in vielen Fällen strittige Spannungsfragen auslöst, die in die Ethik und Wertelehre hineinreichen, entbindet die Gesetzgeber und/oder die (Verfassungs-)Gerichte der Staaten nicht von der *rechtlichen* Verantwortung, diese aktuellen und drängenden Fragen, sei es durch einen legislativen Akt, sei es durch ein gerichtliches Urteil, konkret entscheiden zu müssen.

cc. Der Gleichheitssatz

Lit: *Baer*, Equality, in: Rosenfeld/Sajó (Hg), The Oxford Handbook of Comparative Constitutional Law (2012) 982; *Bryde/Stein*, General provisions dealing with equality, in: Tushnet/Fleiner/Saunders (Hg), Routledge Handbook of Constitutional Law (2013) 287; *Cottrol/Davis*, Affirmative action, in: Tushnet/Fleiner/Saunders (Hg), Routledge Handbook of Constitutional Law (2013) 325; *Karayanni/Gargarella*, Minorities and group rights, in: Tushnet/Fleiner/Saunders (Hg), Routledge Handbook of Constitutional Law (2013) 337; *O'Regan/Friedman*, Equality, in: Ginsburg/Dixon (Hg), Comparative Constitutional Law (2011) 473; *Sabbagh*, Affirmative Action, in: Rosenfeld/Sajó (Hg), The Oxford Handbook of Comparative Constitutional Law (2012) 1124.

Der **Gleichheitssatz** dürfte jenes Grundrecht darstellen, zu dem weltweit die umfangreichste Rechtsprechung existiert, das in besonders vielen speziellen Ausformungen verankert ist und va – im Unterschied zu anderen Grundrechten – über keinen spezifischen Schutzbereich verfügt. Denn jede Norm, die eine bestimmte Rechtsfolge an einen Sachverhalt knüpft, klassifiziert, indem sie entweder **gleichbehandelt**, weil dieselbe Rechtsfolge alle in Frage kommenden Sachverhalte umfassen soll, oder **differenziert**, weil nur ein oder manche Sachverhalte umfasst sind. Jede Norm behandelt die Rechtsunterworfenen daher letzten Endes entweder gleich oder ungleich, selbst wenn dies häufig nur implizit zu erkennen ist, da die explizite Anordnung einer Rechtsfolge auf einen bestimmten Sachverhalt nicht immer auch die explizite Nichtanordnung dieser Rechtsfolge auf andere Sachverhalte mitumfasst.

Der Gleichheitssatz gehört zu den ältesten, bereits in der Antike diskutierten Grundrechten. Er findet sich auch in den frühesten neuzeitlichen Verfassungsdokumenten wieder, nämlich eindrücklich in der US-amerikanischen Unabhängigkeitserklärung (*„We hold these truths to be self-evident, that all men are created equal"* – noch vor der Nennung der Rechte auf Leben, Freiheit und das Streben nach Glück) sowie in der französischen Erklärung der Menschen- und Bürgerrechte. Eng verknüpft ist die umstrittene Frage der „richtigen" (dh absoluten oder relativen)[285] Gleichheit seit jeher mit der **Gerechtigkeit** als Staatstugend und essentiellem Faktor der Gemeinwohlkonkretisierung.[286] Trotz der positivistischen Trennung von Recht und Gerechtigkeit dient der Gleichheitssatz letzten Endes doch der Verwirklichung von Gerechtigkeit im Sinne von Sachlichkeit und Angemessenheit. Gerechtigkeit wird deshalb zur *„staatlichen Sache"*, weil es *„das Recht ist, das über das Gerechte entscheidet"*.[287] Der Gleichheitssatz wird damit zum wesentlichen Instrument der Verankerung von Gerechtigkeit in einer Verfassung, ohne dass damit freilich allen subjektiven, auch miteinander konfligierenden Gerechtigkeitsvorstellungen Genüge getan werden könnte. In ein Spannungsverhältnis dazu können andere Verfassungsprinzipien treten, wie etwa die mit einem dezentralen Staatsaufbau einhergehende Befugnis unterschiedlicher Rechtsetzung auf der regionalen oder lokalen Ebene.

Heute richtet sich die Beantwortung der Frage, ob rechtliche Gleichbehandlung oder vielmehr rechtliche Ungleichbehandlung der Verwirklichung des Gleichheitssatzes entspricht, regelmäßig nach **Sachlichkeit** (*rationality*) und **Verhältnismäßigkeit** (*proportionality*). Wesentliche Unterschiede im Bereich des Tatsächlichen sollen demnach auch unterschiedliche Rechtsfolgen nach sich ziehen, sodass eine rechtliche Gleichbehandlung diesfalls gerade dem Gleichheitssatz widerspräche. Umgekehrt widerspräche eine rechtliche Ungleichbehandlung dem Gleichheitssatz, wenn im Wesentlichen gleiche Lebenssachverhalte vorlägen. Inwiefern dabei gewisse Pauschalierungen zulässig sind, wie großzügig der rechtspolitische Gestaltungsspielraum ist, der dem Gesetzgeber zusteht, wird freilich ganz unterschiedlich gesehen.

Die einzelnen Ausformungen des Gleichheitssatzes betreffen etwa spezielle Diskriminierungsverbote (zB im Verhältnis zwischen In- und Ausländern, zwischen Mann und Frau, zwischen Personen unterschiedlicher sexueller Ausrichtung), die zT sogar das Erfordernis der Positivdiskriminierung zum Abbau historischer Negativdiskriminierung (*affirmative action*) enthalten und gezielte Fördermaßnahmen, die zu einer gleichzeitigen Negativdiskriminierung (zB Bevorzugung von Frauen gegenüber Männern zur Erreichung von Quotengleichheit) führen können, legitimieren. Darüber hinaus schlägt sich der Gleichheitssatz auch in anderen Kategorien von Grundrechten nieder, wie etwa im Rahmen wirtschaftlicher und politischer Freiheiten (gleicher Zugang zu öffentlichen Ämtern, gleiches Wahlrecht), aber auch

---

[285] Vgl dazu oben 103.
[286] Vgl dazu oben 159 ff.
[287] Vgl *Aristoteles*, Politik, 1. Buch, 2. Kapitel, 1253a (Übersetzung).

in verschiedenen Verfahrensgrundrechten (zB dem Prinzip der „Waffengleichheit" im Strafverfahren). Eine akzessorische oder relative Gleichheit wird etwa durch Art 14 EMRK ausgedrückt, wonach der Genuss der in der EMRK festgelegten Rechte und Freiheiten ohne Benachteiligung zu gewährleisten ist. Dies hängt mit der Konzeption der EMRK-Grundrechte als Menschenrechte zusammen, die jedem Menschen, ohne Notwendigkeit einer bestimmten Staatsbürgerschaft, gewährleistet sind.

Von den Regierungsformen steht der Gleichheit die **Demokratie** am nächsten, weil dadurch wenigstens idealtypisch eine möglichst breite Verteilung der Herrschaftsmacht und gleichmäßige Repräsentation der Interessen gewährleistet wird; in der Monokratie und Oligarchie hingegen liegt die Herrschaftsmacht bei einem Einzelnen bzw Wenigen, was an sich bereits eine Ungleichbehandlung darstellt und auch sachlich nicht gerechtfertigt werden kann, wenn man davon ausgeht, dass ein Volk souverän ist und daher maßgebenden Einfluss auf die Verteilung der Herrschaftsmacht haben muss. Die Demokratie kann sich auf (auch Gleichheits-)Grundrechte allerdings auch negativ auswirken, wenn grundrechtsfeindliche Maßnahmen durch die Mehrheit beschlossen werden.

Eine besonders schwierige Frage in der Demokratie ist daher die **Gleichheit im Verhältnis von Mehrheit und Minderheit**: Zum einen stellt sich in jeder Demokratie das Problem der Überstimmung der Minderheit durch die Mehrheit, selbst wenn jeder Bürger als gleichberechtigt (davon aber keineswegs jeder wahl- oder stimmberechtigt) angesehen wird.[288] Dafür, dass die „größere Summe an Einzelwillen" nicht in allen Fällen die „kleinere Summe an Einzelwillen" zu überwiegen vermag, sorgen im westlichen Verfassungsstaat allerdings verschiedenste Instrumente, wie qualifizierte Beschlussfassungserfordernisse, parlamentarische Kontrollrechte oder eben spezielle Minderheitenrechte. All jene Grundrechte, die eigens zum Schutze von Minderheiten verankert sind,[289] stellen letztlich Positivdiskriminierungen im Vergleich zur Bevölkerungsmehrheit dar, die eben die Nachteile, denen die Minderheit gegenüber der Mehrheit ausgesetzt ist, ausgleichen sollen.

dd. Soziale Grundrechte

Lit: *Contiades/Fotiadou*, Social rights in the age of proportionality: Global economic crisis and constitutional litigation, ICON 2012, 660; *Davis*, Socio-economic rights: has the promise of eradicating the divide between first and second generation rights been fulfilled?, in: Ginsburg/Dixon (Hg), Comparative Constitutional Law (2011) 519; *Davis*, Socio-Economic Rights, in: Rosenfeld/Sajó (Hg), The Oxford Handbook of Comparative Constitutional Law (2012) 1020; *Iliopoulos-Strangas* (Hg), Soziale Grundrechte in Europa nach Lissabon (2011); *Katrougalos/O'Connell*, Fundamental social rights, in: Tushnet/Fleiner/Saunders (Hg), Routledge Handbook of Constitutional Law (2013) 375; *Pillay*, Toward effective social and economic rights adjudication: The role of meaningful engagement, ICON 2012, 732.

---

[288] Vgl dazu oben 151 f.
[289] Vgl dazu oben 79 ff.

Eine neuere „Generation" von Grundrechten stellen die **sozialen Grundrechte** (in der internationalen Terminologie häufiger: *socio-economic rights*) dar. Im Gegensatz zu den klassischen liberalen Freiheitsrechten geht es dabei eben nicht um ein Zurückziehen des Staats aus der Freiheitssphäre der Individuen, sondern vielmehr um ein aktives Gewährleisten (im weiten Sinn) sozialer Ansprüche[290] durch die staatliche Rechtsordnung.

Der Staat kann selbst als Garant dieser Ansprüche auftreten, aber auch Dritte verpflichten, diese Ansprüche zu gewährleisten. Dabei erweist es sich als problematisch, dass gewisse soziale Rechte *ex natura* nicht durch den Staat oder einzelne Dritte gewährleistet werden können oder ihre Gewährleistung mit enormen Kosten verbunden wäre. Beispiel für erstere Kategorie ist das Recht auf Gesundheit, das als solches niemandem garantiert werden kann. Hingegen könnte durch den Staat prinzipiell garantiert werden, dass man Anspruch auf kostenlose Krankenbehandlung hat oder dass Belastungen der Gesundheit durch umweltrechtliche Maßnahmen hintanzuhalten sind; letztere Form der Verankerung des Grundrechts auf Gesundheit wäre zwar theoretisch möglich, aber doch schwer finanzierbar oder politisch nicht durchsetzbar. Ähnlich ist es mit dem Recht auf einen Arbeitsplatz, da der Staat bei Aufrechterhaltung des Systems eines freien Arbeitsmarkts nicht jedem einen Arbeitsplatz garantieren kann und die in manchen Diktaturen üblichen Zwangsbeschäftigungssysteme mit der in westlichen Verfassungsstaaten grundrechtlich geschützten Privatautonomie unvereinbar sind. Hingegen wäre es möglich, einen Anspruch auf Arbeitslosengeld, auf entsprechende Vermittlung und Unterstützung bei der Suche nach einem Arbeitsplatz oä zu verankern – ein Anspruch, der auf einfachgesetzlicher Ebene in vielen Staaten gewährleistet ist, im Verfassungsrang jedoch selten anzutreffen ist.

Es überrascht daher nicht, dass die meisten Verfassungen – als zumindest textlich großzügig erweisen sich hier bemerkenswerter Weise verschiedene islamische Verfassungen bzw Verfassungen bloß formeller Verfassungsstaaten (zB die chinesische), in denen dafür andere Grundrechte vernachlässigt werden – entweder keine sozialen Grundrechte oder aber nur unter großen Vorbehalten verankern, selbst wenn auf einfachgesetzlicher Ebene verschiedene Ansprüche eingeräumt sind. Beispielsweise finden sich in manchen Verfassungen (zB der irischen) ausdrückliche Sperren der Justiziabilität sozialer Grundrechte, solange diese nicht einfachgesetzlich umgesetzt wurden; in anderen Fällen (zB Indien) erhalten soziale Staatsziele in interpretativer Verbindung mit „echten" Grundrechten eine indirekte Justiziabilität. Eine relative Justiziabilität sozialer Grundrechte ist aus Sec 27 Abs 2 der südafrikanischen Verfassung ableitbar: „*The state must take reasonable legislative and other measures, within its available resources, to achieve the progressive realisation of each of these rights.*" Eine ähnliche Rechtslage findet sich auf Ebene der EU wieder, da ein großer Teil der sozialen Grundrechte, die in der GRC verankert sind, nur nach Maßgabe des Unionsrechts sowie der einzelstaatlichen Rechtsvorschriften und Gepflogenheiten gewährleistet werden bzw im Sinne objektiver Zielbestimmungen

---

[290] Vgl dazu oben 54 ff.

formuliert sind, die lediglich das Bekenntnis zu einem hohen sozialen Standard ausdrücken sollen. Vorbehaltlos gewährleistet sind daher, wenn überhaupt, zumeist nur jene sozialen Grundrechte, die ohne größeren finanziellen Aufwand durch den Staat garantiert werden können (zB die Anerkennung des Privateigentums als soziales Grundrecht im weiteren Sinn).

Soziale „Grundrechte" im Sinne verfassungsgesetzlich gewährleisteter subjektiver Ansprüche auf soziale Leistungen verdienen diese Bezeichnung daher nicht immer, weil sie entweder nicht in Verfassungsrang stehen, bloß Staatsziele, rechtspolitische Programme und Aufträge verankern oder allenfalls nur eine Einrichtungsgarantie darstellen, aus der allein keine individuellen Ansprüche abgeleitet werden können oder deren Umsetzung gerichtlich nicht kontrolliert werden kann. Immerhin können aber auch objektivrechtliche Sozialstaatsklauseln der Verfassung und der staatlichen Rechtsordnung insgesamt einen sozialstaatlichen[291] Charakter verleihen, der von allen staatlichen Organen als Maßstab in ihrem Handeln zu berücksichtigen ist, und damit zur Wahrung des Gemeinwohls beitragen.

---

[291] Vgl dazu oben 54 ff.

Personen- und Stichwortverzeichnis

A

H

I

T